'21세기 찬양지도자 및 목회자를 위한
실용 교회음악학

신 소섭 지음

2013
아가페 문화사

PRACTICAL USE OF CHURCH'S MUSICOLOGY

BY

SHIN SO-SEOP

2013
AGAPE CULTURE PUBLISHING COMPANY
SEOUL KOREA

| 저자와 협의하여 |
| 인지 부착을 |
| 생략하였음 |

실용 교회음악학

2013. 10. 25. **초판 인쇄**
2013. 10. 30. **초판 펴냄**

저　자 신 소 섭
발 행 인 김 영 무

발행처 도서출판 아가페문화사
│1│5│6│-│0│9│4│ 서울 동작구 사당4동 254-9
등록 제3-133호(1987. 12. 11)

보급처 : 아가페문화사
│1│5│6│-│0│9│4│ 서울 동작구 사당4동 254-9
전화 02) 3472-7252~3
팩스 02) 523-7254

온라인 우 체 국 011791-02-004204(김영무)
　　　　 국민은행 772001-04-114962(김영무)

값 20,000 원

ISBN 978-89-8424-128-2　03230

● 이 책 내용의 전부 또는 일부를 이용하려면
반드시 자작권자와 아가페문화사의 서면동의를
얻어야 합니다.

책머리에

하나님은 인간을 만물의 영장으로 최고의 음악을 창작하고 연주하며 감상할 수 있도록 지으셨습니다. 특별히 주님께서는 교회를 세우시고 그 교회를 통하여 영광과 찬양을 받으시기를 원하십니다. 그러므로 교회는 찬양의 은사를 잘 활용하여 우리의 영혼이 '교회음악'을 통하여 하나님께 찬양을 드리도록 해야 합니다. 성경은 "이 백성은 나를 위하여 지었나니 나의 찬송을 부르게 하려 함이니라"고 했습니다.

점점 '진정한 찬송의 빛'을 잃어 가는 세상! 그러기에 어두움 속에서 샛별 같이 뭇 영혼을 일깨워 '찬송'으로 찬양 드리기를 하나님께서는 원하시고 바라십니다.

그래서 이 책은 교회음악학의 접근과 역사 그리고 교회음악과 행정, 창작, 연주, 감상에 이르기까지 교회음악의 전문적인 학문과 실제를 폭넓게 다루고 있습니다. 저자는 그간 출간한『예배와 찬송가』(1993년)와『禮拜와 讚頌學』(1997년) 그리고『한국교회음악사』(2001년)의 바탕위에 전문적 학문을 보다 쉽고 깊이 있게 교회음악일선에서 봉직했던 경험을 바탕으로, 이론과 실제적인 면을 함께 다루고 있는 이 책은 신학교교재로 '교회음악학의 실제'와 '찬송신학'을 함께 다룬 신학생들의 필수 교재요, 목회자들에게 좋은 목회지침서가 될 것입니다. 특별히 한국 교회음악의 방향제시와 후학들의 연구기반을 구축하여 미래에 성장 동력을 구축하고, 각급 찬양대 교육은 물론 신학교에서 다뤄야 될 필수 교재로서 손색이 없는『실용 교회음악학』을 내 놓습니다.

이 책이 나오기까지 기도로 지원해 주신 성도교회 제직들과 성도들, 교단에서 성실하게 근무하면서 어려운 여건 속에서도 연구에 뒷바라지를 해준 내자 이숙례 사모에게 더없는 감사와 고마움을 느낍니다.

그리고 아빠의 바쁘고 어려운 목회생활 중에도 학비를 보태면서 열심히 노력해 바르게 성장해 각각 제몫을 잘하고 있는 큰 아들 신정일 공인회계사(자부 정세정/ 지호·수현), 둘째 아들 신재일 구강외과전문의(자부 김은미/ 수진), 셋째 아들 신성일 병원행정실장(자부 이진영/ 예준)과 함께 이 기쁨을 나누면서, 끝으로 한국 교회가 '보다 차원 높은 교회음악학의 정립'으로 진정 하나님께 최선의 찬송과 찬양과 영광을 돌리기를 간절히 바라고 원하는 바입니다.

2013년 9월 25일
연구실에서 신소섭

추천의 글

전 총신대 총장 정성구 박사

오늘날 한국교회는 예배음악의 위기에 처해있다고 말한다면 지나친 표현일까? 왜냐하면 예배의 본질은 하나님 중심의 예배! 하나님께 대한 예배! 하나님으로 말미암은 예배여야 한다.

예배는 하나님의 계시에 의존하는 것이며, 하나님의 초청과 하나님의 거저주시는 은총의 계시가 선행되어 거기에 대한 응답으로 하나님께 찬양과 존귀와 감사를 드리는 것이 예배이다.

그럼에도 불구하고 오늘날 한국교회는 양적 성장을 지상과제로 삼은 나머지 교회음악의 본질은 무시하고, 인간의 욕구 충족이나 감정 발산을 위한 인본주의적이고, 자기중심의 예배행태가 교회갱신이란 이름까지 들먹이면서 이뤄지는 것을 본다. 인간의 감정을 만족시켜 주고 흥분시키기 위해서 온갖 악기를 다 동원하고 즐기는 것이 예배갱신인 줄 착각하고 있는 것 같다.

심지어 요즈음은 예배 파괴행위를 자행하며, 그것이 '열린 예배'라고 우겨대는 사람도 있고, 그런 추세는 한국교회 전체에 엄청나게 확산되어 가고 있다.

이런 때에 교회음악과 신학을 함께 공부하고 한국에 '바른 찬송운동'을 위해서 헌신하는 목회자 신소섭 목사님의 노고가 이 한 권의 책 『실용 교회음악학』에 담겨져 있다.

하나님의 영광과 주권을 위해서 귀한 일을 하시는 신소섭 목사님의 타는 듯한 가슴을 이해한다. 그는 이미 출간한 『예배와 찬송가』와 『예배 찬송학』 『한국교회음악사』의 이론적 바탕 위에 연구한 산물이기에 더욱 소중하다.

바라기는 이 책이 신학교와 강단에서 모든 교역자와 신학도, 각 교회 찬양대, 지휘자들에게 유용하게 쓰일 것을 의심치 않으며, 한국의 교회음악과 찬송가의 발전에 큰 보탬이 되기를 바라는 마음에서 감히 추천하는 바이다.

추천의 글

전 감신대, 목원대 총장 박봉배 박사

오늘날 한국교회는 예배의식의 부재 내지는 교회음악의 위기에 와 있다고 생각되어집니다. 예배음악의 본질은 하나님을 찬양! 하나님께 찬양! 하나님으로 말미암은 찬양이어야 합니다. 예배음악은 하나님의 계시에 의존하는 것이어야 하며, 하나님의 부르심과 하나님의 거저 주시는 은총의 계시가 선행되어 거기에 대한 응답으로 하나님께 찬양과 감사를 드려야 하는 것입니다. 그럼에도 불구하고 오늘날 한국교회는 교회음악의 본질이 무시된 채, 인간의 욕구충족이나 감정발산을 위한, 자기중심의 찬양행태가 교회음악의 주소를 흐리게 하고 있습니다.

이번에 신소섭 목사님은 그간 저서 『예배와 찬송가』, 『禮拜와 讚頌學』, 『한국교회음악사』에 이어 『21실용 교회음악학』을 펴내시게 되었습니다. 교회음악전반에 관하여 교회음악의 역사 · 교회음악지도와 행정 · 악기론 · 지휘법 · 작곡법 · 음악 감상법 등 '실용교회음악학'에 대한 양서를 출간하게 되었습니다. 우선 신 목사님의 노고를 치하하면서 교회음악학에 관한 서적이 많지 않은 한국교회 현실에서 반가운 일이 아닐 수 없습니다. 신 목사님은 교편(음악)을 잡으시기도 하였고, 성도교회를 담임하시다가 은퇴하신 분이십니다. 21세기『찬송가』편집과정에서 음악전문위원으로 수고를 하셨고, 더구나 21세기 '해설찬송가' 집필을 맡으셔서 많은 수고를 하신 분이십니다. 같이 일을 하면서 이분이 어떻게 그렇게 찬송가에 대해서 정확하게 파악하고 계신지 때로는 감탄할 지경이었습니다. 한국교회음악이 지나치게 연주형식에 몰두하여 이론적인 정립이 되어 있지 않은 상태에서 신 목사님의 저서는 '교회음악학'의 실용적 면에서 많은 도움이 되리라고 생각합니다. 교회음악에 관심을 가지신 찬양대지휘자, 반주자, 찬양대원들로 수고하시는 분이나 목회자들도 꼭 한번 읽어보시면 바른 예배나 교회음악프로그램 운영에 크게 도움이 되리라 생각되어 일독을 권하고 싶습니다.

2013년 9월 25일

추천사

서울장신대학교 총장 문성모 목사

"하나님은 영이시니 예배하는 자가 영과 진리로 예배할지니라."(요 4:24)는 말씀처럼 '영과 진리'란 '성령과 진리'로 예배하라는 말씀으로 받아들일 때, 이 책이 제시하고 있는 '교회음악학의 본질'을 이해하고서 올바른 교회음악학과 찬송가학을 가르치고 창작하며, 좋은 '교회음악'의 유산을 남겨주고 발전시켜간다는 것은 참으로 바람직하고 귀한 일이라 생각되어집니다.

신소섭 목사님은 평생을 음악과 목회에 헌신하신 분으로 이번에 『21 실용교회음악학』을 저술하신 것은 이분의 그 동안의 모든 강의와 생각을 총 결산한다는 의미에서 중요한 책이라고 생각합니다. 21세기 교회 영역에서 가장 중요한 분야는 '문화'입니다. 이 '문화' 중에서도 '음악'은 '예배'와 밀접한 관계가 있으므로 더욱 중요합니다. 그러므로 목회자로서 음악에 밝으신 신소섭 목사님의 저서는 교회 음악인들뿐만 아니라 목회자와 신학생들에게도 아주 중요한 지식을 제공하리라 믿어 의심치 않습니다.

특히 이 책에서 교회음악의 구분을 예배용과 교육용, 전도용, 친교용으로 나누어 설명한 것은 새로운 시도라고 생각되어지며 교회음악을 이해하는데 긴요한 부분으로써 돋보이는 부분입니다.

아무쪼록 이 책을 통하여 한국 교회가 교회음악의 발전에 더욱 큰 관심과 애정을 보이기를 바라며 인재를 양성하고 바른 지식을 가지고 음악이라는 재료를 잘 활용하여 예배가 활성화되기를 바라마지 않습니다. 좋은 책을 쓰기 위하여 그동안 수고하신 신소섭 목사님의 노고를 치하합니다.

2013년 9월 25일

CONTENTS

- 책머리에
- 추천의 글
- 추천사

제1장 교회음악학의 접근 ········ 21
  제1절 교회음악학의 이해 ········ 21
  제2절 실용교회음악의 실태 ········ 24
  제3절 교회음악의 요소 ········ 28

제2장 교회음악의 역사 ········ 34
  제1절 고대(古代) 기독교 음악 ········ 34
    1. 구약시대 음악 ········ 35
    2. 신약시대와 초대교회 음악 ········ 40
    3. 비잔틴 교회음악 ········ 50
    4. 라틴 교회음악 ········ 53
  제2절 중세(中世) 교회음악 ········ 57
    1. 중세 초기 교회음악 ········ 57
    2. 그레고리안 성가 ········ 58
    3. 로마네스크 시대 교회음악(11-12세기) ········ 64
    4. 로마 가톨릭 교회 전례 음악 ········ 65
    5. 고딕 시대 교회음악 ········ 68
  제3절 종교개혁시대 교회음악 ········ 69
    1. 초기 종교개혁 시대 교회음악 ········ 69
    2. 독일 교회음악 ········ 70
    3. 불란서 교회음악과 운율 시편가 ········ 76
    4. 한국가톨릭교회 연도와 시편가 ········ 84
    4. 바로크 시대 교회음악 ········ 89
    5. 고전파 시대 교회음악 ········ 90
  제4절 현대(現代) 교회음악 ········ 91

1. 영국 찬송가 ·· 91
  2. 이삭 왓츠 찬송 ·· 92
  3. 웨슬리의 찬송 ·· 96
  4. 18세기 복음주의 영국 찬송 ································ 97
  5. 19세기 이후 영국 찬송 ······································ 99
  6. 빅토리아 시대 이후 찬송 ·································· 101
  7. 미국 교회음악 ·· 102

제3장 한국 『찬송가』의 변천사 ································ 115

  제1절 찬미가 ·· 115
  제2절 찬양가 ·· 116
  제3절 찬셩시(讚聖詩) ·· 117
  제4절 연합 찬송가 ·· 119
  제5절 신뎡 찬송가(찬숑가) ·································· 121
  제6절 신편 찬송가 ·· 122
  제7절 합동 찬송가 ·· 123
  제8절 새 찬송가 ·· 124
  제9절 개편 찬송가 ·· 127
  제10절 공회 『찬송가』(통일 『찬송가』) ················ 130
  제11절 21C 『찬송가』와 신작증보판 『찬송가』 ····· 134

제4장 찬송가의 구성과 편집 ····································· 147

  제1절 제목(Title of Hymn) ································· 147
  제2절 제목 분류 ·· 148
  제3절 장 표시 ·· 148
  제4절 곡조(Hymn Tune) ····································· 148
  제5절 작사자(Author) ··· 149
  제6절 작곡자(Composer) ···································· 149
  제7절 운율(Metrical Forms of Hymns) ················ 149

제5장 찬송학적 찬송가편집 방향 ······························ 151

  제1절 21C 『찬송가』 분석 ·································· 151
  제2절 21C 『찬송가』 진단 ·································· 155

제3절 21C 『찬송가』 편집과 '시편찬송가' 위치 ·············· 165
제4절 『찬송가』 제목분류 작성법 ·············· 173

제6장 《찬양곡집》을 위한 선곡 방안 ·············· 179
제1절 찬양곡 선곡 필요성 ·············· 179
제2절 '총회 찬양곡' 선곡의 예 ·············· 181
제3절 찬양곡 선곡 실제 ·············· 183
제4절 찬양곡 선곡을 위한 위원조직과 운영 ·············· 184

제7장 교회음악 구분과 활용 안 ·············· 187
제1절 예배용 음악 ·············· 187
  1. 예배의 개념과 찬송 ·············· 188
  2. 예배의 내적 의미 ·············· 194
  3. 예배 의식과 교회음악 ·············· 196
  4. 예배 순서와 교회음악 ·············· 207
제2절 교육용 음악 ·············· 216
  1. 교재용 교회음악 ·············· 217
  2. 부흥 가 ·············· 218
  3. 고무가(Inspiring Song) ·············· 219
  4. 차임(Chime)과 종(鍾) ·············· 219
제3절 전도용 음악 ·············· 220
  1. 전도가 ·············· 220
  2. 복음성가와 복음 찬송가 ·············· 221
  3. 흑인영가 ·············· 224
제4절 친교용 음악 ·············· 224
  1. 감상을 위한 음악 ·············· 225
  2. 생활을 위한 음악 ·············· 230
  3. 레크리에이션 음악 ·············· 230

제8장 교회음악 교육과 행정 ·············· 233
제1절 어린이 교회음악 내용 ·············· 233
제2절 어린이 교회음악교육 방법론 ·············· 234
제3절 교회음악 교육의 실제 ·············· 240

    1. 교회음악 교육의 기초 ··· 242
    2. 시창(視唱) 및 발성법 ··· 253
  제4절 교회음악의 운영과 행정 ··· 266
    1. 교회 음악위원회 조직 ··· 266
    2. 교회 음악위원 역할 ··· 267
    3. 찬양대 기원 및 운영 ··· 275
    4. 찬양대 운영 실제 ·· 281
    5. 찬양대 활동계획 ·· 284
    6. 찬송 및 찬양과 교회력 ··· 285
    7. 절기 찬송 및 선곡실제 ··· 293

제9장 교회악기론 및 지휘법 ··· 299

  제1절 성경에 나오는 악기 ··· 299
    1. 구약성경에 나타난 악기 ·· 299
    2. 이스라엘 왕국 시대 연주 형태 ······································· 306
    3. 포로 시대와 재건 시대의 연주 형태 ······························ 307
    4. 신약성경에 나타난 연주형태 ··· 308
  제2절 교회 악기론 ·· 310
    1. 일반적 반주 악기 ·· 310
      1) 오르간(Organ) ·· 310
      2) 피아노(Piano) ·· 324
    2. 교회 기악부 운영 ·· 328
  제3절 지휘법의 실제 ··· 346
    1. 지휘의 역사 ··· 346
    2. 지휘와 타법 ··· 348

제10장 작곡법 이론과 실제 ··· 362

  제1절 작곡법 기초 ·· 362
  제2절 화성학 ··· 363
  제3절 대위법 ··· 366
  제4절 음악 형식론 ·· 370
    1. 음악 형식 ·· 370

2. 노래 곡 형식 ·· 372
   3. 큰 형식 ·· 376

제11장 음악 감상법 ·· 380
   제1절 음악 감상법 기초 ··· 380
   제2절 감상 곡의 이해 ·· 382
   제3절 연간 감상 계획 ·· 414
   제4절 지휘자(Conductor) ·· 416

♪◎ 부 록 ◎♪

   [부록 1] 『통일찬송가』 중 복음가 일람 ····································· 420
   [부록 2] 악기가 언급된 주요 성경 구절들 ································· 421
   [부록 3] 5도 권(五度圈) ··· 423
   [부록 4] 그레고리 찬트 ··· 424
   [부록 5] 관현악기 개요 ··· 427
   [부록 6] 이조악기 조성기호 대조표 ·· 434
   [부록 7] 코드이름 일람 ··· 435

♪ ◎ 악보 차례 ◎ ♪

   < 악보 1 > 성모 마리아 송가 ··· 40
   < 악보 2 > 성 사가랴의 송가 ··· 41
   < 악보 3 > 시므온의 노래 ·· 43
   < 악보 4 > 옥시린쿠스 ··· 48
   < 악보 5 > 저녁 ·· 50
   < 악보 6 > 암브로시우스 4선법 · 그레고리 추가 4선법 ············ 61
   < 악보 7 > 성 요한 세자 ··· 63
   < 악보 8 > VENI CREATOR(임하소서 성령이여) ························ 64
   < 악보 9 > 시편 6편 ·· 78
   < 악보 9-1 > 『칼빈 시편찬송가』 한국어판 시편 6편 ·············· 78
   < 악보 10 > 시편 105편 ··· 79
   < 악보 10-1 > 『칼빈 시편찬송가』 한국어판 시편 105편 ·········· 80

XV

< 악보 11 > 스코틀랜드 시편가 통찬 80장 ·················· 83
< 악보 12 > 스코틀랜드 시편가 통찬 437장 ················· 83
< 악보 13 > 한국가톨릭 연도 시편가 51편 ·················· 84
< 악보 14 > 한국가톨릭 연도 시편가 129편 ················· 87
< 악보 15 > AMAZING GRACE ······························· 105
< 악보 16 > 백만 인을 예수에게로 ··························· 120
< 악보 17 > 찬송가 1장 ·· 147
< 악보 18 > Battle Hymn of the Republic ················ 153
< 악보 19 > 애국가 데十四 애국가 338 ······················· 155
< 악보 20 > 시편 1편 복 있는 사람 ··························· 170
< 악보 21 > 시편 84편 만군의 주 여호와여 ················· 171
< 악보 22 > 시편 47편 너희 만민 손바닥을 치고 ············ 172
< 악보 23 > GENESIS EXODUS ······························· 178
< 악보 24 > [메시아 중 No. 53] 죽음 당하신 어린 양 ········ 200
< 악보 25 > 성경이름 노래(성경목록가) ······················ 218
< 악보 26 > 즉흥연주곡 ·· 237
< 악보 27 > 장조와 단조의 으뜸음 ···························· 246
< 악보 28 > 대위법의 예시 ····································· 369

♪ ◎ 도표 차례 ◎ ♪

< 도표 1 > 미사의 구성 ·· 66
< 도표 2 > 미사 악곡의 성립 연표 ····························· 67
< 도표 3 > 한국가톨릭 연도 소리 구조 ························ 86
< 도표 4 > 개신교 찬송가 계보 ································ 129
< 도표 5 > 공회찬송가 차례 ···································· 130
< 도표 6 > 통일찬송가에서 삭제 된 76곡 목록 ·············· 136
< 도표 7 > 21세기『찬송가』일러두기 ························ 138
< 도표 8 > 21세기『찬송가』에 추가된 찬송가 목록 ········ 139
< 도표 9 > 교회력에 의한 찬양곡 선곡의 예 ················ 185
< 도표 10 > 한국찬송가 주제별 분석 ························· 223
< 도표 11 > Matheson 조성에 따른 감정 ··················· 250
< 도표 12 > 조의 특성 ··· 251
< 도표 13 > 교회음악 전문위원회 조직 ······················ 267
< 도표 14 > 교회력 ··· 286

< 도표 15 > 교회력에 따른 찬송가 주제와 선곡의 예 ·············· 294
< 도표 16 > 교회력 예전 색깔·절기 메시지 ···················· 296
< 도표 17 > 관현악기 4부 편성 ······························ 337
< 도표 18 > 관현악기 4부 편성(Soprano, Bass Part 보강) ········ 338
< 도표 19 > 관현악기 4부 편성(각 Part 보강) ··················· 338
< 도표 20 > 각 시대 작곡가별 악기편성 ······················· 342
< 도표 21 > 이조악기의 조성기호 대조표 ······················ 345
< 도표 22 > 3화음의 구성과 성격 ···························· 365
< 도표 23 > 베토벤의 교향곡 ······························· 400
< 도표 24 > 연간 감상 계획 ································ 415

♬ ◎ 그림차례 ◎ ♬

< 그림 1 > 1524년에 간행된 『8가집』 표지 ···················· 73
< 그림 2 > 안익태 선생 미국 신시내티 교향악단지휘 ············ 120
< 그림 3 > 교회력의 절기 도표 ····························· 297
< 그림 4 > 성경에 나오는 고대 악기 ························· 300
< 그림 5 > 타법 ··· 348
< 그림 6 > 4박자 예비타 ·································· 349
< 그림 7 > 1박자 타법 · < 그림 8 > 예비 타 ··············· 349
< 그림 9 > 4박자 기본형 ·································· 350
< 그림 10 > 레가토 4박자 타법 ····························· 351
< 그림 11 > 가벼운 스타카토 ······························· 352
< 그림 12 > 예비 타(운동) ································· 352
< 그림 13 > 1박자 예비 박 ································· 353
< 그림 14 > 2박자 시작 ··································· 353
< 그림 15 > 3박 예비 타 · 4박에서 시작하는 곡 ················ 354
< 그림 16 > 3박자 기본형 ································· 355
< 그림 17 > 3박자 레가토 타법 ····························· 355
< 그림 18 > 3박자 스타카토 타법 ··························· 356
< 그림 19 > 2박에서 시작하는 곡 ··························· 356
< 그림 20 > 3박에서 시작하는 3박자 곡 ······················ 357
< 그림 21 > 2박자 기본형 ································· 357
< 그림 22 > 2박자 Marcato 타법 ··························· 357
< 그림 22 > 2박자 레가토 타법 ····························· 358

XVII

< 그림 23 > 기본형 …………………………………………………… 358
< 그림 24 > 상박(Aftak)의 지휘법 …………………………………… 358
< 그림 25 > 6박자 독일 형 …………………………………………… 359
< 그림 26 > 6박자 이태리 형 ………………………………………… 359
< 그림 27 > 6박자 레가토 타법 ……………………………………… 360
< 그림 28 > 6박자 스타카토 타법 …………………………………… 360
< 그림 29 > 종지법 …………………………………………………… 361

♬ ◎ **참고문헌** ◎ ♬ …………………………………………………… 441
♬ ◎ **찾아보기** ◎ ♬ …………………………………………………… 456

그림 38

그림 39

♪ 할렐루야 그의 성소에서 하나님을 찬양하며
그의 권능의 궁창에서 그를 찬양할지어다.
그의 능하신 행동을 찬양하며
그의 지극히 위대하심을 따라 찬양할지어다.

나팔 소리로 찬양하며
비파와 수금으로 찬양할지어다.
소고 치며 춤추어 찬양하며
현악과 퉁소로 찬양할지어다.

큰 소리 나는 제금으로 찬양하며
높은 소리 나는 제금으로 찬양할지어다.

호흡이 있는 자마다
여호와를 찬양할지어다. 할렐루야! ♪

(시 150:)

XIX

제1장 교회음악학의 접근

제1절 교회음악학의 이해

　일반적으로 '교회음악학'(敎會 音樂學; Church Musicology)이라 하면 기독교와 관계된 각종 성악·기악의 총체적인 학문적인 체계를 말한다. 오늘날의 기독교는 유대교회로부터 입은 은혜는 직접적이며, 현실적이다. 에릭 워너(Eric Werner)가 밝혔듯이 교회와 회당에서 행해지는 보통 예배의식의 요소는 성경말씀, 시편가, 회중기도, 지도자가 읊는 기도 등이었다.1) 음악사학적으로 교회음악학은 동서고금을 통하여 기독교와 불가분의 밀접한 관계를 맺고 있다. 기독교의 역할은 유럽 문화 예술에 커다란 영향을 주었으며, 그 교회음악학 역시 서양음악사에 차지하는 비중이 지대하다 할 수 있다. 중세말까지의 음악으로는 거의 교회음악을 들 수 있을 뿐이고, 르네상스 이후에도 교회음악은 서양음악, 이른바 양악(洋樂) 전체의 기본이 되었기 때문이다.2)
　'교회음악학'이란 하나님께 영광을 돌리기 위한 학문으로서, 그리스도를 머리로 삼는 몸 된 교회가 그 사명을 완수하기 위하여 필요로 하는 음악활동 및 학문적인 연구 일체를 말한다. 음악활동일체란 창작(작곡), 연주, 감상 및 이에 관한 개인적 연구나 집단적 연구나 학문에로의 접근 일체 활동을 말한다.
　교회음악학이란 일반음악학과는 달리 형식이나 가사, 멜로디 등에 특별한 고려를 해야 하는 제한성을 지니고 있다. 단순히 음악학이나 음악미학에 국한된 것이 아니라 성경신학, 조직신학, 역사신학, 기독교 시문학 등, 다양한 분야

---

1) 에릭 워너(Eric Werner)는 멘델스존의 전기를 집필했다.
2) 『基督敎 大百科 事典』12권(서울: 기독교문사, 1991) 7판. p.936-966.

를 포함하기 때문에 실제적인 접근이 쉽지 않다. 요즈음 교회음악에서도 창작 활동이 많아졌다. 그러나 예배학이나 찬송가학 연구 없이 복음성가는 몰라도 '찬송가'를 작곡하고 창작한다는 것은 경솔한 일이다. 음악은 국경이 없지만 찬송학자에게는 신학적인 구별과 한계가 있어야 하기 때문이다.

　시인이라고 아무나 찬송시를 창작할 수 있는 것이 아니다. 칼뱅은 찬송가사 창작의 제한성을 두었다. 찬송가 작가들을 보면 신학교육을 받은 적이 없는 작가이지만 신학자들 이상으로 모세 5경이나 시편 등 성경을 모두 암송하고 경건 생활과 기도생활을 더 많이 한 작가들이 많다. 그렇기에 위대한 찬송 시 한편이 자살직전의 생명을 살리는 '찬송의 위대한 힘'이 그 속에 있었던 것이다.

　음악적으로도 바흐의 그 수준 높은 작품들이 멘델스존 같은 음악가가 연주하였을 때 그 본래가치가 살아난 것처럼 이제 우리는 바흐나 헨델이 투자했던 만큼 그 학문적인 높이와 깊이를 음악적인 측면에서 뿐만 아니라 찬송신학적인 측면에서 연구하고 이해하려는 학문적인 투자와 접근이 절실하다고 생각한다.

　찬송가를 몇 곡 작곡하여 『찬송가』책에 실린다고 다 위대한 찬송가 작가나 찬송학자가 되는 것은 아니다. 온 세상 만물과 온갖 좋은 선물을 다 주신 하나님 그리고 십자가에서 보혈을 아낌없이 부어주신 구세주의 은혜에 감격해 찬송하고 연구해야 하리라.

　우리나라는 외국 선교사들에 의하여 복음이 이 땅에 전파되고, 교회가 조직된지 어언 2세기에 접어들었다. 교회가 조직 된지 1세기가 지났건만 교회가 필요로 하는 교회음악학에 대하여 소극적이다. 교회 안의 기관이나 행정상의 어떤 규례나 조문, 지침 및 방향제시 등이 전혀 없으므로, 교회음악운영상 결코 뺄 수 없는 교회음악학의 학문적인 연구나 문화적 접근, 발전이나 실제 운영면에서 소극적이며, 교회나 교파마다 천차만별의 상태이다. 더욱이 요즘 '열린 예배'라고 하여 '찬양과 경배'라는 이름으로 무분별한 악기사용과 연주형태로 보아 세속음악인지 교회음악인지 구별이 안 될 정도로 그 문제가 심각하다.

　'교회음악학'이 교회 내에서의 모든 예배나 행사의 방향이나 실제상황에서 주축이 되어야 한다. 교회가 하나님의 것이라면 음악도 하나님과 직접 관계된 것이어야 한다. 그러므로 교회는 이렇게 중요한 음악에 대하여 일정한 규범이나 지침이 될 만한 학문적인 체계가 있어야 할 것이다. 그러나 본론이 말하는 '교회음악학'이란 '종교음악학'의 일부이기는 하지만 차별성을 지닌다. 신학교들마다 초기 문교부에 인가를 받으면서 '종교음악과'를 개설하였다. 신학교에서 그것도 개신교 신학교에서 모든 종파의 종교음악을 다룬다는 것은 시간적으로 불가능한 일이다. 최근에 이르러서야 신학교 또는 신학대학원에서 개설학과 명칭을 '교회음악과'로 바꾼 것은 타당한 일이라 생각된다. 그러나 '교회음악과'라고 명칭은 바뀌었다지만 커리큘럼이 문제다. 신학교에서마저 일반음악대학처럼 음악이론이나 작곡 악기론 연주 등의 실기 그리고 음악의 기초와 전문적 학문에만 머문다면 교회음악학의 발전과는 무관할 것이며, 교회음악발전과는 거리가 먼 것이다.

　로마 가톨릭교회는 엄격한 전통적 규범이 있다지만 보다 성경신학과 목회신학을 추구하는 개신교의 교회음악학은 더욱 분명한 목적을 가지고, 개혁신학의 교리와 학문에 걸 맞는 교회음악학의 방향제시가 있어야 하겠다.
　그러므로 하나님을 믿고, 그리스도와 성령을 하나님과 일체로 인정하고 믿는 교회를 중심으로 하나님의 영광을 추구하기 위해 교회에서 드려지고 있는 '예배음악'과 '찬송가'를 비롯하여, 실행되고 있는 교육이나 전도활동에 필요한 모든 '교회음악학'의 실제적인 활동전체를 통제할만한 바로 그러한 규범이나 체계 있어야 하겠다.

　예제　1) 교회음악학의 접근법을 제시해 보자
　　　　2) 교회음악학의 범위를 설명해 보자.

제2절 실용교회음악의 실태

 한국 개신교 역사는 1백주년이 지나 이미 선교 2세기를 맞아 세계 선교에 앞장서고 있다. 오늘날 한국교회는 전체 인구 중 18.3%가 개신교인이라고 한다. 그러나 신학교에서 성경교육 못지않게 '찬송가학 교육'이나 '올바른 찬송가 문화 형성'이 필요한 것임에도 별 관심이 없었던 것 같다. 이제 자라나는 청소년 세대와 기성세대 간에는 너무 큰 문화적 격차가 벌어져 이질감마저 느껴진다. 현실교회는 이들 청소년의 터질 것 같은 가슴을 이해해 주어야하고 분수처럼 표출시킬 교회음악에서 학문적인 대안을 마련해 주어야 하겠다. 기독교 문화의 한 단면이라고 볼 수 있는 개신교회의 『찬송가』는 20년 이상 사용되던 1983년 통일 『찬송가』나 21세기 『찬송가』마저 1백주년 전의 그 모습 즉 4부 합창 형식, 장·단조 조성의 3화음 적 구성, 일정한 악구 배열, 장 절 식 구조, 단 선율에 의한 화성을 뒷받침한 호모포닉 텍스추어(Homophonic Texture)[3] 등을 고수하고 있다. 나운영 교수는 평생 '찬송가의 한국화'를 부르짖었었다. 국악과 출신들도 많이 배출되어 나오지만 한국교인들의 국악에 대한 배타적인 정서가 걸림돌이 되고, 위에 지적한 점들과 함께 젊은이들이 로큰롤이나 C.C.M.에 맛 들여져 찬송가의 한국화나 발전을 어렵게 만드는 요인들로 작용하고 있다 할 수 있겠다.

 우리나라 최초의 찬송가는 1892년 감리교에서 발간된 『찬미가』이며, 간행

---

[3] 음악을 구성하는 '여러 개의 성부가 짜여 진 상태'를 조직(組織, Texture)이라 한다. 국악의 성부 짜임새는 화성적(Homophonic texture)이거나 다성적(Polyphonic texture)인 것을 찾기 어렵다. 독창이나 독주, 그리고 제창(齋唱)이나 제주(齋奏)로 연주되는 경우가 많은 국악은 단선율 음악(Monophonic texture)이 주를 이루는 것처럼 보인다. 그러나 여러 악기가 함께 연주하는 음악에서는 각 악기의 특성이나, 연주자의 개성에 따라 부분적인 장식과 변주가 가능하며, 여러 성부가 본질적으로 같은 가락을 연주하면서도 부분적으로는 조금씩 다른 가락을 연주하기도 한다. 이와 같은 성부 짜임새를 이음성음악(異音性音樂, Heterophonic Texture)이라 한다. 따라서 독창이나 독주를 제외한 대부분의 국악곡은 헤테로포니에 속한다고 하겠다. 반면에 가락 악기나 인성(人聲)이 전혀 쓰이지 않는 국악에서 <사물놀이>와 같은 음악은 선율을 연주하는 성부가 없으므로, 무 선율 음악(無旋律音樂, Non-melodic texture)에 속한다.

자는 미 감리회 선교사이다. 그런데 『합동 찬송가』, 『새 찬송가』, 『개편 찬송가』 그리고 1983년에 통합된 통일 『찬송가』와 21세기 『찬송가』에 이르기까지 '찬송가 문화'의 학문적 발전이란 미미하다고 볼 수밖에 없다. 1995년에 발행된 『신작 증보판 찬송가』는 한국인 찬송가 138편을 후미에 덧붙이는 식으로 편집되었다가 세상에 빛도 보지 못한 채 보급을 중단해야만 했다.

그 후 김규현 교수의 "『신작증보판 찬송가』 무엇이 문제인가"[4]의 글을 비롯하여, 1996. 8. 29-30 부산 하얏트 호텔에서 가졌던 〈21세기 한국찬송가 방향설정을 위한 제1회 공개세미나〉에서 박봉배 목사의 "21세기를 향한 찬송가의 편찬방향 그 회고와 전망" 그리고 신소섭 목사의 "21세기 한국 『찬송가』를 위한 대책 및 시안"이란 제목으로 행한 발제 강연들은 그만큼 시의적절 했으며, 찬송가학의 학문적인 보탬이 있었다. 이 세미나를 통하여 21세기 한국찬송가의 개발의 시급성을 한국교회에 알렸으며, 21세기 『찬송가』 개발에 착수하여 찬송가공회가 한국의 교회음악 지도자 및 신학교 교수, 찬송 시인들, 찬송작곡가들이 대거 동원되어 10여 년 동안 수고와 노력의 결실로 새로운 21세기 『찬송가』 (서울: 한국찬송가공회, 2006년)가 태어난 것은 그나마 다행한 일이다. 그러나 찬송가공회 발행 21세기 『찬송가』는 많은 문제를 안고 태어났다.

그런가하면 홍수처럼 쏟아져 나오는 '복음성가'며, 교회마다 드럼을 비롯한 악기의 설치경쟁과 '경배와 찬양'이라는 이름으로 세속음악의 연주기법들을 동원하여 사람들의 감정만을 부추기는 행태가 교회음악의 새 방향인 것처럼 왜곡되고 있다는 것은 안타까운 현실이다. 때를 같이 하여 사탄은 이제 청소년들의 음악과 문화를 표적으로 삼고, 갖은 도전을 해오고 있는 것이 현실이다.

아직도 순수한 '예배 찬송가'마저도 학문적으로 정립되지 못한 시점에서 '복음성가'를 말해서 무엇 하랴! 그러나 21세기를 살아가면서 흘러가는 세속문화의 소용돌이 속에 교회음악이 휘말려 가는 현실을 그냥 바라보고만 있을 수만은 없다.

음악이 인간의 삶에 미치는 영향은 우리의 생각보다 큰 것이다. 독일의 낙농장에서 젖소에게 모차르트의 음악을 들려주었더니 우유 생산량이 늘었고, 헤비메탈 음악을 들려주었더니, 젖소가 놀라서 우유 생산량이 떨어졌다는 실험 결

---

[4] 김규현, "신작증보판 찬송가 무엇이 문제인가?" (음악저널, 1995. 10월호 pp.80-84)

과가 나왔다. 하물며 이보다 수 천만 배 두뇌 기능이 발달된 인간들의 감성과 청각에는 더욱 큰 영향을 미치지 않겠는가?

교육심리학적 측면에서 고찰하면 인간의 뇌세포 형성은 3-5세에서 이미 80%가 완성되어진다고 한다. 감각기관으로서의 청각기능의 발달은 유아기 말기(6세 경)가 되면 거의 성인과 똑같은 수준까지 발달되며 또한 음의 높낮이, 리듬감 등이 유아기에 가장 급속하게 발달하는 것이다. 그러므로 유치부에서 초등부까지 어린이의 '찬송교육' 그리고 중·고등부 학생들의 올바른 '찬양 지도' 또한 청소년들의 '찬송회복'은 무엇보다 중요하고 시급하다. 그러려면 교회 안에서 성경교육 못지않게 체계적인 '교회음악 교육'과 '찬송교육'이 필요하다고 본다. 그런데 우리의 현실은 '어린이 찬송'은 성인들의 것을 모방하는 정도요, 교단마다 어린이 찬송가가 있다. 이번 새로운 21세기『찬송가』에도 어린이 찬송가가 11곡이 들어가 있다.5) 그러나 이는 구색 맞추기 정도이지 어린이 찬송가 분량으로는 예배시나 교육용 어린이 찬송가가 태부족이다. 그리고 청소년들의 복음성가는 팝송스타일의 단계에서 벗어나지 못하고 있는 것이 대부분 교회들의 실정이다. 순수한 '찬송가학'의 부재시대요, '교회 음악학'의 학문적 연구와 대안을 필요로 하는 시대라고 진단되어진다. 마음에서 저절로 창조주 하나님의 위대하심과 그 능력과 아름다움이 동심에서 표현되어 가슴에서 우러나오는 감미롭고, 은혜로운 찬송이 그립기만 하다. 어린이 찬송은 사라져가고, 교사들이 기분 내키는 대로 선곡하여 새로운 곡만을 가르치고 있다. 수준미달로 동요수준도 못 미치는 그러한 음악에 맛들이다가 진짜 '좋은 찬송'이나 '은혜로운 찬송'은 다 잃어버려 가는 현실이 염려스럽다. 그래서 신학교나 신학대학원에서는 정체성이 있는 '교회음악학'을 연구하고, 일선 교회와 기독교학교에서는 신앙과 실력을 고루 갖춘 신앙적인 '찬양 지도자' '찬양 전문가'를 가르치고 잘 길러 이들을 선용하도록 해야 하겠다.

그래서 한국 교회가 성경 신학자들과 나란히 '찬송신학자'들도 길러내어 '찬

---

5) 『찬송가』(서울 : 한국찬송가공회, 2006) 560-570장이 어린이 찬송으로 분류되어 살렸다. 560장은 G. C. Tullar(1869-1950) 곡, 561장은 박재훈 목사 곡, 563-567, 569-570장은 기존 찬송가에 실렸던 곡이다. 특히 568장(하나님은 나의 목자시니)곡은 '산토끼' '고향의 봄' '오빠 생각' 등 동요를 작곡한 이일래(1903-1979) 곡이다. 570장(주는 나를 기르시는 목자)은 어린이 성탄캐럴 작곡자 장수철(1917-1966) 박사의 곡이며, 기존 찬송가에는 "인도와 보호"로 분류되었던 곡이다.

송가'에 대해 최소한의 학문적인 지식을 가지고, '교회음악학'을 연계하여 지도하면서 현실의 부족하고 비정상적인 점들을 하나씩 바로 잡아가야 되겠다.

교회음악의 1차적인 자료라고 볼 수 있는 지금까지 발행된 '찬송가 집'과 '복음성가 집'에 포함되고 있는 곡들은 단순한 음악이 아니다. '하나님의 말씀이란 메시지를 가진 음악'이다. 청장년들이 사용하고 있는 '찬송가 집'도 문제가 많지만 더욱 '어린이 찬송가'와 청소년들의 '복음성가'의 문제는 더욱 심각하다.

오늘날 한국의 청소년은 물론 성인 성도들까지라도 문화 전쟁에서 낙오자가 되고 있지 않은가! 그 대책이 시급하다. 사탄은 이제 대중문화 특히 대중음악 속에 깊이 관여해 있다고 본다. 록 음악(Rock Music)은 끔찍한 사탄의 메시지를 담고 있다. 오늘날 대중음악들이 마치 출애굽 백성들이 모세가 시내 산에 올라간 사이에 금 신상 앞에서 먹고 마시면서 '이것이 너희를 애굽에서 인도해 낸 신이라'하고 노래하며 뛰놀았던 사건이나, 또한 느브갓네살 왕이 세운 금 신상 앞에서 모든 악기를 연주하며 섬기던 행위와 무엇이 다르다는 말인가?

나라 사랑! 주님 사랑! 민족의 정서나 신앙은 어디로 가고, 헛된 감정의 홍수와 매너리즘(mannerism)6)의 늪에 빠져야 하는 것인지 한심스럽기만 하다. 우리의 조상들은 나라 잃은 '슬픔'과 망해 가던 민족의 비운을 '한'(恨)이라는 형태로 승화시켰다. 희망과 꿈을 심어주어야 할 음악이 '한'을 심어준다면 이것 또한 큰 문제가 아닐 수 없다. 그리고 세계의 무대에서 우리의 설자리가 없다고 한탄만 할 것인가? 서양음악의 경우는 우리와는 바탕이 다르다. 고전파 이전의 중세 음악은 오직 하나님(神)만을 찬양하는 도구로서 예술이 존재했기 때문에 그들은 '예배 행위'와 밀접해 있던 것을 알아야 한다. 거기에도 세속음악이 없었던 것은 아니지만 말이다. 그러므로 우리는 현실을 직시하고 한국 교회음악학의 방향을 분명히 제시해 주어야 한다. 이런 의미에서 이 책에서 다루고 있는 문제들은 한국교회와 특별히 목회자들과 신학생들 그리고, 교회에서 찬송과 찬양이란 음악으로 봉사하고자 하는 분들에게 많은 도움을 줄 것이다.

---

6) 매너리즘(mannerism)이란 예술 창작에 있어서 독창성을 잃고 평범한 경향으로 흘러 예술의 생기와 신선미를 잃는 일 또는 문학·미술 따위가 독창성을 잃고, 어떤 틀에 박혀, 기교상의 새로움만을 추구하는 경향을 말함.

제3절 교회음악의 요소

　세속음악과 달리 교회음악은 하나님으로부터 주신 메시지를 사람들에게 전달하려는 특별한 목적을 위해서 창작되어 지고, 또한 특별한 목적을 위해서 사용되는 음악이다. 일반음악이야 연주자의 감정에 의해 움직이지만 교회음악의 사명은 성령의 인도로 연주될 때 온전히 그 본래의 사명을 이룰 수 있다고 본다. 교회음악은 단순히 사람의 감정만을 흔들어 놓는 것이 아니라 연주를 통하여 예수 그리스도를 통한 위대한 구원의 진리를 전하는 중개자가 되어야 하며, 사람들이 거기에 응답할 때 그들을 그리스도인이 되게 하는 결과를 가져올 것이다. 이리하여 그를 하나님께 예배하는 자로 인도해 갈 수 있도록 도움을 준다. 또한 교회에서 연주되는 음악은 그 대상이 하나님께 드려져야하는 성격의 '예배찬송'과 신자들을 하나님의 말씀으로 교육하도록 매개체로서의 '교육적인 음악'도 포함되어진다.

　그런가 하면 통일 『찬송가』의 내용을 분석해 보면 가장 많은 분량(281/558편; 50.4%)으로 편집7) 되어져 있는 "복음성가는 신자의 신앙고백에 의하여 선교를 위한 집회에 사용되어질 목적"으로 만들어져 전도를 위한 집회에 참석한 사람들에 의하여 불려진다. 음악이라는 도구에 의하여 사람들의 닫혀 진 마음을 열게 하고 복음 전도의 사명을 감당하도록 가사와 곡이 잘 어울릴 수 있도록 옷을 입혀야 하는 것이다.　<부록 1> 복음가 일람(p.401)

　'교회음악'이란 말하자면 작곡가는 영적인 감동을 줄 수 있는 곡을 써야 하고, 연주자로 하여금 그의 일생과 재능을 바쳐 연주하는 음악의 메시지가 청중에게 전달되도록 해야 하며, 청중들로 하여금 그들에게 전해진 메시지에 의해 육체적, 정신적으로 응답할 수 있는 자세가 되게 해주어야 하는 것이다. 영적인 힘은 그 음악을 이해시키고 영감을 주는 데 있어서 자연적인 기술보다 훨씬 더

---

7) 신소섭, 『예배와 찬송가』(서울 : 아가페 문화사, 1993), p.135나 이 책의 p.187의 통계를 보아 알 수 있듯이 '예배찬송'보다는 복음성가가 훨씬 더 많이 포함되어 있음을 볼 수 있다.

본질적인 것이다.

그러므로 음악 안의 메시지가 영적인 것이 되려면 메시지, 메신저(Messenger), 청중이 하나가 되고 하나님께서 영으로 함께 하실 때만 가능하다. 이를 위하여 다음에 필요한 조건들이 있다.

1. 말씀 매체로서의 음악

흔히 '음악의 요소'를 말할 때 멜로디, 리듬, 하모니를 든다. 이 요소들이 인간의 감정을 전달하는 목적을 지니고 있다. 음악의 세 분야인 창작, 성악·기악을 포함한 연주나 감상에 이르기까지도 말이다. 그러므로 훌륭한 음악은 곡조와 가사의 조화가 이루어져야 한다. 특히 성악의 경우는 메시지를 담은 서정적인 시(가사)와 곡(Melody)의 일치가 무엇보다도 중요하다. 가사는 성경 적이며, 교회에서 예배나 교육에 사용할 수 있는 건전하고 분명한 것이야 한다.

그러나 교회음악을 사용함에 있어서 개혁자들의 견해를 들어보면 울리히 츠빙글리(Ulrich Zwingli, 1484-1531)는 회중이 찬송을 부르는 것은 불가하고, 찬송가 가사를 임의로 지어서는 안 되며, 합창음악을 가정에서는 할 수 있으나 예배 시 사용은 불가하며, 오르간 음악이나 기악음악이 예배에 사용되어서는 안 된다고 하였다. 그런가하면 존 칼뱅(John Calvin)은 회중이 찬송을 부르는 것은 가하나 찬송가 가사를 짓는 것은 허용이 안 되며, 합창음악을 가정에서는 가하나, 예배 때 사용은 불가하다고 하였다. 그러나 종교 개혁자 마르틴 루터(Martin Luther)는 교회음악 사용에 적극적이어서 회중은 찬송을 불러야하고, 찬송가 가사도 지을 수 있고, 합창음악이 가정에서나 교회예배 때에 사용이 가하다고 하였으며, 오르간이나 기악음악도 교회에서 당연히 사용되어져야 한다고 하였다.[8]

오늘날 교회에서 많이 불리어지고 있는 '복음성가'는 일명 '부흥성가'라고도

---

8) 김철륜, 『교회 음악론』(서울: 호산나 음악사, 1992), p. 96-97.

하나 엄밀한 의미에서는 다르다. '복음성가'는 요한 웨슬리와 찰스 웨슬리에서부터 시작되었다고 볼 수 있다. 요한 웨슬리는 미국 선교사로 배를 타고 가는 동안 배 안에서 모라비안 교도들의 기도하는 모습과 찬송하는 모습을 보고 감명을 받았다. 그 후 영국으로 돌아온 그는 독일 찬송가를 영어로 번역하여 보급하기 시작했다. 그리하여 모라비안 경건주의적인 찬송가가 영국에 들어왔고, 그 동생 찰스 웨슬리가 음악의 소질을 살려서 약 6,500개의 찬송 시를 쓰게 되었다.9) 그 찬송 시들의 내용은 "죄인을 부르심, 삶의 개혁, 사회적 책임" 등 복음적인 요소가 강조되었다. 이것이 웨슬리의 복음성가의 특징이기도하다. 웨슬리의 뒤를 이어서 조지 화이트필드(George Whitfield), 헌팅턴(Huntington)이 중심이 되어서 웨일스에서 부흥운동이 일어나게 되었고, 여기서 '복음찬송'(Evangelical Hymn)이란 전통이 이어지게 되었다.10)

그러므로 음악의 멜로디, 리듬, 화성 등이 가사라는 음악 안의 메시지가 가사의 악센트, 문장이나 내용의 전체적인 배열과 일치해야 한다. 오늘날 한국도 선교 제2세기를 맞아 이제 한국『찬송가』의 개혁이 일어나야 한다. 우리 가락, 우리의 멜로디, 우리의 정서에 맞는 찬송 시와 찬송 곡으로 태어나야 한다.

자라나는 세대들에게 우리 것의 소중함을 일깨워주어야 하는데, 이러한 점에서 나운영, 박재훈 등은 후학들에게 좋은 작품과 유산을 남겨 주었다.

기악곡인 경우에는 곡 자체가 거룩한 내용을 암시해 주어야 하지만 주제를 분명히 밝혀주어야 한다. 가장 확실한 방법은 성경으로 메시지를 전하는 것이 직접적인 방법이겠지만 예배의 분위기를 조성하는 데는 오르간의 웅장한 음색으로 전주곡, 간주곡, 후주곡 등을 연주하는 것도 교회음악에서 빼놓을 수 없는 좋은 역할이라고 할 수도 있다. 전주는 예배를 드리려는 성도들에게 천상의 거룩함에 가까이 이끌어주는 역할을 하고, 간주는 찬양과 명상의 시간, 결단을 위해 훌륭한 역할을 다할 수 있으며, 후주는 하나님의 말씀을 받고서 세상으로 나가는 성도들에게 말씀의 확신과 함께 헌신하고 봉사하는 자로서 다짐을 줄 수 있는 곡이어야 한다.

---

9) Charles Wesley(1707-1788)의 가사가『찬송가』(서울 : 한국찬송가공회, 2006)에 13편(15, 22, 23, 34, 105, 126, 164, 170, 174, 280, 388, 522, 595장)이나 실렸다.
10) 염행수,『讚頌神學』(서울: 도서출판 생수, 1985), pp. 14-15.

2. 전달자로서의 연주자

모든 음악이 그렇지만 교회음악은 청중을 분명히 의식하고 연주해야 한다. 그러나 대부분의 교회음악은 받으시는 분이 하나님이기 때문에 무의식적으로 연주하기 쉽다. 그러나 하나님께서는 예배 시에 부르는 회중 찬송이나 찬양대의 찬양이나, 특별찬양으로 드려지는 모든 교회음악들을 다 들으시며 받으신다. 그러므로 하나님께 영광을 돌리고 성령이 연주자의 재능을 주관하시기를 바라는 연주자는 자기 자신을 온전히 하나님께 바치는 경험이 있는 자요, 음악을 통해 성역(聖役)에 헌신하는 자이다. 그래서 교회음악을 말할 때는 구약성경의 예를 많이 든다.

이스라엘의 둘째 왕 다윗은 성전에서 레위 인들로서 찬양하는 전문인들을 세우고, 그들의 지도자를 세워서 철저한 음악 훈련을 시켜 하나님께 찬양 드리는 일을 전담하도록 하였다(역대상 16:4). 레위 사람을 택하여 여호와의 법궤 앞에서 겸손히 섬기면서 이스라엘 하나님 여호와를 칭송하고 감사하며 찬양하게 하였다. 아삽을 지휘자로 세웠고, 현악기인 비파와 수금 연주자로 스가랴, 여이엘, 스미라못, 여히엘, 맛디디아, 엘리압, 브나냐, 오벧에돔, 아삽은 타악기인 제금(提金; cymbals)을 힘 있게 치게 하고(대상 16:5), 제사장 브나야, 야하시엘은 항상 언약 궤 앞에서 관악기인 나팔을 불게 하였다.[11]

그뿐인가 다윗은 성전에 4천명의 대 찬양 단을 두고(역대상 23:5), 그들의 지휘자 3명을 두었고, 그 휘하에 288명(역대상 25:7)의 전문가를 두어서 성전 음악(교회음악)을 전담하도록 하였다. 아삽과 헤만과 여두둔은 다윗이 선별한 음악지도자(역대상 15:16-19)들이었고, 그들은 왕의 선견자라는 공식 명칭을 가지고 있었다(역대상 25:5; 역대하 35:15).[12]

---

[11] 에스라 2:41, "노래하는 자들은 아삽 자손이 128이요." 역대상 25:1 "다윗이 군대장관들로 더불어 아삽과 헤만과 여두둔의 자손 중에서 구별하여 섬기게 하되 수금과 비파와 제금(提琴)을 잡아 신령한 노래를 하게 하였으니 그 직무대로 일하는 자의 수효가 이러하였더라." 구분을 분명히 해야 한다.
[12] 염행수, op. cit., p.32.

또한 레위인들이 세습제로 이루어졌듯이 성전의 음악 지도자도 세습제였다. 그러므로 자연히 아삽과 헤만과 여두둔을 중심으로 한 음악 파(교회음악 악파)가 형성되게 되었다.

오늘날 교회마다 찬양대가 예배의 찬양과 절기 때마다 특별한 교회음악 연주를 위해 준비를 하여 드려지고 있다. 이들은 성도들을 대표해서 또한 성도들과 함께 그리고 성도들을 가르치는 자로서 하나님께 찬양의 임무를 감당하고 있다고 볼 수 있다. 교회음악의 메신저는 자기가 봉사하려는 일에만 관심을 쏟을 것이 아니라 그가 사용해야 할 음악의 종류, 또는 그 음악을 시대에 따라 해석하며, 사용 동기 등에 대해서도 관심을 가지고 항상 연구하면서 연주하도록 해야 한다. 자기 자신을 성장시키지 않는 지도자는 이미 지도자의 자격을 상실했다고 볼 수밖에 없다.

예제 3) 한국교회음악의 현주소를 파악하고 문제점을 지적해보자.
       4) 교회음악의 구성요소를 정리하고 설명해 보자.
       5) 교회음악의 청중에 대하여 기술해보자.

3. 교회음악과 청중(聽衆)

하나님이 인간을 창조하신 궁극적인 목적은 바로 하나님의 영광을 찬송하게 하려는 데 있다. 이사야 43장 21절에 "이 백성은 내가 나를 위하여 지었나니 나의 찬송을 부르게 하려 함이니라."고 했다. 하나님은 인간을 통하여 그의 영광의 찬송을 받으시려고 처음부터 인간을 창조하셨으므로 교회음악의 1차적인 청중은 하나님이시다. 하나님보다 청중이나 성도들을 우선하고 연주하는 것은 목적이 빗나갔다고 볼 수 있다.

하나님은 인간영혼이란 악기의 줄을 끊임없이 조이시고 둥기심으로써 하나님의 영광을 찬송도록 부추기고 있는 것이다. 이에 대하여 칼뱅주의 신학자 헤르만 바빙크(Herman Bavinck)는 『하나님의 큰 일』이란 책에서 "하나님은 인간을 모든 피조물 가운데 영장으로 삼기 위해서 그의 형상과 모양대로 창조하셨다. 그리고 인간을 땅의 왕으로 만물의 후사로 세우셨다(창세기 1:26). 그것은 하나님의 큰 영광 가운데 계시되는 여호와의 영광과 존귀를 노래하게 하기 위함이다."라고 하였다.[13] 기독교는 찬양의 종교요, 음악의 종교라고 말해도 과장된 표현은 아닐 것이다. 또한 그는 "하나님께서 인간을 선하게 창조하시고 그의 형상대로 창조하신 것은 하나님을 그들의 창조주로 바르게 인식하고, 진심으로 그를 사랑하며 그와 더불어 그를 찬양하고 영광을 돌리는 영원한 축복 가운데 살도록 하기 위함이라고 말한 하이델베르크 교리문답(de Catechimus van Heidelberg)의 말은 정당한 말이다."라고 강조하였다.[14]

"말은 우리들의 사상에 말하지만 음악은 우리들의 마음과 영혼에 그것도 영혼의 핵심과 근저에 말한다."고 킹슬리(Kingsley)는 말한다.[15] 이렇듯 음악은 실로 중요하며 특히 교회음악학을 연구하고 배우고 알아야 할 이유가 분명한 것이다. 더욱이 예배찬송가의 역할을 재인식해야 할 것이다.

---

13) Herman Bavinck, 『하나님의 큰 일』 김영규역 (서울: 기독교문서선교회, 1984), pp. 222-228
14) *Ibid*, p. 224.
15) Abba, 허경삼 역, 기독교 예배의 원리와 실제,(서울;기독교 서회,1974), p.145

제2장 교회음악의 역사

제1절 고대(古代) 기독교 음악

여기서 고대 음악이라 함은 일반음악에서 말하는 것이 아니라 교회적, 성경적인 고대 즉 구약시대를 말한다. 그러나 후자를 말하기에 앞서, 우선 전자를 간단히 설명하려고 한다.

음악학자 세실 그레이(Cecil Gray)는 그의 저서에서 "음악학상의 탐구는 원시시대 사람들이나 인도나 중국 등의 음악에 관하여 믿을만한 해설을 할 수 있는 충분한 자료를 현재까지도 우리에게 아직 제공치 못하고 있다. 그리고 혹 어떤 방법이 사용되었다 하더라도 고대에 사용한 악보에 대하여 우리들이 전혀 무지하다는 사실이 음악의 초기 역사에 대하여 무엇 하나라도 알고자 하는 노력을 크게 저해하고 있다."고 하였다.16) 한 두 개의 단편을 제외하고는 헬라음악의 참으로 신뢰할만한 실례에 대하여 전해진 바 없다. 또한 그 단편들조차도 헬라음악의 악보에 대한 우리의 해석이 전혀 틀렸다고는 못할지라도, 우리의 지식이 매우 불충분하다는 점을 입증해 주는 데 그친다.17)

그럼에도 불구하고 많은 학자들은 거의 불가능한 이 연구를 거듭하고 있다. 많은 학자들이 그들의 연구를 책으로 저술했지만(Gevaert, Riemann, Ambrose 등) 헬라음악이 실제로 어떤 것이었나에 대하여는 그 누구도 극히 막연한 개념 이상을 우리에게 주지 못한다. 비교음악학의 세계적 권위자인 싸흐스(Curt Sachs) 박사는 그의 저서에서 "분묘나 피라미드 내부의 벽에 그렇게도 생생하

---

16) 김의작, 『한국교회음악의 현황과 전망』(예술논문집 12집, 대한민국예술원, 1973), pp. 150f 참조.
17) *Ibid.*

게 그려진 궁정음악가들의 모습에서도 그 음악 소리는 들리지 않는다. 형태도 없이 순간에 사라지는 음악을 고대에서는 도무지 기록할 수 없었다. 그리고 남아있는 약간의 악보까지도 그 소리가 어떻게 울렸으리라는 확신을 얻을 길이 없다."고 하였다.18)

   교회적인 고대음악이라 할지라도 역시 악보나 소리가 남아 있지 않으므로 그 실제의 음향을 알아 볼 수 없으나, 성경에 나타나는 여러 가지 악기의 이름과, 고대 유물인 분묘나 피라미드 내부 등에서 발견된 악기들의 모양을 종합적으로 대조하고 연구함으로서 구약시대에 적어도 10여 종의 악기가 사용되었음이 입증된 것이 사실이다. 그리고 성경에 나오는 모든 악기들이 야곱의 자손들이 창안한 것이 아니라, '이집트, 아시리아, 갈대아' 등에서 도입된 것으로 추측된다.19) 고대의 교회음악은 악보나 소리가 남아 있지 않지만 성경에서 음악에 관한 기록과 고대 유물, 분묘, 벽화 등에서 발견되는 그림에 의하여 그 당시의 악기 모양이나 형태 등을 찾아볼 수 있다. 또한 고대 수천 년 동안 그대로 보존하려고 노력해 온 유대교의 회당(會堂) 음악을 통해서도 알 수 있다.

1. 구약시대 음악

1) 태고 시대 음악

   교회음악 역사를 논할 때 구약교회와 신약교회에서 그리고 성경에서 추론되어져야 할 것이다. 성경의 기록에 의하면 아담 후 7대를 지나 태어난 유발이 "수금과 퉁소를 잡는 자의 조상"이라고 전해진다.20) 이는 최소한 악사의 이름과 최소한의 관악기, 현악기가 출현하고 있음을 암시하고 있으나 가사를 수반

---

18) *Ibid*, p. 21.(재인용)
19) 김의작, 『교회음악학』, *op. cit.*, pp.177-178.
20) 구약성경 창세기 4:21 "그 아우의 이름은 유발이니 그는 수금과 퉁소를 잡는 모든 자의 조상이 되었으며"라고 기록하고 있다.

하는 성악 적 복합예술인지 단순한 기악곡인지에 관한 것은 알 수 없다. 또한 과연 유발이 악기의 창안자인지 아닌지는 확실하지 않다. 이 때는 창세 이후로 기원전 3천 8백년 경으로 추산된다. 또한 창세기 31장 27절에 "내가 즐거움과 노래와 북과 수금으로 너를 보내겠거늘……" 이라는 구절에서 보아도 그때 불려진 노래가 어떠한 것이었는지 알 수가 없지만 악기 이름인 북과 수금만이 언급되었으며, 그리고 이때에 연주된 음악들이 '찬송'이라 보기에는 거리가 있다.

찬송의 형태라고 볼 수 있는 최초의 성경 구절인 창세기 4장 26절에는 이렇게 적고 있다. "셋도 아들을 낳고 그 이름을 에노스라 하였으며, 그때에 사람들이 비로소 여호와의 이름을 불렀더라."(창 4:26) 여기에서 중요한 찬송의 단서는 '여호와의 이름을 불렀더라.'는 구절이다. 그러나 여기에서도 단순히 시(詩)만을 읊은 것인지 가락(melody)을 첨가해서 불렀는지 우리는 추측할 수 없다.

그리고 출애굽 시대에 영광의 탈출을 하고 홍해를 육지 같이 건너고 나서 그 감격을 노래하고 있다. 이는 분명히 시적(詩的) 구성으로 된 가사와 기악과 춤 즉 무용이 곁들여진 '종합예술'(composite arts)로 구성되어 있다.

출애굽기 15장 1-18절에서 모세와 이스라엘 백성들이 노래한 그 시는 이렇다. "내가 여호와를 찬송하리니 그는 높고 영화로우심이요, 말과 그 탄자를 바다에 던지셨음이로다.……" 로 시작되어 무려 18절, 자수로는 718자나 된다. 이러한 방대한 시를 전부 노래로 부르는 것은 음악의 내용이 문학적 요소가 주동적 역할을 했다는 것을 의미한다. 이때에 선지자 미리암이 손에 소고를 잡으니, 모든 여인도 그를 따라 나오며 소고를 잡고 춤추며, 미리암이 그들에게 화답하여 가로되 "너희는 여호와를 찬송하라. 그는 높고 영화로우심이요 말과 그 탄자를 바다에 던지셨음이로다." 이와 같이 군중이 집단적으로 춤을 추며 주고받는 응답 창으로 불려졌던 것이다.

원시음악의 대부분이 그러하듯이 인간이 가진 모든 재능으로 종교적 행사를 집행하는 형태이다. 이런 형태는 원래 이스라엘 자손들이 애굽에 들어가기 이전에는 없었던 것이며, 애굽에 거주하는 동안에 애굽 인들이 행하는 종교적 행사나 일상생활에서 습득하였다고 보아야 할 것이다.[21]

그 다음으로는 여리고 성벽이 무너질 때나(여호수아 6:4-20), 예언의 은사가

---

21) 김의작, 『교회음악학』(서울: 대한예수교 장로회 총회 교육부, 1981), p. 113-114.

회복될 때(왕하 3:15), 왕들이 즉위할 때(왕상 1:39-40; 왕하 11:14; 대하 13:14; 20:28) 그리고 사울 왕이 혼란된 마음을 안정시킬 때(삼상 16:14-23)와 잔치를 위해서도(이사야 5:12) 음악이 사용되었다.

2) 이스라엘 왕국형성 이후 음악

이스라엘 왕정이 시작되면서 활발한 음악활동이 일어났던 것을 볼 수 있다(삼상 16:23). 이스라엘 나라가 수립되고 사울이 초대 왕으로 취임하면서 음악 행사가 매우 활발해진다. 다윗이 승전을 하고 돌아 올 때에 "무리가 춤추며 이 사람의 일을 창화하여 가로되 사울의 죽인 자는 천 천 이요, 다윗의 죽인 자는 만만이로다."(삼상21:11)를 비롯하여 여러 번 음악과 시(詩)와 무용(舞踊)이 결합되어 연주되는 일이 많았다는 것을 알 수 있다.[22]

다윗과 솔로몬 시대에는 음악적 규모가 방대해 지고 음악가들도 전문적인 훈련을 받았으며, 악기를 개량하고 창안하여 만들기도 하였다.[23]

이미 언급 한대로 다윗의 음악성은 그 가치와 중요성이 먼 후대에 의해서도 인정되었던(느 12:24; 45-46) 인물이며, 여러 편의 시를 지은 시인(詩人)이요, 뛰어난 음악가로 알려지고 있다. 그는 악기를 만들어 찬양의 도구로 사용하도록 하였다(암6:5; 참조, 느3:10).[24]

다윗은 언약궤를 옮기면서도 "다윗이 여호와 앞에서 힘을 다하여 춤을 추는데 그때에 베 에봇을 입었더라. 다윗과 온 이스라엘 족속이 즐거이 환호하며, 나팔을 불고 여호와의 궤를 메어 오니라"(삼하6:14-15)고 하였다.

다윗은 성전 예배를 위하여 3만 8천 명의 레위 인을 선발하였는데, 그 중에 4천명은 여호와를 찬양하기 위한 음악가들이었다(대상 15:16; 23:5). 솔로몬이

---

22) Ibid., pp. 185-187.
23) 역대상 23:5 "사천은 문지기요, 4천은 다윗의 찬송하기 위하여 지은 악기로 여호와를 찬송하는 자라."
24) 『아가페 성경 사전』(Agape Bible Dictionary), (서울: 아가페 출판사, 1991), p. 305.

성전을 봉헌할 때에 성전에서 드려지는 음악은 철저히 훈련된 음악가들로 개역성경 시편 33편 3절의 기록대로 "새 노래로 그를 노래하며 즐거운 소리로 아름답게 연주할지어다."라고 하였다. 개역성경의 번역대로 '정교한 소리'를 내기 위하여 피나는 연습과 함께 합주의 수련과정이 있었으리라고 추측되어진다.

이 시대에는 성악이나 기악 합주의 형태로 음악적 규모가 막대하게 커졌다는 사실과, 음악에 종사하는 자들이 일체 다른 일을 하지 아니하고 음악만 전문적으로 연구했다는 것과, 기악이 개량되었으며 여성 만에 의한 음악이 생겼고, 음악의 종류가 다양해졌다는 점들을 알 수 있다.25)

3) 바벨론 포로시대 음악

바벨론 포로시대 여호야김(원래 이름은 엘리야김, B. C. 609-598년) 제 3년에 바벨론 왕 느브갓네살은 자기에게 반기를 든 여호야김을 갈대아와 수리아와 모압과 암몬 군대로서 보복하고, 598년에는 친히 예루살렘을 포위하였다(단 1:1). 예루살렘에 쳐들어 와 성전의 모든 성전기명들을 약탈해 감으로써 화려하고 웅장하던 예루살렘 성전 음악은 자취를 감추게 되었다. 그러나 이스라엘 사람들은 '수금'을 바벨론 강변 버드나무에 걸고, 포로 된 몸으로서 애국적 향수와 원수들을 향한 저주가 혼합된 시를 노래하고 있다(시137:). 무거운 악기는 가지고 갈 수 없었겠지만, 수금 같은 작은 악기를 지니고 간 것으로 본다.

---

25) 김의작, *op. cit.*, pp. 188.

4) 성전 재건 시대 음악

예루살렘은 유대 민족의 바벨론 포로 이후 그 규모와 웅장함을 많이 잃었다. 포로로 잡혀간 소수의 유대인만이 귀환하여, 남아 있던 2천 명 정도의 '그 땅의 거민'과 합병하였다. 성전을 회복하려는 노력은 즉시 시작되어 지방민의 반대에도 불구하고 성전 역사는 B. C. 516년경에 완성되었다(스3:1-4, 6; 4:24-6:22). 성전 건축이 시작되면서, 찬양의 기사가 나오지만 그러나 많은 악기로 호화스럽게 찬송한 기록은 별로 없다.

다만 "건축자가 여호와의 전 지대를 놓을 때에 제사장들은 예복을 입고 나팔을, 아삽 자손 레위 사람들은 제금을 들고 서서 이스라엘 왕 다윗의 규례대로 여호와를 찬송하되, 서로 '찬송가'를 화답하며 여호와께 감사하여 가로되 '주는 지선 하시므로 그 인자하심이 이스라엘에게 영원하시 도다.' 하니 모든 백성이 여호와의 전 지대가 놓임을 보고 '여호와를 찬송'하며 큰 소리로 즐거이 부르며"(스3:10~11)라 하였고, 느헤미야의 기록을 보면 '노래하는 남녀가 245명이요'라고 하였다(느 7:66). 이것은 초기 예루살렘 성전 예식과는 그 규모가 매우 축소된 것임을 알 수 있다.26)

예제 6) 구약시대의 음악에 대하여 아는 대로 기술해보자,
      7) 음악에 대한 성경 이외의 기록에 대하여도 찾아보자.

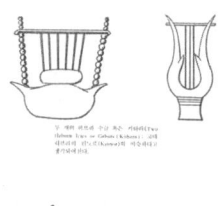

---

26) *Ibid*, pp. 189-190.

2. 신약시대와 초대교회 음악

1) 신약시대 음악

신약 교회에서 교회음악의 변천사를 살펴보면 구약 시대처럼 악기의 언급이 거의 없지만 초대 교회는 찬송을 부르는 교회였다. 이 시대의 음악이라 함은 예수님과 직접적으로 관련된 음악을 말한다. 구약시대에 비해서 음악에 대한 기록이 풍부하지 않다. 신약 성경에 보면 특별히 누가복음에는 예수님의 탄생과 관련된 3편의 노래가 수록되어 있는데, 이것을 '대 송가'(Greater Canticles) 라 한다.

① 첫째, 마리아의 찬송을 '마그니피카트'(Magnificat) 즉 '성모 마리아 송가' 라 하며, 로마 가톨릭 교회에서는 찬과(Lauds)에, 성공회에서는 아침 기도회에 부른다(눅 1:46-55). < 악보 1 > 성모 마리아 송가

② 둘째, '베네딕투스'(Benedictus)는 세례 요한의 아버지 사가랴의 찬송 (Εὐλονητός; 눅 1:68-79)으로 구약 예언서의 형식을 모방한 것으로 보인다.

< 악부 ? > 성 사가랴의 송가

(악보 생략)

예제 8) 신약시대의 교회음악에 대하여 아는 대로 기술해 보자.
9) 신약시대의 교회음악의 특징에 대하여 발표해보자.
10) 시와 찬미와 신령한 노래에 대하여 기술해보자.

③ 셋째, '눙크디미티스'(Nunc Dimittis; Evening Hymn)는 시므온의 찬송 (εὐλόνησεν; 눅 2:29-32)을 이렇게 칭하며, 로마 가톨릭 교회에서는 종과 (compline)에, 성공회에서는 저녁 찬송으로 사용되며, 루터 교에서는 성찬식 후 찬송으로 부른다.27) < 악보 3 > 시므온의 노래

④ 넷째, 대 송영(Gloria in Exelsis)은 예수님의 탄생 시에 허다한 천군(天軍; πλῆθος στρατιᾶς οὐρανίου)과 천사(天使)의 찬양(αἶνος; Angeltic Hymn; 눅2:14)을 말한다. 이는 웅대한 합창이었을 것이다.

이 노래들을 칸티카(Cantica)라고 하는데, 이것은 송가(頌歌)라는 뜻이다. 이 외에도 찬양의 노래에 관한 기사는 여러 곳에서 찾아볼 수 있다(엡 5:14; 딤전

---
27) 조숙자 · 조명자, 『찬송가학』, (서울: 장로회 신학대학 출판부, 1988), pp.13-20.

3:16; 딤후 2:11-13).

< 악보 3 > 시므온의 노래

예수 그리스도께서 유월절 양으로서 제물이 되시기 위하여 골고다로 향하시

기 전 마가의 다락방에서, 주님께서는 새 언약의 표로서 성만찬을 드시고, "이에 저희가 찬미하고 감람산으로 나아 가니라."(ὑμνήσαντες; 마26:30, 막 14:26)라고 하였다. 많은 성경학자들이 이때 시편 113편-118편의 전부이거나 일부를 발췌해서 불렀을 것이라고 추측하고 있다. 유대인들은 시편 113-118편을 암송하거나 노래하면서 유월절을 지켰다.28)

바울 사도도 교회를 향하여 "시(詩)와 찬송(讚頌)과 신령(神靈)한 노래들"(엡5:19; 골3:16)로 화답할 것을 명하였다.

여기서 '시'(詩; 프살모스; Ψαλμός; 본문엔 여격 복수로 Ψαλμοῖς)는 구약의 시편을, '찬송'(휨노스; ὕμνος, 본문에는 여격 복수로 ὕμνοις)은 찬송가(讚頌歌; hymns)나 창작 회중 찬송을 가리키며, '신령한 노래들'(호다이스 프뉴마티카이스; ᾠδαῖς πνευματικαῖς)이란 개인적이고 자유로운 형태의 영적인 노래들을 말한다. 그러나 이들은 엄격히 구분되어 사용된 것이 아님을 알 수 있다.

예수님 당시에 살았던 알렉산드리아의 유대인 필로(Philo)는 구약의 시편을 '찬미'(hymn)라 하였으며, 마가복음 14:26절에 "이에 그들이 찬미(讚美)하고 감람산으로 가니라."(Καὶ ὑμνήσαντες ἐξῆλθον εἰς τὸ ὄρος τῶν Ἐλαιῶν). 예수님과 제자들이 찬미(hymn)하였다는 것은 시편을 노래한 것을 뜻한다고 하였다. 바울이 "너희가 모일 때에 찬송 시(psalm)도 있으며, 가르치는 말씀도 있으며, 계시도 있으며, 방언도 있으며, 통역함도 있나니, 모든 것을 덕을 세우기 위하여 하라."(고전 14:26)고 한 부분의 '찬송 시'는 시편이나 회중 찬송이 아닌 영가의 범주에 속하는 노래라고 생각된다.29)

교회음악은 여러 세대를 거치는 동안 변화를 거치면서 많은 음악적인 유산을 상속받았다. 그럼 다음 장에서는 교회음악의 유산을 살펴보겠다.

---

28) 반즈 聖經註釋, 『마태 · 마가복음』(서울 : 크리스챤서적), 19920, p.582.
29) 조숙자 조명자, op. cit., p.21.

2) 초대교회 음악

A. D. 70년 예루살렘 성전이 파괴된 후 기독교에 대한 핍박은 점점 심하여 초기 기독교인들은 숨어서 예배를 드려야 했다. 그러므로 자연히 '찬송' 부르는 것도 제한을 받게 되었다.

초기 기독교가 박해를 받으면 받을수록 복음은 확장되어 갔으나, A. D. 70년과 A. D. 132년의 로마의 침입으로 유대인들 간의 결속이 한층 약화되었고, 유대교의 전통적인 종교적 예전도 끊어지고 말았다. 기독교인들은 아직 새로운 예배 의식을 형성하지 못한 형편이었고, 필요한 요소만 따서 사용할 정도에 미물러 있었기 때문이다.30)

그래서 교회는 숨어서 예배를 드리는 형편이어서 예배 시에 찬양대나 악기의 연주는 금할 수밖에 없었다. 다만 시편 낭창이나 기도송이 멜리스마틱(Melismatic style)31) 형태로 불리어졌다.

초기 기독교인들은 예배의 날을 안식일에서 주일로 옮긴 것은 복음의 성격 자체에서 가르침을 받은 초대 교회의 결행(決行)이었다. 주의 날(첫 날)에 주께서 부활하셨고, 마리아와 엠마오의 제자들에게 나타나셨고, 성령을 보내사 교회를 세우셨다. 주님의 부활은 구속 사업의 완성으로 곧 새 창조의 완성을 뜻하신다. 그러기에 사도 요한은 이 날을 '주의 날'(主日)이라고 말하였다(계1:10). 초기 기독교인들의 예배의 모습을 비두니아(Bithynia) 지방 총독 플리니(Pliny)는 110년경에 황제에게 보낸 편지에서 아래와 같이 밝히고 있다.32)

"크리스천들은 보통 새벽에 모여 찬송을 부르며, 그리스도를 하나님으로 경배합니다. 그들은 도적질이나 강도질이나 간음을 피하여 처음 먹러 하기를 다짐하곤 합니다. 그들은 또 주일(일요일)에 모여 성찬을 뗍니다. 그 이유는 그 날이 예수께서 부활한 날로 믿기 때문입니다."

---

30) *Ibid*, p. 22.
31) 멜리스마틱 형(Melismatic style)이란 가사의 한 음절에 많은 음들이 붙여지는 방법이다. 찬송가는 '가사의 한 음절에 하나의 음정이 붙여진 실라빅 형'(syllabic style)이 대부분이다.
32) 김의환, 『基督敎會史』(서울 : 성광 문화사, 1982), pp. 60-61. Pliny the younger, Letter X 46.

저스틴(Justin)은 그 당시의 성만찬 광경을 이렇게 묘사하였다. "문답을 거쳐 세례 받기를 원하는 자에게 세례를 베푼 뒤에 우리는 그 형제를 회중 앞으로 인도한 다음 그와 전 교우들을 위하여 기도한다. 기도를 한 후에 우리는 서로 입을 맞춘다. 이어서 회중의 인도자는 떡과 물 탄 포도주를 들고, 아들과 성령의 이름으로 천지의 아버지께 우리로 참여하기에 합당한 자가 되도록 찬송과 기도를 드린다. 회중은 히브리말로 '그대로 되소서.'의 뜻인 '아멘'으로 화답한다. 이런 후 집사들은 분배하고 결석한 자를 위해 따로 보관한다. 우리는 이 음식을 '성찬'(Eucharist)이라고 부른다. 가르친 바를 믿지 않는 자는 이에 참여할 수 없고, 세례를 받고 그리스도의 본을 따라 사는 자라야 참여할 수 있다." 33)

이때 초기 크리스천들은 어떤 찬송을 불렀을까? 이들은 얼마 동안 유대인들에게서 나온 노래를 사용하였으나, 얼마 안 가서 자기들의 찬송을 소유하게 되었는데, 이 중에 더러는 영감의 직접적인 산물이었으며 다른 것들은 특수한 성가의 성질을 갖고 있었다. 가장 오래된 찬송은 다음 8가지가 있다.34)

① 대 송영(Gloria in Excelsis)은 누가 지었는지는 확실히 모르나 첫 가사가 예수 탄생 시 부른 천사의 노래로부터 나왔기에 '천사의 찬송'이라 부른다.

② 소 송영(Gloria Patri)은 그 첫 부분을 '성부 성자 성령께 영광'이라 부르며, 예로부터 기독교인의 일반적 송영이었다. 끝 부분에 '태초에도 그러하였음과 같이 이제와 영원히 끝없는 세계에 아멘'이라고 서방교회에서 아리안 논쟁(Arian Controversy) 후에 추가하였다.

③ 삼성 창(三聖唱; Ter Sanctus)은 이사야 6장 3절과 요한 계시록 4장 8절에 나오는 '3번 거룩'이란 말을 토대로 한 것이다. 이 찬송은 항상 이러한 말로 끝맺는다. "그런고로 천사와 천사 장들과 하늘의 모든 천군과 함께 우리는 당신의 영광스런 이름을 찬양하며 말하기를 거룩 거룩 거룩, 만유의 주 하나님 하늘과 땅에 당신의 영광이 충만하오니 지극히 높으신 주여, 당신께 영광이 있을 지어다. 아멘"

그러므로 '천사의 찬송'(Cherubical Hymn)이라 불려졌다.

---

33) *Ibid.*, pp. 59-60.
34) David R. Breed, *op. cit.*, pp.10-13.

④ 할렐루야(Hallelujah)는 찬송 부름에 대한 백성들의 화답이다. 이것이 감독 교회의 예배 의식에서는 사회하는 제사장이 '만민들아 주를 찬송하라'고 하면 회중들은 '주의 이름을 찬송할지어다.'라고 화답하였다.

⑤ 베네디키테(Benedicite)라는 말의 뜻은 "오! 너희, 주님이 지으신 만물들아 너희는 주님을 찬양하라. 그를 영원히 찬양할지어다."인데, 경외서(經外書)에서 취해진 '세 히브리 아이들의 노래'는 시편 48편의 의역(意譯)이다. 이것은 '테데움'과 교체(交替)해서 사용된다.

⑥ 눙크 디미티스(Nunc Dimittis)는 늙은 시므온의 찬송(눅2:29-32)으로 보통 저녁 예배에 불리어짐으로 저녁 찬송(Evening Hymn)이라고 한다.

⑦ 성모 마리아 송가(Magnificat)는 마리아의 찬송이다(눅 1:46-55).

⑧ 테데움(Tedeum 혹은 Te Deum Laudamus; We praise Thee, O God)은 유명한 찬송인데, 저자는 분명치 않다. 이것은 확실히 상고 시대의 작품이며, 라틴어 번역은 초대 헬라어의 원문을 토대로 하였다. 이것의 영역(英譯)은 전 세계를 통하여 모든 교파에서 사용되고 있다.35)

이상의 여덟 가지 이외에 앞서 언급한 바와 같이 누가복음에서 나온 또 하나의 찬송을 추가하게 되었다. 곧 '베네딕투스'(Benedictus)인데, 나이 많은 제사장 사가랴가 자기 아들 요한의 출생에 대해 부른 찬송이다(눅1:68-79). 초기 기독교 시대의 헬라 문화는 로마 제국의 중요한 정신적 지주였다. 헬라의 예술, 철학, 문화는 로마제국을 지배하고 있었다. 신약 성경은 헬라어로 쓰여 졌고, 헬라어는 문화나 교회의 언어로서 로마까지 300년 간 계속 사용되었다. 초기 헬라어 찬송은 평행 법, 대구법, 교송 법 같은 히브리 시형을 모방한 시적인 산문 형식을 따르다가 점차 고대 헬라 시(詩)의 운율 형식(약 약 강 조; *anapaestic* 혹은 약 강 조 *iambic*)으로 쓰여 졌다.36) 기독교 찬송 중 가사와 멜로디가 함

---

35) *Ibid*, p. 12. 라틴어 원문을 소개하면 다음과 같다.
"Te Deum laudamus, te Dominium Confitemur./ Te æernum patrem Omnis terra Veneratur./ Tibi omnes angli, tibi coeli et universæ potestates./ Tibi Cherubim et Seraphim inaccessibili voce Proclamant./ Sanctus, Sanctus, Sanctus, Dominus Deus Sabaoth."
"오 하나님 우리는 당신을 찬양하나이다. 우리는 당신이 주님이신 줄 아나이다."
36) Carl Schalk(ed), Key Words in Church Music(st. Louis: Concordia Publishing House, 1978), p. 186. 조숙자·조명자, *op. cit.*, pp.22-23.

께 보전되어 있는 신령한 노래 한 편은 중부 이집트에서 발견된 '옥시린쿠스'(Oxyrynchus)라는 찬송이다.<악보 4> 이 찬송의 가사는 헬라어이며, 멜로디는 헬라의 성악 기보 법(聲樂 記譜法)으로 적혀 있었다.37)

<악보 4> Oxyrynchus

예제 11) 초기 크리스천들이 불렀던 찬송에 대해 기술해보자
      12) 헬라 문화가 기독교음악에 끼친 영향에 대해 설명해보자.

그러므로 이것은 음악운율이 고대 헬라식 기보 법으로 적힌 것이어서 시편

---

37) 신소섭, 『예배와 찬송학』(서울: 아가페 문화사, 1997), p. 95-98. David P. appleby, *op. cit.*, pp. 15-16. 파손된 조각에서 읽을 수 있는 헬라어 원문을 번역하면 다음과 같다.
 "····하나님이 지으신 모든 영광스러운 피조물과 함께··· 침묵을 지키지 못할 것이며 별들이 빛을 비치지 않을 수 없을 것이다. 돌진하는 강의 모든 파도는 우리 아버지와 아들과 성령을 찬양할 것이며, 모든 세력이 함께 결합할 것이다. 아멘! 아멘! 능력과 찬송과 영광을 하나님께 돌릴지어다. 하나님은 모든 좋은 것을 주시는 이시다. 아멘! 아멘!"

가의 음악과는 전혀 다른 새로운 음악임을 입증해준다. 이는 가사의 길이가 일정하지 않은 시편가와는 달리 헬라식 음악은 섬세한 리듬과 멜로디를 가지고 있기 때문이다.

2세기 알렉산드리아의 신학교(Catechetical School c.190-203) 교장이며 '헬라 신학의 아버지'라 불리는 클레멘트(Clement of Alexandria, c.150-c.215)는 헬라 시의 형식으로 찬송 시를 썼다. 기독교로 개종한 새 신자 교육용 저서『교사』(Pedagogues)의 마지막 부분에 '교사에게 드리는 감사와 찬양의 시'가 첨부되어 있다. 서행만 빼놓고는 '헬라 시 운율' 즉 '약 약 강 조'(anapaest)로 되어 있다. "참 목자 우리 주"(통일찬송가 103장)는 이 클레멘트의 시(詩)를 1846년 미국의 덱스터(H. M. Dexter) 목사가 현대 찬송으로 영역한 것이다. 안타깝게도 21세기『찬송가』에는 빠졌다.38)

오늘날도 희랍 정교회의 저녁 찬송으로 사용되고 있는 "즐거운 빛이여"(O Gladsome Light, φῶς ἱλαρόν)<악보 5>는 3세기경의 작자 미상의 헬라 찬송으로 '등과 초를 켤 때의 찬미'(Candlelighting Hymn)라고도 한다.39)

시리아(Syria)에는 일찍부터 복음이 전해져서 기독교가 발달하여, 이단 아리우스파(Arianism)와 대항하는 하나의 방편으로 안디옥에서는 교송 법(Antiphonal Singing)이 도입되어 사용되었다. 안디옥 교회에 교송 법을 처음 소개한 사람은 익나티우스(Ignatius of Antioch, c. 110)로 간주되지만 이것은 이미 유대교회당에서 사용되던 창법인 것이다. 회중들은 두 그룹으로 나뉘어서 시편과 찬송을 서로 교대로 불렀다. 대표적인 시리아의 찬송 작가인 에프라임(Ephraim, d. 373)은 이교도들이 즐겨 부르는 곡조에다 정통 교리의 가사를 넣어 회중들이 부르게 하였다.

4세기에 열린 라오디게아 종교회의(Council of Laodicean)에서는 예배 시에 악기 사용과 창작 찬송을 금하는 규제를 만들었다. 이단적인 찬송을 막기 위해서 시편(Psalm)과 송가(Canticles)만 부르게 하였다. 이러한 규제 때문에 찬송 창작 활동이 활발하지 못하게 되었으나 교회 밖의 사적 모임이나 축제나 특별

---

38) 신소섭,『예배와 찬송학』(서울: 아가페 문화사, 1997), p. 97. 통일『찬송가』103장이 21세기 새『찬송가』(2006년)에서 삭제된 것은 찬송가의 교회음악사적인 면에서 매우 아쉽다.
39) *Ibid*, p. 97.

한 행사에서는 창작 찬송들이 불려졌다.[40]

<악보 5> 저 녁

예제 13) 비잔틴 교회음악의 특징을 기술해 보자
　　　14) 기독교음악의 흐름 5가지를 정리해보자.

3. 비잔틴 교회음악

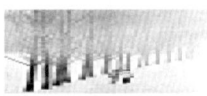

콘스탄티누스 대제의 A. D. 313년 밀라노 칙령은 기독교 음악에 일대 전기를 안겨 주었다. 기독교는 공공연하게 세상에 얼굴을 나타내었고, 장엄하고 화

---
40) *Ibid*, pp. 26-27.

려한 교회당이 건립되며, 초기 기독교회의 특징인 예배에 엄숙함이 찼다. 북부 야만 민족의 빈번한 침입으로 콘스탄티누스 대제(Emperor Constantine)는 A. D. 330년 로마 제국의 수도를 비잔티움(Byzantium)으로 옮기고 콘스탄티노플 (Constantinople)이라고 이름을 바꾸었다. 이로써 로마 제국은 동방과 서방으로 갈라지게 되었다. 여기서 '동방 교회'가 기독교 음악에 기여한 것이 '비잔틴 찬송'이다.

동방교회에서는 '서방교회'의 '그레고리 성가' 못지않은 교회음악 '비잔틴 성가'(Byzantinian chant)가 생겼다. 이것은 다메섹 요한(John of Damascus)에 의해 만들어진 성가로 그리스도의 성육신을 강조하면서 전 생애를 포괄적으로 다루었다. 그는 교회에서 사용할 가치가 있는 예배시와 찬가의 합창음악으로 채택된 전칙곡(典則曲; canon)을 완성시켰으며, 음악 기보 법에 있어서 알파벳 글자를 대치할 음악기호와 용어 등에도 많은 기여를 하였다.

비잔틴 교회의 언어는 헬라어였지만, 비잔틴 찬송은 고대 헬라 음악의 기법 보다는 유대교와 시리아의 전통을 따랐으며, 서방 교회의 음악(Gregorian Chant)과 유사점이 많다. 즉 무반주 단 선율(monophonic)로 되어 있으며, 주로 전음계적(全音階的; diatonic)이고 엄격한 운율이 결여되어 있는 점이다. 서방 교회 음악과 근본적으로 다른 점은 서방 교회가 시편이나 성경에 근거한 가사만 채택한 반면에 비잔틴 찬송은 헬라 시(詩)로 창작된 가사가 사용되었다는 점이다.[41]

7세기 말경부터는 '카논'($\kappa\alpha\nu\omega\nu$)이라는 새로운 시 형식을 가진 찬송을 가진 찬송이 아침 기도회에 불려 지게 되었다. '카논'은 9개의 노래($\omega\delta\alpha i$)로 구성되어 있으며 성경에 있는 9개의 송가(Canticles)를 모범으로 하여 만들어 졌다. 9개의 송가는 다음과 같다.[42]

① 모세의 노래 〈1〉 (출애굽기 15:1-19)

---

[41] Willi Apel, *Harvard Dictionary of Music*, 2nd ed. (Cambridge, Mass. : The Belknap Press of Harvard University Press, 1970<1944>), pp. 116-117.
[42] Egon Wellesz, *A History of Byzantine Music and Hymnography*, 2nd ed. (Oxford : Clarendon Press, 1961), pp. 152-156.

② 모세의 노래 〈2〉(신명기 32:1-43)
③ 한나의 노래(사무엘상 2:1-10)
④ 하박국의 노래(하박국 3:1-19)
⑤ 이사야의 노래(이사야 26:9-20)
⑥ 요나의 노래(요나 2:3-10)
⑦ 세 아이들의 노래 〈1〉: 외경에서
⑧ 세 아이들의 노래 〈2〉: 외경에서
⑨ 마리아의 노래(누가복음 1:46-55)이다.

원래 '카논'은 그레데(Crete)의 주교였던 앤드류(Andrew of Crete, c. 660-c. 740)가 창시했으며, 그의 대표적 작품은 수난절을 위한 '대 카논'(ὁ μέγας κανών)으로 동방 교회에서는 이것을 '카논의 왕'(King of cannon)이라 하며, 교회의 예전에 채택되어 사용되고 있다.[43]

8세기 중엽에는 사해(死海) 근방의 성 사바스(St. Savas) 수도원이 비잔틴 찬송 창작의 중심지였고 대표적 작가는 다메섹 요한(John of Damascus, c. 675-748)이다. 그는 서방 교회의 아퀴나스(Thomas Aquinas)와 비교할 수 있는 동방 교회의 위대한 신학자였으며, 카논의 완성 자로도 간주된다. 그의 부활절 카논은 '황금 카논'(Golden canon) 혹은 '카논의 여왕'(Queen of canon)이라 불려지며, 헬라 종교시의 가장 위대한 본보기로 꼽힌다. "부활하신 날"(개편 찬송가 138장, 새 찬송가 178장, 합동찬송가 136장)은 이 카논의 첫 부분이고 희랍 정교회에서는 부활 주일 밤 예식에서 초에 불을 켤 때 부른다.

9세기 초에는 콘스탄티노플에 있는 스튜디오스(Studios) 수도원이 비잔틴 찬송 저작의 중심지가 되었다. 수도원장 데오도르(Theodore Studites, c. 759-c. 826)가 대표적 작가로 그는 로마누스(Romanus)를 많이 모방하였는데 시적 표현은 더 정교하였다고 한다.[44]

기독교 성가(聖歌)의 흐름을 대략 아래와 같이 다섯 갈래로 분류할 수 있다.[45]

---

43) *Ibid, op. cit.*, pp. 204-205.
44) *Ibid, op. cit.*, pp. 229-239.

① 루시안(Russian)성가 : 비잔틴 영창(詠唱)에서 비롯되고, 그리스 정교회에서 부르는 성가.
② 암브로시우스 찬송(Ambrosian Hymnody) : 4세기 이태리 밀라노에서 대주교였던 암브로시우스의 찬송.
③ 갤리컨(Gallican)식 성가 : 샤르망(Charlemagne) 대제(적극적 교육정책에 따라 이미 수도원에서 문법, 논리, 수사학과 음악, 산수, 기하, 천문학을 가르침)가 성가를 로마식으로 바꾸라고 명령했던 A. D. 800년까지 프랑스에서 번창한 것이 한 때는 이 성가의 일부가 로마교회까지 흘러들어갔던 음악.
④ 모자라빅 성가(Mozarabic) : 이 성가는 무어 족의 스페인 침략에서 비롯한 것으로 무어 족의 통치하에서도 기독교가 조건부로 오랫동안 허용 받아 불렀던 것인데, 그 원본이 9세기말에 출현하기 시작한 바 있다.
⑤ 그레고리안 성가(Plain Song, Plain Chant라고도 함) : A. D. 600년경에 그레고리 1세가 창안한 예배 의식과 함께 출현한 가장 중요한 지류에 속한다. 그는 성가를 수집하여 모든 교회로 하여금 사용케 했던 것이다.

서방 교회 음악을 로만 찬트(Roman Chant)라 부르는 반면에, 동방 교회 음악을 비잔틴 음악(Byzantin Chant)이라 부른다. 동방 교회 음악을 거행하는 동방 전례(東方 典禮; Liturgia Byzantium)에는 5종의 유형이 있다.46)

4. 라틴 교회음악

초기 기독교에 끼친 헬라어의 영향은 4세기가 되면서 점점 쇠퇴했으며, 헬라어 대신 라틴어가 서방 교회의 언어로 대치되어 갔다. 헬라어 성경(Septuagint

---

45) 이유선,「基督敎 音樂史」, (서울: 총신 대학 출판부, 1977), pp. 15-16.
    신소섭, op. cit., p. 50.
46) 李宥善,「基督敎 音樂史」, (서울: 總神大學 出版部, 1977), pp.24-25. 동방 전례 다섯 종류는 ① Liturgia Byzantium ② Liturgia Almenia ③ Liturgia Alexandria ④ 서 시리아식 전례 ⑤ 동 시리아식 전례

: 70인 역) 대신 라틴어 성경(Vulgates)이 사용되었다. 이러한 변화는 6세기까지 계속 되었다.

최초의 라틴어 찬송 작가로 꼽히는 주교 힐러리(Hilary of Poitier, c. 310-366)는 소아시아에서 4년 간 망명생활을 통하여 동방 교회의 찬송과 친숙할 수 있었다. 그는 보아티에르(Poitier)로 돌아온 후 동방 교회의 찬송을 모방하여 당시 아리우스 이단 파에 대항하여 정통 교리를 교육하기 위하여 교리 적인 찬송을 만들어 부르게 하였다.

1) 암브로시우스와 교회음악

힐라리우스(Hilarius, 295-368)와 같은 시대 밀라노의 대주교 암브로시우스(Ambrosius of Milan, c. 340-397)는 '라틴 찬송의 아버지'(Father of Latin Hymn)라 불리며, 찬송의 커다란 힘을 인정하고, 기독교의 가르침과 삼위일체의 교리를 담은 찬송을 만들어 부르게 하였다.47)

이 암브로시우스 찬송은 후에 찬송가의 기본 운율의 하나인 '장 운율'(Long Meter; 8. 8. 8. 8)을 사용한 것이 특징이다. 즉 각 절(stanza)은 4행(Lines)으로 되어 있고, 짧고 긴 장단이 교대로 오는 단 장조(iambic) 4보격(tetra-meter)으로 되어 있다. 암브로시우스의 찬송은 천년 뒤에 독일 개신교 회중 찬송(코랄, Chorale)의 모범이 되었다. "암브로시우스 찬송"(Hymns Ambrosian)이라고 이름 붙여진 찬송은 상당히 많지만 실제로 그의 저작으로 확실시되는 것은 12편 정도에 불과하다. 다음 것은 성 어거스틴(Augustinus)의 입증으로 암브로시우스 저작이 확실시되고 있다.48)

① Aeterne rerum conditor(땅과 하늘의 구조자)49)
② Deus Creator omnium(만물의 창조자 높으신 하나님)

---
47) 신소섭, 『예배와 친송가』, op. cit., pp. 50-51.
48) Willi Apel, op. cit., p. 32. 재인용, 조숙자·조명자, op. cit., pp. 38-39.
49) 김의작, op. cit., p. 219.

③ Iam surgit hora tertia(제3시가 지금 나타나다)
④ Veni, Redemptor gentium(우리 민족의 구주여 오소서)

이 외에 "찬란한 주의 영광"(Splendor paternae gloriae; O Splendor of God's Glory Bright, 21『찬송가』130장, 통일『찬송가』42장)도 암브로시우스의 저작으로 간주되고 있다.

암브로시우스는 서방 교회에 처음으로 교송 법(Antiphonal Singing)을 도입하여 교회 음악에 혁신을 일으켰다. 이 교송 법은 밀라노를 거쳐 로마에 퍼졌으며, 교황 셀레스틴 1세(Celestine I, 422-432) 때 공식적으로 교회에서 사용할 수 있게 되었다. 교송은 동방 교회에서 일찍이 사용되고 있었다. 4세기 말경까지 기독교의 노래는 응답 시편가(Responsorial Psalm), 교송 시편가(Antiphonal Psalm), 운율 찬송(Metrical Hymn)의 세 가지 기본 형태로 발달하였다.

예제 15) 라틴교회음악을 시대적으로 구분하여 기술해 보자

2) 초기 라틴 교회음악

5세기 로마 가톨릭 교회의 예전에는 성찬식을 중심으로 한 예배, 미사(Mass)와 수도원에서 성무 일과라고 하는 매일 8회의 기도회(Canonical Hours)가 설정되어 있었다. 이 기도회 시간은 수도사들이 지켜야 할 중요한 의무로 되어 있었기 때문에 성무(Divine Office)라고 한다. 성무 일과의 시간은 다음과 같다.

① 조과(Matins, 해뜨기 전)
② 찬과(Lauds, 해뜰 때)
③ 제 1 시과(Prime, 오전 6시)
④ 제 3 시과(Terce, 오전 9시)
⑤ 제 6 시과(Sext, 정오)
⑥ 제 9 시과(None, 오후 3시)

⑦ 만과 (Vespers, 해 질 때)
⑧ 종과 (Compline, 오후 9시경)

성무 일과에서는 주로 성서 낭송과 기도와 시편, 송가, 찬송 등을 불렀는데, 음악적으로 가장 중요한 시간은 조과와 찬과와 만과이다. 송가 중 "마리아의 송가"(Magnificat)는 만과에, "사가랴의 송가"(Benedictus)는 찬과에, "시므온의 노래"(Nunc Dimittis)는 종과에 불렀다.

미사에서는 창작 찬송이 허용되지 않았지만 수도원 기도회에서 수도사들은 찬송을 부를 수 있었다. 암브로시우스 찬송이 처음에는 만과, 찬과, 종과에서 불려 지다가 성 베네딕트(St. Benedictus, c. 480-543) 수도원의 영향으로 다른 기도회 시간에도 찬송이 사용되었다. 이들 중세의 성무 일과 찬송(Office Hymn)들은 19세기 영국의 카스웰(Edward Caswall)이나 존 메이슨 닐(John Mason Neale)이 영어로 번역하여 영국 찬송가에 소개함으로써 다시 빛을 보게 되었다.50)

5세기의 위대한 찬송 작가는 세둘리우스(Caelius Sedulius, d. c.450)이며, 6세기의 가장 유명한 라틴 시인은 휘투나투스(Venantius Fortunatus, c. 535-609)이다. 그는 이태리 출신으로 보아티에(Poitiers)의 주교가 되었다. 그의 작품으로 "기쁜 이날 아침"(합동찬송가 135장, 새찬송가 179장, 개편찬송가 137장)은 부활절 110행이나 되는 긴 시(詩)에서 따온 것이다.51)

21세기 『찬송가』(한국찬송가공회, 2006) 가사 중 라틴어 찬송은 다음과 같다.
① 69장(온 천하 만물 우러러; St. Francis of Assisi, 1225)
② 85장(구주를 생각만 해도; Bernard of Clairvaux 1091-1153)
③ 104장(곧 오소서 임마누엘; Latin, 13th Century)
④ 122장(참 반가운 신도여; Latin, 18th Century, Tr. F. Oakely, 1841)
④ 140장(왕 되신 우리 주께; Theodulph of Orleans; c. 762-821)
⑤ 145장(오 거룩하신 주님; Bernard of Clairvaux, 1091-1153)
⑥ 164장(예수 부활했으니; St. 1-3 from Latin Hymn, 14th C.)
⑦ 166장(싸움은 모두 끝나고; Latin Hymn, c. 1695)

---
50) Carl Schalk(ed.), *op. cit.*, 270-272.
51) *Ibid,* p. 43.

⑧ 167장(즐겁도다! 이 날; V. Fortunatus. 6th C.)
⑨ 262장(날 구원하신 예수를; Bernard of Clairvaux, 1091~1153)

그리고 『통일찬송가』 538장(예루살렘 금성아; Bernard of Cluny, 12th Century)은 12세기의 위대한 찬송 작가 클루니의 베르나르드의 '세상을 대수롭게 여기지 않는다'(De contemptu mundi)는 300행 이상의 위대한 시에서 나온 것이다.

예제 16) 중세 교회음악을 시대적으로 구분하여 기술해 보자
    17) 그레고리안 성가에 대하여 논하고 끼친 영향에 대해 논하라.

제2절 중세(中世) 교회음악

1. 중세 초기 교회음악

중세 초기 즉 7-10세기의 음악을 가리킨다. 그러나 교회음악의 양식에 따라 중복되는 점이 없지 않으나 시대적인 구분을 하면서 설명을 하는 것이 편리하겠기에 시대 구분을 한 것일 뿐이다. 중세초기에는 신생국가가 각지에 형성되고 기독교적 게르만 문화가 생장(生長)하였다. 한편 로마 가톨릭 교회의 세력이 확장되면서 그레고리 1세에 의하여 성가가 통일·개편되었고, 무반주 단성부, 자유 리듬에 의한 성가도 완성되었으며, 창가학교가 세워졌는가하면 수도원에 의해 성가가 퍼지게 되었다.

중세 초기의 음악은 무엇보다도 고대 그리스도교시대이래 지배적이었던 단성 그레고리 성가가 점차 다성화(多聲化) 하기 시작하여 다성 음악이 유력한 위치에 놓이게 되었다는 점이다. 이 다성 음악은 오르가눔(Organum)이라 불리어졌다.

2. 그레고리안 성가
(Gregorian Chant; Plain Song; Plain Chant)

그레고리안 성가는 사도 바울이 분류한 바의 신령한 노래에 해당한다고 보아야 할 것이다. 오늘날 헬라 음악에 대한 많은 연구를 하고 있으나, 누구도 정확하게 시대별로 종류별로 구분할 수가 없다.52) 앞의 '옥시린쿠스'에서 발견된 파피루스에 기록된 '세이킬로스'(Seikilos)의 노래53) 는 B. C. 200년경의 것으로서, A. D. 600년경, 즉 800년-1,000년 이후의 것으로 믿어지는 '그레고리우스 성가'의 상태와는 전혀 다른 것으로 알려지고 있다. 그러므로 313년 이전 것을 '찬미'로 보고, 313년 이후의 것을 '신령한 노래'라고 판단하는 것이 가장 믿을 만한 가설일 것이다.

그 시대의 풍조가 퇴폐적이고 불성실한 고로, 음악도 따라서 음탕하게 흐르고 있을 때, 암브로시우스의 성가가 이미 교회에서 시도되어 큰 성공을 보았고, 어거스틴의 회고록에도 암브로시우스의 성가로 인하여 회개하게 되었다는 구절이 전해지고 있다.54)

김두완 박사는 그의 저서에서 이 '그레고리안 성가'를 아래와 같이 극찬하고 있다.

유서 오랜 교회의 돌 벽에서 벽으로 메아리치고 있는 '그레고리안 성가'의 울림소리를 들은 일이 있는 사람은 그 선율이 지닌 순수함과 감미로움, 열렬함과 내면적인 깊이, 종교적이면서 예술적인 숭고함에 깊은 감동을 느끼게 마련이다. 그 음악은 기묘하게 느껴지면서도 과장된 면이라고는 전혀 없다. 즉, 특별히 별다른 부분이 있는 것도 아닌데, 오늘에 이르기까지 사람들의 마음을 사로잡는 이유는 무엇일까? 그것은 이 음악이 시대와 지역 및 민족을 초월하여 호소하는 광범한 여러 요소를 내포하고 있기 때문만은 아니다. 그것은 코란이 지적한 바와 같이 "이 음악 속에는 마음 속 깊은 곳으로부터 오는 빛이 있어서 우리의 정신적인 것과 정확

---

52) 김의작, op. cit., pp. 198-204.
53) 신소섭, 『예배와 찬송학』, op. cit., p.106. < 악보 6 > 참조.
54) 김경선, op. cit., p. 472.

히 일치되어 있기 때문이다."

1963년에 발표된 로마 교황청의 <전례 헌장>에서는 "그레고리안 성가를 로마 전례에서의 고유한 노래로 인정한다. 따라서 이것은 전례 행위에 있어서 다른 점으로부터는 차이가 없는 것이라고 한다면 수위를 차지할 성격의 것이다"라고 선언되어 있다. 이와 같이 그레고리안 성가는 고대 교부들로부터 계승되어 왔고, 교회가 여러 세기에 걸쳐 오랫동안 계속 지키고 있으며, 최근의 연구에 의하여 그 순수한 모습이 거의 완전히 복원되어 있는 바의 '기도하는 교회의 소리'요, 로마 공교회 고유의 <전례 성가>이다.55)

세실 그레이(Cecil Grey)는 그의 저서 『음악의 역사』(The History of Music)란 저서에서 그레고리안 성가를 다음과 같이 말한다.56)

"그레고리안 성가는 어떠한 문명한 리듬도, 어떠한 화성도, 어떠한 송류의 반수도 없으며, 더욱이 그 선율의 범위도 엄격히 제한 당하고 있음에도 불구하고, 적당한 환경과, 적당한 상태에서 들을 때, 그런 단순한 유니슨(Unison)의 노래가 멀고 아득한 곳으로부터 마술과도 같이 육체를 떠난, 빛나고도 엄숙한, 정열이 불타면서도 청려한, 하나의 무게 있는 희열을 띠었고, 인간이 자각하지 못하는 내심에 불을 갖고 타는 것처럼 빛을 발한다. 육성 그 자체도 기묘하게 변질을 초래하며, 산 자는 물론이요, 죽은 자나 아직 태어나지 않은 세대들의 언어로도 표현할 수 없는 동경과 갈망에의 표현을 주며, 인격과 인성을 거의 초월하는 상태가 된다. 자연을 벗어나는 음악 상의 기적이 바로 '그레고리안 성가'(Plain Chant)라 할 수 있다."

이러한 그레고리안 성가는 규모가 작은 교창에서 장대한 응창(Antiphonal)에 이르는 악보가 무려 2천 5백곡이나 악보 집(liber usual)에 수집 수록되어 있다. 이 성가는 서양 예술 음악 가운데 가장 오랜 것이며, 동양적 취향에 잘 어울리는 음악인 것이다.57)

---

55) 김두완, 「교회 음악의 이해」, (서울: 아가페 음악 선교원, 1983), p. 18.
56) 津川主一, 『敎會音樂 5,000年史』, (東京: ヨルダン社, 1964), p. 41.
　　김의작, op. cit., pp. 200-201. 재인용.
57) 김두완, op. cit., p. 19.

1) 그레고리안 성가의 발생

그레고리우스가 베네딕트 수도사였을 때, 579년 교황의 대리 사절로서 콘스탄티노플에 파견되어 7년 간 머무르면서, 암브로시우스 성가를 바탕으로 연구하였다. 돌아와서 5년 후에 그레고리우스 1세(Gregory Ⅰ; 590-604재위)가 교황이 되었을 때, 이를 수정 보강하여 더욱 개량된 음악을 만들었다.58)

암브로시우스는 헬라 선법(旋法)에서 4개의 것을 사용했으나, 그레고리우스는 4개를 더 추구하여 8개의 선법을 구사했으며, <악보 6> 보다 아름답고 경건한 음악으로 만들기 위하여 온갖 노력을 다하였다. 그 한 예로서 성가 학교(Schola cantorum)를 세운 것이다. 또한 교황 자신이 연구하여 만든 찬송가집(Antiphonarum)을 베드로 성당의 성단에 사슬로 묶어 길이 성가의 표준으로 삼고자 하였다.59)

이 성가는 8개의 헬라 선법(Hella 旋法)을 사용했다는 것과 그 음악성에 있어서 매우 경건하고 깊은 감동을 준다는 점에서, 매우 의미심장하다.

◆ 암브로시우스의 4개의 선법은 다음과 같다.
Doria   : D C B A G F E D
Phrygia   : E D Ċ B̊ A̋ G̊ F Ė
Lydia   : F E D Ċ B̊ A̋ G̊ Ḟ
Mixolydia : G F E D Ċ B̊ A̋ G̊

---

58) 김의작 감수, 「교회 음악사」, pp. 29f.
59) 津川主一, p. 33. 김의작, op. cit., p. 199-200. 재인용.

◆ 그레고리우스 교황이 보강한 4개의 선법이다. <예 1>

Hypo Doria : a g f e D ċ ḃ ȧ
Hypo Phrygia : b a g f E d ċ ḃ
Hypo Lydia : ċ b a g F e d c
Hypo Mixolydia : ḋ ċ b a G f e d

이 선법은 중간에 대문자를 쓴 음으로 끝을 맺는다.60)

그레고리안 성가는 그레고리우스 교황 재직 시인 590년대에 비롯되어 13세기에 이르러 전성기를 이룬다. 그 후에 화성 적, 대위법 적 음악이 시도되면서 점차 쇠퇴의 길을 걷게 된다. 그러나 그레고리안 성가는 음악 역사상 가장 장구한 기간을 차지했으며, 근세 음악에 대하여도 그 발달 과정에 큰 공헌을 하였다.

---
60) *Ibid*, p. 35

2) 그레고리안 성가

교회 안에 암브로시우스 성가나 그레고리안 성가가 들어와 크게 공을 새웠으므로, 음악사에 기록되는 것은 당연하다. 그레고리안 성가가 남긴 공로는, 물론 순수하게 그 스스로가 직접 쌓은 것도 있으나, 그것을 중심으로 직접·간접으로 형성된 공로가 많다.

① 스콜라 칸토룸(Schola Cantorum)

이것은 전술한 바와 같이 성가 학교이다. 이 학교는 그레고리우스 교황으로부터 비롯되며, 교회 음악의 전문적 교육의 방편으로 사용되었거니와 후세에 미친 정신적 영향이 지대하다.[61]

② 벨칸토 창법(Bel Canto 唱法)

스콜라 칸토룸(Scola Cantorum)에서 그레고리 교황 재직 시절에 이탈리아식 남성 발성법을 고안하다 얻은 산물인데, 특히 혼자서 공부할 수 있도록 공명 벽을 만들어 뒷받침해 줌으로써 수련을 진전시켰다.

③ 기보법(記譜法)의 발달

그레고리안 성가의 수가 많아지고 그 내용도 충실해짐에 따라 정확하게 음을 적을 필요가 생기게 되어 여러 음악 사가들이 주장하던 곡절 끝에, 11세기의 귀도 다레쬬(Guido d'Arezzo, 995?-1050년경)에 이르자 본격적인 중세적 악보가 만들어졌다. 8세기의 디아코누스(Paulus Diaconus, d. 799)가 "성 요한 세자"(Ut queant laxis)<악보 7>를 작사했는데, 이 찬송이 불려지던 '그레고리안' 곡조가 각 줄의 첫 음이 음계 순으로 되어 있어, 여기에서 '귀도'가 이 찬송의 라틴어 원문 일절 가사 각 줄의 첫 음들을 가지고 음계의 이름을 지어 부른 것이 오늘날의 도(Do), 레(Re), 미(Mi) 창법의 발단이 되었다.[62]

---

[61] John F. Wilson, 「An Introduction to Church Music」, 나운영·조의수 공역, 「敎會 音樂 入門」, (서울: 대한 기독교 서회, 1974), p. 183 참조.

< 악보 7 > 성 요한 세자

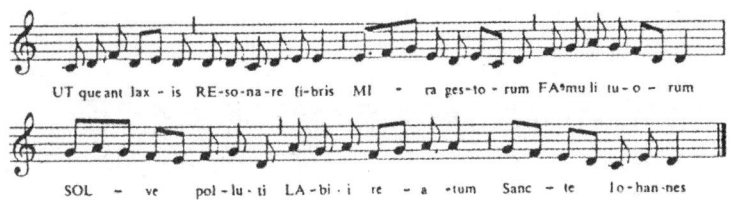

④ 대위법(對位法)의 발달

'귀도'의 4선 방형 악보의 활용으로 인하여 음악을 쉽게 보관할 수도 있고, 전달할 수도 있게 되었으며, 쉽게 익힐 수도 있게 되자, 당연히 박자에 대하여도 관심을 깊게 되어, 계량 음악(計量 音樂; Cantus mensurabilis) 또는 정량 음악(定量 音樂)이라고도 하여 음 하나 하나에 대하여 정확한 길이를 지정하여 장단을 맞추는 법이 생기게 되었는데, 기보 법이 발달함에 따라 자연히 그런 결과를 가져왔으며, 또한 아울러 두 개의 멜로디가 겹쳐져 불리는 오르가눔(Organum)이 생기게 되었다. 이것은 한 그레고리안 성가의 음률이 상 성부에서 불릴 때, 하 성부에서 완전 4도, 5도의 음정 간격을 가지고 계속적으로 병행하여 같이 부르는 형태이다. 이것이 더욱 발달하여 오늘날의 대위법으로 변모하게 되었다.

특히 서양 음악의 아버지라 불리는 요한 세바스찬 바흐(Johann Sebastian Bach)에 이르러, 최고의 절정을 이룬다. 이러한 그레고리안 성가는 무반주 단선율 음악(monophonic)이고, 주로 전 음계적(diatonic)으로 되어 있다. 라틴어 가사의 산문적인 리듬을 따른 낭송 풍의 노래이다.[63]

---

62) 신소섭, 『예배와 찬송학』, op. cit., p. 112의 악보 참조.
'성 요한의 찬가'(Ut queant lacis)의 대의(大意)는 다음과 같다.
"당신의 종들이 당신의 행적을 찬양하며, 자유롭게 노래할 수 있음은,
성 요한이 저들의 더러운 입술에 붙은 피의 흔적을 씻는 것이외다."
63) 신소섭, op. cit., p. 113. 악보 참조. 통일성가집 편찬위원회(편), 『카톨릭 성가집』, (서울: 한국 천주교 중앙 협의회, 1985), 146장이다. 이 작품은 마인즈(Mainz)의 대주교 마우루스(Rabanus Maurus, c. 775-856)의 작품으로 추정된다. 라틴어 원문에는 7절까지 있고, 여기 2절까지만 소개한다.

다음은 그레고리 송가의 예이다. <악보 8> <부록 4 참조>

< 악보 8 > VENI CREATOR(임하소서 성령이여)

3. 로마네스크 시대 교회음악(11-12세기)

교회 다성 음악은 점차 원시적인 오르가눔을 버리고, 새로운 반 진행 법칙에 따른 복 음악(複音樂, Polyphony)으로 발전되면서, 11세기에 이르러 오블리가토(Obbligato)적 반 진행 선율을 가진 새 오르가눔 양식이 생겼다.

로마네스크 시대에는 이미 스페인과 남 프랑스에서부터 시작된 마리아에 대한 열광적 숭배, 여성에 대한 기사적 봉사, 세련된 사교적 문화를 동반한 세속적인 시와 음악이 활기를 띠었다. 대개가 연애(戀愛)를 주제로 한 일반적인 것이었지만 십자군을 노래한 기독교적인 것도 많았다.

예제 18) 그레고리안 성가의 공을 설명해 보자.
19) 암브로시우스 4선법과 그레고리우스 4선법을 설명하라.

4. 로마 가톨릭 교회 전례 음악

로마 전례(典禮)는 긴 역사 속에 다양하고 복잡한 변화가 있었지만 음악과 곁들인 전례에는 미사성제와 성무 일과(聖務日課; Officium)가 가장 주된 것이다. 두 가지 전례의 기본적인 것은 구약의 시편창인데, 미사에서는 통상문(ordinarium)이라 불리며 다음과 같다.

① 기리에(Kyrie)
기리에는 "오! 주여"라는 말인데, 미사성제 시에는 '기리에 엘레이손'(Kyrie Eleison) 즉 "주여! 우리를 불쌍히 여기소서."를 3창(唱)한다. 다음에는 '그리스테 엘레이손' 즉 "그리스도여! 우리를 불쌍히 여기소서."를 3창한다.

② 글로리아(Gloria, 영광송-영복경)
글로리아는 "지극히 높은 곳에서는 하나님께 영광"(Gloria in excelsis Deo)을 영송(詠誦)한다. 그러면 곧 찬양대가 "땅에는 평화"(Et in terra Pax hominibus bonae Voluntatis)를 계속 부른다. 이 영광송(Gloria) 다음에는 사도의 서신과 복음서 강의가 뒤따른다.

③ 그레도(Credo)
그레도는 신앙고백인 "나는 한 분이신 하나님을 믿습니다."(Credo in unum Deum)가 사제에 의해 영송 되면 찬양대의 "전능하신 하나님!"이란 찬양이 뒤따른다.

④ 상투스(Sanctus)
상투스는 세 번 "거룩 거룩 거룩"과 '호산나 인 엑셀시스'(Osanna 또는 Hosanna in excelsis)와 '주의 이름으로 오는 자가 복이 있도다.'가 따른다.

⑤ 아뉴스 데이(Agnus Dei)

마지막으로 삼중(三重) '아뉴스 데이 톨리스 페카타 문디'(Agnus Dei tollis peccata mundi) 즉 "세상 죄를 지고 가시는 하나님의 어린 양!"(天主의 孤羊)으로 우선 미사는 종료된다. 미사는 암송 부분과 노래 부분의 두 가지로 구성되는데, 위에 기록한 다섯 가지 이름을 음악가들은 순서에 따라 '기리에, 글로리아, 그레도, 상투스 및 아뉴스 데이'(Kyrie, Gloria, Credo, Sanctus, Agnus Dei)라 부른다.

이 의식은 언제나 변하지 않지만, 교회력(敎會歷)에 따라 변하게 되는 것을 특정 전례문(Proper of the Mass)이라 하는데 십여 가지의 세부(細部)가 있다. 이 가운데 1, 2, 3, 7, 9, 10번은 노래가 된다.64) 미사(mass)의 구성을 살펴보면 다음과 같다. <도표 1>

현재도 미사전(典)을 전례 적(典禮的)인 대표로 삼는 것은 그레고리안 성가인데, 팔레스트리나(Palestrina,1525~1594)를 대표로 하는 로마 악파의 고전적 교회 복 음악(復音樂)뿐 아니고, 근대나 현대에는 각양의 미사곡이 전례에 사용되고 있다.

< 도표 1 > 미사의 구성

의식 차례	주로 사제가 기도하며 낭독하는 부분	악 곡	
		(찬양대) 고 유 창	(회중) 통 상 창
I. 입제 의식	입제 기원	Introitous(입례창)	키리에 글로리아(3)
II. 말씀의 의식	서신 낭독 낭독: 복음서(설교) (공동 기원)	Graduale: 승계창(1) Alleluia(2)	크레도(4)
III. 성체 의식	봉납 기원 서 창 전 문	Offertorium: 봉헌창	쌍크투스
IV. 성체 배령 의식	주 기 도 성체 배령 기원	Comunio: 성체배령창	아뉴스 데이
V. 폐회 의식	이테 미사 에스트		데오 그라쩨아스

---

64) 李有善, 「基督敎 音樂史」, (서울: 總神大學 出版部, 1977), pp. 21-22.

예를 들면 하이든(Haydn), 모차르트(Mozart), 브루크너(Bruckner) 등의 관현악이 붙은 미사곡이 지금도 연주되고 있으며, 베토벤(Beethoven)의 '장엄 미사'는 '사교(司敎)미사'의 경우에 사용되고 있다. 그러나 많은 현대 저명한 작곡가들이 작곡한 많은 미사곡, 진혼곡(鎭魂曲) 등은 전례용이라기보다 순수한 연주용이라는 점에 유의해야 되겠다.

<도표 2> 미사악곡의 성립연표

세기	미사 악곡의 종류 (고유 창은 라틴어로 표시) (통상 창은 한글로 표시)	기도서 및 성가 관계 인명
IV	상투스, Graduale(승계창), Tractus(영창)의 형태 생김	
V	Offertorium, 기리에의 형태 생김 Alleluia가 부활절에 등장 글로리아가 주교 미사에 등장	레오(461몰)의 성찬론 게라시우스의 성찬론 신마쿠스(514몰)
VI 600년 VII	기리에, 상투스 Introitus, Communio 일반화 ‥‥‥‥‥‥‥‥‥‥‥‥‥‥‥‥‥‥‥ Alleluia 일반화됨 아뉴스데이	오하네스(526몰) 보니파티우스(532몰) 그레고리우스 성찬론 마르티누스(672몰) 세르기우스(701몰)
800년	여러 종류의 전례, 예를 들어 목요일(사순절 중)의 미사 등이 제정됨. ‥‥‥‥‥‥‥‥‥‥‥‥‥‥‥‥‥‥‥‥‥‥‥ 샤를르마뉴 글로리아가 주교 미사 이외에도 노래되기 시작함.	
IX	현존하는 가장 오랜 미사곡 집(가사만 기재됨, 8-10세기에 걸쳐서 기술) 6권	
X	악보에 기록된 가장 오래된 미사곡집은 이 무렵(9세기말의 것도 있다)부터의 것이다(멧스와 산갈의 성가집)	
XI	글로리아 일반화됨 그레도 Sequentia(속창)	

제2장 교회음악의 역사

미사 고유문은 가사로 하는 곡, 즉 미사 고유 창은 모두 다 초대 교회 시대 (거슬러 올라가 구약 시대)부터 행해지고 있던 것으로서, 시편의 가창으로부터 발달한 악곡이다. 따라서 미사 고유 창은 초기의 시편 가창법 -응답 시편창(응창)과 교독 시편창(교창)- 의 두 계열로 크게 나뉜다. 응창이란 독창과 거기에 대답하는 전창으로 이루어진 가창곡이며, 교창이란 두 패로 나뉘어 서로 노래 하는 방식에 의한 것이다. 응창계 고유창은 Graduale(승계 창), Alleluia, Tractus(영창) 또한 후기의 Offertorium(봉헌 창)이 응창식으로 작곡되어 있다. 교창계 고유 창은 Introitus(입례창), Communio(성례 배령창), 초기의 Offertorium(봉헌창)으로서 행렬에 부대하여 불려진다.

5. 고딕 시대 교회음악

고딕(Gothic) 시대의 교회음악이란 13-14세기라고 보지만 독일, 이태리, 프랑스 및 영국에서의 고딕시기가 각각 다르기 때문에 음악사적 시대양식 취급이 어려우나 가장 전형적인 고딕 음악이라면 13세기의 노트르담(Notre Dame) 악파와 아르스 안티콰란(고대의 것이란 뜻)이다. 그레고리 단성 성가 시대가 지나고 파리 악파의 복잡한 다성 음악이 대두된 시기였다. 그러나 새로운 다성 음악들은 여전히 단성인 그레고리안 성가를 모태로 발전한 것이다. 노트르담 성당을 중심으로 고도의 음악적 개화를 보였는데, 오르가눔(Organum), 클라우슬라(Clausla), 콘둑투스(Conductus) 및 모테트(Motet) 형식의 음악이 작곡 되었다. 이 외의 종교음악으로서 중요한 것은 독일의 민네징어(Minnesinger)적 단성 성가 및 이태리의 성가와 아르스 노바(Ars Nova)적인 음악이 특징을 보여준다.

예제 20) 가톨릭교회의 전례음악에 대하여 기술해 보자.
     21) 미사악곡에 대하여 아는 대로 설명해 보자.
     22) 고딕시대의 음악양식을 설명하라.

제3절 종교개혁시대 교회음악

1. 초기 종교개혁 시대 교회음악

종교개혁으로 생긴 독일 개신 교회의 회중 찬송을 지칭할 수도 있지만, 이 종교개혁 시대의 찬송을 이해하기 위해서는, 기독교 개신교의 음악과 마르틴 루터(Martin Luther) 이전의 독일 음악의 발전에 대해서 뿐만 아니라 1500년경 까지의 문화 및 사회적 배경에 대한 지식이 필요할 것이다. 음악적인 면에서 볼 때 중요한 여러 나라 중에서 독일은 가장 뒤늦은 나라라 말할 수 있다. 1400년 이전의 음악 작품은 거의 보잘 것이 없는 것이었고, 음악의 발전은 프랑스, 영국, 네덜란드에 국한되었다. 단지 독일 음악의 유일한 공헌이라면 민네징어(Minnesinger)의 선율인 것이다. 이런 다수의 악보들이 보불전쟁(1870-1871) 때에 스트라스부르(strasbourg)에 퍼부은 포격에 불행하게도 없어졌는데, 그 속에는 많은 초기 독일 작곡가들의 작품이 포함되어 있었다. 만약 이러한 초기 다성 음악이 금후(今後) 다시 발견된다면 불분명했던 독일 음악 역사의 면모가 밝혀지지 않을 까도 생각된다.

1450년부터 1520년까지에 이태리, 네덜란드 및 영국 음악에 대등할 수 있게 까지 된 것은 독일 음악 사상에 나타난 하나의 기적이다. 14세기에 독일 국민들은 민요라는 형태로 그 후 여러 세기 동안 독일 음악에서 중요한 역할을 한 국민적인 스타일의 든든한 기초를 닦아 놓았다.

1450년경에서 1550년까지 100년 동안 독일 작곡가들은 네덜란드 풍의 대위법 적인 수법으로 쓴 다성 음악(Polyphony) 속에서 되풀이하면서 발전시킨 민요 가락을 지속했던 것이다. 이러한 다성 음악적인 작곡 중에서 현재 알려져 있는 최고의 것으로는 『*Lochheimer Liederbuch*』(로크 메르 노래책)이다. 이

가곡집은 어떤 부유한 귀족인 음악 애호가의 요청에 따라 수집되고 기록되었으리라고 추측된다. 이 가곡집은 현재 베를린(Berlin) 국립도서관에 보관되고 있다. 이 가곡집이 이루어진 수십 년 후에 이르러서는 독일의 다성 가곡은 우수한 수준 위에 놓이게 되었던 것이다. 이 당시 마르틴 루터가 자기의 고향과 또는 독일 국내를 수차 두루 다니면서 청취한 것은 모테트(Motet)나 미사(Messe) 곡도 있었겠지만 다성 음악 화한 민요 가곡이었으므로 마르틴 루터가 이런 민요에서 아이디어를 얻어 후일에 코랄(Chorale)로 이룩한 것임에 틀림이 없다.65)

2. 독일 교회음악

엄격한 의미에서 '독일 찬송'이라 함은 루터의 종교개혁으로 생긴 독일 개신교회의 회중 찬송을 의미하지만 독일어로 된 찬송은 이미 종교개혁 3, 4세기 이전부터 나타났다.

마르틴 루터(Martin Luther, 1483-1546)는 가난한 시골 광부의 아들로 태어나, 대학 교육을 받은 후, 그는 1505년 수도원에 들어갔고, 1507년에 승직(僧職)을 받았지만, 가톨릭 교리에 큰 회의를 품은 채 1512년 신학 대 교수로 취임되었다. 당시 그는 속죄 장(贖罪狀) 판매권의 부당성을 비난하는 등 95개 조항을 대학 입구에 써 붙임으로 개혁의 포문이 열렸다. 그는 파문을 당했고, 그 후 그는 『그리스도인의 자유』 등 3대 문서를 지었으며, 자신이 밝힌 바 있는 예배에 관한 4대 개혁 점, 즉 '오직 성경, 오직 신앙, 만인 제사(萬人 祭司), 은혜의 수단'으로서의 전례 등을 구체화하는 데 도움이 될 '교회음악의 서민화'를 계획했고, 프로테스탄트 코랄(Protestant Chorale)의 기초를 다진 것과 동시에 성경, 식문(式文), 독일어로의 가사 번역 등 음악과 문학상 불후의 업적을 남겼다.66)

루터는 복음 내용에 위배된다고 여겨지는 것 이외에는 로마 가톨릭의 전례

---

65) 李宥善, op. cit., pp. 51-53.
66) Ibid., p. 53.

를 그대로 사용하였다. 그는 미사, 교회력, 본 예배와 부속 예배의 구분 등을 새로운 교회에서도 그대로 썼다.

마르틴 루터가 1517년 10월 31일 비텐베르크(Wittenberg) 교회 입구에 붙여 놓은 당시의 속죄 권을 둘러싼 토의와 논쟁에 관한 95개 조항은 종교개혁과 함께 교회음악 개혁에 큰 영향을 끼쳤다. 그 영향으로 성직자들만이 이해하고, 부르도록 허용되었던 라틴어 혹은 헬라어 교회예전과 찬송가가 독일어로 번역되어 회중들이 예배를 이해하고 함께 참여할 수 있게 하였다.

그는 회중들이 부를 수 있는 단순하고 아름다운 노래를 만들었는데, 곡은 플레인 송(Plain song)이나 민속가요에서 빌려오기도 하고 특별히 자신이 작곡하기도 하였다. 이것을 '코랄'(Chorale)이라고 하는데 가사는 길고 객관적이며 강력한 것이 특징이다. 루터의 코랄은 신앙의 찬송, 명상 찬송, 기도의 찬송을 리듬적으로 작곡한 "내 주는 강한 성이요"(Eine feste burg; 찬송가 585장)가 가장 유명하다. 그는 심오한 성경 적 가르침을 단순하면서도 분명하게 표현할 수 있는 능력을 소유했으며, '복음찬송가'의 아버지로 불릴 만큼 구원의 진리를 신앙 고백적으로 잘 표현하고 있다.67)

코랄은 독일 개신교 교회음악에 큰 영향을 끼쳤다. 코랄은 코랄 칸타타(Chorale Cantata), 코랄 모테트(Chorale Motet) 등의 합창곡과 코랄 전주곡(Chorale Prelude), 코랄 변주곡(Chorale Variation) 등 오르간 곡의 기초가 되었다. 17세기와 18세기 전반은 코랄 편곡의 전성기였으며, 프레토리우스(Michael Praetorius, 1571-1621)에서 바흐에 이르는 독일 개신교음악이 누린 영광은 모두가 코랄에 의해서 비롯된 것이다.68)

루터는 종교개혁 초기에 개개 교회의 다양성 때문에 예배 형식의 통일성을 이룰 수 없는 것으로 보고 각기 다른 두 종류의 규범이 필요하다고 생각했다. 하나는 ①라틴어 미사였고, 다른 하나는 ②독일어 미사였다. 일반인들을 위한 미사는 독일어 미사이다. 그래서 루터는 자신의 새로운 작사, 작곡을 통해 매우 대중적인 노래를 만든다. 아직도 루터교회에서 불리는 이른바 <독일어 상투스> <독일어 아뉴스데이> 등이 그것이다.

---

67) 크리스챤 大典, (서울: 도서출판 문맥, 1984), pp. 454-457.
68) Ibid, p. 463.

루터는 원래 교회에서 코랄을 일반 회중에게 부르도록 하는 것이었기에, 되도록 단순하고 친근성이 있게 하려 했다. 동시에 그는 저속하고 통속적인 취미나 무의미한 공허 성을 배제하고, 당당한 종교적 성격을 훌륭하게 유지시킨 것이다.

루터 식 코랄의 특징은 주선율이 테너 파트에 있고, 다른 성부는 찬양대가 부르도록 한 점에 있다.69) 이것은 회중의 음악 수준이 낮은 것을 감안하여 선율을 테너에 둔 동시에 훈련받은 찬양대를 위해서는 나머지 파트를 담당하도록 한, 이중적 배려가 담긴 것이다. 루터는 풍부한 음악적 소양을 가지고 있었기에 자신이 손수 코랄을 창작 또는 편곡하기도 하였는데, 이 모든 요소를 결부시켜 볼 때, 그는 찬송의 질에 대하여, 또한 수준 고하에 대하여 많은 신경을 썼음을 알 수 있다. 1523년과 1524년은 루터의 생애에 있어서 찬송 작가로서 중요한 시기였다. 신약과 모세 5경의 독일어 번역이 1523년에 완성되었고, 시편을 번역하기 시작하면서 옛 찬송을 수집하고 새 찬송을 만들기 시작했다. 그는 1524년까지 23편의 찬송을 완성하였고, 그의 생애에 모두 37편의 찬송을 만들었다.70) 그래서 루터는 '복음 찬송가의 아버지' 또는 '독일의 암브로시우스'라고도 불려진다.71)

루터는 회중 찬송가를 예배에서 필수 불가결한 부분으로 만들어 회중이 항상 직접 예배 진행에 참여할 수 있도록 하였다. 그와 그의 동역자들은 이에 부응한 찬송가의 창작에 힘을 기울여, 라틴어 시(詩)를 번역하였고, 세속적, 종교적 옛 노래들을 선택 변형시켜 찬송가 수를 늘였다.

---

69) 김의작 감수, 「교회 음악사」, (서울; 세계 문화사, 1980), p. 185.
70) 조숙자·조명자, op. cit., pp. 55-56.
    루터의 찬송을 구분하면, 9편만이 그의 창작 찬송이었고, 7편은 시편에서, 6편은 기타 성경의 여러 부분에서 따온 것이다. '종교개혁의 전투가'라 불리는 "내 주는 강한 성이요"(EIN FESTE BURG; 찬송가 384장)는 시편 46편을 근거로 만든 찬송이며, "주 예수 우리 죄 위해"(CHRIST LAG IN TODESBANDEN; 개편 128, 새찬 181장)는 그의 창작 찬송이다.
71) William Jensen Reynolds and Milburn Price, A Joyful Sound : Christian Hymnody (New York : Holt, Rinehart and Winston, 1978), p. 4. 조숙자·조명자, op. cit., 재인용.

이렇게 해서 나온 찬송가집이 <여덟 개의 노래 책>, <그림1> <에르푸르트 노래 책>, <스트라스부르 교회 예배> 등이었다.

그 이후에도 클루그(Klug), 블룸(Blum), 슈만(Schumann), 밥스트(Babst) 등에 의해 찬송가책이 발간되었다.72)

17세기의 독일 찬송 작가로 헤르만(J. Heermann, 1585-1647)은 400여 편의 찬송을 작사하였는데, "귀하신 예수"(Herzliebster Jesu; 개편 124, 새찬 165)는 그의 대표적 찬송이다.

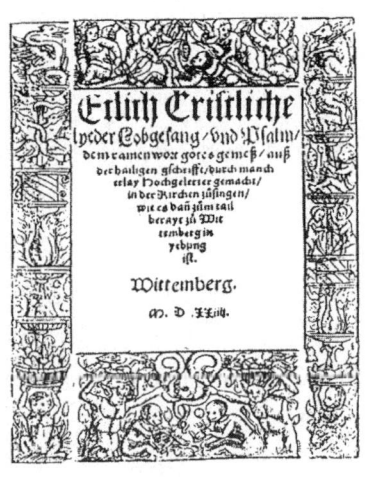

<그림 1> 1524년에 간행된 『8가집』 표지

• 독일 찬송가의 흐름은 1524년에 출판된 이른바 「8가집」 (Achtliederbuch) 에서 비롯되었다.

린카르트(M. Rinkart, 1586-1649)가 작사한 "다 감사드리세"(Nun danket alle Gott, 21찬 66장)는 지금도 세계적으로 많이 불리는 유명한 찬송이다. 17세기의 가장 위대한 독일 찬송 작가 게르하르트(Paul Gerhardt, 1607-1676)는 123편의 찬송을 작사했는데, 21세기『찬송가』 145장은 클레아보의 성 베르나르(St. Bernard of Clairvaux)가 작시한 라틴어 찬송을 게르하르트가 1656년에 독일어로 번역했고, 미국의 알렉산더(J. W. Allexander) 박사가 1830년에 다시 영역한 것이다.73)

"내 영혼아 곧 깨어"(Du meine Seele, singe, 통찬 18장)와 "내주의 사랑 끝없이"(O Jesus Christ, mein schönstes Licht, 개찬 408장)는 게르하르트의 작품으로 우리 찬송가에 수록된 것들이다.

"주는 귀한 보배"(Jesu, meine Freude, 21찬 81장)의 작시 자 프랑크(J.

---

72) 홍정수, 『교회음악개론』(서울 : 장로회 신학대학 출판부, 1988), pp.149-153.
73) 김경선, op. cit., p. 729.

Franck, 1618-1677)와 "너 하나님께 이끌리어"(Wer nur den lieben Gott lässt Walten, 21찬 312장)의 작사 · 작곡자 노이마르크(G. Neumark, 1621-1681)도 이 시기의 작가이며, 리스트(J. Rist, 1607-1667)는 680여 편의 찬송과 영가를 작사하였지만 대부분 사적인 용도를 위해 만들어진 것이었다.[74]

17세기의 독일 찬송가의 발전에 가장 중요한 인물인 크뤼거(Cruger, 1598-1662)는 가장 대표적인 독일 찬송가『음악을 통한 경건 훈련』(Praxis Pietatis Melica)을 비롯하여 ①『아우구스부르크 고백의 새 완성 찬송가』(Neues Vollkämmliches Gesangbuch Augsburgischer Confession, 1640) ②『신령한 교회의 곡조』(Geistliche Kirchenmelodien, 1649) ③『신령한 찬송과 시편가』(Geistliche Lieden und Psalmen, 1653) ④『거룩한 시편가』(Psalmodia Sacra, 1658)를 출간하였다.[75]

17세기 말경 경건주의 신앙운동(Pietistic Movement)이 절정에 달하였는데, 이 운동은 당시의 냉랭한 형식주의(Formalism)와 생명력이 없는 교리 주의에 대항하여 실제 기독교인의 생활에서 엄격하고 깨끗한 신앙생활과 개인적인 종교적 경험과 경건을 강조, 1670년 할레(Halle)에서 '신앙 동지회'(Collegium Pietatis)를 창설한 스패너(Jakob Spener, 1635-1705)에 의해 주도되었다. 이 시대의 독일 찬송은 루터교 찬송에도 영향을 주어 주관적이고 객관적이며, 열정적인 성격의 찬송을 많이 낳게 하였다. 이 때 스패너의 동료였던 쉿츠(J. J. Schüts, 1640~1690)는 "찬양하라 만유의 주"(개편 11장)를 작사하였고, 그의 친구 니안데르(J. Neander, 1650-1680)는 "다 찬양하여라."(통찬 21장)를 작사하였다. 테르스티겐(Gerhard Tersteegen, 1697-1769)은 "하나님이 친히"(통찬 54장)의 작사를 하였다. 이 시기의 대표적 찬송가로 크뤼거(Crüger)의 『찬송가』와 견줄 만한 것은 1704년에 출판된 후라이링하우젠(J. A. Freylinhausen, 1670-1739)의 『찬송가』(Geisteiches Gesängbuch)이다.[76] 여기에는 750편의 찬송 가사와 250편의 곡조가 수록되어 있다. 1741년에 출판된 후라이링하우젠의 코랄 곡 집에는 1,600여 편의 찬송 가사와 600여 편의 곡조가 실려 있다. "다 함

---

74) Schalk(ed.), op. cit., pp. 203-204. 재인용. 조숙자·조명자, op. cit., pp. 69-70.
75) Jahannes Riedel, The Lutheran Chorale, Its Basic Traditions (Minneapolis, Minn. : Augsburg Publishing House, 1967), p. 64. 재인용. 조숙자·조명자, op. cit., pp. 70-72.
76) Ibid, p. 71.

께 주를 경배하세"(Dir, Dir Jehovah, 21찬 12장)와 『대한 성공회 성가』 459장 (Meine Liebet Noch)은 후라이링하우젠의 작곡이다.

18세기의 유명한 독일 찬송 작사자는 12권 이상의 찬송가를 출간하고 900편 이상의 찬송을 작사한 슈몰크(B. Schmolck, 1672-1737)이다. 오늘날 가장 많이 불리는 그의 찬송은 베버(C. M. von Weber, 1820)의 '마탄의 사수'의 서곡에 나오는 선율을 죠셉· 페리· 홀부르크(Joseph P. Holbrook)가 발췌한 곡에, 작사한 "내 주여 뜻대로"(21찬 549장)와 "아름다운 시온 성아"(통찬 250장), "영원한 빛 예수여"(새찬 72장)이다.

"천성 길을 버리고"(Sinners Jesus will receive, 21찬 512장)의 작사자 노이마이스터(Erdmann Neumeister)는 슈몰크의 뒤를 따라 보수적인 루터교의 열정적인 찬송 작사자가 되었다.77)

서양 음악의 아버지라 불리는 바흐(J. S. Bach, 1685-1750)가 교회 음악 전체에 끼친 공헌은 참으로 크다. 바흐는 주로 칸타타(Cantata)를 썼는데, 300편이 넘는 막대한 양을 썼다.78) 그는 이 칸타타에 화성적 기법에 대위법적 기법을 유감없이 표출하고 있다. 아울러 186편이나 되는 그의 4성부 무반주 코랄은 깊은 신앙 열정에서 우러난 명상과 회개와 소망이 넘쳐흐르는 영적 소산이다.79) 그러나 바흐가 회중 찬송의 발전에 기여한 부분은 우리 찬송가 "사랑의 하나님"(21찬 566장, 통찬 301장) 작곡과 "오 거룩하신 주님"(21찬 & 통찬 145장)과 "주 하나님 늘 믿는 자"(통찬 345장)의 편곡 정도이다.

---

77) 신소섭, op. cit., p. 62.
78) 홍정수, op.cit., pp. 317-323.
  · 칸타타는 일반적으로 오라토리오보다는 규모가 작고, 모테트(Motet)나 앤덤(Anthem)보다는 더 큰 성악곡으로서, 형식적으로는 오라토리오를 닮아, '아리아, 레치타티보, 합창'를 묶은 것이며, 기악으로 반주를 한다. 이 양식은 독창과 중창, 합창 등을 폭넓게 구사하여 대조를 이루므로 그 예술성이 높고 가사가 성경 본문이어서 신앙적 가치는 말할 나위도 없다.
79) 김의작, op. cit., p. 211.

3. 불란서 교회음악과 운율 시편가

　시편(Psalms)은 기독교가 물려받은 가장 귀한 음악적 유산이다. 이스라엘 백성들은 이 시편을 통해서 그들의 종교적 경험을 노래하였으며, 시편은 성전과 회당 예배 의식의 중요한 부분을 차지했다. 초대 교회와 중세 가톨릭교회에서도 시편은 교회 노래의 가장 중요한 자료였다.
　16세기에 와서 불란서 종교 개혁자 칼뱅(John Calvin, 1509-1564)의 지도 하에 시편은 자국어로 운율적인 형태를 갖추어 번역되었으며, 여기에 회중들이 쉽게 부를 수 있는 단순한 곡조가 붙여져 불란서 개혁 교회(Reformed Church)의 회중 찬송으로 나타나게 되었다.

1) 불란서 운율 시편가(Metrical Psalmody)

　츠빙글리와 칼뱅은 개혁 교회의 지도자로서 루터와 대등한 역할을 하였다고 볼 수 있지만 개혁 사상에는 피차 다른 점이 있었다. 루터는 새로운 교회의 예배와 모든 의식에 있어서 로마 가톨릭 교회의 전통을 그대로 보존하였으며, 음악도 개혁 신학에 맞게 적절한 수정만 가했을 뿐이었다. 그러나 츠빙글리와 칼뱅은 가톨릭교회의 의식을 수정하는 것이 아니고 개혁 교회의 이상과 모델을 원시 초대 교회에서 찾았다.[80]
　칼뱅을 중심 한 개혁 교회(또는 장로교회)의 음악은 새로이 작사 · 작곡된 것들과 기존 곡을 이용한 '회중 찬송가 중심'의 것이다. 가사는 기본적으로 시편과 칸티쿰(앞서 신약 시대 찬송 참조)을 사용하고, 운(韻)에 맞추어 노래에 적합하게 작사된다. 음악은 원래 단 성부의 것이었으나, 곧 다성 음악화 되었

---

[80] Louis F. Benson, *The Hymnody of the Christian Church* (Richmond : John Knox Press, 1956), p. 79. 재인용. 조숙자·조명자, *op. cit.*, pp. 90-91.

다. 종교개혁 초기에 작곡된 40곡은 작곡자 미상이며, 85개의 선율은 부르주아(Louis Bourgeois, 1510-1561)의 작곡이다.

① 최초의 시편가 모음집은 칼뱅이 스트라스부르 설교자로 있었던 1539년에, 18개의 시편가·시므온의 노래·십계명·사도 신경을 포함시켜 수록했다. 몇 개의 독일 선율도 사용되었다. 5개의 시편과 시므온의 노래는 칼뱅 자신이 운율 화했다.

② 두 번째 시편가 모음집은 1542년, 칼뱅이 제네바의 성 베드로 교회의 설교자로 있었을 때 ①의 음악에 덧붙여 마로(Clément Marot)의 시편가를 포함시켰다. 부르주아는 ①의 멜로디를 상당히 고쳤고, 새로 22곡을 추가 작곡했다.

③ 두 번째 것처럼 곡을 추가시킨 시편가 모음집들이 1543, 1544, 1549, 1551, 1554년에 뒤따른다. 부르주아는 1551년 85개의 시편가를 마지막으로 썼고, 1554년에 나온 것은 6개의 가사만 첨가되었고, 이미 있는 멜로디를 사용했다.

④ 마지막 시편가 모음집은 1562년에 발간되었고, 작곡자 미상의 40곡의 선율이 실려 있다. 125개의 선율이 실렸고, 150개의 시편 중 자체적 멜로디가 없는 것은 다른 선율로 부르라고 지시되어 있다.

이와 같은 찬송가들은 모두 단 선율이었는데, 이는 칼뱅이 교회에서 다 성부 음악을 금했기 때문이다. 그러나 가정에서 다 성부로 찬송을 부르는 것에는 반대하지 않았다. 따라서 가정용 다 성부 편곡들이 나타났다.[81]

부르주아는 1547년 자신의 시편가 선율 50곡을 4성부로 만들어 출판했다. 자신의 시편 전체를 다성부화(多聲部化: 4, 5, 6성부)시켜 출판한 것은 1561년이다.[82] <악보 9> 아래 게시된 악보는 주성부가 테너에 있는 것을 소프라노 성부에 옮겨 현대악보로 부르기 쉽게 만든 한국어판 칼빈의 시편가 시편6편이다. <악보 9-1>

---

81) 홍정수, op. cit., p. 158.
82) Friedrich Blume(ed.), Protestant Church Music (New York : W. W. Norton & Co., 1974), p. 532. 재인용. 조숙자·조명자, op. cit., p. 100. 악보는 대한예수교장로회 총회 시편찬송가 편찬위원회 기획 『칼빈의 시편찬송가』(서울: 진리의 깃발, 2007), 시편6편 악보(Pharaph. 신소섭, 2008/ rev.주성희, 2008).

< 악보 9 >   시 편 6편
L. Bourgeois(1517) : Psalm 6 (melody : Geneva, 1542, G. Franc[?])

아래 <악보 9-1 『칼빈 시편찬송가』 한국어판 시편 6편 >

구디멜(Claude Goudimel, 1505년경-1572)은 1551년 이후 시편가를 4성부로 만들어 몇 곡씩을 발표해 오다가, 1564년에 전곡을 묶어 파리에서 출판되어, 널리 불려졌고, 대부분 시편가들이 유럽어로 번역되었다.

르 죈(Claud le Jeune, 1523년경-1600년경) 역시 1601년에 모든 시편가들을 다성 음악화 시켰으나, 그리 성공적이지는 못했다.

자네킹(Clement Jannequin, 1485-1560년경)은 82

시편 6편

편의 시편가 멜로디를 4성부로 만들어 1559년에 출판했다. 장로교가 다른 유럽

지역으로 퍼져 나감에 따라, 시편가도 널리 퍼졌다. 독일에서는 롭봐써(Ambrosius Lobwasser)가 1565년 시편가를 독일어로 번역하였고, 1573년에는 그의 번역을 따른 구디멜의 4성부 시편가가 출판되었다. 구디멜의 시편가들은 1602년과 1620년 네덜란드에서 1740년과 1762년에는 이태리에서 번역ㆍ출판되었다. 흔히 구디멜의 4성부 음악들은 17ㆍ18세기까지 유럽 각국에 대중적 다 성부 교회 음악의 모델이 되었다. < 악보 10 >83)

<악보 10> 시편 105편

위의 악보를 테너에 있는 주 성부를 소프라노로 옮겨서 혼성4부 합창으로 찬송가처럼 부를 수 있도록 하였다. 84)<악보 10-1 > 한국어판 시편 105편

장로교의 발생지인 스위스와 프랑스 이외에 시편가가 가장 널리 퍼진 지역은 장로 교인들이 많았던 네덜란드였다. 칼빈의 시편가들이 이미 1540년부터 네덜란드어로 불렸는데, 이 시편가의 멜로디는 자국의 민요에서 취한 것들이었고, 제네바의 음악과는 달랐다. 이 음악들을 묶어 편찬한 것이 『수터리데켄스』(Souterliedekens, 시편가)이다. 이 책은 1540년 니벨트(Zuylen van Nyevelt)가 펴냈다. 칼빈의 지론대로 모두 단 성부 음악이었다. 이 음악은 매우 대중적이어서, 1613년까지 33판을 찍어야 했다. 클레멘스 논 파파(Clemens non Papa)는

---

83) *Ibid.*, pp. 535-537.
84) 1562년 발행된 『칼빈의 시편찬송가』시편105편을 한국어판으로 발행하면서 3년여 동안 작업을 하여 주성부가 테너 성부에 있는 원본을 소프라노 성부로 옮기고 화성을 재배치하였다. 가사는 구약 성경 시편을 참고로 하여 우리말 가사로 칼빈의 시편가에 맞도록 운율대로 재구성하여 붙였다.

이 선율들을 3성부와 4성부로 만들어 1556-1561년에 출판했다. 네덜란드에 종교의 자유가 허락되자 장로 교인들은 제네바 시편가들을 교회 공식의 찬송가로 채택했다.

<악보 10-1> 『칼빈의 시편찬송가』 시편105편

네덜란드 장로교회는 1773년에 가장 좋은 번역이라고 생각되는 것을 골라, 새롭게 시편가 모음집을 출판했다. 그러나 1949년의 새 번역 모음집에 의해 옛것이 되어 버리고 신학자이자 음악학 자인 하스퍼(H. Hasper)에 원래의 칼뱅적 시편가 부르기의 정신을 되살리는 운동과 연결되어 널리 퍼졌다.

네덜란드의 스벨링크(Jan Pieterszoon Sweelinck, 1562-1621)는 제네바 시편가 전체를 고정 선율로 사용하여, 4-8성부의 음악을 만들었으며, 다 성부 시편가들 중에 가장 예술성이 풍부한 것들을 남겼다. 그는 시편가를 사용한 '코랄 전주곡'으로 오르간 음악 장르를 창시했다. 이렇게 다성 음악이 나오게 된 것은 르죈, 구디멜 등의 다성 음악이 네덜란드에 소개된 데에 영향을 받은 것이었다.

영국은 헨리 8세가 가톨릭과 결별을 선언한 1533년에야 새로운 교회 운동이 시작되었다. 그러나 음악적으로는 이미 독자적 방향을 가지고 있었는데, 시편과 칸티쿰을 부른 것이 그것이다.[85]

---

85) 홍정수, *op. cit.*, p. 161.

2) 영어 운율 시편가

16세기 영국과 스코틀랜드의 개신교들은 루터보다 칼뱅의 개혁사상을 따랐으므로 예배시의 음악도 자국어 운율 시편가만 허락하였고, 창작찬송(Hymns)은 금하였다. 그러나 17세기경부터 찬송(Anthem)이 대두되기 시작하여 중요한 위치에 놓이게 되었다. 앤덤(Anthem)은 교회 안에서 자유롭게 불려지지 못하다가 엘리자베스 여왕시대에 다시 활기를 띠게 되었으며, 영국교회음악은 라틴 찬송을 부르던 로마 관습이 점차 폐기되고 로마의 특징을 살리면서 조금씩 변화되어 갔다.[86]

칼뱅의 영향을 받은 최초의 영어 시편가들은 스턴홀드(Sternhold)와 홉킨스(Hopkins)에 의해 엮어져 1556년에 출판되었는데, 59개의 시편을 포함했고, 제네바에 피신해 온 영국의 교인들을 위한 것이었고, 단순하게 멜로디만 기록한 것이었다. 스턴홀드『시편가』는 1562년 영국에서 발간된 모음집에서 완성되어 나타났다. 이 책에는 150개의 시편 전체와 칸티쿰들을 위해 단지 60개의 멜로디만 사용되었고, 나머지는 스턴홀드·홉킨스 등 영국인들의 것이다. 1559년 엘리자베스 여왕은 이 음악들을 영국 교회의 예배에 허용하였고, 불(John Bull)·타이(Christopher Tye)·탈리스(Thomos Tallis)·몰리(Thomas Morley) 등의 작곡가들이 이 선율들을 다성 음악화 했다. 이 시편가들은 17세기 전반에 걸쳐 애창되었는데, 이는 웨슬리에 의한 감리교 찬송가가 나타나는 1740년까지 계속되었다. 그밖에도 칼뱅적 시편가를 작곡한 사람들은 라벤스크로프트(Thomas Ravenscroft)·플레이포트(John Playford)·테이트(Nathum Tate)·브레이드(Nicholas Brady) 등이 있다.

스코틀랜드의 장로교는 영국 교회보다 제네바 시편가의 영향을 더 많이 받았다. 왜냐하면 영국의 성공회와는 달리 스코틀랜드의 장로교는 설립자 존 낙스(John Knox)가 제네바 유학 시절에 시편가를 익혀 스코틀랜드에 도입하였기 때문이다.

---

[86] 크리스챤 大典, op. cit., p.456.

영국 장로교회의 시편가들은 네덜란드를 경유하여 미국에 들어갔다. 네덜란드에 이주한 영국 에인스워드(Henry Ainsworth)라는 학생이 1612년 화란에서 『영어 시편가』(39개의 시편가들이 실림 : 19곡이 제네바 것이었고 나머지는 영국 것)를 출판했다. 분리 주의자들이 이 책을 미국에 가면서 함께 가져갔다. 이들은 1620년 플리마우스(Plymouth)에 정착하여 이 시편가들을 사용했다. 1623년 뉴욕시가 설립되면서 화란의 장로교인들이 이주해 올 때, 그들은 시편가들을 갖고 왔다. 18세기 중엽까지 그들은 제네바 시편가를 화란어로 불렀다. 영어판은 홉킨스(Francis Hopkinson)에게 위탁해, 그는 테이트(Tate)와 브래디(Brady)의 영어가사를 토대로 화란 시편가에 영어를 붙였다. 이것은 1767년에 출판되었다. 18세기 말경에는 시편가가 덜 불리고, 찬송가(Hymn)들이 퍼지기 시작했다. 많은 장로교들이 교회에서는 시편가만 불러야 한다는 원칙을 포기했다. 그러나 스코틀랜드 장로교, 헝가리 장로교, 독일의 개혁 교회들은 계속 제네바 시편가를 사용했다. 한편 스벨링크 등이 만든 시편가들을 원어로 부르는 운동도 일어났다.87)

마로(Clement Marot)의 불어 운율 시편가는 영국에도 알려져서 헨리 8세(Henry Ⅷ)의 궁정 내관 스턴홀드(Thomas Sternhold, d. 1549)는 마로를 본떠 당시 영국의 가장 통속적인 노래 운율인 '발라드'(Ballad Meter, 8. 6. 8. 6)로 번역하기 시작하였다. '발라드 운율'은 원래 14음절(syllable) 씩 두 줄로 된 시형인데, 당시 유행하던 발라드 곡조에 넣어 부르기 위한 것이었다.

1562년도 판『제네바 시편가』가 다양한 운율 형태로 되어 있는 것과는 대조적으로 영국 시편가는 거의가 '보통운율'(Common Meter, 8. 6. 8. 6)로 되어 있다. "주 하나님 크신 능력"(DUNDEE; 통찬 80장)은 1615년 판 스코틀랜드 시편가에 수록된 곡조이다. <악보 11> 스코틀랜드 시편가, 통일『찬송가』80장>

1650년에 출간된 스코틀랜드 시편가에는 유명한 시편 23편의 번역 "주 나의 목자 되시니"(BELMONT; 통찬 437장)가 수록되어 있다. <악보 12> 스코틀랜드 시편가(통일『찬송가』80장)

---

87) Ibid., pp. 162-163. 본서의 저자 신소섭 목사는 시편 찬양곡을 작곡하여, 시편찬양 보급에 힘을 쓰고 있다. 시편을 작곡하여 시편 찬양곡 1집, 2집에 이어 계속 시편 150편 찬양곡 작곡 중이다.

1708년에 출간된 '새 번역' 부록에는 찬송 곡조가 실려 있는데, 크로프트(William Croft, 1678-1727)의 "HANOVER"(21찬 34, 통찬 45장), "ST. ANNE"(21찬 71, 통찬 438장)이 수록되어 있다.

<악보 11 > 스코틀랜드 시편가(통일찬송가 80장)

<악보 12 > 스코틀랜드 시편가(통일찬송가 437장)

1708년에 나온 "다윗의 노래"(Lyra Davidica)에는 라틴 찬송들의 번역이 수록되어 있는데, "예수 부활했으니"(EASTER HYMN; 21찬 164, 통찬 154장)는 여기에 수록된 곡조로 오늘날 널리 사용되고 있다.[88]

---

88) 조숙자·조명자, op. cit., pp. 102-105.

4. 한국 가톨릭교회 연도와 시편가

한국 가톨릭교회 성교예규 악보집에 나타난 시편 51편은 한국전통 가락을 살려 연도소리로 활용하여 부르도록 하였다.[89] 연도(煉禱)는 1938년 한문으로부터 한글로 번역 된 후 약 150년 전인 1848년 최양업 신부가 귀국 후부터 널리 보급되었다. <악보 13> 한국가톨릭 연도 시편가 51편>

---

[89] 서울대교구 전례위원회 엮음 『성교예규(聖教禮規)』(서울: 가톨릭출판사, 1991/1994/ 1997 4판), 부록 I. 성교예규악보집. pp.56-64.. 연도(煉禱)는 위령기도로서, '연옥(煉獄)의 영혼을 위한 기도'라는 뜻으로도 생각해 볼 수 있을 것이다. 여기서 '연도'란 연도의 음악이라는 뜻도 포함하고 있으나 여기서는 다만 음악적 형태 측면에서만 고찰하고 있다. "공과와 예규에 기원을 두고 있는 연도(위령기도)는 1838년경 우리 실정에 맞게 한문으로부터 번역이 되었고, 최양업 신부가 귀국한 1848년도 이후부터 1859년(다블뤼 주교의 필사본 추정 연대) 사이에 널리 보급되었다……" 강영애, "천주교 연도(위령기도)의 음악적 연구",『藝術論集』(全南大學校 藝術研究所, 2001), 第 4輯, 115쪽. 1848년 최양업 신부 귀국 이후 널리 보급되었다면, 한국 가톨릭연도가 일반화된 것은 150여 년 전부터라고 볼 수 있게 된다. 『음악과 민족』제 27호(민족음악학회, 2004. 4. 15), 177-204쪽.

 연도에 사용된 음표는 [♪]와 [♩] 두 가지다. 기호 ○표는 계(앞소리), ●표는 응(뒷소리), 4도($b\;e$)를 밀어 올리고, 동음 연결 후 3도($e\;g$), 2도($g\;a$) 상행, 하행 시에는 역으로 3도($g\;e$), 2도($e\;d$), 4도($e\;b$)를 하행하고 있다.

참고로 최종민의 "천주교 연도의 음악구조 연구"(구(舊)연도를 중심으로)에 나타난 연구대상 연도소리 짜임새를 보면 다음과 같다.90) <도표 2-1>

한국의 가톨릭교회는 일찍이 옛 연도에서 이미 시편찬송을 한국음악으로 토착화를 시도해 구전으로 오랜 동안 전승해 부르고 있었다. 그렇게 구전해 내려 온 것을 최근 악보로 정리하여 성교예규(聖敎禮規)로 사용하고 있다. 이는 한국찬송가 토착화의 시도라고 볼 수 있다.

<도표 3> 한국가톨릭 연도소리 구조

[연도소리 짜임새] 구분(순서)		악절 수		비고
		악절 수	소계	
시편	시편 129)	9	30	신연도 악보에는 시편 129(130), 50(51)으로 적음
	시편 50	21		
연옥도문	연옥도문	100	100	
축문(계응합)		2	2	계와 응 합송의 6개 악구 형식
찬미경	제 1차	15	45	
	제 2차	15		
	제 3차	15		
기도문(계응합)		2	2	계와 응 합송의 12개 악구 형식
계		177	179	
연도소리 앞뒤에 시작기도와 끝기도가 있음				

다음은 '시편가'를 우리말 가사로 하여 누구나 부를 수 있도록 보급하고 있다. '천주가사'와 '연도'는 모두 우리의 전통문화와 외래 종교인 천주교가 융합돼 나타난 문화이다. '천주가사'는 전통 문학 장르인 '가사'와 같이 곡조 없이 음률에 따라 읊조리는 형식의 성가(聖歌)로, 천주교 수용 초기부터 신자들 사이에서 널리 애창되었다. 박해기에 포교를 위해 널리 퍼져 '천당 노래'나 '천당 강론'이라고도 하여, 어린 아이들은 어머니와 할머니 무릎에 앉아 배운 노래였다. 1860년 경신박해 때 울산 죽림 굴에서 피난 생활을 했던 최양업(1821~1861) 신부는 <사향가(思鄕歌)> 등의 천주가사를 짓기도 하였다.

---

90) 최종민, "천주교 연도의 음악구조 연구" - 구(舊)연도를 중심으로 -(1994년 수원교구 연령회 연합회 연도 연구)

<악보 14> 한국가톨릭 연도 시편가 129편[91]

시편 129-1 (계)

시편 129-2 (응)

시편 129-3 (계)

시편 129-4(응)

---

[91] < 보기 > '시편 129-1'(시편 129장 1악절, 계와 응별로 표시한 악절 번호) ⌒ : 낱말처럼 묶은 낱장단의 묶음 단위 , ⌇ : 아래로 흔드는 소리 ⌐ : 부드럽게 끝어내림 ▗ : 숨쉬기 전 짧게 내는 소리, ' : 숨표 •♩: 끝어 올리는 소리, ⸍ : 끝어내리는 소리

①밀어올림 ②끝어내림 ③숨표 겸용 ④곡선내림 ⑤흔듦 → ⑤ㄱ형, ⑤ㄴ형

시편 129-5 (계)

시편 129-6 (응)

위에서 제시한 한국 가톨릭교회의 저변에 흐르고 있는 '구(舊) 연도'는 한국 교회음악 토착화의 한 대안으로 생각해 봄직도 하다. 찬송가의 국악화를 부르짖던 나운영의 육필 자서전에는 평소 입버릇처럼 이렇게 말하고 있다. "내 손의 피가 마를 때까지, 하나님이 저를 천국으로 부를 때까지 성가를 만들고 발표하는 일을 멈추지 않을 것입니다." 그가 말한바 대로 그는 별세하기 전까지 무려 1,105곡에 달하는 찬송가를 작곡하여 하나님께 봉헌하였다.92) 한국찬송가의 '선토착화 후 현대화'를 부르짖던 나운영 선생(21찬 151, 183), 수많은 성가곡집을 낸 김두완(21찬 11, 61), 음악비평을 쓰던 김규현이 세상을 떠났다. 개신교 선교 120주년을 지난 한국교회 찬송가문화와 교회음악의 새로운 변화를 지향하면서 문성모 목사는 그간 작곡한 찬송가 330곡을 모아 『우리가락찬송가와 시편교독송』을 출간한 것은 한국교회에 그만큼 중요한 의미를 지니고 있다.93)

---

92) 나운영의 생애를 정리한 이 글은 나운영 자신이 자서전을 쓰기 위해 준비해 두었던 빛바랜 대학노트를 기본으로 하였다(위 그림). 이 노트의 겉표지에는 나운영이 직접 쓴 '자서전 자료'라는 제목이 붙여져 있는데, 이 자료는 1952년부터 1982년까지 30년 동안, 매년 있었던 일들을 상당히 꼼꼼하게 기록을 해 놓은 자료이다. 나운영은 1982년 자신의 회갑을 기념하는 논총(論叢)을 발간하면서 이 자료를 토대로 자신의 연보(年譜) 및 작품목록, 작곡발표회 등을 정리하여 발표 하였다.
93) 문성모『우리가락찬송가와 시편교독송』(서울:도서출판가문비, 2011)에 예전 송영 27편과 시편교독송 66

5. 바로크 시대 교회음악

　일반적으로 바로크(Baroque) 시대의 예술과 음악은 잃어버린 교회의 영향력을 재확립하도록 세계를 위압하고 촉구했던 로마 가톨릭 반 신교운동의 결과로 이태리에서 시작되었다. 이 시기의 특징은 스케일(scale)이 크고 형(型)의 구조가 분명하다. 일반적인 음악면에 나타난 새로운 양식으로 전주곡, 협주곡, 오라토리오(Oratorio), 칸타타(Cantata), 소나타(Sonata) 등이 생겼으며, 쉬츠(Schütz), 북스테후드(Buxtehude), 텔레만(Telemann), 바흐(J. S. Bach) 등 종교적인 곡을 작곡한 사람들이 많이 나왔다. 1600년 이전까지의 교회음악은 주로 성악이었지만 바로크시대에는 기악이 중시되어 음악적으로 다양한 발전을 가져왔다. 특히 현악기 및 오르간을 위한 교회 소나타와 오르간만을 위한 코랄 서곡(Choral Prelude)과 같은 교회 연주용 기악곡이 많이 작곡되어 사용되었다. 이 시대의 작곡가 중 바흐(J. S. Bach)와 헨델(Händel)은 처음으로 후대를 위해 위대한 독일음악의 기초를 세웠고 절미(絕美)하고 위대한 독일의 신교음악(新敎音樂)을 작곡하였다. 바흐의 가장 위대한 점은 대위법을 누구보다도 완전히 처리하여 교회음악의 절정을 이루었고, 오르간 음악의 기초를 견고하게 다졌다는 것이다. 그는 약 300여 곡의 칸타타, 마태수난곡, 4편의 짧은 미사곡, 마그니피카트(Magnificat), 모테트(Motet) 등을 작곡하였고, 4백여 곡의 코랄(Chorale)에 4성으로 화성을 붙이기도 하였다. 헨델의 교회음악은 주로 교회 밖에서 연주회용으로 작곡된 것이 많다. 헨델 당시 많은 성직자들은 <메시아>의 공연을 적극 반대했는데, 헨델의 목적 또한 교회음악 작곡보다는 성경적 인물이나 사건의 극화에 있었다.
　헨델의 오라토리오<이집트의 이스라엘인>의 경우를 보더라도 다른 극음악과 달리 당연히 있음직한 등장인물이 없다는 것이다. 아리아 4곡과 이중창 3곡이 있으나 그 역시 모세나 아론 같은 주인공의 노래가 아니다. 이 작품은 곡의 제목에서 나타나는 바와 같이 선민 이스라엘 민족 공동체 전체가 주인공인 '합창 드라마'인 것이다.

편은 박근원 저 『새로운 예배 찬송』과 함께 초대교회 전통을 되살린 아주 소중한 '예배음악자료'이다.

6. 고전파 시대 교회음악

고전파 음악은 시민계급의 해방과 때를 같이 하였다. 바로크 시대의 음악은 주로 궁정과 교회를 위한 것이었지만 고전파 시대(1760-1810년경)에는 공개연주회로 점차 변하였다. 또한 음악의 고전파는 조화와 통일의 시대였다. 고전음악의 3대음악가 하이든(Haydn, 1732-1809)은 소나타 형식과 악기 편성법을 확립하였고, 오라토리오에서는 자연적인 것, 모차르트(Mozart, 1756-1791)는 오라토리오에서는 인간적인 높이와 깊이를 더하였고, 베토벤(Beethoven, 1770-1827)은 고전파음악을 최고도로 발전시키고 낭만파 음악에의 길을 열었고, 숭고하고 깊은 신앙적 관심이 교회음악의 완성을 보게 되었다. 그 밖에 슈타미츠(J. Stamitz, 1717-1757), 글루크(Gluck, 1714-1787), 요한 세바스찬 바흐는 20명의 자녀를 낳았는데, 그중 살아남은 10명중 칼 필립 임마누엘 바흐(C. P. E. Bach, 1714-1788), 요한 크리스천 바흐(J. C. Bach, 1735-1782)등이 음악가의 길을 걸었다.

고전주의 음악의 특징은 몇 개의 성부나 멜로디가 동시에 진행되는 바로크 대위법 중심의 복잡한 다성 음악에서 간결하고 명쾌한 화성 음악으로의 변화로 음 자체의 아름다움과 음악의 형식을 중요시하는 형식미를 강조하는데 기술적으로 최고도의 음악적 완성을 이룬 절대음악이 추구되었다. 대부분 초기 피아노 음악은 흔히 알베르티 베이스라는 반주가 딸린 빈약한 짜임새를 가졌으나 후에는 보다 풍부하고 음향적이고 힘 있는 음악이 되었다.

음악적 특징은 다음과 같다.

① 하프시코드가 피아노로 대체되었고, ② 바로크 음악보다 짧은 선율과 뚜렷한 프레이즈와 종지가 사용되었다. ③ 변화와 대조를 강조하였고, ④ 조, 선율, 리듬, 강약, 분위기와 음색의 잦은 변화를 주었다. ⑤ 선율과 형식, 중용과 절제의 우아함과 아름다움을 강조되었으며, ⑥ 기악음악이 중시되었다. ⑦ 소나타, 삼중주, 현악4중주, 교향곡, 협주곡, 소야곡, 희유곡 등이 작곡되었고, ⑧ 소나타 형식이 음악구조로 등장하였다. ⑨ 대부분 큰 규모의 작품들이 다악장(多 樂章)으로 작곡되었다는 점이다.

제4절 현대(現代) 교회음악

1. 영국 찬송가(English Hymnody)

16세기 영국과 스코틀랜드 개신교들은 루터보다는 칼뱅의 개혁 사상을 따랐으므로 교회 음악에 있어서도 칼뱅의 신앙과 이념을 따랐다. 예배 시의 음악으로는 회중 찬송으로 자국어 시편가만 허용하였고, 창작 찬송(Hymn)은 금하였다. 영국 국교회(Church of England)에서는 1821년까지 공식적으로 교회에서 찬송을 허용하지 않았다. 그러나 17세기경부터 찬송은 서서히 대두되기 시작했으며, 17세기 말경에 가서는 운율 시편가가 점차 사라지고, 찬송이 교회의 노래로서 그 기반을 굳혀 갔다.

벤손(Louis F. Benson)은 운율 시편가에서 찬송이 대두된 이유를 들었다.
① 사용되고 있던 운율 시편가의 문학적인 질을 높여 보려는 노력이다.
② 시편가의 내용을 현대의 환경에 적용시켜 보려는 의도이다.
③ 시편 외에 성경의 다른 부분과 복음적인 찬송을 첨부시키려는 시도라고 말하였다.[94]

영국에서 처음 출판된 찬송가는 1539년에 나온 카버데일(Myles Coverdale)의 『성서에서 발췌한 시편가와 영가』(Goostly Psalms and Spiritual Songs drawn out the Holy Scripture)이다. 여기에 41편 중 36편은 독일 루터교 코랄을 영역한 것이고, 5편은 영국 찬송이었다. 여기에 루터의 "내 주는 강한 성이요"(EIN FESTE BURG, 21찬 585, 통찬 384)의 최초 영역 번역이 여기에 포함되어 있다. 1562년에 출판된 데이(John Day)의 『시편가』(詩篇歌)에는 19편의 찬송이 첨부되어 있고, 1575년 바사다인(Bassadine)의 스코틀랜드 『시편가』(The CL Psalmes of David)에도 4편의 찬송이 첨부되어 나타났다. 1700년도판 테이트와 브래디(Tate and Brady)의 『새 번역 시편가』에는 16편의 찬송이

---
94) *Ibid.*, p. 109.

첨부되어 있는데, 테이트(Nahum Tate)의 "한 밤에 양을 치는 자"(While Shepherds Watched Their Flocks by Night; 통찬 124장)가 수록되어 있다. 엘리자베스 여왕 재위 시에 많은 서정시들이 나왔지만 예배 시에 부르거나 사용하려는 의도에서 쓰여 진 것은 아니었다. 1674년에 나온 토머스 캔(Thomas KEN)의 『윈체스터 대학용 기도서』에는 캔의 아침 찬송 "내 혼아 햇빛과 같이 깨어라"와 저녁 찬송 "이 밤도 찬송 드리자"(개편 50, 새찬 54)가 수록되어 있는데, 이 두 찬송 끝에는 우리가 예배 시마다 부르는 4행의 송영(doxology) "만복의 근원 하나님"(Praise God from All Blessings Flow; 21찬 1장, 통찬 1, 개편찬 580)이란 찬송이 첨부되어 있다.95)

2. 이삭 왓츠(Isaac Watts) 찬송

영국 찬송가가 발달한 것은 이삭 왓츠 때에 이르러서였다. 그렇지만 영국에서의 찬송가 역사는 그 역사가 그 출발을 중세에까지 거슬러 올라간다. 십자군이 일어나기 30년 전, 그러니까 노르만 족속이 영국을 정복했을 때에 정복자인 노르만 족속들은 성탄절에 찬송을 부르는 습관이 있었는데 이 찬송가들이 점차 퍼져 영국에서도 차차 불리게 되었다. "저 들밖에 한 밤 중에"(The First Noel; 21찬 123장)와 같이 때때로 프랑스어 후렴이나 한 두 마디의 프랑스어를 그대로 끼어 넣은 채 불리고 있었다.

13세기까지 영국에는 많은 크리스마스 송가가 있었다. 그리고 그밖에도 종교적이거나 반종교적인 노래가 퍽 많았다. 그런데 이러한 노래들이 인쇄된 것은 여러 세기가 지나서였다. 처음에는 송가나 성가만이 공 예배 석상에서 부르도록 허용되었다. 영어로 찬송가가 맨 처음 인쇄되어 나온 것은 영국 왕 헨리 8세(Henry Ⅷ)가 로마 교회와 단절했던 무렵 같은데 이것은 종교개혁 운동을 한층 더 진전시키는 수단으로 간행되었던 듯 하다. 이것을 간행한 것은 공 예배 석상에서 부르기 위함보다는 각 신도들의 신앙을 격려하기 위해서였다. 그

---

95) *Ibid*, pp. 109-111.

러나 많이 불려지지 않은 이유는 1546년에 와서 치세 말엽에 이 책이 금지 서적 목록에 끼게 되었기 때문이다.

1558년 엘리자베스 여왕이 즉위하자 도망갔었던 사람들이 돌아왔을 때 이들은 예배 때에 부를 수 있게 마련한 '시편과 성경의 중요한 부분을 가사 화한 것'을 가지고 돌아왔다. 전체 교회가 시편을 이같이 노래로 부르기 시작한 일은 얼마 가지 않아서 영국에 보급되었으며, 1559년 엘리자베스 여왕은 이일을 재가했다.[96]

편견과 반대에도 몇 편의 찬송가가 뿌리를 내렸다. 이들 중에 하나는 영국 승정 제레미 테일러(Bishop J. Taylor, 1613-1667)가 쓴 "교만과 정욕 모두 버리고"(새찬 150)와 남은 다른 것은 승정 토머스 갠(T. Ken, 1637-1711)이 쓴 "만복의 근원 하나님"(21찬 1장)이다.[97]

찬송가(Hymn)라고 일컬어진 것이 영어의 세계에서 18세기에 꽃피고 확립된 것은 사실이며, 그 최초의 공헌 자는 "찬송가의 아버지"로 일컬어지는 이삭 왓츠(I. Watts, 1674-1748)이다. 비 성공회(국)교도였던 왓츠는 1701년에 런던 '마크 레인 독립 교회'(Mark Lane Independent Chapel)의 목사가 되었으나 몸이 허약하여 22년간 설교 목사로서만 일했으며, 그 후 36년의 여생은 런던 시장 애브니(Sir Thomas Abney) 경의 별장에서 많은 저술과 시작(詩作)에 전념하였다. 왓츠의 유명한 찬송은 거의 이때에 작사되었으며, 신학 논문집, 설교집, 윤리학, 심리학, 문법 등 다방면의 저서를 내었다. 어려서부터 라틴어, 헬라어, 불어, 히브리어 등 어학에 능통하고, 천재적인 시적 재질로 그의 찬송 시는 문학적으로 높이 평가받고 있다. 말년에 이삭 왓츠는 애버딘(Aberdeen)과 에든버러(Edinburgh) 대학에서 명예 신학 박사 학위를 받았다.[98]

---

96) 김성혜, 「교회 음악」, (서울: 서울 서적, 1988), p. 96.
97) 김경선, op. cit., pp. 3179-3181.
　　토머스 캔(Thomas Ken)은 그의 여생을 매우 비참한 가난 속에서 살았다. 그가 74세로 세상을 떠났을 때, 그의 소원대로 그 교구에서 가장 가난한 사람 여섯 명이 그의 관을 메고 묘지로 가서 아침 해가 올라올 때 그의 사랑하는 벗들은 그의 찬송 "만복의 근원 하나님"(Praise God from Whom All Blessings Flow; 찬송가 1장, 개찬 580장, 합찬 1장) 이 찬송을 부르며, 그의 관을 내렸다. 이 곡은 작자 미상의 전래 세속 곡으로 한때 시편 100편을 붙여 불렀기 때문에 이 곡을 "Old Hundredth"라고 하기도 한다.
98) Allbert E. Bailey, *The Gospel in Hymns* (New York : Charles Scribner's Son, 1950), pp. 282-285. 재인용. 조숙자. 조명자, op. cit., p. 114.

1705년에 출판된 그의 찬송가는 『노래의 시간』(Horae Lyricae)이다. 제 1부에는 25편의 창작 찬송과 4편의 의역 시편가가 수록되어 있고, 제 2부에는 일반 창작 시(創作 詩)가 실려 있다.

1707년에 출판된 『찬송과 영가 집』(Hymns and Spiritual Songs)에는 그의 창작 찬송 210편이 수록되어 있다. 이 찬송가는 '성경에 기초한 찬송', '일반 찬송', '성찬식 찬송'의 세 부분으로 나뉘어 있고 '송영'(doxology)도 첨부되어 있다. 여기 수록된 찬송은 모두 '보통 운율'(Common Meter, 8. 6. 8. 6.), '장 운율'(Long Meter, 8. 8. 8. 8.), '단 운율'(Short Meter, 6. 6. 8. 6.)로 되어 있다. "주 달려 죽은 십자가"(21찬 149)와 "웬 말인가 날 위하여"(21찬 143) 등의 찬송이 이 찬송가에 처음 나타났다.

왓츠는 창작 찬송을 쓰면서도 의역 시편가를 만드는데 흥미를 가지고 1705년 『찬송가』에 4편, 1707년 『찬송가』에는 14편을 발표하였다. 1719년에는 시편 150편 중 12편은 기독교에서 사용하기에 적합하지 않으므로 제외하고 138편의 의역 시편가를 만들어 『신약 성경의 말로 모방한 다윗의 시편』(The Psalms of David Imitated in the Language of the New Testament, and Apply'd to the Christian State and Worship)이란 제목으로 출판하였다. 왓츠는 기독교인의 노래는 신약의 복음의 빛으로 재해석하여 기독교의 예배와 상황에 맞도록 적용하여야 한다고 주장하였다.

시편의 원래의 본문과 왓츠의 의역 시편가를 비교하여 보면, 그의 유명한 성탄 찬송 "기쁘다 구주 오셨네"(21찬 115, 통찬 115장)는 시편 98편을 기초로 만든 것이며, "햇빛을 받는 곳마다"(21찬 138, 통찬 52, 새찬 199)는 시편 72편을 토대로 만든 것이다. 구약의 여호와는 주님, 예수로 바뀌었고, 여호와의 통치, 다스리심은 예수님의 오심, 다스리심으로 재해석되었다. "예부터 도움되시고"(21찬 71장, 통찬 438장)는 시편 90편에 근거한 것이고, "참 장엄하다 그 보좌"(새찬 46, 통찬 1장 곡)는 시편 100편을 근거로, 원래의 의미를 토대로 현대의 언어로, 복음의 언어로 의역하여 찬송을 만들었던 것이다.

1715년에 출판된 왓츠의 『어린이 찬송가』(Divine Songs Attempted in Easy Language for the Use of Children)는 어린이 기독교 교육을 목적으로 만든 것으로 당시에는 대단히 인기가 있었으나 오늘날에는 별로 사용되지 않

고 있다.99)

왓츠는 모든 기독교인들이 공감할 수 있는 경험과 사상과 감정에 기초한 "새로운 노래"를 만들어 그 찬송이 매주일의 예배 설교에 맞도록 창작되었다. "십자가 군병 되어서"(Am I a Soldier of the Cross, 21찬 353장)은 고린도 전서 16장 31절에 기초한 설교의 결론으로 부르도록 만든 찬송이며, 그의 『설교 집』 (1721-1724년 출판)에 수록되어 있다.100)

벤슨(L. F. Benson)은 왓츠의 찬송이 쉽게 어필하면서도 주의를 집중시킬 수 있는 단일한 주제와 간결하고 치밀한 구조와 사상이 클라이맥스로 진행하므로 통일성을 주는 형태로 되어 있어서 회중 찬송으로 적절한 형식을 가졌다고 평가하였다.101)

왓츠는 당시의 찬송가 작가들에게 많은 영향을 주었다. 에디슨(J. Edison), 도드리지(P. Doddrige), 기본스(T. Gibbons), 하트(J. Hart)와 같은 사람은 왓츠처럼 천재적인 문학적 기교는 부족하지만 왓츠의 영향을 받고 찬송을 작사하였다. 회중교회 목사였던 도드리지(P. Doddrige, 1702-1751)는 왓츠의 기법을 본떠 찬송을 작사했는데, 시적 재질은 왓츠보다 떨어지지만 사회적 복음과 선교에 대한 열의를 보여준다. 그는 370여 편의 찬송을 썼는데, 그의 찬송으로 "목소리 높여서"(21찬 6장, 통찬 8장)와 "주의 말씀 받은 그 날"(21찬 285장, 통찬 209장) 등이 있다.102)

영어권에 있어서 최초의 여류 찬송가 작가로서 침례교 목사의 딸이었던 앤 스틸(Anne Steele, 1716-1778)은 병약함과 불구의 몸으로 불행한 생애를 지냈으나 문학적 재능이 풍부하여 많은 시와 114편의 찬송가를 지었다. 작품으로는 "사랑의 하늘 아버지"(통찬 239장)가 그의 작시이다. 성경을 찬양하는 이 찬송시는 영국의 찬송가 작가 중에서도 가장 특이하고도 훌륭한 앤 스틸(Anne Steele)양의 찬송 시이다.

---

99) 조숙자·조명자, op. cit., pp. 115-116.
100) Ibid.
101) Louis F. Benson, op. cit., p. 461.
102) 김두완, op. cit., pp. 166-167.

3. 웨슬리의 찬송(Wesleyan Hymnody)

'영어 찬송가 작가 중 제 1인자'로 일컬어지는 분은 찰스 웨슬리(C. Wesley, 1707-1788)이다. 그는 4세 연장인 형 존 웨슬리(John Wesley, 1703-1791)와 더불어 한평생 성공회(국교회)에 소속되어 형에게 협력하여 메도디스트(Methodist) 운동이라 일컬어지는 신앙과 생활의 부흥 운동에 몸을 바쳤다. 그런 가운데 6,500편 정도에 이르는 내용도 풍부하고 많은 찬송가를 창작했다. 성찬식 찬송도 166편이나 된다. 21세기『찬송가』에 "만 입이 내게 있으면"(21찬 23장)을 비롯하여, 15, 22, 23, 34, 105, 126, 164, 170, 174, 280, 388, 522, 595장 등 13편이 수록되어 있다.103)

최초의 웨슬리 찬송가는 미국에서 출판되었는데, 그것은 웨슬리 형제가 조지아를 방문하였던 1737년에 찰스타운(Charles-town)에서 출판한『시편과 찬송 모음집』(A Collection of Psalms and Hymns)이다. 여기에 영국에서 가져온 70편의 '새번역 시편가'와 왓츠의 찬송과 존 웨슬리가 모라비아 찬송가에서 번역한 5편의 찬송이 수록되어 있다.

런던에서 웨슬리의 두 번째 찬송가『시편과 찬송 모음집』(A Collection of Psalms and Hymns, 1738)이 출판되었는데 여기에는 76편의 찬송이 수록되어 있고, 찰스타운 모음집과 비슷하게 왓츠의 찬송이 반 이상을 차지하고 있다. 1739년은 찰스 웨슬리가 찬송 작사에 본격적인 활동을 시작한 해이다. 이때 세 번째 찬송가『찬송과 성시』(Hymns and Sacred Poems)가 출간되었다. 이것이 웨슬리 이름으로 출판된 첫 번째 찬송가이다. 여기에 찰스 웨슬리의 "주님 오늘 사셨다"(개찬 139, 합찬 144, 새찬 174), "천사 찬송하기를"(21찬 126, 통찬 126), "만 입이 내게 있으면"(21찬 23, 통찬 23) 등이 수록되어 있다.

---

103) Ibid, p. 168. '웨슬리 찬송가'에 중요한 영향을 준 사건은 1735년 웨슬리 형제가 옥스퍼드 "메도디스트"(Methodists)와 같이 미국 조지아(Georgia)주에 있는 영국 식민지를 방문하기 위하여 항해하는 중 같이 탄 26명의 모라비아 교도들의 열렬한 찬송에 깊은 감명을 받아, 존 웨슬리는 그들의『찬송가』(Gesangbuch)를 영역하기 시작했다. 당시 교회에서 부르던 근엄한 시편가와는 전연 다른 복음적 찬송이 나타나게 되었다.

1741년에 런던에서 출간된 『시편과 찬송 모음 집』에는 152편의 찬송이 수록되어 있는데, 교회 예배 시에 사용하기 위해 만들어진 것이다. 웨슬리 형제의 회중 찬송에 대한 관심은 53년간의 활동 기간 중에 56종류의 찬송가를 출판한 것으로 입증된다. 웨슬리 찬송이 가장 많이 수록되어 있는 찬송가는 1780년에 출간된 『감리교 찬송가』이다.104)

웨슬리의 찬송은 영적인 면뿐만 아니라 문학적으로도 변화를 가져왔다. 왓츠는 주로 기본적인 3가지 운율 형태만 사용하였지만 찰스 웨슬리는 자유롭게 30여종의 운율 형태를 사용하였다. 시편가는 대부분 약 · 강조(iambic)의 운율이 많이 사용된 데 비해, 웨슬리는 강 · 약조(trochaic)의 운율을 많이 사용한 것이 특징이라 할 수 있다.105)

웨슬리의 유명한 찬송 "천사 찬송하기를"(21찬 126, 통찬 126), "하나님의 크신 사랑"(21찬 15, 통찬 55), "비바람이 칠 때와"(21찬 388, 통찬 441) 등이 강·약조(trochaic) 운율로 되어 있는 것들이다. 웨슬리의 부흥 집회에서의 회중 찬송은 악기의 반주가 없이 불렀다. 대부분 이들 집회는 옥외에서 많은 사람들이 모인 것이기 때문에 회중들의 노래 소리에 악기는 별로 구실을 못했기 때문이다. 그리고 당시 교회가 재정적으로 오르간을 구입할 수 없었으며, 웨슬리 생존 당시 세 교회에 오르간을 설치하였을 정도였다고 한다.106)

4. 18세기 복음주의 영국 찬송

화이트필드(George Whitefield, 1714-1770)의 부흥 집회 시 열심 있는 찬송을 불렀다. 화이트필드와 같이 웨슬리에게서 떨어져 나온 세닉(John Cennick, 1718-1755)은 500여 편의 찬송을 썼으며, 두 권의 찬송가를 출판하였다. 화이트필드는 1753년 『회중들을 위한 찬송가』와 1754년 『찬송가 곡집』(*The Divine*

---

104) Reynolds and Price, *op. cit.*, pp. 45-46. 재인용. 조숙자· 조명자, *op. cit.*, 119.
105) *Ibid.*
106) W. J. Townsend(ed.), *A New History of Methodism*(London : Hodder and Stoughton, 1909) p. 515, cited by *Ibid.*, p. 49. 재인용. 조숙자· 조명자, *op. cit.*, p. 125.

Musical Miscellany)을 발간하였다. 이 찬송가는 상당히 인기가 있었고, 널리 사용되었으며 1796년까지 36판이나 나왔다.

화이트필드와 특별한 친분을 가진 헌팅돈 백작 부인(Countess of Huntingdon, 1707-1791)은 복음주의 부흥 운동을 적극 후원하면서 특별히 찬송가 저작을 위한 뒷받침을 하여 주었다. 그는 영국 국교회에 속해 있으면서도 웨슬리와 절친했으며, 왓츠, 도드리지(P. Doddridge, 1702-1751, 21찬 6, 285), 토플레디(A. M. Toplady, 1740-1778, 21찬 373, 494), 윌리엄스(William Williams, 1717-1791, 21찬 376, 377)와 같은 유명한 찬송가 작가들과 사귀면서 직접 간접으로 찬송가 출판을 도왔다.

"주 예수 이름 높이어"(21찬 36, 37)의 작사자 에드워드 페로넷(Edward Perronet, 1726-1792, 21찬 36, 37)은 1771년에 웨슬리에게서 떨어져 나와 헌팅돈 백작 부인과 가깝게 지냈으며, 22년간을 헌팅돈 부인이 세운 교회(Spa Fields Chapel)의 오르간이스트로 봉사하였다.

영국 국교회의 복음주의 적인 찬송가(Evangelical Hymnal)로 가장 중요하고 영향력이 있었던 것은 1779년 출판된 뉴턴(John Newton, 1725-1807, 21찬 44, 210, 305)과 쿠퍼(William Cowper, 1731-1800, 21찬 207, 258)의 『올니 찬송가』(Olney Hymns)이다. 여기에는 뉴턴의 찬송 280편과 쿠퍼의 찬송 68편이 수록되어 있다. 뉴턴의 "나 같은 죄인 살리신"(21찬 305장, 통찬 405), "시온성과 같은 교회"(21찬 210장), "귀하신 주의 이름은"(통찬 81장), "하나님의 크신 능력"(통찬 80), "뭇 성도 찬미할 때"(개찬 428) 등이 여기에 수록되어 있다.

몽고메리(James Montgomery, 1771-1854, 21찬 118, 343)는 400여 편의 찬송을 작사하였으며, 1822년에는 『시온의 노래』, 1825년에는 『기독교 시가』(Christian Psalmist) 등 찬송 모음집을 출간하였다. 후자에는 찬송가학(Hymnology)에 대한 개론이 첨부되어 수록되어 있다.

아일랜드의 열렬한 복음주의적 설교 가였던 켈리(Thomas Kelly, 1769-1855)는 765편의 찬송을 썼는데, 1802년 『찬송가』와 1804년에 출간된 『성경 구절에 근거한 찬송들』에 수록되어 있다.

5. 19세기 이후 영국 찬송

19세기에 들어서면서 찬송은 교육적 실용적 목적보다 교회의 정상 예배를 위한 찬송들이 많이 나왔으며, 문학적인 면에서 순수한 시적 감정의 표현으로 된 질이 높은 찬송 시가 나오게 되었다. 이 시기의 대표적 찬송 작가는 히버 (Reginald Heber, 1783-1826, 21찬 8, 225, 233, 346, 507) 감독이다. "하늘에 빛 나고 찬란한 별아"(개찬 100, 새찬 136)는 현현주일(Epiphany Sunday)에 부르기 위해, "주 예수 우리 구하려"(21찬 340)는 '성 스데반'(St. Stephen; 12일 26일) 일에 사용하기 위하여 쓴 찬송이다.107)

1827년 히버의 찬송 57편이 수록된 『교회력에 따른 주일 예배를 위한 찬송』이 출간되었다. 여기에 히버의 유명한 삼위일체를 위한 찬송 "거룩 거룩 거룩 전능하신 주여"(21찬 8장)가 수록되어 있다.

낭만주의 정신이 반영된 19세기 초의 찬송으로 바우링(John Bowring, 1792-1872, 21찬 124)의 "주가 지신 십자가"(통찬 148), 엘리엇(Charlotte Elliot, 1789-1871)의 "큰 죄에 빠진 날 위해"(21찬 295), 그랜트(Robert Grant, 1779-1838)의 "영광의 왕께"(21찬 67, 통찬 31), 라이트(Henry Francis Lyte, 1793-1847, 21찬 65, 132, 341, 481)의 "때 저물어서"(21찬 481), 스토월(Hugh Stowell, 1799-1865)의 "이 세상 풍파 심하고"(21찬 209)를 대표로 들 수 있다. 1802년에는 스탠리(Samuel Stanley)의 『찬송곡조집』과 버밍감(Birmingham)과 밀러(Edward Miller)의 『곡조 집』이 출판된다. 이 밀러의 『곡조 집』에 하이든 (Franz J. Haydn, 1732-1809)의 "시온성과 같은 교회"(21찬 210)가 처음으로 영국 찬송가 곡조로 사용되었다.

옥스퍼드 신앙 부흥 운동(Oxford Movement)의 영향으로 성공회의 예전 (liturgy)에 대한 정화 작업이 일어났다. 『기도서』(Book of Common)는 중세 가톨릭교회의 『성무일과서』(Roman Breviary)에 비추어 수정되었고, 중세의

---

107) Albert E. Bailey, op. cit., pp. 143-148.

예전적 찬송(liturgical hymn)들이 성공회 예배에 도입되었다. 18세기의 복음적 찬송(evangelical hymn)이 신자들의 소리라면, '예전적 찬송'(liturgical hymn)은 예배하는 교회의 소리라고 벤슨(Louis F. Benson)은 비교하였다.108)

중세 교회의 예전이 영어로 번역되어 소개되었다. 이들 번역자 중에 존 메이슨 닐(John Mason Neale, 1818-1866)은 "왕 되신 우리 주"(통찬 130), "믿는 자여 다 나와"(개찬 140, 새찬 172), "예루살렘 금성아"(통찬 538), "곧 오소서 임마누엘"(21찬 104), "주 부활하신 날"(개찬 138, 새찬 178)은 그의 번역이다.

윙크워드(Catherine Winkworth)는 독일 찬송을 영어로 번역하였는데, "너 하나님께 이끌리어"(21찬 312), "예수 귀한 보배"(21찬 81, 통찬 452), "다 감사 드리세"(21찬 66, 통찬 66), "다 찬양 하여라"(21찬 21, 통찬 21), "깨어라 먼동 튼다"(개찬 77, 새찬 191)는 그의 번역이다. "구주를 생각만 해도"(21찬 85, 통찬 85)는 카스웰(Edward Caswall)이 라틴어 찬송에서 번역한 것으로 1849년에 출판된『가톨릭 찬송』에 수록되어 있다.

옥스퍼드 운동의 지도자들은 새로운 찬송도 창작하였는데, 케이블(John Keble, 1792-1866)의 "영혼의 햇빛 예수"(21찬 60, 통찬 67), 뉴만(John Henry Newman, 1801-1890)의 "내 갈길 멀고 밤은 깊은데"(21찬 379, 통찬 429) 는 옥스퍼드 운동 이전에 나왔으며, 프레드릭 페이버(Frederick William Faber, 1814-1863)의 "환난과 핍박 중에도"(21찬 336, 통찬 383)와 브리지스(Matthew Bridges, 1800-1894)의 "면류관 가지고"(21찬 25, 통찬 25)도 이때에 나온 찬송이다.

옥스퍼드 운동이 영국 찬송에 미친 중대한 영향은『고대와 현대 찬송가』(Hymns Ancient and Modern)의 출판이었다. 이『고대와 현대 찬송가』는 영국의 국가적인 명물이 되었고, 영어를 사용하는 세계에 지대한 영향을 끼쳤다. 이 찬송가는 판매 부수가 1억 5천만 부를 넘는 것으로 보아도 그 인기를 짐작할 수 있다. 그러나 이 찬송가도 영국 국교회의 공인된 찬송가는 되지 못하였다. 이 찬송가가 나온 지 백여 년이 지났지만 이후에 나온 찬송가는 내용이나 편집 방법, 곡조 등을 이 찬송가에 많이 의존하고 있다.109)

---

108) Benson, *The English Hymn*, p. 498.
109) Erik Routley, *The Music of Christian Hymnody* (London : Independent Press Limited, 1957), pp. 119-121. 재인용. 조숙자·조명자, *op. cit.*, p. 135.

6. 빅토리아 시대 이후 찬송

빅토리아 여왕(Queen Victoria, 1837-1901재위)이 왕위에 오를 때 옥스퍼드 운동은 그 절정에 달하고 있었다. 1840년대부터는 번역 찬송의 홍수를 이루어 창작 찬송들이 쏟아져 나왔다. 이 시기의 찬송으로는 하우(William W. How)의 "주 예수 위해 수고하다가"(개찬 504, 새찬 506), 딕스(William Chatterton Dix)의 "구주 탄생하실 때"(합찬 108), 알포드(Henry Alford, 1810-1871)의 "감사하는 성도여"(21찬 587), 스톤(Samuel John Stone)의 "교회의 참 터는"(21찬 600), 해버갈(Frances Ridley Havergal, 1836-1879, 21찬 213, 292, 311, 329, 331, 459, 487)의 "나의 생명 드리니"(21찬 213)를 대표로 들 수 있다.

이 시기의 새로운 찬송 곡조로는 다이크스(John Bacchus Dykes, 1823-1876, 21찬 8, 53, 85, 379, 404, 454)의 "NICAEA"(21찬 8)와 "ST. AGNES"(21찬 85), 스마트(Henry Smart, 1813-1879)의 "REGENT SQUARE"(21찬 118)와 "LANCASHIRE"(통찬 166), 설리반(Arthur S. Sullivan, 1842-1900)의 "ST. GERTRUDE", 21찬 351)와 "ST. KEVIN"(개찬 140, 새찬 172)과 "FORTUNATUS"(개찬 137), 엘비(George J. Elvey, 1816-1893)의 "DIADEMATA"(21찬 25), "ST. GEORGE'S WINDSOR"(21찬 587), 웨슬리(Samuel S. Wesley, 1810-1876)의 "AURELLIA"(21찬 600), 스미드(Henry P. Smith, 1825-1898)의 "MARYTON"(21찬 212), 몽크(William H. Monk, 1823-1889, 21찬 140, 166, 481, 593)의 "EVENTIDE"(21찬 481), 베이커(Henry Baker, 1835-1910)의 "QUEBEC"(개찬 518, 새찬 540)을 들 수 있다.110)

1870년대에 와서는 미국의 복음 전도자 무디(Dwight L. Moody)와 그의 음악가 쌩키(Ira D. Sankey, 1840-1908, 21찬 214, 290, 297, 353, 357, 419, 487, 543)가 영국에서 부흥 집회를 인도하므로 미국의 '복음 찬송'(Gospel Hymn)이 영국에 소개되었다.

---

110) 조숙자·조명자, *op. cit.*, p. 136.

스코틀랜드의 장로교회도 웨일스에서 시작된 복음적 각성 운동의 영향으로 운율 시편가에서 찬송으로 관심을 돌리기 시작했다.

마태손(George Matheson, 1842-1906)의 "내 주의 사랑 가운데"(개찬 319, 합찬 317), 클레판(Elizabeth C. Clephane, 1830-1869, 21찬 297, 415)의 "십자가 그늘 밑에"(21찬 415, 통찬 471), 보나(Horatius Bonar, 1808-1889, 21찬 82, 159, 228, 277)의 "내게로 와서 쉬어라"(통찬 467)는 이 시대에 쓰여 진 스코틀랜드 찬송이다.

20세기에 접어들면서 영국 찬송에는 점차로 사회의식이 나타나고 있는데, 체스터톤(Gilbert K. Chesterton, 1874-1936)의 "지상의 제단과 하나님이여"와 옥센햄(John Oxenham, 1852-1941)의 "주 예수 안에 동서나"(통찬 526장)와 "주여, 이 시대에 평화를"이 그 대표적 예이다. 20세기 에 출판된 대표적 찬송가는 『Worship Song』(1905), 『The English Hymnal』(1906), 『Songs of Praise』(1925)이다. 더머(Percy Dearmer)의 찬송가 「Song of Praise」(찬양의 노래, 1925)는 『영국 찬송가』(1906)를 본떠서 만든 것으로 음악적으로는 더 대담하고 모험적인 시도를 하였다.

7. 미국 교회음악

미국의 교회음악은 영국으로부터 영향을 그대로 받았다. 영국 찬송가의 형태를 본 따왔다. 영국 시편가가 미국 대륙에 처음 소개된 것은 1579년 북부 캘리포니아(California) 연안에 도착한 드레이크 경(Sir Francis Drake) 일행에 의해서였다. 이들은 선박을 수리하기 위하여 5주간 연안에 머물면서 원주민 인디안 들과 예배를 드리며, 시편가를 불렀던 것이다.111)

---

111) Reynolds and Price, op. cit., p. 71. 재인용. 조숙자· 조명자, op. cit., p. 164.

1) 초기 미국 교회음악

1607년에 들어온 제임스타운(Jamestown) 정착 자들은 영국에서 올 때 에스티의 시편가(Este's Psalter, 1566)를 통해 불란서 시편가 곡조를 접하게 되었고, 히브리 학자인 에인스워드(Henry Ainsworth)가 청교도들을 위하여 암스테르담(Amsterdam)에서 출판한 영어 시편가 일명 베이 시편가『에인스워드 시편가』(Ainsworth Psalter, 1612)를 가지고 들어왔다. 여기에는 39개의 곡조가 실려 있는데 18곡이 불란서 시편가 곡조였다.112)

그러나 화란을 거쳐 오지 않은 청교도들에게는 불란서 곡조는 너무 길고 복합적인 박자와 리듬으로 되어 있어서 부르기가 어려우므로 살렘(Salem)이 청교도들은 1667년에, 프리머드의 청교도들은 1685년에『에인스워드 시편가』를 사용하지 않기로 결정하였다.113)

1640년에 매사추세츠 케임브리지(Cambridge)에서『시편 전집』이란 시편가를 미국 최초로 발간하였다. 이 시편가는 베이(Bay) 연안의 거의 모든 청교도들이 사용하였으므로 일명『베이 시편가』(The Bay Psalm Book)라고도 한다. 처음에는 무곡 조로 발간되다가 1698년 판『베이 시편가』에 처음으로 곡조가 첨부되었는데, 거의가 보통 운율(Common Meter)로 13개의 곡조가 수록되어 있다. 1762년까지『베이 시편가』는 27판을 거듭하였으며, 초판은 영국에서 다시 인쇄되어 1754년까지 20여 판이 넘게 출판되었다.

1716년에 출판된 라이온(James Lyon)의 곡조집『하늘의 노래』(Urania; Ωραvια)에는 영국과 미국의 시편가 곡조, 찬송 곡조, 성가 곡들이 수록되어 있다. 1782년에 출판된 조스린(Simeon Jocelyn)의『합창 자의 벗』(Choirister's Cam- panion)에는 당시 유행하던 '후가 풍의 노래'로 에드슨(Lewis Edson, 1748- 1820)의 "LENOX"가 수록되어 있는데, 이것을 "TOPLADY"(21찬 457, 494)의 작곡자 헤이스팅스(Thomas Hastings, 1784-1872, 21찬 2, 27, 209, 376, 457, 494)가 편곡했다.

---

112) Hamilton C. MacDougall, *Early New England Psalmody* (New York : Da Capo Press, 1969), p. 15. 재인용. 조숙자· 조명자, *op. cit.*, p. 164.
113) Friedrich Blume(ed.), *op. cit.*, p. 645.

가장 대표적인 가창 학교 지도자인 빌링스(William Billings)와 이때 작곡가로는 리드(Daniel Read, 1757-1836), 홀든(Oliver Holden, 1765-1844)으로 "주 예수 이름 높이어"(CORONATION; 21찬 36)는 홀든의 『Union Harmony』(1793)에 처음 수록되었다.114)

2) 대 각성 이후 복음적 찬송가 시대

1734년 조나단 에드워즈(Jonathan Edwards, 1703-1758)를 중심으로 일어난 대 각성 운동(The Great Awakening)은 영국의 부흥사 화이트필드(George Whitefield, 1714-1770)가 1739년에서 1741년까지 미국 대륙에서 부흥 집회를 인도함으로 더욱 열기를 띄게 되었다. 이후 미국의 시편가 시대에서 부흥 집회에서 열렬한 찬송 즉 복음 적인 찬송가 시대가 열리게 되었으며, 미국 교회의 '왓츠의 시대'를 갖다 주었다. 미국에서 최초로 나온 왓츠의 찬송가는 프랭클린(Benjamin Franklin)에 의해 1729년에 출판되었다. 1778년까지 왓츠의 찬송은 50판이나 거듭되었다. 각 교파에서는 각기 『바로우 왓츠』(Joel Barlow, 1755-1822), 『드와이트 왓츠』(Timothy Dwight, 1752-1817) 등 찬송가를 출판하였다. 1787년 장로교회의(Synod)에서는 『바로우 왓츠』 찬송가를 인정하였고, 1802년 장로교 총회에서는 『드와이트의 왓츠』 찬송가를 정식으로 공인하여, 1831년에 최초의 공인 장로교찬송가가 나오게 되었다.

대 각성 운동의 영향으로 침례교회에서는 왓츠의 찬송을 받아들이기 시작했다. 윈첼(Winchell)이 출판한 『왓츠 찬송가』(1818-1819)와 1820년에 출판된 『립폰(John Rippon)의 왓츠』 찬송가는 19세기 초기의 침례교용 찬송가이다. 립폰의 것은 1787년 런던에서 출판된 『립폰 찬송가』(A Selection of Hymns)의 미국 판이다.115)

1805년 인겔스(Jeremiah Ingalls, 1764-1828)가 편집 출판한 『찬송가』(The

---

114) Reynolds and Price, op. cit., pp. 77-78.
115) Ibid., p. 90.

Christian Harmony)에는 133개의 곡조와 149편의 찬송 시가 수록되어 있다. 인겔스의 찬송가는 『캠프 집회 찬송』(Camps-Meeting Song)이 나오기 이전에 출판된 것으로 미국의 민속 찬송(American Folk Hymn)들이 많이 수록되어 있다. 민속 찬송은 왓츠, 웨슬리, 뉴턴 등의 찬송 가사를 사용하기도 했지만 죄인의 회개, 죽음의 예고, 마지막 심판을 강조하는 민속 가사도 많이 사용되었다. 이들 민속 가사는 대개가 작사 미상으로 되어 있으며 가장 통속적인 '발라드(Ballads) 운율'로 되어 있다. 가장 널리 사용된 남부 민속 찬송 집은 워커(William Walker)의 『Southern Harmony』(1835)와 화이트(Benjamin F. White)와 킹(E. J. King)의 『Sacred Harp』(1844)이다. "남부 민속 찬송"은 대부분 '모형 악보'(Shaped notes)로 출판되었는데, 계명을 나타내는 모형이 사용되었다. 모형 악보로 된 초기의 민속 찬송가로 와이드(John Wyeth)의 『Repository of Sacred Music』(1813)에는 44개의 민속 곡조가 수록되어 있다. 남부 민속 찬송 모음집으로 모형 악보로 출판된 데이비슨(Ananias Davisson)의 『Kentucky Harmony』(1817)에는 144곡이 들어 있는데, 테너 성부에 멜로디가 있는 4성부 화성으로 되어 있다. 19세기 중반부터는 이때까지 모형 악보가 4개(▷○□◇)의 모형만을 사용하였는데, 7개 계명을 나타내는 7개의 모형이 사용되기 시작했다.116)

"나 같은 죄인 살리신"(AMAZING GRACE; 21찬 305, 통찬 405)이 워커의 『Southern Harmony』에 수록되어 있는 형태는 다음과 같다. <악보 15>

<악보 15> AMAZING GRACE)

< 악보 11 >　　　AMAZING GRACE

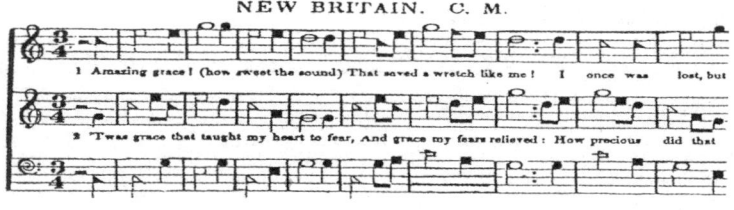

---

116) James Sallee, *A History of Evangelistic Hymnody* (Grand Rapids, Mich. : Baker Book House, 1978), P. 39. 재인용. 조숙자· 조명자, *op. cit.*, pp. 173-174.

남부 민속 찬송 곡조는 몇 가지 공통된 특징을 가지고 있는데 대개 '5음 음계'(Pentatonic Scale)나 다른 '몇 음이 빠진 음계'(Gaped Scale)의 멜로디로 되어 있으며, '자연적 단음계'(Natural Minor)가 많이 나타나며, 화성에는 삼화음보다 열린 4도, 5도(Open Fourth and Fifth)가 흔히 사용되고 있는 점이다. 또한 일정한 형태의 멜로디가 반복되는 점도 이들 곡조의 특징이다.117)

진보적인 장로교회나 회중교회에서도 『복음 찬송가』(Evangelical Hymnody)가 나왔다. 유명한 부흥사 휘니(Charles G. Finney)의 동료 리비트(Joshua Leavitt)는 몇 편의 독일 찬송과 라틴 찬송을 번역하여 수록한 『복음 찬송가』(The Christian Lyre)(1831)를 만들었다. 여기에 게르하르트(Paul Gerhardt, 1607-1676)의 독일어 번역 찬송을 알렉산더(James W. Alexander, 1804-1859)가 영어로 번역한 "오 거룩하신 주님"(21찬 145장)이 처음 수록되었다. 이 찬송가는 복음 주의자들 간에 대단히 인기가 있었으며, 1846년까지 26판을 돌파하였다.

벤자민 카(Benjamin Carr)는 "참 반가운 신도여"(ADESTE FIDELIS; 21찬 122), "성도여 다 함께"(SPANISH HYMN, 21찬 29), "심히 악한 죄인이"(PLEYEL'S HYMN, 개찬 252, 새찬 286) 등의 찬송 곡조를 미국에 소개하였다.118)

처음 미국의 저명한 찬송가 작사자는 윌리엄 빌링즈(W. Billings, 1764-1800)이다. 그러나 그의 찬송가는 오늘날 잘 불리지 않고 있다. 한 세기가 지나서야 미국 찬송가와 창법 강습이 토머스 헤이스팅스(T. Hastings, 1784-1872, 21찬 2, 27, 209, 376, 457, 494)의 영도 아래 꽃피기 시작했다. 이때의 중진 찬송가 작가도 위에 언급한 토머스 헤이스팅스, 그리고 로웰 메이슨(L. Mason), 조지 제임스 웨브(G. J. Webb), 조지 프레드릭 루트(G. F. Root), 브래드버리(W. B. Bradbury) 등이다.119)

1827년 보스턴에 정착한 메이슨(Lowell Mason, 1792-1872, 21찬 19, 23, 43, 44, 58, 115, 121, 149, 221, 258, 262, 330, 338, 385, 427, 450, 507, 550)은 교회와 공립학교를 통해서 합창 활동과 음악교육을 전개하였다. 그는 14년간 교회

---

117) Reynolds and Price, op.cit., p. 85. 조숙자· 조명자, op. cit., p. 174.
118) Ibid.
119) 김성혜, op. cit., p. 101.

(Bowdoin Street Church)의 음악 책임자로 일하면서 찬양대와 회중찬송을 크게 발전시켰고, 음악교실을 만들어서 교회 어린이들을 지도하였다. 그는 교회와 학교를 위한 노래 책을 80여 종류 출판하였으며, 1천5백 개 이상의 찬송 곡조를 작곡 또는 편곡하였다. 그는 독학으로 공부하여 미국에서 최초로 음악박사 학위를 받았다. 그의 과업은 보스턴 공립학교 교과과정에 음악을 포함시키는 일을 1838년에 성취시켜, 그는 미국 '공립학교 음악의 아버지'로서 잘 알려져 있다. 그가 출판한 성가집이나 가곡집 등의 작곡이나 편곡, 편집 등이 수십 종에 이르러 미국 찬송가와 미국 음악 교육의 기초를 쌓았으므로 '미국 찬송가의 아버지' 또는 '미국 음악 교육의 아버지'라고 불린다.120)

3) 19세기 미국 찬송

19세기 초에 일어난 부흥 운동의 영향으로 각 교파에서는 해외 선교와 국내 선교를 위한 선교부를 설치하고 복음 전파의 시대를 열었다. 이때 주일학교 운동과 교파적인 사업이 활발하여짐에 따라 교파별 찬송가 출판도 활발히 일어났다. 1827년 미국 성공회(Episcopal Church)의 『찬송가』에는 왓츠, 도드리지, 웨슬리 등 18세기의 영국 찬송들이 대부분이고, 뉴턴, 쿠퍼, 몽고메리, 히버 등의 찬송과 이 찬송가의 편집자인 뮈렌베르크(William A. Mühlenberg)와 온더돈크(Henry U. Onderdonck)의 찬송 등 212편이 수록되어 있다.

유일신교(Unitarian)에서는 그들의 신학 사상을 반영하는 『찬송가』(A Book of Hymns, 1846)와 『영의 찬송』(Hymns of the Spirit, 1864)을 출판하였는데, 미국 유일신교 작가인 휘티어(John G. Whithier, 1807-1892), 로웰(James Russell Lowell, 1819-1891), 파커(Theodore Parker, 1810-1860), 스토우(Harriett Beecher Stowe, 1812-1896), 롱펠로우(Samuel Longfellow, 1819-1892) 등의 찬송이 실려 있다.

---

120) 신소섭, 『예배와 찬송가』, op. cit., p.79.

회중교회(Congregational Church) 찬송가로는 『플리머스 모음 집』(*Plymouth Collection*, 플리머스 회중교회를 위해 만들어진 것으로 1,374편의 찬송이 수록, 1855)과 『안식일 찬송가』(*The Sabbath Hymn Book*, 1858)가 출판되었다.

1840년대 후반부터 어린이를 위한 주일학교 노래들이 많이 나타났는데, 루트(George F. Root, 1820-1899), 브래드버리(W. B. Bradbury), 로우리(Robert Lowry, 1826-1899), 피셔(William G, Fischer, 1835-1912) 등에 의해서 계속 출판되었다. 브래드버리의 "내 기도하는 그 시간"(21찬 364)과 "예수가 거느리시니"(21찬 390), 피셔의 "주 예수 넓은 사랑"(21찬 497) 등은 주일학교 노래 책에 나타난 곡조들이다.121)

1832년 메이슨과 더불어 보스턴 음악학교를 설립한 조지 제임스 웨브(G. J. Webb, 1803-1887, 21찬 352, 통찬 264, 390)는 영국에서 태어나 1830년 미국으로 이민 가서 오르간이스트, 음악 교사, 지휘자 등으로 활약했고, 1834년 『성서예배』(*Scripture Worship*)와 1840년 『매사추세츠 찬미가 집』(*Massachusetts Collection of Psalmody*)이란 책을 펴냈다.122)

조지 프레드릭 루트(G. F. Root, 1820-1895, 21찬 172, 485, 509, 524, 537, 564, 통찬 172, 485, 509, 524, 537, 564)는 매사추세츠 주 셰필드(Sheffield)에서 태어나서 자라 제임스 웨브(J. Webb)와 로웰 메이슨(L. Mason)으로부터 음악을 배웠고, 반주자, 찬양대 지휘자, 음악 교수로 활약했다. 그가 1844년 뉴욕 아보츠 학교와 러저스 여자 학원과 유니언신학교와 뉴욕 맹인학교에서 가르쳤는데, 그 곳에서 가르칠 때 유명한 맹인 찬송가 작가 패니 제인 크로즈비(F. J. Crosby)는 그 학교의 학생이었다. 1881년 시카고 대학에서 음악 박사 학위를 받았다.

패니 크로즈비(Fanny Jane Crosby, 1820-1915, 21찬 31, 40, 176, 240, 255, 279, 288, 361, 380, 384, 391, 417, 435, 439, 454, 498, 531, 532, 540, 608, 615 등 22편 작시)는 9,000편에 달하는 찬송가 사상(史上) 가장 많은 찬송 시를 작시한 작가요, 맹인 작시 자요, 불행한 처지를 찬송시를 작사하면서, 불행을 이기며 가장 행복하게 산 사람이다. 연약한 여성으로 95세를 살았으며, 그의 찬송 시는

---

121) James Sallee, *op. cit.*, p. 52.
122) 김경선, *op. cit.*, pp 3435-3436.

윌리엄 브래드버리(W. B. Bradbury)와 조지 루트(G. F. Root, 1820-1895), 윌리엄 하워드 돈(W. H. Doane), 그리고 윌리엄 커크패트릭(W. J. Kirkpatrick, 1838-1921, 21찬 273작사, 40, 154, 175, 185, 217, 273, 293, 370, 391, 452, 518, 523, 539, 542 등 14편 작곡)등 유명한 작곡가들이 곡을 붙였다. 크로즈비는 참으로 영리한 소녀였다. 그는 할머니로부터 성경 말씀을 배워서 신약 성경의 많은 부분을 욀 수 있었고, 구약에서도 모세 5경을 모두 욀 수 있었다. 또한 룻기와 시편과 많은 예언서들을 외웠다는 것이다.123)

윌리엄 하워드 돈(W. H. Doane, 1832-1915, 21찬 91, 144, 176, 205, 255, 279, 314, 361, 380, 417, 439, 449, 498, 525, 532, 540, 615 등 17곡 작곡)은 총 2,200편의 찬송가를 작곡했다.124)

미국 찬송가의 중진 작가로 브래드버리(W. B. Bradbury, 1816-1868, 21찬 75, 80, 282, 362, 364, 390, 488, 563, 569 등 9곡)는 헤이스팅스(T. Hastings)와 메이슨과 함께 19세기 중반에 미국 찬송가의 새 역사를 창조하는 위대한 일을 하였다. 1841년부터 1867년까지 26년간 그의 활동적인 생애는 매해 두 길씩 저서를 내놓아 총 59권의 저서를 남겼는데, 그의 첫 작품은 1841년에 내놓은『젊은이들의 찬양대』(The Young Choir)였다. 그는 많은 합창곡 집과 찬미 가곡집을 편찬했는데 200만 권 이상이나 팔렸다.125)

1856년 20세의 젊은 무디(D. L. Moody)는 동부에서 시카고로 와서 처음에는 주일학교를 통해서 대중 전도사업을 시작하였다. 얼마 가지 않아서 무디는 시카고 기독 청년 연합회의 지도자로 일하면서 전도활동을 하였다. 1870년 무디는 쌩키(Ira D. Sankey, 1840-1908)를 만나 그의 전도 집회의 음악가로 전도단을 형성하게 되었다. 무디는 쌩키로 하여금 사람들의 마음을 움직일 수 있는 독창과 대중들에게 맞는 복음적인 노래를 만들도록 하였던 것이다. 1872년 무디와 쌩키의 영국에서의 부흥 집회는 성공적이었고, 쌩키의 사용한 노래들이 영국에서 「Sacred Songs and Solos」(1873)라는 제목으로 출판되었는데, 1923년까지 8천만 부나 팔릴 정도로 인기가 있었다.126)

---

123) Ibid, pp. 3029-3039.
124) Ibid, pp. 3051-3053.
125) Ibid, pp. 2983-2984. 신소섭, op. cit., pp. 80-81.
126) Reynolds and Price, op. cit., p. 96. 재인용. 조숙자·조명자, op. cit., pp. 179-180.

1875년 미국으로 돌아온 쌩키는 블리스(P. P. Bliss, 1838-1876)의 『Gospel Songs』(1874)과 자신의 『Sacred Songs and Solos』를 합하여 『Gospel Hymns and Sacred Songs, By P. P. Bliss and Ira D. Sankey, as Hymns used by them in Gospel meeting』를 출간하였다. 이것은 『Gospel Hymns』(복음 찬송)라는 제목으로 1891년까지 6권으로 연속 출간되었는데, 대단한 인기가 있었으며 5천만 부 이상이 팔렸다고 한다.[127]

1894년에 나온 『복음 찬송』 제1권에서 6권을 모아 놓은 『Gospel Hymn Nos. 1-6 Complete』에는 739편이 수록되어 있다. 쌩키는 『Gospel Song』(복음 송가)이라는 명칭을 처음 사용한 것은 블리스(Bliss)라고 주장한다.[128] 1875년부터 블리스는 무디와 쌩키와 같이 미국의 주요 도시에서의 부흥 집회를 인도하였는데, 이들의 복음 찬송은 대단한 성공을 거두었다. 복음 찬송의 곡조는 음악회에도 침투되었고, 거리에서 집에서 어디서나 들을 수 있는 평상 노래가 되었다.[129] 이들 노래 중에는 블리스의 "하나님의 진리 등대"(21찬 510), 크로스비의 "저 죽어 가는 자"(21찬 498), 쌩키의 "양 아흔 아홉 마리"(21찬 297)가 있다. 가장 많은 복음 송가를 작사한 사람은 크로즈비(Fanny J. Crosby, 1820-1915)이다.

스티븐슨(Robert M. Stevenson)은 그의 저서 『개신교 교회 음악의 형태』(Patterns of Protestant Church Music, 1953)에서 『복음 찬송』(Gospel Hymnody)은 기독교 노래에 있어서 미국의 가장 독특한 공헌이다. 복음 찬송은 단단히 포장된 사람의 마음을 파헤칠 수 있는 힘이 있어서 장엄하고 고상한 교회의 찬송이 할 수 없는 승리를 할 수 있었다. 종교가 생존하기 위해서 대중의 인정과 지지가 필요한 시대에 있어서 복음 찬송은 불가피한 것이었다. 쌩키의 노래는 진정한 대중의 민요였다. "엠메트(Dan Emmett)와 포스터(Stephen Foster)가 세속음악에서 미국 국민에게 준 영향을 종교음악에서는 쌩키와 블리스가 효과적으로 유용하게 적용하였던 것이다"라고 하였다.[130]

---

127) Charles E. Gold, "The Gospel Song : Contemporary Opinion", *The Hymn*, 9(July, 1958), p. 69. 재인용. 조숙자· 조명자, *op. cit.*, p. 180.
128) James Sallee, p. 62. 재인용. 조숙자· 조명자, *op. cit.*, p. 180.
129) Benson, *The English Hymn*, p. 487.
130) Robert M. Stevenson, *Patterns of Protestant Church Music* (Durham, N. C. : Duke University

복음 송가(복음성가)의 영향을 가장 많이 받은 교파는 침례교이다. 1864년 미국 침례교 출판 협회에서 출판한 윌리엄 브래드버리(William H. Bradbury)의 찬송가에는 브래드버리의 "이 몸의 소망 무엔가"(SOLID ROCK; 21찬 488, 통찬 539)가 수록되어 있다.

19세기 후반기에 나온 미국 장로교회의 찬송가는 영국의 『고대와 현대 찬송가』(Hymmns Ancient and Modern)의 영향을 많이 보여준다. 1870년에 출판된 장로교 『찬송가』(Hymnal)에는 라틴 찬송의 번역이 많이 실려 있고, 『고대와 현대 찬송가』의 음악 편집자였던 몽크(William H. Monk)와 그 당시 찬송 곡조들이 상당히 실려 있다. 1895년에 나온 『Hymnal』과 1911년 판의 개편 찬송가는 장로교회 대표적 찬송가이다.

19세기 후반에 나타난 미국 찬송으로는 부룩스(Phillips Brooks, 1835-1893)의 "오 베들레헴 작은 골"(21찬 120), 톰슨(Mary A. Thomson, 1834-1923)의 "오 시온아, 이 소식 전파하라"(통찬 255), 로버츠(Daniel C. Roberts)의 "하나님은 우리 선조의 주"(새찬 377), 글래든(Washington Gladden, 1836-1918)의 "겸손히 주를 섬길 때"(21찬 212), 쉬틀레프(Ernest W. Shurtleff, 1862-1917)의 "주 예수 믿는 자여"(통찬 166) 등이 있다.

4) 20세기 미국 찬송가

20세기 미국 찬송가(American Hymnody)에는 괄목할 만한 발전이 있었다. 엄격한 교파적인 색채를 띤 종전의 찬송가를 지양하고 기독교의 공동적인 음악 유산에서 편견 없이 좋은 것을 선택하며, 교파를 초월하여 폭넓게 받아 드리는 경향이 나타났다. 교파 간에도 연합하여 찬송가를 출판하는 사업이 현저히 나

Press, 1953). p. 162.
* 복음 송가(Gospel Song)는 대중들에게 호소력이 있고, 전도를 목적으로 하는 대중 집회에서 가장 효과적으로 사용될 수 있다. 지성보다는 감성(emotion)에 쉽게 호소하는 쉬운 말의 가사로 간단한 구절을 반복하므로, 후렴(refrain)이 붙어 있는 것이 특징이며 대중들과 쉽게 접근할 수 있었다. 그러나 경건하고 무게 있고, 거룩한 찬송과는 구별되어 교회의 정상적인 예배를 위한 목적에는 적절하지 못한 것이 많다.

타났다. 감리교는 중요 3파가 연합하여 『감리교 찬송가』(Methodist Hymnal, 1935)를, 4개의 장로교파는 연합하여 『장로교 찬송가』(The Hymnbook, 1955)를, 8개의 루터교파는 연합하여 『예배서와 찬송가』(Service Book and Hymnal, 1958)를 펴내었다.

1933년에 출판된 장로교 『찬송가』(The Hymnal)는 교회음악가 디킨슨(Clarence Dickinson)이 편집한 것으로 "음악가의 찬송가"(Musicians Hymnal)라 불려질 정도로 질이 높은 찬송들이 수록되어 있다. 이에 반하여 1955년에는 미국의 4개의 장로교회가 연합하여 『Hymnbook』에는 남부 장로 교인을 위한 복음적 찬송과 개혁 교회를 위한 운율 시편가 등을 수록하였고, 현대의 영국과 미국의 우수한 찬송 곡조들도 포함되어 있다.

1972년에 나온 장로교 찬송가 『The Worshipbook』에는 20세기 현대 찬송이 122편이나 수록되어 있다.

1966년에 칼톤 영(Carlton Young)이 편집한 『감리교 찬송가』는 감리교 목사 2만 2천명에게 설문지를 통하여 수집한 자료를 기초로 편집한 미국 감리교 주요 찬송가로 광범위한 역사적 배경과 초 교파적 찬송들이 수록되어 있고, 77편의 찰스 웨슬리 찬송이 들어 있어 감리교의 전통도 나타내고 있다.

미국 성공회의 『찬송가』(The Hymnal, 1940)는 더글라스(Winfred Douglas)의 노력으로 문학적인 질에 있어서나 곡조의 특성에 있어서 학문적인 뒷받침을 보여주고 있다.131) 음악적인 특징으로는 가톨릭의 단성 성가(Plain song) 곡조들이 많이 사용되어, 모든 곡조에는 운율 부호(meter signature)가 붙어 있지 않은 것이 특징이며, 기존의 시편가와 찬송가 곡조 외에 다수의 미국의 곡조들을 채택하고 있다.

1941년에 나온 『루터교 찬송가』(The Lutheran Hymnal)에는 루터교의 음악적인 전통이 크게 반영되고 있는데, 가사의 절반 이상이 1850년 이전에 쓰여진 독일 코랄(Chorale)에서 온 것이다.132) 1958년에 8개의 루터교파가 연합하

---

131) THE HYMNAL(1940)은 The Episcopal Church(영국 성공회) 찬송가이다. 더글라스(C. Winfred Douglas)는 그레고리 찬트(Gregorian Chant)인 21세기 찬송가 133장(미국장로교찬송가 309장)에 화성을 붙였다.
132) Dale Eugene Warland, "The Music of Twentieth-Century Lutheran Hymnody in America," (Unpublished D. M. A. dissertation : University of Southern California, 1965), pp. 73-74. 재인용.

여 만든 찬송가는 미국 루터교의 가장 보편적인 찬송가로 루터교 코랄, 단성 성가, 복음 찬송, 시편가, 캐럴, 현대 찬송 등 다양하고, 광범위한 자료에서 채택한 공동 찬송가이며, 리드(Luther D. Reed)가 편집 위원장이었다.

1956년에 나온 『침례교 찬송가』(Baptist Hymnal)는 남 침례교인들의 음악적 전통을 강하게 반영하여 주는 복음송가(Gospel Song)들이 많이 수록되어 있어 복음적 찬송가의 성격을 띠고 있다. 1975년에 나온 『침례교 찬송가』는 침례교 찬송가 중 가장 절충적인 찬송가이다.

20세기 초에 나타난 미국 찬송으로 코리(Julia C. Cory)의 "오 하나님 우리의 창조주시니"(21찬 68), 노드(Frank Mason North)의 "혼잡한 세상 속에서"(개찬 472, 새찬 541), 벤슨(Louis F. Benson)의 "주 히니님의 빛이"(개찬 397), 메릴(William P. Merrill)의 "너 주의 사람아"(21찬 328), 스토킹(Jay T. Stocking)의 "온 세상 구원하신 주"(개찬 106, 새찬 147) 등이 있다.

1930년대 이후 포스딕(Harry Emurson Fosdick), 테일러(Sarah E. Talor), 하크니스(Georgia Harkness), 레이드(William W. Reid) 등이 작가로 활동하였고, 현대 찬송가에 곡조를 제공한 대표적 인물로는 게이(A. McClelland Gay), 러브리스(Austin C. Lovelace), 맥커찬(Robert G. McCutchan), 사워비(Leo Sowerby), 스트롬(Ralph A. Strom), 보드(Arnold G. H. Bode), 데이비스(Katherine K. Davis), 파우츠(Lloyd Pfautsch). 모우(Daniel Moe) 등을 들 수 있다.[133]

현대 미국 찬송가에는 하나님에 대한 두려움, 임박한 마지막 심판을 강조하던 시기의 찬송과는 달리 하나님께 대한 사랑과 감사를 표현하는 노래가 많이 나타난다. 또한 적극적인 봉사와 인류를 위한 생동력 있는 생활을 강조하고, 인류 평화를 위한 복음의 메시지로 변화된다.

로마 가톨릭의 전유물처럼 생각하던 단성 성가가 개신교 찬송 곡조로 많이 채택되었고, 루터교의 코랄은 가톨릭이나 복음 적인 교파에서, 복음 송가(Gospel Song)도 루터 교나 장로교찬송으로 채택되고 있는 현상을 볼 수 있다. 회중 찬송에 유니슨(unison) 창법이 다시 등장하여, "하나님의 말씀으로"(21찬

조숙자. 조명자, op. cit., pp. 185-188.
133) Reynolds and Price, op. cit., pp. 116.

133장, Gregorian Chant), "온 천하 만물 우러러"(21찬 69), "내 맘의 주여 소망 되소서"(21찬 484)와 같은 곡조는 찬송가에 나타나고 있는 유니슨 곡조이다.

또한 영국과 유럽의 민요 곡조에서 따온 찬송 곡조가 많이 사용되고 있으며, 미국의 민요 곡조도 많이 채택되고 있다. "주 예수 다스리시는"(통찬 229), "나 같은 죄인 살리신"(21찬 305) 등을 들 수 있다.134) 흑인 영가(Negro spiritual)도 현대 찬송가에 수록되어 있다. "거기 너 있었는가?"(21찬 147), "신자 되기 원 합니다"(21찬 463) 등이다. 현대의 미국 찬송은 다양한 음악적인 경향을 보여주며 좀 더 의미 있는 회중 찬송을 위한 노력을 보여주고 있다.

예제 23) 마르틴 루터와 회중찬송에 대하여 기술해 보자.
　　　 24) 독일교회음악, 불란서교회음악에 대하여 설명해 보자.
　　　 25) 이삭 왓츠의 찬송과 웨슬리찬송에 대해 기술해 보자.
　　　 26) 미국찬송에 대하여 설명하고 한국 찬송과의 관계를 논하라.

---

134) 조숙자·조명자, *op. cit.*, pp. 192-200.

제3장 한국 『찬송가』의 변천사

우리가 지금 교회에서 부르고 있는 찬송가는 예수 그리스도가 세상에 계실 때에 부르던 찬송가가 아니며, 구약 시대 성전에서 부르던 성가는 더욱 아니다. 구약시대에 드려졌던 시편송이나 회당에서 드려졌을 교회음악들은 우리에게 전해진 바가 거의 없다. 마르틴 루터가 종교개혁을 일으킬 당시에 사용되었다고 하는 노래도 겨우 두 편만이 우리 21세기『찬송가』(서울: 한국 찬송가 공회, 2006)에 들어 있을 뿐이다.[135]

우리나라의『찬송가』집도 수차에 걸쳐 변혁을 겪었고, 변천을 거듭해서 편집돼 왔다. 그래서 먼저 한국 찬송가의 역사적인 고찰을 하겠다.

제1절 찬 미 가

우리나라 최초의 찬송가는 1892년에 감리교에서 발간된『찬미가』이다. 간행자는 미국 감리회 선교사인 존스(G. H. Jones)와 로드와일러(L. C. Rothweiler)이다. 당시 중국어 찬송 집으로 예배를 드리던 상황에서 한글 찬송가의 간행은 주요한 문제로 제기되었다. 이에 존스 선교사 등은 우선 30장의 찬송가 가사를 번역하여, 곡조 없이 39매의 책으로 엮었다. 이는 감리교 전용의『찬송 집』으로

---

135) 21세기『찬송가』(서울: 한국찬송가공회, 2006), 363장 "내가 깊은 곳에서"(마르틴 루터 작사), 585장 "내 주는 강한 성이요"(마르틴 루터 작사 작곡).

한국에서는 최초로 간행된 것이다.

 한편 1905년에는 윤치호(尹致昊) 번역, 김상만(金相萬) 발행으로『증보 찬미가』를 다시 간행했는데, 특기할 사실은 이 책 14장에 '애국가'가 실려 있고, 제1장에는 '황제 송(皇帝 頌)'이 수록되어 있다는 점이다. 이는 당시 국운에 비추어 한국 교회의 민족의식이 깊게 반영된 흔적으로 볼 수 있다.『찬미가』는 주로 영국이나 미국 교회에서 잘 알려진 곡을 번역, 수록하였는데 드물게 한국인과 선교사들이 지은 가사가 눈에 띄기도 한다.136)

제2절 찬 양 가

 1894년 미국 북 장로교 선교사 언더우드(H. G. Underwood, 元杜尤, 1859-1916)에 의해서 간행된 찬송가 집이『찬양가』이다. 예수성교회당 발행으로, 체제는 국판, 128면으로 117곡을 수록하고 있다.『찬양가』의 특징은 최초의 찬송가인『찬미가』에 악보가 없었던 것과 대조적으로 4성부의 악보로 이루어진 한국 첫 곡조 찬송가이다. 또한 같은 곡을 수록하고 있음에도 불구하고 번역을 달리 하고 있음을 지적할 수 있다. 이『찬양가』는 주로 장로교회 전용으로 사용되었다. 그 후 1895년(4·6배 판, 82매, 총 154장), 1896년(국판, 152면, 총 154장), 1900년(4·6판, 총 182장)에 걸쳐 중판되었다.137)

 이『찬양가』의 곡조는 독일 코랄(Chorale)이나 시편가 곡조(Psalm Tune)는 거의 채택되지 않았고, 이삭 왓츠(Isaac Watts, 1707-1788)의 찬송이 13편, 그리고 웨슬리(.C. Wesley, 1674-1748)의 찬송 7편을 비롯한 19세기 영국계 찬송 60편과 블리스(P. P. Bliss, 1838-1876)의 찬송 5편을 포함한 19세기 미국 찬송 20여 편 등 영국과 미국의 복음 찬송이 주축을 이루고 있다. 그러나 여기에 한

---

136) 기독교문사,『기독교 대 백과사전』, op. cit., 14권, p. 461.
137) Ibid., p. 515

국인 창작 찬송 7편(4, 29, 38, 61, 93, 113, 115장)이 수록된 것은 특기할 만한 일이라 할 수 있다.138)

『찬양가』의 특징을 보면 편집에 있어서 '곡조 찾아보기'(Index of Tunes), '운율 찾아보기'(Metrical Index)가 실려 있다. 그리고 한국인 창작 찬송은 작사자의 이름이 나타나 있지 않아 유감이지만 "어렵고 어려우나"(찬양가 93장)는 백홍준의 것이며, "예수 놉흔 일홈이"(찬양가 61장)는 한국 여성의 작품임을 추측할 수 있다. 이 찬송들은 비록 시적 구성의 세련미는 없어도 초기 한국 성도들의 토착적인 신앙고백이 들어 있어 그들의 신앙 유형을 보여주는 좋은 자료가 되고 있다. 음악 편집은 벙커(D. A. Bunker) 목사가 도왔다.139)

제3절 찬 성 시(讚聖詩)

언더우드의 『찬양가』가 공인되지 못한 가운데서 사용되다가 장로교회의 공인 찬송가로 출간된 것이 1895년에 발간된 『찬성시』이다. 이것은 평양 주재 장로교 선교사 리이(Graham Lee)와 기포드(Mrs. M. H. Gifford)의 공편으로 54편이 수록되어 있다. 악보가 첨부된 곡보『찬성시』는 1905년에 처음으로 출간되었는데 그 동안 많은 찬송들이 여러 가지 곡조를 통일해 보려는 시도를 하였다.140) 『찬성시』에 수록된 것을 보면 '하늘 가는 밝은 길이'(128장, 21찬 493)는 선교사 소안련(William L. Swallen, 1859-1954)의 한국말 원작 작시의 찬송으로 알고 있었으나, 19세기의 로지엘(J. H. Lozier)의 시로서 곡조는 스콧(Lady J. Scott, 1810-1900) 여사의 세속민요곡 '안니 로리'(Annie Laurie, 21찬 493)에서 빌려 왔다. 또한 "못 패할 셩은 하느님"(131장, '내 주는 강한 성이요', 21찬

---

138) H.G. 언더우드(편), 「찬양가」(일본 : 요꼬하마, 1894), 서문.
139) 찬양가(1894)의 서문 참조.
140) 찬성시(1905) 서문 참조.

585)은 루터의 독일 찬송에서 번역되어 이 두 편이 처음 수록되었다. 『찬셩시』는 14편의 운율 시편 번역이 수록된 것이 특징인데, 곡조는 일반 찬송 곡조에 붙여 있다. "눈을 들어 산 보리니 도움 어디셔 오나"(시 121편, 21찬 383), "내가 깁흔 곳에서 쥬를 불러 알외디"(시 130편, 21찬 363), "내가 일심으로 쥬를 기리고"(시 138편), "하느님 내 목쟈시니"(시 23편, 통찬 437) 등을 들 수 있는데, 시편가의 수록은 어느 정도 '개혁 교회'의 전통을 암시해 주고 있다. 그러나 곡조에 있어서는 제네바 시편가나 영어 시편 가의 곡조가 전혀 채택되지 않고 있다.141)

이리하여 1896년에는 『찬양가』, 『찬미가』, 『찬셩시』 3개의 찬송가가 사용되었다. 특기할 만한 사항은 배재 학당 학생들이 1896년 11월 21일 독립문 정초식의 식순의 하나로 애국가를 불렀는데, 윤치호(尹致昊) 장로가 작사한 것이다. 이 윤치호의 애국가는 1905년에 발간된 윤치호 역술의 『찬미가』에 수록되어 나타났다. 여기에 12편의 윤치호의 번역 찬송과 3편의 애국가가 수록되어 있다. 이 애국가 가사는 1908년에 재판된 『찬미가』(14장)에 '올드 랭 사인'(Auld Lang Syne) 곡으로 실려 있다.142)

1896년 미국 감리회에서 존스 목사와 공동으로 『찬미가』를 펴내었고, 1898년에는 북 장로교회의 마펫 목사가 발행한 『찬셩시』(1895-1897) 및 침례교의 펜위크(M. C. Penwick)의 『복음 찬미』(대한 기독교서회 편, 1904-1912)가 있었는데, 펜위크의 『찬셩시』가 가장 난해하였다. 1910년 전후하여 찬송가는 헝겊과 가죽과 종이로 장정한 것이었고, 책 종류로는 어린이 용 찬미가, 별 찬송가, 찬송가 합본 신약 등이 있었다.143)

---

141) 조숙자 · 조명자, op. cit., p. 215.
142) 독서 신문(제 249호) 1975년 10월 19일. 참고로 애국가 가사를 소개하면 다음과 같다. 1절, 동해물과 백두산이 /말으고 달토록/ 하느님이 보호 하사/ 우리 대한 만세. /(후렴) 무궁화 삼천리/ 화려 강산/ 대한 사람 대한으로/ 길이 보전하세. 2절, 남산 우혜 저 소나무/ 철갑을 두른 듯/ 바람 이슬 불변함은/ 우리 긔상일세. 3절, 가을 하날 공활 한대/ 구름 업시 놉고/ 밝은 달은 우리 가슴/ 일편 단심일세. 4절, 이 긔상과 이 마음으로/ 님군을 섬기며/ 괴로오나 질거우나/ 나라 사랑하세. 이 가사는 현행 애국가 가사와 일치한다. 작사자 친필로 윤치호(1865-1946) 작이라 쓴 [세계명작 가곡집](LA: 종우서관, 1931)을 입수해 공개하였다.<2003.12.17. 조선일보> 안창호가 이끈 신민회가 주관한 '신한일보'(1910.9.21) '국민가' 가사와 일치한다. 처음에 "Auld Lang Syne"곡으로 불리다가 안익태의 곡조로 바뀐 것은 안익태가 1935년 11월 작곡, 대한민국 임시정부가 채택해 1936년 6월초 순 미국 샌프란시스코 한인 교회에서 개창식을 가진 뒤부터였다.
143) 李章植, 『大韓 基督敎書會 百年史』(서울: 大韓 基督敎書會, 1984), p. 107.

제4절 연합 찬송가

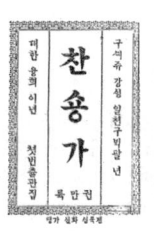 

1905년 9월 장로교와 감리교 선교사들은 한국에 있어서 교파 합동을 목적으로 연합 공의회(The General Council of Evangelical Mission of Korea)를 편성 발행했다. 찬송가 편집 위원은 배위량 부인(Mrs. W. M. Baird), 민로아(F. S. Miller) 목사, 벙커(D. A. Bunker)였으며, 합동 원칙은 이미 사용하던 찬송가를 토대로 새 찬송가도 첨가하되 "말은 존경어로 구조가 명확ᄒ며, 의ᄉ가 정당ᄒ고 교리에 덕절ᄒ 것만 쓰기로"하였다.144)

이 찬송가는 요꼬하마 인쇄소의 화제로 1908년에야 나오게 되었는데, 266편의 찬송이 수록되어 『찬숑가』라는 이름으로 발간되었다. 이것은 곡조가 없이 가사만 수록되었으며 곡조 찬송가는 1909년 피터 목사 부부(Rev. ad Mrs. A. Pieters)가 그들의 사비로 226곡을 수록하여, 『찬숑가』라는 이름으로 발행하였다.145) 이 『찬숑가』의 특징은 6곡(10, 11, 12, 13, 14, 40장)을 한국 고유의 곡조로 부르게 한 것과 한국 고유의 곡을 붙인 찬송은 교창(Antiphonal)으로 부를 수 있게 하였고, 성탄절 찬송(6곡, 66-71장)과 부활절 찬송 6곡(81-86장)을 절기찬송으로 묶었다. 또 번역문이 세련되고 완벽하게 되었다는 점 등이다. 1903년-1910년까지는 한국 교회 부흥 운동기라 할 수 있다. 1903년 원산 감리교회 하디(R. A. Hardie) 선교사가 성령 운동을 일으켜서 1910년까지 평양을 비롯하여 전국으로 부흥 운동이 확산되면서 찬송도 전국으로 퍼져 나아갔다.146)

특히 1903~1909년 '원산 및 평양 대 부흥운동' 시에 로버트 하크니스(Robert Harkness)가 작곡한 "백만 인을 예수에게로"라는 곡이 최근에 발견되었다.147)

---

144) 찬송가(1931) 서문
145) 염행수, 『讚頌 神學』, (서울 : 도서 출판 생수, 1985), p. 62.
146) 신소섭, op. cit., p. 96.
147) 국민일보 2007.1.13자에 1903-1909년 '원산 및 평양 대부흥' 백만인 구령운동에 불려졌던 주제가 원본악보이다. 총신대학교 박용규(교회사) 교수가 예일대학교 도서관과 선교사 후손들 집에서 발굴해 공개하였다.

< 악보 16 > 백만인을 예수에게로

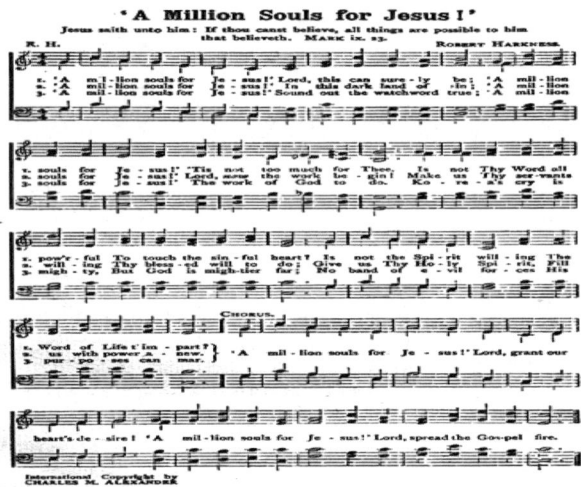

그리고 이『찬송가』는 1908년에서 1930년까지『신정 찬송가』가 나오기까지 12년간 무려 43판, 87만4천5백부(무곡 찬송 6십9만5천부, 포켓용 11만1천부, 곡조 찬송가 6만8천5백부)를 발행하여 찬송가 역사상 가장 많은 부수를 발행하였다.148) 다음은 한국의 '애국가'를 작곡한 안익태 선생의 지휘 모습이다.

<그림 2> 안익태 선생 미국신시내티 지휘 모습

1952년 안익태 선생의 미국 신시내티 교향악단 지휘 모습.

---

148) *Ibid*, p. 62-64.

제5절 신뎡 찬송가

1908년에 이미 장·감 연합 공의회에서는 찬송가 합동 위원회를 조직하고 찬송가 266곡을 선별하여 합동 찬송가 발행을 서두른 바 있다. 1924년에 조선 기독교 연합 공의회가 새로 조직되었는데, 그 첫 사업으로 1924년 장·감 연합 공의회는 다시 새로운 찬송가의 간행을 계획하고, 장로회 측 대표로 공위량(William C. Kerr), 김인식, 그리고 감리교 측 대표로 아펜젤러(H. D. Appenzeller)와 변성옥을 편집 위원으로 개정 작업을 맡겼다. 그러나 1928년 불의의 화재로 관계 자료가 모두 소실되어 부득이 찬송가 간행 계획이 연기되었다. 그 후 다시 작업을 서둘러 1931년 314곡의 찬송가를 편집 간행했는데, 곧 『신뎡 찬송가』이다.

이것은 이전의 찬송가보다 많은 곡을 수록했고, 가사의 번역이나 억양이 자연스러운 장점을 가지고 있다. 그러나 비 신앙적인 찬송가가 포함되어 있다는 비난을 받게 되었고, 교파간의 의견 차이와 사전 협의 부족 등으로 장로교 측에서는 사용을 거부하는 사태에 이르렀다. 이에 따라 장로교는 독자적인 새로운 찬송가를 편집, 간행했는데 곧 『신편 찬송가』이다.149)

『신뎡 찬송가』에는 314곡이 수록되었는데, 반수 이상이 『찬송가』에서 온 것이고, 70편이 『청년 찬송』에서, 그밖에 새로운 번역 찬송과 현상모집에서 채택된 한국인 창작 찬송 6편을 싣고 있다. 이 찬송가의 특징은 유년과 소년 찬송가를 294~314장까지 19장을 묶었고, 제목을 분류하여 권두에 실었고, 목차를 가나다순으로 편집하여 대체로 우수하다는 평을 받았다.150)

---

149) 기독교문사, 『기독교 대백과사전』, op. cit., 10권, p. 432.
150) 염행수, op. cit., pp 65~66. 신정 찬송가에 실린 한국인 찬송가 6편은 "거룩하다 성경이"(신정 86장), "눈물 밧혜 쩌러진"(신정 89장; P. K. Ko작사), "캄캄흔 밤 쌀쌀 흔 바람불 째"(신정 126장; Helen Kim<김활란>작사, 개찬 321, 합찬 195), "캄캄흔 밤중에 뷘 들에서"(신정 195장; P. Oh<오빈>작사, 찬 461장), "금슈강산 내 동포여"(신정 230; Bessie Im<임배세>작사, 합찬 486), "예수는 우리의 성명되고"(신정 158장, C. M. Kim작사) 등이 수록되어 있다.

이 『신정 찬송가』는 각 곡마다 작사·작곡가의 이름을 명기하였고, 한글 제목 아래에는 영어 원제목을 첨부하였다. 그 분류를 보면 아래와 같다.

제 1부 숭배함과 예배함 : 1-22장
제 2부 하나님의 계획 : 23-37장
제 3부 성자의 탄생 : 38-79장
제 4부 성신 : 80-85장
제 5부 성경 : 86-90장
제 6부 신도의 생활 : 91-183장
제 7부 하나님의 왕국 : 211-231장
제 8부 교회 : 232-244장
제 9부 장래의 생 : 245-259장
제10부 때와 계절 : 260-264장
제11부 복음(evangelistic) : 265-293장
제12부 유년과 청년 : 294-310장
제13부 영가(Chants) : 311-314장으로 되어 있다.
그리고 권말에 주기도문과 사도 신경, 십계명을 첨부하였다.151)

제6절 신편 찬송가

위에 언급한 『신정 찬송가』는 원래 장·감용으로 사용키 위해 만든 것인데,

---

151) 장·감 연합공의회, 『신정 찬송가』, (서울 : 조선 예수교서회, 1931), 참조

여러 가지 이유로 1931년 장로교 총회에서는 이것을 채택하지 않고, 구『찬숑가』에다가『신정 찬송가』에서 48장을 따서 그것들을 삽입하여 임시 사용케 하기로 하고『신편 찬송가』를 1932년에 출간되었다.152)

1932년 장로회 제21회 총회에서『신정 찬송가』채택을 거부하고, 1934년 장로회 제23회 총회에서 "종교 교육부에 맡겨서 더욱 잘 편찬하도록" 가결하였다.153)

이에 편집기간이 짧고『신정 찬송가』와 구 찬송가와 대동소이하다는 비판에도 불구하고 장로회 총회 종교 교육부는 찬송가 편집에 있어서『신정 찬송가』에서 70여 곡을 선정하고, 성결교회『복음가』중에서도 여러 곡을 선택하여 잘 부르지 않는 찬송가 40장을 삭제하고서, 새로운 곡 100장을 증보한 후 모두 400장으로 된『신편 찬송가』를 1935년 6월에 발행하였다. 이 일에는 미국 북 장로회 선교사 앤더슨(W. Anderson; 安大善)이 주축이 되어 실무적인 일을 진행하였고, 한국인 음악가 현제명(Hyun Jei Myung, 1902-1960)·황재경 등이 참여하였다.154)

결국 이『신편 찬송가』의 발행으로 1908년 이후에 지금까지 24년간이나 같이 써 오던 찬송가를 두 권의 찬송가로 분리시켰고, 더 나아가 교파 불화의 씨앗을 남기게 되었다.155)

제7절 합동『찬송가』

장로교에서는『신편 찬송가』를, 감리교에서는『신정 찬송가』를, 성결교회에서는『부흥 성가』를 사용해 오다가 조국의 해방과 함께 장·감·성 세 교파에

---

152) 朝鮮 예수敎 長老會 總會 第21回 會錄(1932), pp. 46-47.
153) 朝鮮 예수敎 長老會 總會 第23回 會錄(1934), p. 49.
154)『기독교 대백과사전』, 10권, p. 467.
155) 염행수, op. cit., p. 66-67.

서는 찬송가가 하나 됨을 원하여 세 교파가 찬송가 통합에 합의하였다.

이에 각 교파에서는 2명씩 찬송가 합동 연구 위원을 파견하여 1년간 연구를 거듭하였다. 그래서 "세 교파에서 사용하는 찬송가 중 각 교파의 특이한 전부를 편입하기로 하고, 공통의 것은 가사를 적절히 선택하여 편입하기로 원칙"156)을 세웠으나 이는 새로운 편집이라기보다는 세 가지 찬송을 하나로 묶어 놓는 일에 불과했다.

1948년 각 교파 총회에서 5인씩 선정 파견하여 한국 기독교 연합회 주재 하에 합동을 추진하였는데, 그 결과 부록에 성경 교독문을 첨부하여『찬송가』라는 이름으로 1949년에 발행하였으니 이 찬송가가 일명 합동『찬송가』이다. 이로써 한국 기독교 사상 처음으로 한국인의 손으로 편집하여 통일된 찬송가를 발행했다는데 그 의미가 깊었다. 그리고 새로운 맛은 없었으나, 한국인의 찬송으로 임배세의 작사 작곡인 "금수강산 내 동포여"(496장), 김활란 작사의 "캄캄한 밤 사나운 바람 불 때"(195장, 21찬 345), 고(P. K. Ko)씨의 작사인 "눈물 밭에 떨어진"(205장), 오(P. Oh)씨의 "캄캄한 밤중에 빈들에서"(363장), 남궁억(Nam Kung Ok) 작사인 "삼천리 반도 금수강산"(459장, 21찬 580) 등이 실렸는데, 한국인 작곡은 한 곡이며, 작사로는 5편이 실려 있다. 어쨌든 이 찬송가는 1962년『새 찬송가』와 1967년『개편 찬송가』가 나올 때까지 무려 20만 부나 출판되었다.157)

제8절 『새 찬송가』

해방을 맞자 일제에 의해서 신사 참배 거부로 옥고를 치렀던 한 상동, 주 남선, 손 양원 등 목사들이 앞장서서 경남노회 재건에 착수하였으며, 1949년 3월

---

156) 찬송가 합동 위원회(편),『찬송가』(서울 : 대한 기독교서회, 1955), 서문.
157) 염행수, op. cit., p. 69.

문창교회에서 모인 제 50회 경남노회에서 재건 파 노회를 구성하여 고려 파 장로회를 출범시켰다. 고려 파 장로회에서는 『신편 찬송가』를 그대로 사용하면서 『합동 찬송가』를 사용치 않다가 1957년부터 독자적으로 '찬송가 편찬 위원회'를 구성하고 새로운 찬송가 발행을 추진하였다.

한편 예장 합동 측은 1959년 W. C. C.를 탈퇴하고, 에큐메니칼 운동에 가담한 예장 통합 측, 감리교, 성결교, 그리고 기장 측과 찬송가를 다르게 '찬송가 편찬 위원회'를 조직하여 고신 측 '찬송가 위원회'와 합동하였다. 그 후 양 교파 합동 기념으로 1962년에 『새 찬송가』를 <생명의 말씀사>를 통해서 발행하였다. 『새 찬송가』를 만들게 된 이유는 에큐메니칼 즉 W. C. C.를 탈퇴하면서 에큐메니칼에 가입한 교단과는 찬송가도 함께 쓸 수 없다는 이유에서였다.158)

이 『새 찬송가』 출판 계획을 세울 때, 『신편 찬송가』를 기초로 할 것과 수십 종의 구미 각국 교회 찬송가 중에서 선발하되 그 원작의 작사, 작곡 그리고 그 일시 및 출판의 역사들을 세밀히 알아내고 원작에서의 직접 번역을 시도하는 동시에 지금까지의 맹점을 보충 구비시킴으로서 완벽을 가하고자 최선을 다한다는 원칙을 세웠으며, 한편 그 선택 번역 그리고 편집의 순서로 진행할 것이며, 성구, 작곡, 작사, 제목, 가사 첫줄의 색인(索引) 첨부, 교독문을 다루기까지 게을리 하지 아니하였다.

『새 찬송가』의 차례를 보면 다음과 같다.

· 머리말
· 일러두기(속도를 가리키는 메트로놈의 숫자, 구독점(句讀點; Phrase Mark), 찬송가 역사의 약자 등을 설명하고 있다).
· 제목 분류
　제1부 예배 / 찬양과 경배(1-79), 성부(80-105), 성자(106-199), 성령
　　　(200-214)
　제2부 성도의 생애 / 성도의 생애(215-529), 교회(530-562), 성례전(563-569)
　제3부 성가와 합창곡 / 일반 성가와 합창곡(602-664), 송영(665-671),
· 교독문 차례 : 시편(1-39번) / 기타 구약 성경(40-48번)/ 신약 성경

---
158) 신소섭, 『예배와 찬송가』, op. cit., p.99.

(50-53번)
· 교독문 (p. 650-680)
· 제목 차례 : 주제에 따라 가나다순으로 제목 분류를 하여 찬송을 이용하기 쉽게 하였다. 제목 분류는 다음과 같다.

가정/ 갈망/ 감사/ 감사절/ 갑주/ 개회 송/ 겸손/ 경고/ 경성/ 교회/ 교만/ 구원-그리스도 참조/ 구원의 기쁨/ 궁핍/ 그리스도-고난, 공로, 교회의 머리, 구원, 구원의 약속, 길, 능력, 도성 인신, 독생자, 동거, 동행, 말씀, 모범, 목자, 보혈, 보호, 부르심, 부활, 내주, 빛, 생명, 소망, 속죄, 승리, 승천, 신랑, 신실하심, 심판 (주), 십자가, 아름다우심, 약속, 어린 양, 언약, 왕, 위로, 은혜, 음성, 의원, 이름, 인도, 임마누엘, 재림, 죽으심, 중보, 친구, 탄생, 피난처, 한결 같으심/ 기도/ 기쁨/ 기업/ 나그네/ 마귀/ 만세 반석/ 만족/ 면류관/ 믿음/ 방황/ 복음/ 봉사/ 분투/ 상 주심/ 새 예루살렘/ 생명수/ 생명의 샘/ 생명책/ 선교/ 성경/ 성도의 교제/ 성령/ 강림/ 보혜사/ 불같으심/ 충만/ 성 삼위/ 성찬/ 성화/ 송별/ 송영/ 승리/ 시험과 시련/ 식사/ 신년/ 신앙 고백/ 신유/ 아침/ 안식/ 안식일/ 어린이/ 열매/ 용맹과 분발/ 의지(의탁)/ 인애/ 자연/ 자유/ 장례/ 저녁/ 전도/ 종려 주일/ 죄 짐/ 주를 따름/ 주 맞을 준비/ 중생/ 증거/ 진리/ 찬양과 경배/ 천국과 그 생활/ 추수/ 축복/ 충성/ 평안/ 평화/ 폐회 송/ 하나님-공의, 구원, 능력, 동거, 말씀, 목자, 보호, 사랑과 자비, 섭리, 심판, 아름다우심, 아버지, 언약, 여호와, 영광, 은혜, 인도, 임재, 자녀, 주권, 창조(주), 피난처, 한결 같으심/ 합창과 독헌/ 헌신/ 형제애/ 혼인/ 확신/ 환난/ 흑인 영가/ 회개와 고백/ 합창/

· 성구 차례는 창세기로부터 요한 계시록까지 나열하고 거기에 부합한 찬송의 장수를 제시하고 있다.

· 제목 차례(영)는 영어 알파벳순으로 찬송가 제목을 제시해 주고 있다.

『새 찬송가』앞표지부분에 주기도문과 사도신경을 그리고 예배 전의 묵상 성구와 예배 후의 묵상 성구, 표지 뒤 부분에 십계명을 실었다. 또『새 찬송가』는 다른 찬송가와는 달리 매곡마다 운율표시와 메트로놈기호를 사용하여 템포 표시, 그리고 악구를 표시하는 '구독점' 즉 '숨쉬는 표시'(Phrase Mark, Breath Mark)도 첨가하였고 독창곡과 합창곡도 삽입하였다.

제9절 개편 『찬송가』

1949년 『합동 찬송가』 발행 이후 한국 교회는 찬송가의 관리, 수정 및 출판 문제를 위하여 '찬송가 위원회'를 설치할 것을 결의하고 한국 기독교 연합회의 알선으로 1956년 초에 기독교 대한 감리회, 기독교 대한성결교회, 대한 예수교 장로회 등 세 교파에서 파송 받은 위원으로 '찬송가 위원회'(합동 측과 고신 측 제외)를 조직하였다.159) 이에 한국 찬송가 위원회는 1963년 3월 5일 한국 기독교장로회 대표를 보강하여 각 교단 대표 5명씩과 한국 기독교 연합회 대표 1명, 그리고 위촉 위원과 옵서버(대한 기독교 서회) 1명으로 찬송가 개편위원회를 조직하였다.

찬송가 위원회는 다음과 같은 찬송가 개편 원칙을 세웠다.
①중첩된 찬송은 단일화한다. ②국가(國歌), 민요 등의 곡조와 가사들을 재검토한다. ③종류별로 편찬하는 데 유의한다. ③예배용 찬송을 보강한다. ⑤특

---

159) 찬송가 위원회 조직은 다음과 같다.
1)세 교단에서 선출된 찬송가 합동 전권 위원은 다음과 같다.
　①장로 교회 - 김관식, 김춘배, 유호준, 김종대, 정 훈
　②감리 교회 - 강태희, 김희운, 엄재희, 김유순, 조민형
　③성결 교회 - 박현명, 김유연, 황성택, 한영한
2)각 교파 대표위원
　①기독교 대한 감리회 - 마경일, 박봉배, 안신영, 구두희, 전종옥
　②기독교 대한 성결교회 - 오영필, 김창근, 한명우, 김석규, 김중환
　③대한 예수교 장로회 - 강신명, 박태준, 안광국, 유호준, 김광현
　④한국 기독교 장로회 - 김정준, 정용철, 박광재, 문익환, 조상현
　⑤한국 기독교 연합회 - 길진경
3)위촉 위원
　①가사 위원 - 전영택, 이호운, 반병섭, 곽안전
　②음악 위원 - 박재훈, 이동훈, 곽상수, 장수철, 이중태, 주진주, 원진희, 서수준
　③관리 위원 - 조선출(기독교서회)
　④교독문 선정 위원 - 김동수, 정진경

정 예배 때에 사용할 찬송을 보강한다. ⑥우리 찬송(한국 가사와 곡조)을 보강한다. ⑦교독문을 보충한다. ⑧가사를 모두 검토한다.

이 원칙 외에도 묵도 찬송, 송영 찬송, 아멘 찬송을 대폭 보강하기로 하여 마침내 1967년 『개편 찬송가』를 대한 기독교 서회 발행으로 출판하였다.

이 『개편 찬송가』는 1963년부터 4년 동안 노력의 결실이다. 이 『개편 찬송가』는 『합동 찬송가』를 기초로 하여 보다 더 좋은 찬송가, 보다 더 완전한 찬송가를 만들겠다는 의욕을 가지고 시인, 교회 음악인들, 각 교계 위원들이 내용을 수정하고, 보완한 찬송가이다.

◆ 이 『개편 찬송가』의 차례를 보면 다음과 같다.

· 머리말 · 차례 · 한글가사 첫줄 · 찬송가 · 주기도문, 사도 신경
· 십계명 · 교독 문 · 성구 찾기 · 영문가사 첫줄 · 부록

◆ 찬송 제목 분류는 아래와 같다.

예배 찬송(1-66) / 하나님(67-74) / 예수 그리스도(75-174)/ 성령(175-186)/ 성경(187-192)/ 교회(193-224)/ 성도의 생애(225-515)/ 성례 전(516-525) / 절기와 행사(526-543) / 가정(544-546)/ 어린이와 젊은이(547-565) / 송영과 영창(566-600) / 부록(601-620)

이 『개편 찬송가』에는 『합동 찬송가』에 비해 복음 찬송이 22%로 줄었고, 예배용 찬송은 50%가 늘었으며, 절기용 찬송도 3배로 증가하였으며, 송영은 5배로 늘었다. 그리고 가사가 원문에 가까우면서도 자연스러워졌으나, 부흥 찬송은 많이 삭감되었다. 『개편 찬송가』는 종래의 한국 찬송가에 일대 개혁을 단행했다고 볼 수 있으며, 이에 『합동 찬송가』에서 좋은 찬송이 빠진 것, 좋은 가사를 고쳤다는 점, 등의 불만들이 있었다.[160]

이 『개편 찬송가』의 돋보이는 점은 27편의 한국인 작사, 작곡인 찬송을 채택하여 실은 것이다. 1949년에 통합된 『합동 찬송가』는 1960년대에 와서

---

160) 문익환, "한국 찬송가 어디까지 왔나", 『예배 음악』(서울 : 대한 기독교서회, 1975), pp. 30-32.

다시 『새 찬송가』, 『개편 찬송가』가 출간됨으로써 결국 찬송가가 3분되고 말았다. 한국 개신교의 교파별 찬송가 계보를 살펴보면 다음 표와 같다.161)

< 도표 4 >   개신교 찬송가 계보

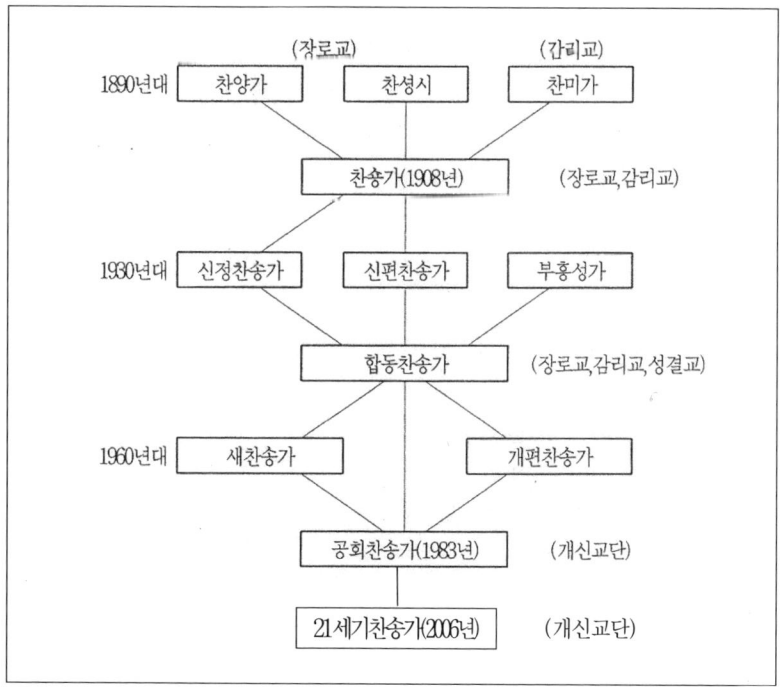

―――――――――――
161) 민경배, 「교회와 민족」,(서울 : 대한 기독교 출판사, 1981), p. 212. 참조.

제10절 공회 『찬송가』(통일 『찬송가』)

1949년에 통합된 『합동 찬송가』는 한국교회가 하나의 찬송가를 사용하는 하나의 전통처럼 되었다. 그래서 한국교회는 교파가 여럿으로 갈라져 있을지라도 하나의 성경과 함께 한국개신교회의 동질감을 느끼게 해 주었다. 그러나 1960년대에 와서 다시 『새 찬송가』, 『개편 찬송가』가 출간됨으로써 기존 합동찬송가를 사용하는 교회들을 포함해 결국 찬송가가 3분되고 말았다.

1970년대 한국교회들의 연합부흥성회나 연합 부활절 행사를 개최하면서 예배 시 찬송가 사용에 불편을 느끼면서 교계의 찬송가 통합의 필요성을 절감했다. 그래서 1977년 교계 지도자들은 찬송가통일을 위한 모임을 갖고 임원진과 분과위원회를 조직하고서 찬송가 통일원칙과 찬송가 편찬원칙을 세웠다.162)

먼저 개편찬송가위원회와 새 찬송가위원회가 합하여 하나의 기구인 '한국찬송가공회'를 조직하고, 한국기독교 100주년을 기하여 개신교 전체 교단이 공동으로 사용할 수 있는 하나의 찬송가를 1983년 11월에 발행하였다.

공회찬송가의 차례는 그림과 같다. <도표 5> 공회찬송가 차례

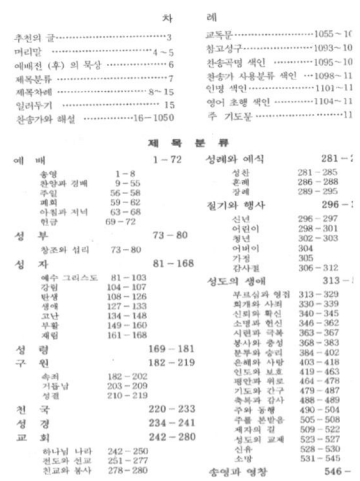

<도표5> 공회『찬송가』차례

---

162) 신소섭, 『예배와 찬송학』, (서울: 아가페문화사, 1997), p.181.

공회 『찬송가』의 차례와 제목분류를 세밀하게 게재해보면 다음과 같다.

· 차례

· 주기도문을 – 앞면지에, 사도신경은 – 뒤 면지에 넣었다.
· 머리말 · 발간사 · 제목분류 · 제목 차례 · 일러두기
· 찬송가 · 교독문 · 영어가사 첫줄 · 작사 작곡자 색인 · 십계명

· 제목 분류

· 예배 / 1-72
  송영(1-8), 찬양과 경배(9-55), 주일(56-58), 폐회(59-62), 아침과 저녁(63-68), 헌금(69-72)
· 성부 / 73-80
  창조와 섭리(78-80)
· 성자 / 81-168
  예수그리스도(81-103), 강림(104-107), 탄생(108-126), 생애(127-133), 고난(134-148), 부활(149-160), 재림(161-168)
· 성령 / 169-181
· 구원 / 182-219
  속죄(182-202), 거듭남(203-219), 성결(210-219)
· 천국 / 220-233
· 성경 / 234-241
· 교회 / 242-280
  하나님 나라(242-250), 전도와 선교(251-277), 친교와 봉사(278-280)
· 성례와 예식 / 281-295
  성찬(281-285), 혼례(286-288), 장례(289-295)
· 절기와 행사 / 296-312
  신년(296-297), 어린이(298-301), 청년(302-303), 어버이(304), 가정(305), 감사절(306-312)

· 성도의 생애 / 313-545

부르심과 영접(313-329), 회개와 사죄(330-339), 신뢰와 확신(340-345), 소명과 헌신(346-362), 시련과 극복(363-367), 봉사와 충성(368-383), 분투와 승리(384-402), 은혜와 사랑(403-418), 인도와 보호(419-463), 평안과 위로(464-478), 기도와 간구(479-487), 축복과 감사(488-489), 주와 동행(490-503), 주를 본받음(504-508), 제자의 길(509-522), 성도와 교제(523-527), 신유(528-530), 소망(531-545)

· 송영과 영창 / 546-558

공회『찬송가』의 차례와 제목분류를 보면 일목요연하게 잘 정리되었다. 골격은 잘 구성되었으나 내용상에는 아쉬운 점이 많다고 느껴진다. 전문적인 연구와 학문적인 배려가 부족했다고 본다. 공회『찬송가』의 세밀한 비판은 이미 필자의 저서『예배와 찬송학』(서울: 아가페문화사, 1997)을 참조하기 바란다. 여기서는 생략하기로 한다. 다음은 이천진 목사의 지적이다.163)

> 20개 교단이 연합하여 총 558장의 「찬송가」를 발간하였다. 이 찬송가의 구성은?
> ① 세계 교회 연합회에서 추천한 찬송이 75곡이고,
> ② 미국 침례교에서 찬송 교육을 위하여 추천한 찬송이 55곡이다.
> ③ 독일 찬송이 20곡이고,
> ④ 종교개혁 이전 시대의 라틴 찬송과 희랍 찬송이 14곡이다.
> ⑤ 한국인 찬송이 17곡이고,
> ⑥ 미국 복음가가 269곡이다.
> 한국교회 찬송가에 한국인이 작곡한 찬송가가 3.0% 수록되어 있는데, 미국의 복음가가 48.2%나 수록되어 있는 것을 보면, 통일 찬송가는 민족적 주체의식을 상실한 '사대주의 찬송가'라고 평가할 수 있다. 그리고 한국인이 작곡한 찬송가가 17곡인데, 17곡 모두 '한국 찬송가'라고 할 수 없다. 대부분이 서양음악의 선법으로 작곡한 찬송가이기 때문이다.

그렇다 엄밀하게 말하자면 한국 찬송가는 이미 발행된 영·미 찬송가의 짜깁기 판이라 해도 과언이 아니다. 교회음악학적 측면에서 본다면 이러한 과정을 거쳐서 우리가 원하는 민족적인 찬송가도 만들어져 가는 것이지만 시기상조라고 보기는 너무 늦은 감이 있어서 강도 높은 비판도 하고 있는 것이다.

찬송가학 적인 측면에서 볼 때 공회『찬송가』에 대한 비판이 있었기에 찬송

---

163) 이천진,『찬송가 이야기』(서울: 신앙과 지성사, 2010) 저서. 현 궁정교회 담임목사

가다운 면모를 갖춰져 가는 과정에서 고언(苦言)을 하는 것이다. 언제나 완전한 것을 찾고 도달하려면 역사적으로나 시간적으로 흐름이 있어야 하는 법이다. 기독음대 김두완 교수의 지적대로 "한국교회음악이 연주에만 몰두하여 학문적인 정립이 부족했다"고 털어 놓았던 기억이 새롭다.

공회『찬송가』558장중에 한국인 작품이 18곡이다. 이 중에 작사 17편, 작곡 17편이다. 371장은 도니제티(G. Donizetti, 1797-1848)의 오페라 <루치아>에 나오는 합창음악에서 따온 것이다. 460장은 가사가 일본의 사사오 데쯔사브로의 것이고, 곡만 박재훈 목사가 작곡한 것이다.

> 엄밀하게 본다면 한국인이 작곡했지만 통일 찬송가 총 558곡 중, 한국인이 작곡한 찬송가 17곡 중에서 3곡만이 한국 전통 음악의 선법에 가깝게 작곡된, '한국 찬송가'에 가까운 찬송가라는 것이다.164) 한국인이 작곡한 찬송 17곡을 한국선법으로 분석해보면, 311장(산마다 불이 탄다 고운 단풍에)은 제2선법(라, 도, 레, 미, 솔)에 가까운 찬송가라고 볼 수 있고, 378장(이전에 주님을 내가 몰라)과 493장(나 이제 주님의 새 생명 얻은 몸)은 제3선법(도, 레, 미, 솔, 라)에 가까운 찬송가라고 볼 수 있으며, 나머지 14곡은 한국 전통 음악의 선법에 해당되지 않는다는 것이나.165)

그래서 한국인 찬송가 17곡 중에서 3곡을 제외한 14곡은 한국인이 창작한 '서양 찬송가'이지 순수한 '한국 찬송가'는 아니라는 주장이다.

선교 한 세기를 지나 이제는 장성한 분량의 보다 발전된 한국찬송가문화를 육성하고 발전시키는 한국교회로 거듭나야 하겠다. 문화민족의 자긍심을 살려 한국교회가 이제는 성경신학의 발전과 함께 '찬송신학'의 발전도 기대해 보는 것이다.

---

164) 백대웅 교수(한국종합예술학교 한국음악과)는 한국 전통 음악에서 많이 쓰이는 선법은 크게 두 가지로 나눌 수 있는데, 솔-선법인 평조와 라-선법인 계면조이다. 한국인이 작곡한 17곡 찬송가를 분석해 보면, 311장(산마다 불이 탄다 고운 단풍에), 378장(이전에 주님을 내가 몰라), 493장(나 이제 주님의 새 생명 얻은 몸)을 제외한 14곡은 위와 같은 솔(Sol)선법이나 라(La)선법이 아니라 서양음악의 선법으로 작곡한 찬송가라는 것이다. 따라서 한국인 찬송가 17곡 중에서 위의 3곡을 제외한 14곡은 '한국 찬송가'라고 부르기 어렵다는 것이다.
165) 중앙대학교에서 한국음악을 가르치고 있는 전인평 교수는 위의 두 선법을 더 세분하여 한국 전통음악의 선법을 5가지로 분류하였다.
①제1선법은 솔, 라, 도, 레, 미의 구성을 가진 선법이고, ②제2선법은 라, 도, 레, 미, 솔의 음계이다.
③제3선법은 도, 레, 미, 솔, 라의 음계이고, ④제4선법은 레, 미, 솔, 라, 도의 음계이다.
⑤제5선법은 미, 솔, 라, 도, 레의 구성을 갖는 선법이다.

제11절 신작증보판 『찬송가』와 21C 『찬송가』

신작증보판찬송가   21C찬송가

1983년 통일 『찬송가』 발행 이후 한국교회는 양적 질적 부흥으로 인하여 여러 교파 여러 성도들이 함께 불러야 할 다양한 찬송가가 요구되어 찬송가를 개선해야 된다는 요구가 적지 않았다. 그러나 이러한 요구가 차분한 준비 없이 1995년 『찬송가』 신작증보판이 발행되었다. 신작증보판 찬송가의 작업원칙은 다음과 같다.

① 내용은 현행 찬송가 중에서 부족하다고 느껴지는 항목(예배 찬송, 시편 찬송, 절기와 행사 찬송) 등을 보완했으며,
② 가사는 한국 기독교 역사를 빛낸 순교자와 원로들의 문헌을 발굴하여 정형 가사로 다듬었고, 기독교 문인들의 가사와 많은 분들의 현상 응모 가사 중 당선된 가사를 채택하였으며,
③ 곡조는 한국 교회음악 작곡자들의 폭넓은 참여 아래, 의뢰와 공모를 통하여 채택된 곡 중에서, 영적 정서가 풍기면서 일반 회중이 쉽게 부를 수 있는 곡으로 하였으며,
④ 편곡은 4성부를 원칙으로 하되 예외도 허용하였으며,
⑤ 현행 찬송가 교독문에 부족한 부분을 12편 증보하였다. 그리고 이제까지 본편 찬송가에는 제목 없이 가사 곡조를 일부 원곡대로 부분 수정하였고, 한국 신작찬송가 증보판의 장수는 본편 찬송가 장수에 이어 연번으로 하였고, 가사 첫줄 차례는 본편 찬송가와 함께 섞어서 편집하였다.
　이런 원칙을 세워 신작증보판 『찬송가』를 발행하였다.
　필자는 이 신작증보판 『찬송가』에 대해 찬송학적인 비판을 하고 그 내용을 "한국 찬송가의 진로와 대책의 시급성"이란 제목으로 1996년 『기독음악저널』 7월, 8월호에 연재해서 실었다. 이 글이 발표된 뒤에 찬송가공회의 요청으로 한

국찬송가공회 주최로 '21세기 찬송가 개발을 위한 발제 강연'에서 전국에서 초청된 교회음악학자들과 찬송가 개발을 담당할 분들에게 하게 되었다.166)

그로부터 10여 년 동안 수많은 찬송신학자들과 예배학자, 음악가 및 시인 등 전문가들의 치밀하고 전문적인 작업을 통하여 21세기『찬송가』가 발행된 것이다.

21세기 찬송가개발을 위해서 필자를 비롯하여 찬송가공회 전문위원으로 선발되어 21세기 찬송가개발위원회에서 새로운 찬송가의 개편과 제작을 위해서 먼저 다음과 같은 원칙을 정하였다.

① 기존에 불리는 찬송가들에 대해서는 존중되는 방향에서 접근한다.
② 새로운 외국 곡들을 보충하되 비영어권 찬송가도 고려한다.
③ 한국인 창작 찬송가를 많이 포함시킨다.
④ 젊은이들의 찬송가를 고려한다.
⑤ 가사의 정리 개발을 한다.
⑥ 편집 내용을 재편성한다.

이러한 원칙 외에도 찬송가의 내용분류에서도 다음과 같이 정하다.
① 예배를 위한 찬송(시편찬송 포함) 30%
② 제2부 성도의 생활을 위한 찬송 65%
③ 젊은이를 위한 찬송 5%로 정하였다.

이러한 철저한 검증과 전문연구진들이 대거 참석하여 10여 년 동안 대장정의 작업 끝에 새로운 21세기『찬송가』가 발행된 것이다.

21세기『찬송가』편집을 하기 위해서 먼저 기존 통일『찬송가』중 삭제된 76곡들은 다음과 같다. <도표 4>

---

166) 21세기 한국찬송가 방향설정을 위한 제1회 공개세미나가 1996.8.29-30까지 부산 하얏트 호텔에서 열렸다. 이때 박봉배 교수의 "21세기를 향한 한국 찬송가의 편찬방향", 전재동목사의 "한국 찬송가에 대한 문학적 평가", 하재은교수의 "21세기를 향한 찬송 작곡의 신학적 배경과 전망", 신소섭 목사의 "21세기 한국『찬송가』를 위한 대책 및 시안"이란 주제의 강연과 찬송학자들의 논찬이 있었다. 이로부터 전문위원이 선정되고, 21세기『찬송가』개발을 위한 작업이 시작되었다.

<도표 6> 통일 『찬송가』에서 삭제된 76곡 목록

통일찬송가에서 삭제된 77곡 목록				
연번	장수	가 사 첫 줄	내용 분류	비 고
1	5	주 성부 성자 성령께	예배(송 영)	
2	7	구주와 왕이신 우리의 하나님	예배(송 영)	
3	10	거룩하신 하나님 천지 주재	예배(찬양과 경배)	
4	15	내 영혼 이제 깨어서	예배(찬양과 경배)	
5	17	내가 한 맘으로 주를 기리고	예배(찬양과 경배)	
6	18	내 영혼아 곧 깨어	예배(찬양과 경배)	
7	51	존귀와 영광 권능과 구원	예배(찬양과 경배)	
8	54	하나님이 친히 여기 계시오니 지금	예배(찬양과 경배)	
9	63	서산으로 해질 때	예배(아침과 저녁)	
10	64	지난밤에 나 고요히	예배(아침과 저녁)	
11	65	생명의 빛 주 예수여	예배(아침과 저녁)	
12	69	나 가진 모든 것 다 주의 것이니	예배(헌 금)	
13	76	저 해와 달과 별들이	성부(창조와 섭리)	
14	77	전능의 하나님	성부(창조와 섭리)	
15	80	주 하나님 크신 능력	성부(창조와 섭리)	
16	81	귀하신 주의 이름은	성자(예수 그리스도)	
17	95	온 세상이 어두워 캄캄하나	성자(예수 그리스도)	
18	99	주 예수 내 죄 속하니	성자(예수 그리스도)	
19	100	죄인 괴수 날 위해 십자가를	성자(예수 그리스도)	
20	103	참 목자 우리 주 사랑과 진리로	성자(예수 그리스도)	
21	108	구주 탄생하심을 천사 찬양함으로	성자(탄 생)	
22	110	공중에는 노래 하늘에는	성자(탄 생)	
23	124	한 밤에 양을 치는 자	성자(탄 생)	
24	127	예수님의 귀한 사랑	성자(생 애)	
25	129	오! 젊고 용감하신 갈릴리 예언자	성자(생 애)	
26	131	주 예수 나귀 타고 시온성	성자(생 애)	
27	134	감람산 깊은 밤중에	성자(고 난)	
28	140	성도들아 다 나아와	성자(고 난)	
29	143	십자가에 달리신	성자(고 난)	
30	148	주가 지신 십자가를	성자(고 난)	
31	153	오늘 다시 사심을 선포하는	성자(부 활)	
32	165	저 산 너머 먼동 튼다	성자(재 림)	
33	166	주 예수 믿는 자여 등불을	성자(재 림)	가사살림
34	170	구주여 크신 인애를	성령	
35	192	영원히 죽게 될 내 영혼	구원(속죄)	
36	203	나 행한 것으로 구원을	구원(거듭남)	
37	207	주 나에게 주시는 은혜가	구원(거듭남)	
38	225	새 예루살렘 복된 집	천 국	

39	227	저 하늘나라는 참 아름다워라	천 국	
40	229	주 예수 다스리시는	천 국	
41	237	저 높고 넓은 하늘이 주 영광	성 경	
42	238	주님의 귀한 말씀은 내 발의	성 경	
43	239	사랑의 하늘 아버지 주님의	성 경	
44	250	아름다운 시온성아 어서 문을	교회(하나님 나라)	
45	254	주 은총 입은 종들이	교회(전도와 선교)	
46	264	예수의 전한 복음 천하에	교회(전도와 선교)	
47	280	생전에 우리가 또 다시	교회(친교와 봉사)	
48	294	친애한 이 죽으니	성례와 예식(장례)	
49	322	주께로 나오라	성도의 생애(부르심과 영접)	
50	345	주 하나님 늘 믿는 자	성도의 생애(신뢰와 확신)	
51	380	내 마음 주께 드리니	성도의 생애(봉사와 충성)	
52	385	군기를 손에 높이 들고	성도의 생애(분투와 승리)	
53	392	예수의 이름 힘입어서 죄의	성도의 생애(분투와 승리)	
54	407	그 영원하신 사랑은 넓고도 깊어서	성도의 생애(은혜와 사랑)	
55	426	날 위하여 날 위하여	성도의 생애(인도와 보호)	
56	428	내가 환난 당할 때에	성도의 생애(인도와 보호)	
57	437	주 나의 목자 되시니	성도의 생애(인도와 보호)	
58	445	오! 나의 하나님 날 버리지	성도의 생애(인도와 보호)	
59	459	지금까지 지내 온 것	성도의 생애(인도와 보호)	
60	467	내게로 와서 쉬어라	성도의 생애(평안과 위로)	
61	472	영광스럽다 참된 평화	성도의 생애(평안과 위로)	
62	494	나 죄 중에 헤매며	성도의 생애(주와 동행)	
63	501	주의 십자가 있는데	성도의 생애(주와 동행)	
64	520	주의 귀한 말씀을	성도의 생애(제자의 길)	
65	522	주님이 가신 섬김의 길은	성도의 생애(제자의 길)	
66	526	주 예수 안에 동서나	성도의 생애(성도의 교제)	
67	527	큰 은혜로 묶어주신	성도의 생애(성도의 교제)	
68	529	큰 무리 주를 에워싼 중에	성도의 생애(신 유)	
69	536	이 곤한 인생이	성도의 생애(소 망)	
70	537	엄동설한 지나가면	성도의 생애(소 망)	
71	538	예루살렘 금성아	성도의 생애(소 망)	
72	540	이 세상 지나가고	성도의 생애(소 망)	
73	546	주 성전 안에 계시도다	송영과 영창	
74	551	한번 아멘	송영과 영창	
75	553	두 번 아멘	송영과 영창	
76	556	세 번 아멘	송영과 영창	

우리가 여기에서 깊이 생각해야 할 것은 한번 삭제된 곡은 찬송가로서 다시 불려질 기회를 잃어버린다는 것이다. 그러므로 찬송가의 역사성은 중요하다. 예를 든다면 21세기『찬송가』를 편집하면서 찬송가에서 삭제할 곡을 선정할

때 위원 중에 통일『찬송가』(서울 : 찬송가 공회, 1983) 103장을 삭제하지 말 것을 주장하였으나 결국은 삭제되고 말았다. 103장은 구약의 시편 가사나 몇 몇 찬송가의 가사를 제외하고는 매우 오랜 역사성을 지니고 있다.

가사가 2세기 알렉산드리아의 저명한 신학자 클레멘스(Clement of Alexandria, c.150?-215)가 이교도에서 기독교로 개종한 새 신자를 교육하기 위한 그의 저서『교사』의 마지막 부분에 '교사'(로고스, 요 1:1)에게 드리는 감사와 찬양의 시가 첨부되어 있는데, 이를 미국의 덱스터(Henry M. Dexter, 1821-1890) 목사가 영어로 번역하여 찬송가사로 썼다. 다음은 21세기『찬송가』의 이해를 돕기 위한 일러두기이다. 찬송가 이해에 약간의 도움이 될 것이다. <도표 7> 21세기『찬송가』일러두기

21 세기 [찬송가] 일러두기

- 각 찬송의 왼편, 또는 오른편 위에 있는 숫자는 찬송의 장수이다.
- 찬송의 제목은 원제목 대신 가사의 첫줄을 제목으로 사용하였다.
- 각 찬송의 제목 아래에 있는 것은 찬송가 가사와 관련된 성경구절이다.
- 왼편 위에는 작사자와 작사 연도 또는 출생 연도, 찬송의 출처, 그리고 그 아래에는 찬송의 일반적 연주속도를 표시하였다.
- 오른편 위에 쓰인 것은 찬송가의 곡명과 운율이고 그 아래 줄에 작곡자 또는 편곡자, 작곡 연도 또는 출생 연도 그리고 찬송의 출처를 표시하였다.
- 왼편 아래에 표기된 것은 원문 가사의 첫줄이고, 오른편 아래에 표기된 것은 찬송가의 제목 분류이다.
- 연주속도의 표시는 메트로놈 상의 속도표시와는 무관하게 일반적으로 회중들이 부르기 편안한 속도를 중간 템포로 하여 다음의 3단계로 나누었다. 조금 느리게, 보통으로, 조금 빠르게, 2/2박이나 6/8박, 9/8박은 2분음 1개나 8분음 3개를 기준 박으로 하여 대부분 보통 속도를 따르게 하였다.
- '아멘'은 예배찬송 등 꼭 붙여야 할 찬송에는 고려하였으나 작사, 작곡자의 의견을 존중하기로 하였다.
- 반주를 위한 전주표시는 ┌ ┐로 하였다.
- 찬송가 안의 약자 및 영문자 풀이는 다음과 같다.
  Adapt.(Adaptation) = 개작
  Alt.(Alter) = 수정
  Anonymous = 작자미상
  Arr.(Arrange) = 편곡
  Attr.(Attribute) = ㅇㅇ구의 작품으로 여김
  D.(Double) = 중복
  Harm.(Harmonised) = 화성 붙임
  IRREG.(Irregular) = 불규칙적 운율
  Para.(Paraphrase) = 인용
  Ref.(Refrain) = 후렴
  St.(Stanza) = 절
  Trad.(Traditional) = 전통적인
  Trans.(Translate) = 번역하다
- 연대에 사용된 약자 및 영문자 풀이는 다음과 같다.
  b.(born) = 출생하다
  d.(died) = 사망하다
  c.(circa) = 대략

새로 추가된 한국찬송가와 외국 곡들은 다음과 같다. <도표 8>

<도표 8> 21세기 『찬송가』에 추가된 찬송가 목록

		21세기 『찬송가』에 추가된 찬송	
연번	새 찬송 장수	제 목	분류
1	7	성부 성자 성령	예배/송영
2	11	홀로 한분 하나님께	예배/경배
3	13	영원한 하늘나라	예배/경배
4	16	은혜로신 하나님 우리 주 하나님	예배/경배
5	17	사랑의 하나님	예배/경배
6	18	성도들아 찬양하자	예배/찬양
7	24	왕 되신 주	예배/찬양
8	30	전능하고 놀라우신	예배/찬양
9	38	예수 우리 왕이여	예배/찬양
10	41	내 영혼아 주 찬양 하여라	예배/찬양
11	45	거룩한 주의 날	예배/주일
12	47	하늘이 푸르고	예배/주일
13	48	거룩하신 주 하나님	예배/주일
14	51	주님 주신 거룩한 날	예배/봉헌
15	52	거룩하신 나의 하나님	예배/봉헌
16	57	오늘 주신 말씀에	예배/예배 마침
17	61	우리가 기다리던	예배/아침과 저녁
18	62	고요히 머리 숙여	예배/아침과 저녁
19	63	주가 세상을 다스리니	성부/창조주
20	72	만왕의 왕 앞에 나오라	성부/창조주
21	76	창조의 주 아버지께	성부/창조주
22	77	거룩하신 하나님	성부/창조주
23	97	정혼한 처녀에게	성자/구주 강림
24	98	예수님 오소서	성자/구주 강림
25	99	주님 앞에 떨며 서서	성자/구주 강림
26	100	미리암과 여인들이	성자/구주 강림
27	103	우리 주님 예수께	성자/구주 강림
28	106	아기 예수 나셨네	성자/성탄
29	107	거룩한 밤 복된 이 밤	성자/성탄
30	110	고요하고 거룩한 밤	성자/성탄
31	113	저 아기 잠이 들었네	성자/성탄
32	124	양 지키는 목자여	성자/성탄
33	127	그 고요하고 쓸쓸한	성자/성탄
34	128	거룩하신 우리 주님	성자/성탄

35	129	마리아는 아기를	성자/성탄
36	133	하나님의 말씀으로	성자/주현
37	136	가나의 혼인잔치	성자/생애
38	137	하나님의 아들이	성자/생애
39	142	시온에 오시는 주	성자/종려주일
40	152	귀하신 예수	성자/고난
41	153	가시 면류관	성자/고난
42	155	십자가 지고	성자/고난
43	156	머리에 가시관 붉은 피 흐르는	성자/고난
44	157	겟세마네 동산에서 최후기도	성자/고난
45	158	서쪽 하늘 붉은 노을	성자/고난
46	169	사망의 권세가	성자/부활
47	171	하나님의 독생자	성자/부활
48	173	다 함께 찬송 부르자	성자/부활
49	178	주 예수 믿는 자여	성자/재림
50	181	부활 승천하신 주께서	성자/재림
51	192	임하소서 임하소서	성령/성령 강림
52	193	성령의 봄바람 불어오니	성령/성령 강림
53	194	저 하늘 거룩하신 주여	성령/성령 강림
54	203	하나님의 말씀은	성경
55	206	주님의 귀한 말씀은	성경
56	223	하나님은 우리들의	교회/성도의 교제
57	224	정한 물로 우리 죄를	성례/세례(침례)
58	226	성령으로 세례 받아	성례/세례(침례)
59	230	우리의 참되신 구주시니	성례/성찬
60	231	우리 다같이 무릎 꿇고서	성례/성찬
61	233	자비로 그 몸 찢기시고	성례/성찬
62	238	해 지는 저 편	천국
63	244	구원 받은 천국의 성도들	천국
64	247	보아라 저 하늘에	천국
65	248	언약의 주 하나님	천국
66	253	그 자비하신 주님	구원/회개와 용서
67	256	나의 죄 모두 지신 주님	구원/회개와 용서
68	271	나와 같은 죄인 위해	구원/회개와 용서
69	281	요나처럼 순종 않고	구원/회개와 용서
70	296	죄인 구원하시려고	그리스도인의 삶/은혜와 사랑
71	306	죽을죄인 살려주신	그리스도인의 삶/은혜와 사랑
72	307	소리 없이 보슬보슬	그리스도인의 삶/은혜와 사랑
73	308	내 평생 살아온 길	그리스도인의 삶/은혜와 사랑
74	316	주여 나의 생명	그리스도인의 삶/소명과 충성
75	318	순교자의 흘린 피가	그리스도인의 삶/소명과 충성

76	319	말씀으로 이 세상을	그리스도인의 삶/소명과 충성
77	332	우리는 부지런한	그리스도인의 삶/소명과 충성
78	334	위대하신 주를	그리스도인의 삶/소명과 충성
79	335	크고 놀라운 평화가	그리스도인의 삶/소명과 충성
80	344	믿음으로 가리라	그리스도인의 삶/시련과 극복
81	367	인내하게 하소서 주여 우리를	그리스도인의 삶/기도와 간구
82	389	내게로 오라 하신 주님의	그리스도인의 삶/인도와 보호
83	392	주여 어린 사슴이	그리스도인의 삶/인도와 보호
84	396	우리 주님 밤새워	그리스도인의 삶/인도와 보호
85	398	어둠의 권세에서	그리스도인의 삶/인도와 보호
86	399	어린 양들아 두려워 말아라	그리스도인의 삶/인도와 보호
87	402	나의 반석 나의 방패	그리스도인의 삶/인도와 보호
88	403	영원하신 주님의	그리스도인의 삶/인도와 보호
89	409	나의 기쁨은 사랑의 주님께	그리스도인의 삶/평안과 위로
90	416	너희 근심 걱정을	그리스도인의 삶/평안과 위로
91	418	기쁠 때나 슬플 때나	그리스도인의 삶/평안과 위로
92	422	거룩하게 하소서	그리스도인의 삶/성결한 생활
93	431	주 안에 기쁨 있네	그리스도인의 삶/주와 동행
94	437	하늘 보좌 떠나시	그리스도인의 삶/주와 동행
95	443	아침 햇살 비췰 때	그리스도인의 삶/주와 동행
96	444	겟세마네 동산에서	그리스도인의 삶/주와 동행
97	448	주님 가신 길을 따라	그리스도인의 삶/제자의 도리
98	464	믿음의 새 빛을	그리스도인의 삶/제자의 도리
99	466	죽기까지 사랑하신 주	그리스도인의 삶/제자의 도리
100	467	높으신 주께서 낮아지심은	그리스도인의 삶/제자의 도리
101	468	큰 사랑의 새 계명을	그리스도인의 삶/제자의 도리
102	469	내 주 하나님	그리스도인의 삶/제자의 도리
103	470	나의 몸이 상하여	그리스도인의 삶/신유의 권능
104	473	괴로움과 고통을	그리스도인의 삶/신유의 권능
105	474	의인 되신 예수님의	그리스도인의 삶/신유의 권능
106	476	꽃이 피고 새가 우는	그리스도인의 삶/자연과 환경
107	477	하나님이 창조하신	그리스도인의 삶/자연과 환경
108	506	땅 끝까지 복음을	전도와 선교/세계선교
109	513	헛된 욕망 길을 가며	전도와 선교/전도와 교훈
110	514	먼동 튼다 일어나라	전도와 선교/전도와 교훈
111	517	가난한 자 돌봐주며	전도와 선교/전도와 교훈
112	533	우리 주 십자가	전도와 선교/부르심과 영접
113	541	꽃피는 봄날에만	전도와 선교/믿음과 확신
114	547	나 같은 죄인까지도	전도와 선교/믿음과 확신
115	548	날 구속하신	전도와 선교/믿음과 확신
116	553	새해 아침 환히 밝았네	교회절기/새해(송구영신)

117	555	우리 주님 모신 가정	교회절기/가정
118	556	날마다 주님을 의지하는	교회절기/가정
119	557	에덴의 동산처럼	교회절기/가정
120	558	미더워라 주의 가정	교회절기/가정
121	560	주의 발자취를 따름이	교회절기/어린이
122	561	예수님의 사랑은	교회절기/어린이
123	562	예루살렘 아이들	교회절기/어린이
124	568	하나님은 나의 목자시니	교회절기/어린이
125	571	역사 속에 보냄 받아	교회절기/젊은이
126	572	바다같이 넓은 은혜	교회절기/젊은이
127	573	말씀에 순종하여	교회절기/젊은이
128	576	하나님의 뜻을 따라	교회절기/어버이
129	577	낳으시고 길러주신	교회절기/어버이
130	578	언제나 바라봐도	교회절기/어버이
131	581	주 하나님 이 나라를 지켜주시고	교회절기/나라사랑
132	583	이 민족에 복음을	교회절기/나라사랑
133	584	우리나라 지켜주신	교회절기/나라사랑
134	594	감사하세 찬양하세	교회절기/감사절
135	596	영광은 주님 홀로	행사와 예식/임직
136	599	우리의 기도 들어 주시옵소서	행사와 예식/헌당
137	601	하나님이 정하시고	행사와 예식/혼례
138	603	태초에 하나님이	행사와 예식/혼례
139	609	이 세상 살 때에	행사와 예식/장례
140	611	주님 오라 부르시어	행사와 예식/추모
141	612	이 땅에서 주를 위해	행사와 예식/추모
142	613	사랑의 주 하나님	행사와 예식/추모
143	614	얼마나 아프셨나	경배와 찬양
144	615	그 큰일을 행하신	경배와 찬양
145	616	주를 경배 하리	경배와 찬양
146	617	주님을 찬양 합니다	경배와 찬양
147	618	나 주님을 사랑 합니다	경배와 찬양
148	619	놀라운 그 이름	경배와 찬양
149	620	여기에 모인 우리	경배와 찬양
150	621	찬양하라 내 영혼아	경배와 찬양
151	622	거룩한 밤	경배와 찬양
152	623	주님의 시간에	경배와 찬양
153	624	우리 모두 찬양해	경배와 찬양
154	625	거룩 거룩 거룩한 하나님	송영과 영창/입례송
155	626	만민들아 다 경배하라	송영과 영창/입례송
156	627	할렐루야 할렐루야 다 함께	송영과 영창/입례송
157	628	아멘 아멘 아멘 영광과 존귀를	송영과 영창/입례송

158	629	거룩 거룩 거룩	송영과 영창/입례송
159	632	주여 주여 우리를	송영과 영창/기도송
160	633	나의 하나님 받으소서	송영과 영창/헌금응답송
161	635	하늘에 계신(주기도문)	송영과 영창/주기도송
162	637	주님 우리의 마음을 여시어	송영과 영창/말씀응답송
163	639	주 함께 하소서	송영과 영창/축도송
164	642	아멘	송영과 영창/아멘송

여기 21세기『찬송가』는 1996년부터 무려 10여 년 동안 수많은 전문가들의 공동 노력의 결실이다. 이 21세기『찬송가』는 기존 한국에서 발행된 모든『찬송가』와 특히 합동『찬송가』(1949년), 새『찬송가』(1962년), 개편『찬송가』(1967년), 통일『찬송가』(1983년)를 기초로 하여 보다 더 좋은 찬송가, 보다 더 완전한 찬송가를 만들겠다는 의욕을 가지고 신학자, 기독시인, 교회 음악인들, 그리고 찬송가학의 전문가들, 그리고 각 교계 위원들이 내용을 수정하고, 보완한 잔송가이다.

21세기『찬송가』에 새로 들어간 164곡의 제목을 분류하면 다음과 같다. 예배 18, 성부 4, 성자 28, 성령 3, 성경 2, 교회 1, 성례 5, 천국 4, 구원 4, 그리스도인의 삶 38, 전도와 선교 8, 교회절기 19, 행사와 예식 8, 경배와 찬양 11, 송영과 영창 11 곡 등이다.

◆ 21세기『찬송가』의 차례를 보면 다음과 같다.

· 주기도문 · 사도 신경 · 머리말 · 발간사 · 제목 분류
· 제목 차례 · 일러두기 · 찬송가 · 교독문 차례· 교독문
· 영어가사 첫줄 · 성구 색인 · 운율 색인 · 곡명 색인
· 작사자 · 작곡자 ·편곡자 색인 · 나라별 색인 · 십계명

◆ 찬송 제목 분류는 아래와 같다.

· 예배(1-62) : 송영(1-7)/ 경배(8-17)/ 찬양(18-41)/ 주일(42-48)/ 봉헌

(49-52)/ 예배 마침(53-57)/ 아침과 저녁(58-62)
· 성부(**63-79**) : 창조주(63-77) 섭리(78-79)
· 성자(**80-181**) : 예수 그리스도(80-96)/ 구주 강림(97-105)/ 성탄(106-129)/ 주현(130-133)/ 생애(134-138)/ 종려주일(139-142) 고난(143-158)/ 부활 (159-173)/ 재림(174-181)
· 성령(**182-197**) : 성령 강림(182-195)/ 은사(196-197)
· 성경(**198-206**)
· 교회(**207-223**) : 하나님 나라(207-210)/ 헌신과 봉사(211-218) 성도의 교제 (219-223)
· 성례(**224-233**) : 세례(침례)(224-226)/ 성찬(227-233)
· 천국(**234-249**)
· 구원(**250-289**) : 회개와 용서(250-282)/ 거듭남(283-285)/ 거룩한 생활 (286-289)
· 그리스도인의 생활(**290-494**) : 은혜와 사랑(290-310)/ 소명과 충성 (311-335)/ 시련과 축복(336-345)/ 분투와 승리(346-360)/ 기도와 간구 (361-369)/ 인도와 보호(370-403)/ 평안과 위로(404-419)/ 성결한 생활 (420-426)/ 감사의 생활(427-429)/ 주와 동행(430-447)/ 제자의 도리 (448-469)/ 신유의 권능(470-474)/ 화해와 평화(475)/ 자연과 환경(476-478)/ 미래와 소망(479-494)
· 전도와 선교(**495-549**) : 전도(495-501)/ 세계선교(502-512)/ 전도와 교훈 (513-518)/ 부르심과 영접(519-539)/ 믿음과 확신(540-549)
· 행사와 절기(**550-594**) : 새해(송구영신)(550-554)/ 가정(555-559)/ 어린이 (560-570)/ 젊은이(571-575)/ 어버이(576-579)/ 나라사랑(580-584)/ 종교개 혁기념일(585-586)/ 감사절(587-594)
· 예식(**595-613**) : 임직(595-597)/ 헌당(598-600)/ 혼례(601-605)/ 장례 (606-610)/ 추모(611-613)
· 경배와 찬양(**614-624**)
· 영창과 기도송(**625-645**) : 입례송(625-6129)/ 기도송(630-632)/ 헌금응답송 (633-634)/ 주기도송(635-636)/ 말씀 응답송(637)/ 축도송(638-639)/ 아멘송 (640-645)

21세기『찬송가』(한국찬송가공회 : 2006년)는 기존의 통일『찬송가』(1983년)에서 482곡을 선별하였으며, 2만여 곡의 외국 곡 중 53 곡을, 1만여 곡의 한국인 작가의 찬송가 중 110곡을 선곡하였다. 그래서 한국인의 찬송가 128곡이 들어갔다.167) 여기 21세기『찬송가』645장중에서 한국인 작사·작곡한 찬송가가 19.8%나 포함된 사실은 실로 자랑스러운 일이다.

또한 기존의 통일『찬송가』에 비해 출처가 불분명한 찬송 곡들의 작사자나 작곡자의 생애나 신상을 정확히 기술했다. 이번에 새로 편입된 찬송들은 세계 여러 나라, 여러 시대의 찬송들 즉 라틴 찬송(99, 129, 133, 230, 599), 독일(103, 152, 466), 프랑스(106, 127, 548, 617, 622), 러시아(63, 194, 367, 403), 중국(107, 513), 대만(720, 노르웨이(335), 폴란드(128), 말라위(160), 키메룬(624) 등 작가들의 국적이 다양하다. 이는 개신교 선교 1세기만에 피선교국이던 한국이 선교국으로서 위상이 달라진 것처럼 찬송가문화에서도 세계에 여러 나라의 다양한 찬송가들을 편입시키고, 이제는 '한국 찬송가'가 세계선교의 도구로 쓰여 지게 되었다는 중대한 의미를 부여하고 있다.

21세기『찬송가』는 찬송가의 구성이나 편집 면에서도 세계 여러 나라의 찬송가집에 뒤지지 않을 만큼 다양한 색인(찾아보기)을 두었고, 교독문에서도 기존 통일『찬송가』의 교독문 편수 76편보다 61편(80.3%)을 더 증보했다. 이중에 시편을 대폭적으로 보강했으며, 항목도 다양화시켰다. 이는 각 분과 위원들의 세심한 노고가 숨어있다고 볼 수 있다. 168)

시편 1-66번(66편), 그 외 구약성경 67-73번(7편),신약성경 74-87번(14편), 세례와 성찬 88-92번(5편), 새해 93-94번(2편), 가정 95-98번(4편), 나라 사랑 100-103번(4편), 종교개혁주일 104번(1편), 감사절 105-106번(2편), 임직식 107-108번(2편), 헌당예배 109번(1편) 선교주일 110번(1편), 성서주일 111번(1편), 교회교육주일 112번(1편), 자연과 환경 113번(1편), 이웃 사랑 114번(1편), 구주 강림 115-118(4편), 성탄절 119-120번(2편), 주현절 121-123번(3편), 사순절 124-128번(5편), 종려주일 129번(1편), 고난주간 130-132번(3편), 부활절 133-134번

---

167)『찬송가』(서울 : 예장출판사, 2006), p.4. 발간사.
168) 2000년 회기 교독문분과 위원 : 서기행 문성모 박근원 유의웅 신소섭 신세원 박은규(7명) 2001년 -2006년 회기 중 허송 한성기 엄문용 김준규 권원원 황원택 양회협 신신묵 임세훈 이홍렬 이춘묵 김용도 최기준 이정산 김치성 최병용 이종률 유용준(중복 위원은 한 번씩만 기재)

(2편), 성령 강림절 135-136번(2편), 삼위일체 137(1편) 등이다. 이번 찬송가는 개발에 많은 전문인들이 동원되었다.169)

1983년 이후 통일찬송가 발간 이후 20년 이상 애송되던 찬송가를 개편하여 총 645곡으로 기존 찬송가곡 482곡에 새로운 163곡 추가되었다. 새로 들어간 163곡 중에 128곡(19.8%)이 한국인 작사, 작곡의 곡이다.170)

그러나 작사는 한국인, 작곡은 외국인, 또 작사는 한국인, 곡은 기존의 외국 곡인 경우가 있다. 이러한 점은 지금까지 불리어지고 잘 알려진 가사에 한국인 곡을 붙인다는 데는 평하고 싶지 않지만 찬송가 개편 때에 차라리 새로운 한국인 가사에 곡을 붙였더라면 하는 생각이 든다. 그리고 이미 외국인 곡에 붙여진 가사의 찬송가는 그 찬송가가 삭제되면 가사도 함께 삭제된 것으로 간주하고 새로운 한국인 작사에 곡을 작곡하여 넣는 편이 더 낫겠다.

잘 알려진 외국 곡에 길들여진 가사를 새롭게 작곡하여 새롭게 부른다는 것이 여간 어려운 시도인지 모른다. 이러한 점에서 한국 정서에 맞는 찬송 작가들이 배우며 자라갈 수 있는 여관과 토양을 만들어 가야 할 것이다.

---

169) · 21세기 찬송가 개발 음악전문위원회 : 전재동 홍정수 문성모 나영수 신소섭 김성은 나인용 전희준 박정순 김정일(10인) · 가사 : 박봉배 김홍규 심군식 조신권 전재동 전희준 엄원용(7인)
 · 가사분과위원회 : 2000년-송정현 허송 양회협 신신묵 심군식 엄원용 전재동(7인)/ 2001년-송정현 김소엽 도한호 김활용 나채운 조신권 조병창 김수진 황금찬(9인)/ 2002년-허송 김동권 김소엽 도한호 김수진 김윤배 조신권 최기채 황금찬 나채운(10인)/ 2003년-홍광 김동권 배성산 도한호 김윤배 조신권 최기채 김성재 김활용 나채운(10인)/ 2004-서기행 김동권 배성산 도한호 권영식 김윤배 조신권 나채운 박희서 김성재 안종원 류재양(12인)/ 2005년-임태득 김동권 김활용 도한호 권영식 김윤배 조신권 나채운 박희서 리영숙 안종원 류재양 김수진(13인)/ 2006년-황승기 김동권 최태영 도한호 권영식 안종원 조신권 배성산 김동청 박태문 조성기 박무용 김수진(13인)
 · 음악분과위원 : 2000년-김홍규 홍정수 나인용 박정순 서형선 김정일 하재은 권순호(8인) 2001년-서형선 김중철 나인용 박정순 김홍규 이문승 하재은 이귀자(8인) 2002년-김홍규 김중철 나인용 박정순 문성모 이문승 하재은 김정일 황철익(9인) 2003년-권석원 김중철 나인용 박정순 문성모 이문승 하재은 김정일 활철익 이성수(10인) 2004년-김홍규 김중철 엄문용 주성희 이귀자 이문승 하재은 김정일 이성수(9인) 2005년-김중철 이천진 주성희 이귀자 이문승 하재은 김정일 문성모 김동청 백효죽 김승호(12인) 2006년-김홍규 김중철 주성희 김정일 문성모 하재은 김승호 이귀자 백효죽 권순호 이천진 박연훈(12인)
 · 해설분과위원회 : 1차-박봉배 심군식 조신권 신소섭 박정순 박근원 전희준 조숙자(8인)
      2차-박봉배 신소섭 김홍규 문성모 이문승(5인)
170) 한국찬송가공회 편『찬송가』(서울 : 예장출판사, 2006년) 참조

제4장 찬송가의 구성과 편집

교회음악이나 찬송가학을 연구하는 측면에서 찬송가의 구성을 살펴보는 것은 대단히 중요하다. 어떻게 보면 우리가 지금 교회에서 사용하고 있는 찬송가는 교회음악의 결정체이기도 하기 때문이다. 찬송가는 아래와 같이 구성되어 있다. <악보 18>

<악보 18> 통일『찬송가』1장

제1절 제목(Title of Hymn)

우리가 지금 교회에서 사용하고 있는 찬송가의 제목은 찬송가의 중앙 상단에 크게 적는다. 현 찬송가는 가사 첫줄을 제목으로 사용하고 있다. 바로 그 아래에는 관련 성구를 적고 장·절은 그 아래 중앙에 괄호 안에 적는다.

[예 '21 『찬송가』 1장]

제목 :   만복의 근원 하나님
성구 :   「온 땅이여 여호와께 즐거운 찬송을 부를지어다.」
성구 :   (시 100:1).

영문 제목은 찬송가의 하단 좌측에 작은 알파벳 문자로 적는다.
예) Praise God from whom all blessings flow

제2절 제목 분류

가사의 내용에 따라 찬송가의 제목을 분류하여 용도를 구분하였다. 찬송가의 제목 분류는 찬송가의 우측 하단에 견 고딕체로 적는다.

예) **송영, 경배, 찬양, 창조주** 등

제3절 장 표시

찬송가마다 그 찬송의 좌우측의 상단(홀수 쪽은 오른쪽, 짝수 쪽은 왼쪽)에 아라비아 숫자로 장수를 표기한다.

제4절 곡조(Hymn Tune)

곡명(Tune Name)은 보통 찬송가의 항상 우측 상단 (홀수 쪽 우측 장수 아래 쪽)에 알파벳 대문자로 표기한다. OLD HUNDREDTH는 구 시편 100편 곡조임을 말한다.

예) OLD HUNDREDTH(21세기 『찬송가』 1장)

제5절 작사자(Author)

찬송가의 작사자 표시와 찬송 가사의 작사 연대를 일반적으로 찬송의 좌측 상단에 적는다. 작사 연대를 정확히 모를 때는 작사자의 출생연대와 사망연대를 괄호 안에 적는다. DOXOLOGY는 송영을 의미한다.

예) DOXOLOGY
    T. Ken(1637-1711)

제6절 작곡자(Composer)

찬송가의 작곡자는 일반적으로 찬송의 우측 곡명 바로 아래에 적는다. 곡의 출처는 곡명 아래 작곡자의 위에 이탤릭체로 적는다. 작곡자의 연대는 이름 뒤에 적는다. 작곡연대를 정확하지 않을 경우는 작곡자 이름 뒤 괄호 안에 출생연대와 사망연대를 적는다. 편곡 자는 그 아래에 적는다. Genevan Psalter는 '제네바 시편가'를 말한다.

예) *Genevan Psalter*
    J. B. Dykes, 1861

제7절 운율(Metrical Forms of Hymns)

찬송가의 운율은 주로 숫자나 로마 글자(약자)로 표시하되, 곡명 다음에 :

표를 하고 아라비아 숫자로 적는다.

예) 8.8.8.8.

『찬송가』 8장의 경우 찬송 한 절(stanza)이 4행이기에 12.13.12.10. 으로 되어 있으나 6.6.8.5.6.6.5.5.라는 것은 음절(syllable)의 수가 이의 두 배(double)인 8행으로 되어 있을 때는 그렇게 적는 것이다. 숫자 대신 S. M.(Short Meter; 단운율; 6.6.8.6.)이나 C. M.(Common Meter; 보통 운율; 8. 6. 8. 6), 그리고 L. M.(Long Meter; 장 운율; 8. 8. 8. 8.)으로 기록한다.

통일『찬송가』(1983년)에서는 운율 찾아보기가 정리가 되지 않아 필자가 집필하면서『예배와 찬송가』나『예배와 찬송학』에 정리하여 놓았다.171)

    예제　27) 초기 찬미가, 찬양가, 찬셩시에 대하여 설명해 보자.
           28) 연합『찬송가』, 신정『찬송가』, 신편『찬송가』에 대해 설명하라.
           29) 합동『찬송가』, 새『찬송가』, 개편『찬송가』에 대해 설명해 보자.
           30) 공회『찬송가』와 21세기『찬송가』에 대하여 비교 설명해 보자.
           31) 예배에서의 교회음악의 위치를 설명보자.
           32) 예배에서 사용되는 음악의 종류와 역할을 기술해보자.
           33) 교회에서 교육용 음악의 필요성을 실례를 들어 설명해보자.
           34) 교회에서 전도용 음악의 필요성을 실례를 들어 설명해보자.

그림 41

---

155)『예배와 찬송가』(서울: 아가페문화사, 1993), pp.227-237,『예배와 찬송학』(서울: 아가페문화사), pp.376-386을 기초로 하여 새로 편집된 21세기『찬송가』(서울: 한국찬송가공회, 2006)에는 운율색인이 pp.721-726에 정리되어 있으며, 곡명색인도 pp.727-731에 잘 정리되어 있다.

제5장 찬송학적 찬송가 편집 방향

제1절 21세기 『찬송가』 분석

우리는 지금 21C를 살아가고 있다. 그러면서 한국교회의 중요한 『찬송가』의 역사를 그대로 보고 자라난 세대이기도 하다. 그러나 한국 『찬송가』의 문제점을 보고서도 무관심하였으며, 그만큼 우리는 세계 『찬송가』나 한국 『찬송가』에 대해 너무도 무지하였고, 찬송가에 대해 학문적인 연구가 부족함으로 말미암아 찬송가 편집에 대한 어떤 기본 방향이나 체계가 거의 없었던 것이 사실이다.

해방 전까지 장로교에서는 『신편찬송가』를, 감리교에서는 『신정찬송가』를, 성결교회에서는 『부흥성가』를 사용하다가 장·감·성 세 교파가 쓰던 찬송가들을 합쳐서 합동 『찬송가』(1949년)를 발행하였다. 이 합동 『찬송가』는 1962년 『새찬송가』, 1967년 『개편찬송가』가 나올 때까지 20만부나 출판되었다.

그 후 '새찬송가위원회'와 '개편찬송가위원회'가 합하여 '찬송가공회'를 구성하여 찬송가 통일원칙 및 편찬원칙을 정하여 1983년 공회 『찬송가』를 발행하여 사용하였다. 한국인 창작찬송가를 많이 넣자는 생각에 졸속적인 처방으로 1995년 신작증보판 『찬송가』가 발행되면서, 찬송가편집 과정에서 부적절한 방법이 동원되었던 점이 매우 유감스럽다. 신작증보판 『찬송가』 발행 후 필자는 신작증보판 『찬송가』를 세밀하게 분석하여 "한국찬송가의 진로와 대책의 시급성"이란 논문을 《기독음악저널》에 기고하여 1996년 7-9월호에 연재되어 실려졌다. 이 논문에서 기존의 찬송가와 신작증보판의 문제점들을 밝힘으로써 새로운 찬송가를 발행하는 한 계기가 되었다. 신작증보판 『찬송가』(1995년)는 제대로 교단의 인증도 받지 못한 채 사용도 못하고 폐기처분되고 말았다.

필자는 이 후에 한국찬송가 공회에서 주최한 《 21세기 찬송가 방향설정을 위한 제1회 공개세미나 》에서 발제강연의 한 부분을 맡아 했고, 3년 반이나 21세기『찬송가』개발에 동참하였다. 그러나 여기서 느낀 점은 '한국찬송가공회'라는 기관은 여러 교파가 모여서 된 공회이기 때문에 아무리 옳다고 주장해도 어느 소수의 사람들에 의해서 개정 개편되지 않는다는 점이다.

새로운『찬송가』개혁의 꿈을 가지고 찬송가공회 찬송가개발을 위한 전문위원으로 여러 교파에서 파송된 많은 분들 틈에서 함께 작업을 하였다. 그러나 찬송가 전문위원들이 중간 중간에 자주 바뀌었기 때문에, 누구도 책임질 수 없는 가운데 21C『찬송가』가 발행되고 나니 허탈감이 앞섰다. 이제 발행된 21C『찬송가』를 다시 비판하면서 찬송가의 새로운 진로를 열어가야 하겠다.

첫째, 21세기『찬송가』전반적인 편집문제다.

① 21세기『찬송가』645장 가운데 통일『찬송가』에서 482곡(86.3%)이 재편집 수록되었다. 통일『찬송가』558장중에서 76곡을 탈락시켰다. 이렇게 탈락시킨 이유는 잘 불려 지지 않는 곡들도 있거니와 새로운 찬송 곡을 넣기 위한 불가피한 조처였다고 본다.

② 새롭게 편집된 21세기『찬송가』에는 기존의 통일『찬송가』에서 482곡, 새롭게 들어간 곡이 163곡(25.3%)이다. 새롭게 들어간 163곡 중에 한국인 창작 찬송가 110곡이고, 외국 찬송가에서 표집 한 것이 53곡이다.

③ 찬송가 편집 때마다 불거진 수정 제의를 받아들여지지 않은 채 기존 찬송가의 86.3%가 재편집 수록되었다.

둘째, 가사의 성경신학적인 문제점이다.

① 21세기『찬송가』348장('마귀들과 싸울지라.')의 찬송가 가사에 문제가 있다. 통일『찬송가』(서울: 한국찬송가공회, 1983) 388장에 실려진 대로 "마귀들과 싸울지라." 이 찬송가는 원래 미국 '소방대원 행진곡'이다. 윌리엄 스테프(John William Steffe)가 소방대원으로 일하고 있는 친구의 부탁으로 1852년에 소방대원 행진곡으로 이 곡을 작곡하였다. 이 곡이 바로 21C『찬송가』348장(통일찬송가 388장) 곡조이다. 이 곡조가 미국의 남북전쟁 때, 군가로도 불려졌다. 그런 곡에 찬송가가사를 붙여 부르고 있는 것이다. 문제는 21C『찬송가』348장(통일 388장) '마귀들과 싸울지라.' 라는 가사 1절, 2절, 3절 가사는 성경신

학적으로 옳지 않다는 것이다.

21C『찬송가』 522장 2절 둘째 소절에서 기존 찬송가 가사 "저 마귀들 지옥 갈 때"라는 가사는 재치 있게 "저 마귀 지옥 갈 때에"로 고쳤다. 외국 찬송가를 살펴보자.

미국 『The CELEBRATION HYMNAL』 SONGS AND HYMNS FOR WORSHIP 804장에는 아래 악보와 같이 맨 처음 못 갖춘마디 부분의 리듬에 이음줄을 붙여서 1절 가사 Meine 이란 한 음절 가사를 해결하고, 2절에서 5절까지 가사는 'I have', 'He has' 'In the' 'We can'이라는 두 음절 가사를 해결하고 있다.172)

<악보 18>

이 곡조가 한국 '찬송가'로 유입과정은 일본 미다니 다네끼지(三谷種吉 1868-1945) 목사가 펴낸『복음창가』(1901) 193장을 이장하 목사(c. 1886-?)가 번역하여『신증복음가』(1919) 3장에 처음 채택되어 실렸던 찬송이다.

원래 일본 미다니 다네끼지(三谷種吉 1868-1945) 목사가 작사한 가사의 일본어('아꾸마또 다다까에': 惡魔ょ戰え-악마와 싸울지라) 가사 운율(4.4.)에 맞도록 "마귀(들)과 싸울지라."로 번역했다. 이렇게 복수로 표기되어 사탄이 여럿인 것처럼 되어버려 가사가 성경 본래의 의미와 다르게 오역되어졌다.173) 우리는 이 찬송가의 가사는 리듬을 그대로 두고서라도 "마귀 싸워 이길지라."로 고쳐 부른다면 뜻은 강조되고 부르기도 좋을 것이다.

지금 한국교회는 이제 남북한의 민족사적 통일『찬송가』를 만들어야 할 중요한 시점에 와 있다. 하루 속히 '남북한 찬송가편찬위원회'가 먼저 구성되어야 하고, 남북한의 문화적인 격차를 좁히면서, 남북한 성도들이 함께 부를 수 있는 찬송가를 제작해야 할 것이다.

---

172) 『예배와 찬송가』(서울: 아가페문화사, 1993) 184쪽 주)235에서 분명히 '마귀들'이란 용례가 쓰여 지지도 않았는데, 그저 가사 운율에 맞추기 위해 붙여진 것이라고 게재한 바 있다.

173) 21세기 찬송가 전곡해설집『21세기 찬송가연구』(서울: 성서원, 2011), p.640.

총신대학교 선교신학대학원장 김성태 교수는 '2013 대만 국제학술대회에서 "통일이후 동아시아 및 이슬람지역 복음화 방안"이란 주제로 강의하면서 장로교회가 중심이 된 북한교회의 회복을 위한 전략에서 북한의 교세를 다음과 같이 밝히고 있다.

북한지하교회의 교세는 대략 12만 정도이며, 이중 ① 장로교회 교인이 3만 6천여 명, ② 감리교회 교인이 4천 9백여 명, ③ 성결교회 및 침례교회 교인이 1만 5천여 명, ④ 임산, 광산 노동자지구에 4만여 명, ⑤ 월북 월경 자(越境 者) 출신교인 2만 여명으로 본다.

동양의 예루살렘이라고 부르던 평양거리에 1907년대의 부흥의 불길처럼 이 땅에 다시 타오르기를 희망한다. 북한 우리 동족들도 함께 통일이후 남북한 성도가 한 마음 한 목소리로 부를 수 있도록 『찬송가』를 만들어야 할 것이다.

그러기 위해서는 미리 계획하고 준비해야 하겠다.174) '남북한 찬송가 편찬위원회'를 조직하고 남북한 『공동찬송가』를 발행하여 7천만 동포가 남북한 『공동찬송가』를 함께 부르고, "동해물과 백두산이 마르고 닳도록……." 목소리 모아 '애국가'를 함께 부를 수 있는 날이 속히 오기를 고대한다.

---

174) 필자는 『한국교회음악사』, p.359-372쪽에서 북한 『찬송가』(1983)를 다루면서 이들은 1939년 '조선예수교 장로회총회 종교교육부'에서 발행한 『신편찬송가』를 그대로 현대 조선 문화어의 표기법으로 재편집한 것이라고 밝혔다. 이 북한 『찬송가』는 무곡조로 가사만 쓰여 진 형태로 발행되었다. 『찬송가』(조선 기독교련맹 중앙위원회, 1983) 서문에 "이 찬송가책은 1939년 조선예수교장로회총회 종교교육부에서 발행한 『신편찬송가』를 조선 문화어의 표기법에 기초하여 다시 편집한 것이다"라고 편집위원회는 밝히고 있다.

다음은 찬송가에 실렸던 "애국가" 가사와 악보다175)
[악보 19]

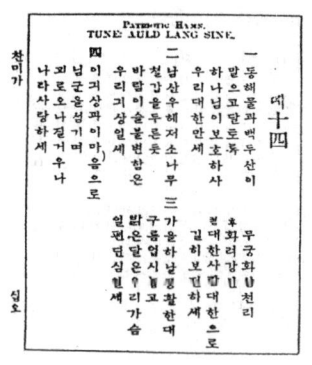 

제2절 21C『찬송가』진단

　그때는 새로운 21C『찬송가』가 나왔다는 사실만으로도 기쁨이 넘치고 감사드렸다. 새로 발행된 21C『찬송가』를 살펴보고 한국찬송가의 발전을 위해 몇 가지를 지적하면서 소견을 피력하고자 한다. 21C『찬송가』발행 후에 한국찬송가 공회에서 21C 해설『찬송가』제작을 위한 해설위원으로 해설을 작성하면서 21C『찬송가』곡 중에 수정되어야 할 부분들이 발견되었기에 지적하면서 그 대책을 위해 여기에 밝힌다.

---

175) 이 애국찬송(Patriotic Hymn)이 처음 실린 책『찬미가』(윤치호 역술, 1905) 14장 곡(Tune)은 'AULD LANG SINE'으로 실려 있다. 해방 후 발행된『찬미가』(1949)에 작사자 안창호, 작곡자 안익태라고 밝히고 있다.

Ⅰ. 21C『찬송가』곡 중 오류의 비판

오래 전 교계신문에 실려진 모 신학교 교수의 "고요한 밤 거룩한 밤 어둠에 묻힌 밤"이라는 가사에서 왜 '어둠에 묻힌 밤'이냐? 라는 지적이 있었다. 그러나 그것은 독일어 원문의 가사나 성경본문에 별 문제가 되지 않는 부분이었다.

① 21C『찬송가』의 가사에 가사를 수정해야 할 부분이 있다.

21C『찬송가』348장 <통일『찬송가』388장>은 기존 곡 그대로 1, 2, 3절 첫 소절에서 "마귀들과" 가사를 수정하지 않았다. 여기 '마귀들'이란 용어의 사용은 커다란 신학적 오류이기에 앞서 지적하였지만 성경 원문에 실려진 용례를 들어 살펴보고자 한다.

기존의 통일『찬송가』388장이나 269장에서 사용된 '마귀들'이란 표현은 성경 어디에도 없는 잘못된 가사이다. '마귀'는 대장이기에 헬라어 '디아볼로스'(διάβολος)로 단수임에 틀림없다.

신구약성경에 '마귀'라는 용례는 성경구절 34곳에 사용되어 졌다. 신명기 32:17; 마 4:1, 5, 8, 11; 13:39; 25:41; 눅 4:2, 3, 5, 13; 8:12; 요 6:70; 8:44; 13:2; 행 10:38; 13:10; 엡 4:27; 6:11; 딤전 3:6, 7; 딤후 2:26; 히 2:14; 약 3:15; 4:7; 벧전 5:8; 요1서 3:8, 10; 계 2:10; 12:9; 20:2; 20:10절 등이다. 위의 성경 구절 중에 신명기 32:17절만 히브리어 라쉐디임(לַשֵּׁדִים), 헬라어 다이모니온(δαιμόνιον)으로 70인 헬라어 역경에 '다이모니온'(단수 δαιμόνιον)의 복수 '다이모니오이스'(δαιμόνιοις)로서 <이방신들, 귀신들, 악령들>을 의미할 경우만 복수로 쓰여 졌다. 그리고 나머지 용례는 모두 '마귀'라는 명칭으로, 분명히 단수요, 그 정체가 사탄(Σατάν) 즉 악령의 왕이며, 하나님과 그리스도의 숙적인 '마귀'를 지칭하고 있다.176)

여러 번 지적을 받아서인지 통일『찬송가』269장인 21C『찬송가』522장에서는 다행히 고쳐놓았다. 그러나 통일『찬송가』388장(21C『찬송가』348장)은 리

---

176) 신소섭,『예배와 찬송가』(서울: 아가페문화사, 1993), p.184 주) 235. 참조

듬과 가사를 그대로 두었다. 오류 된 부분의 수정방법을 위에서 논했으니 여기 서는 생략한다.

② 21C『찬송가』 281장은 화성진행의 오류로 보인다.

21C『찬송가』 281장("요나처럼 순종 않고") 4째 소절 첫 마디에 베이스 테너 음이 G-Bb으로 진행한 것은 화성진행 상 부자연스럽고, 좋은 화성 진행은 Bb-G로 테너 선율이 베이스로 교차되지 않게 화음진행을 시키는 것이 좋겠다. 작곡자의 기존 화음을 수정할 때 작곡자의 의견을 물어서 고치는 것이 자연스 럽겠다.

③ 21C『찬송가』 51장과 52장 곡명(Tune Name)이 똑같은 것이 문제다.

두 곡 모두 '봉헌'이란 곡명으로 똑같이 되어있다. 아래 제목 분류 명을 따라 곡명(Tune Name)으로 기재한 것이라면 잘못이다. 새로 곡명을 붙인다면 51장 은 '기뻐 받을 제물' 52장은 '아낌없는 예물' 이렇게 가사를 참고해서 수정해 붙 이도록 편집주체인 '찬송가공회 편집위원회'에서 새로 제정해 붙여주는 것이 바람직하다.

곡명을 바르게 붙여주어야 누구나 혼란 없이 손쉽게 찬송가를 찾아볼 수 있다.

④ 21C『찬송가』 449장은 작곡자 이름이 바뀐 오류이다.

21C『찬송가』 449장의 작곡자는 『찬송가』(1908)에 처음 번역 채택되어 불리고 있었으나, 통일『찬송가』에 돈(W. H. Done, 1832-1915)이라고 잘못 표기된 것을 21세기『찬송가』에 그대로 실려졌는데, 작곡자는 하워드 돈이 아니라 다니엘 타우너(Daniel Brink Towner, 1850-1919)로 수정함이 옳다.

Ⅱ. 21C 『찬송가』 가사 비판177)

다음은 21C 『찬송가』에 대한 아세아 연합신학대학원 교회음악과 백효죽(白孝竹, b.1937) 교수의 신랄한 비판이다. 이 비판 중에 이미 지적한 부분과 다소 중복된 점들이 있기는 하지만 그대로 게재(揭載)하겠다.

① 21C『찬송가』292장(통일『찬송가』415장) '주 없이 살 수 없네.'의 둘째 소절 마지막 부분을 '구속 하소서'로 수정하였다. 영어 가사에 '구속하셨다'(redeemed me)라는 가사를 '구속 하소서'로 바꾸어 버렸다. 3절 둘째 단에 '지혜도 없으니'를 '없도다.'로 수정하여 가사의 연속적인 문장을 단절시킨 느낌이 난다.

② 또 한 가지 예로 21C『찬송가』542장(통일찬송가 340장)의 '구주 예수 의지함이' 1절 둘째 소절 '허락하심 받았으니'를 '영생허락 받았으니'로 수정하였다. 작사자의 신앙고백은 'Just to rest upon His promise.'로 그의 '약속, 허락'의 뜻을 포함한 〈 Just to know, "Thus saith the Lord."〉의 문장을 읽고 좀 더 깊이 생각해 보고 수정했어야 했다. 영어 찬송가 가사를 재 번역했다기보다는 이전 번역 가사에 '영생'이란 단어를 임의로 추가한 것으로 추정된다.

③ 21C『찬송가』65장(통일찬송가 19장) 역시 영어 찬송가의 1절, 2절의 처음 부분의 표현은 'Praise My Soul' 'Praise Him for'로 강한 호소력 있는 동사 '찬양하라'(praise!)로 시작한다. 그러나 '내 영혼아 찬양하라'는 평범한 서술형 문장으로 번역한 것은 잠자던 성도들의 영혼을 일깨우는 강한 표현이 약화된 듯하다. 1절과 2절 번역가사는 똑같은 의미라면 차라리 '찬양하라'를 먼저 노래하도록 가사를 번역했으면 한다.

4절의 둘째 단 '성도들아 모두 주께 경배 하여라' 수정은 너무 평범한 표현으로 영적 호소력이 강한 좀 더 폭넓고 격상된 표현이 매우 아쉽다. 미국 장로교 찬송가 가사에 나온 대로는 'Sun and Moon, bow down before Him, Dwellers all in time and space.'를 기독 문학가들이라면 얼마든지 놀라운 감격적 표현이 나올 법도 한데 말이다. 마지막 문장의 '내 영혼아 찬양하라'를 'Hallelujah'로

---

177) 백효죽, "상처투성이 21세기 찬송가와 회중 찬송가 회복"이란 글에서 지적한 점들이다. (아세아연합신학대학교 교회음악 초빙교수).

반복한 수정은 잘된 것이나 'Alleluia' 원어대로 수정하였다면 하는 아쉬움이다. 만약에 시작 가사가 '찬양하라 내 영혼아'로 수정되었다면 '찬양하라, 찬양하라' 반복으로 놀라운 영적 화답을 이루었을 텐데 말이다.178)

III. 회중 찬송가로서의 편집 상 비판179)

① 첫째, 편집상의 불균형이다. 21C『찬송가』에 '영창과 기도 송'이 20곡이나 편집되었다.『찬송가』가 찬양대를 위한 찬송가 편집이기 보다는 많은 회중이 부를 '회중찬송가'여야 한다는 점을 간과한 것 같다. 찬양대의 영창과 기도 송은『찬양곡 집』에서 얼마든지 활용이 가능하지만 은혜로운 회중 찬송을 찬송가가 바뀔 때 삭제하고 나면 그 찬송은 영영 부를 수 없다는 사실을 알아야 한다. 회중 찬송가 대신 짧은 송영 곡을 편집해 넣는다는 것은 생각해 볼 문제이다. 송영 곡은 2-3곡으로 족하다. 특히 '주기도문 송'의 새로운 편곡은 반주에 맞춰 고백적으로 드려질 원곡 수준을 따라잡을 길이 없다. 회중의 기도 고백찬송을 찬양대 송영 곡 정도로 전락시킨 느낌이 든다.

② 지난 일이지만 신작증보판『찬송가』발행으로 한국찬송가공회와 한국교회가 재정으로나 기타 얼마나 큰 손해를 보았는가? 한국인 작사 작곡한 찬송가를 더 많이 넣고 싶어서 수준 미달의 곡들을 128곡(81명의 작곡가)이나 넣어야 되는가? 반문하고 싶다. 백 교수는 통일『찬송가』에 실렸던 곡을 제외하고 검증 없는 모든 곡들은 다 삭제되어야 한다고 주장한다.

② 제목 분류는 '새로운 찬송가로 착각할 법한 것' 이외에 '장' 번호들이 바뀌었고, '행사와 절기'에 관한 44곡 중에서 감사절찬송 7곡, 어린이찬송 10곡 등 5곡 정도로 만족해야 했었다.

③ '예식'에 속한 찬송가 18곡 중에서 10곡만이 적절하다고 예측한다면 582장으로 축소된다는 것이고, 그중에서도 한국교회 정서에 맞지 않는 곡들을 제한다면 520장 정도의 알맞은 두께의 찬송가가 될 것이다.

---

178) *Ibid.*
179) *Ibid.*

Ⅳ. 19C형 조립식 찬송가라는 비판[180]

21C『찬송가』는 제목 분류가 혼란스럽다. 심지어 영어 제목 찬송가 첫 줄 가사 찾아보기(Index)가 없어서 찬송가 찾기에 엄청난 어려움을 겪었다. 통일『찬송가』에서 498곡과 새로 편집한 21곡과 10여 곡을 제외한 검증되지 않은 한국인 찬송가 128곡(16곡은 검증됨)이 편집 출판되었다. 한국찬송가공회 조직은 새로운 모습으로 거듭나야 한다. 천이백만 교인의 신앙생활에 걸림돌이 된다면 그런『찬송가』를 누가 책임 질 것인가?

(1) 첫째로, 21C『찬송가』의 무성의한 제목 분류로 편집한 실례들이다.

21C『찬송가』제목 분류에서 잘못 편집된 찬송가들이 발견된다. 어이없는 실수들을 보면서 더욱 실망하게 된다. 즉 '성탄 곡'을 '경배와 찬양'의 곡으로 분류하는가 하면 '감사 찬송'을 '창조주'로 분류, '창조'를 '섭리'의 찬송으로 분류한 것은 찬송가학을 이해하지 못한 편집자들이 번역된 가사만 읽고 편집한 것이 아닌가 생각된다. 아래에 구체적인 실례들을 제시해본다.

① 21세기『찬송가』66장 '다 감사드리세'의 곡명(Tune Name)은 'NUN DANKET'으로 세계적으로 널리 불리는 유명한 '감사 찬송'이다. 제목 분류에서 '감사절'에 넣어야 할 찬송을 통일『찬송가』에서는 '찬양과 경배'에, 21C『찬송가』에는 '창조주' 항목에 제목 분류됨으로 인하여 감사절기와 감사절 찬송으로 불리지 못하게 하는 실책을 범했다. 그래서 필자가 확인해 보니 미국 감리교 찬송가의 예를 따른 것 같다.[181]

② 21C『찬송가』78장 '저 높고 푸른 하늘과'의 곡명(Tune Name)은 창조(CREATION)로 하이든이 작곡한 불멸의 오라토리오 천지창조(Die Schöpfung, 1798)중 합창 No.13 "하늘이 주 영광 나타내고"는 하이든 자신이 편곡한 찬송가이다. 곡명(Tune Name) 자체가 '천지창조'인 찬송가를 '창조'에 수록하지 않

---

180) *Ibid.*
181) 미국 장로교찬송가『THE PRESBYTERIAN HYMNAL』(1990, 555장), 미국 미국찬송가『THE CELEBRATION HYMNAL』(1997, 788장)에는 특별 행사 및 감사절기 찬송가로 분류하였으나, 감리교 찬송가『THE UNITED METHODIST HYMNAL』(1989, 102장)에는 '삼위일체의 영광'(The Glory of the Tribune God)으로 분류한 것을 적용한 것 같다.<편집 자 주>

고 '섭리'로 분류했다.

③ 21C 『찬송가』 622장 '거룩한 밤'의 곡명(Tune Name)은 '노엘 찬송' (cantique de Noel) 이라고 명시되어 있으므로 '성자'(80-181)분류 중의 '성탄'(106-129)에 편집되어야 할 찬송이 '경배와 찬양'(614-624)으로 분류되어 편집 되었다.[182]

(2) 『찬송가』 조성의 재검토로 회중이 부르기 쉽게 이조(移調)가 필요하다.[183]

예배 찬송 중 회중이 함께 자주 부르는 찬송가는 조성을 재검토해야 한다. 왜냐하면 새벽 기도회나 주일 아침 7시나 9시 예배 시에 찬송가 악보대로라면 회중찬송으로 고음부분이 부르기 부담스러운 경우가 생긴다. 그 문제를 해결하기 위한 구체적인 예를 제시해 본다.[184]

① 예를 들어 반음(단 2도) 아래로 내릴 찬송가는 21C 『찬송가』 180, 274, 284, 318, 331, 337, 404, 410, 444, 447, 467, 469, 470, 482, 506, 541, 543장 등 17곡이 있다.
② 온음(장 2도) 내렸으면 하는 찬송가로는 185, 235, 236, 326, 342, 348, 354, 364, 448장 등 9곡이다.
③ 반음(단 2도) 높였으면 하는 찬송가로는 21C 『찬송가』 289장 1곡이다.
④ 온음(장 2도) 높였으면 하는 찬송가는 183, 245, 249장 등 3곡이다.

(3) 잘 못 표기된 찬송가의 템포 재검토 및 빠르기 표시는 삭제되어야 한다.[185]

백효죽 교수는 찬송가 속도 표기와 메트로놈(metronome, 박절기) 숫자 표기를 다음과 같은 이유를 들어 완전 제거해야 한다고 주장한다.

21C 『찬송가』 249장(통일 『찬송가』249장) '주 사랑하는 자 다 찬송 할 때에'라는 찬

---
[182] 미국 초교파찬송가인 『THE CELEBRATION HYMNAL』(1997, 285장)에도 그리스도의 생애 중 탄생으로 분류하고 있다.
[183] 백효죽, Ibid.
[184] 신소섭, 『예배와 찬송학』(서울: 아가페문화사, 1997), pp.221~227.에 이미 지적했다.
[185] 백효죽, Ibid.

송가를 통일 찬송가에서는 '조금 느리게'로 표기되어 있어 시루하게 끌려가는 찬송으로 되고 말았다. 21C 『찬송가』에는 '보통으로'라고 표기되어 있으나 이 찬송가의 곡명(Tune Name)은 '시온 행진곡'(MARCHING TO ZION)이다. 즉 '시온 성으로의 행진곡'에 가사를 붙인 찬송가이기 때문에 행진곡 기분이 나도록 6박자보다는 2박자 계통으로 부르는 것이 좋겠다.

(4) 찬송가의 해설과 기타 코드(Guitar chord) 기입 문제이다.186)

어느 나라 찬송가에도 찬송가에 해설을 기록하지도 않았으며 해설(?)도 아닌 상업적인 수단은 자제했어야 했다. 이러한 기타코드(Guitar chord)는 삭제해야 한다. 필요하다면 오케스트라 파트 악보(orchestra part score)와 같은 형식의 악보에 기타코드(Guitar chord)를 기입하여야 한다.

V. 찬송작가의 지적 자산 보호의 당연 성187)

찬송가 편집에서 삽입을 볼모로 참신한 작가들의 창작 재산을 교묘한 방법으로 거래상의 지위를 부당하게 이용하며 상대방과 불공정한 거래행위를 자행한 것은 잘못이다. 차세대의 젊은 작가들을 발굴하고 장려하기 위해서도 찬송가 작가의 창작 재산임으로 지적재산권이 법적으로 보호받아야 마땅할 것이다.

VI. 외국교포나 교단도 편집에 동참요망188)

해외에 있는 많은 한인 교포 교회들이 한국에서 출판한 『찬송가』를 사용하고 있으나 1.5세, 또는 2세들에게는 가정 예배, 구역 예배, 심방예배 때마다 문화권의 차이로 한국어 찬송을 부르지 못하는 실정이다. 이 때문에 한국의 2세 젊은이들은 미국인교회로 출석하며 부모가 참석하는 교회와는 다른 교회로 출석하는 어려움이 있다.

---

186) *Ibid.*
187) *Ibid.*
188) *Ibid.*

한편 해외 한인 교포교회도 교단별로 크게 교세가 확장되어 가고 있는 점을 고려할 때, 이민 생활을 통한 신앙 간증의 가사 작시와 창작곡이 수집되어 새로운 『찬송가』 편찬에도 동참하도록 기회를 배려했어야 했다. 한국 교단별로 찬송가 수익을 분배하고 있다면 해외 교포 각 교단에도 수익 배당은 분배되어야 마땅할 것이다.

Ⅶ. 한국찬송가공회의 사명 재인식 요구[189]

통일된 『찬송가 편집』에 집착하지 말고 찬송가공회는 국제수준의 전문연구 기관으로 탈바꿈해야 하겠다. 찬송가공회는 교단대표와는 무관하게 전문성을 가진 독립 사립 재단으로 설립되어야 하며, 전문 편집자로 구성되어 맞춤 주문의 『찬송가』, 또는 각 총회마다 자유로이 사용할 수 있는 『찬송가』 편집 자료를 제공함으로 불필요한 분쟁과 교회를 빙자한 출판사와의 불미스런 일들이 제거될 수 있을 것이다.

찬송가공회는 세계 각국의 찬송가들을 발굴하여 번역하고 통일된 하나의 가사를 사용하도록 유도해야 할 것이다. 그리고 본 기관은 저작권과 작가를 보호해 주며, 차세대 교회 음악가를 키우기 위한 장학제도시행에 전력을 기울이며, 한국 『찬송가』의 국제화와 한류 찬송가 문화 교류를 위한 홍보와 보급으로 작가들의 권익을 보장해 주는 노력이 절실하다고 본다. 소위 음악전문가의 교단 파송 제도는 찬송가 발전을 저해하고 있음을 명심해야 할 것이다. 그러므로 찬송가공회는 교단과 무관한 사설 재단으로 운영되어야 한다. 찬송가는 각 교단별로 자율적으로 선곡 출판할 수 있도록 하여 여러 종류의 『찬송가』를 편집 출판하도록 해야 하겠다.

---

189) *Ibid.*

Ⅷ. 데스캔트(Descant) 『찬송가』 출판은 우려스런 착상[190]

데스캔트(Descant) 『찬송가』 출판을 추진한다는 것은 매우 우려스런 착상이다. 예배를 혼란스럽게 하는 결과를 가져오지 않을지 심히 염려스럽다.

Ⅸ. 찬송가 개편의 새로운 방향 제시[191]

개발기간이 무려 10년이나 걸려 편찬 발행했음에도, 21C『찬송가』는 초라한 『찬송가』로 전락하고 말았다. 바라기는 하나님 앞에서 모든 욕망과 명예욕을 버리고 일천이백만 성도와 오고 오는 젊은이들을 하늘나라로 초대하는 엄숙한 작업임을 인식하고, 기도하며 감사와 감격의 눈물로 정성껏 시작점(zero-ground)에서부터 다시 편집해야 하겠다. 전문지식을 바탕으로 참회와 기도로 작업에 임하는 신앙자세를 가지고 재편집되기를 기원하는 마음 간절하다.

"21세기『찬송가』를 편찬할 때 '신작증보판은 모두 폐기하고, 21세기『찬송가』를 새로 편찬하기로 하다.'"라는 원칙을 무시하고, 이 조항에 대한 아무런 제재나 결의도 없이 증보판『찬송가』가 무작위로 21세기『찬송가』에 편입되었다. 찬송가 편찬위원도 자주 바뀜으로 인해 찬송가 편찬의 일관성도 없어졌고, 아무도 찬송가편집의 최소한 책임도 질 수 없는 형편이 되어져 버린 것이다.

올바른 찬송가 개발을 위해서는 '찬송가의 전문가'들을 양육하고 배출하는 신학대학교나 신학대학원은 '교회음악학과'나 '찬송가학과'를 개설하여 철저한 교육이 있어야겠다. 신학교에서부터 '예배 찬송'을 바로 이해하고, 폭 넓고 다양한 찬송가의 전문능력을 키우기 위하여 목회자 재교육 프로그램에서 '찬송가학' 과목을 교과과정에 편성 지도해야 하겠다. 찬송가출판은 사업적인 이익의 수단으로 하기보다는 찬송가 목적에 알맞게 진행되고 추진되어야 할 것이다.

---

190) *Ibid.*
191) *Ibid.*

제3절 『찬송가』 편집과 '시편찬송가' 위치

Ⅰ. 찬송가 편집에 '시편찬송가' 편입은 필수적

21C『찬송가』(서울: 한국찬송가공회, 2006)가 발행되고, 찬송가를 바꾼 지 얼마 되지 않았는데, 벌써 찬송가를 바꿔야 하느냐하고 반문할 수도 있다. 그러나 찬송신학적인 측면에서 볼 때 미흡한 점은 지적하고, 비판의 목소리를 귀담아 들어야 다음 새로운『찬송가』발행할 때에 좋은 자료가 될 것이다.

성경신학적으로 '시편'은 구약 이스라엘 백성들의 찬송가였다. 하나님의 백성들은 성전에 올라갈 때나, 회당에서 예배드릴 때, 각종 절기에, 온 가족들이 함께 모여서 자연스럽고 경건하게 '시편찬송'을 불렀다. 그러면 우리는 왜 '시편찬송'을 계속 불러야 하는가?192)

① '시편찬송'은 그 대상이 하나님만 찬송하기 때문이다. 성경에서의 찬양, 찬송, 찬미 등의 말들은 하나같이 그 대상이 하나님을 찬양하고, 찬송하고, 찬미해야 하는 것이라는 말이다.
② '시편찬송'이야 말로 하나님의 말씀 그 자체이기 때문이다. 시편은 성경적이라기보다는 하나님의 말씀 그 자체이다. 인간이 창조한 가사의 노래가 아니라 하나님의 말씀을 가사로 하여 드려지는 찬송 중의 찬송이다.
③ '시편찬송'은 영원한 것이기 때문이다. 구약성도들이 불렀던 시편 말씀을 가사로 하여 불렀던 '시편찬송'은 하나님의 말씀이 영원 하듯이 시대와 문화와 나라와 인종을 초월해 우리들의 삶 속에 영원히 존재하여 불리어 질 찬송가인 것이다.

찬송은 바울의 증언대로 '시와 찬미와 신령한 노래'(엡5:19; 골3:16)에서 시편은 그 첫 번째로 언급하고 있다. 여기서 '시'(詩)는 시편을 말하고, '찬미'는 신약성경에 나타난 '마리아의 찬가'(눅1:46-55), '사가랴의 찬송'(눅1:68-79), '시므온의 찬송'(눅2:28-32) 등을 말하고, '신령한 노래'는 미리 생각하지 않고 즉석에서 영으로 하는 노래 즉 '영의 감동을 받은 노래'를 말한다. 그러나 일반적으로

---

192) 기독지혜사,『시편찬송가』(서울: 기독지혜사, 2002), 머리말 "왜 시편찬송을 불러야 하는가?"

이 세 가지가 특정한 음악의 장르를 말하고 있다기보다는 하나님을 높이는 시와 찬미를 총괄하는 말이라고 이해하는 것이 바람직할 것이다.

1) 미국 장로교 『찬송가』의 시편찬송가 편입 실태

미국 『장로교 찬송가』(『THE PRESBYTERIAN HYMNAL』)193) 158장부터 258장까지 100장의 시편찬송가에는 스코틀랜드시편(Scottish Psalter) 5편, 시편가(The Psalter) 14편, 제네바 시편(Genevan Psalter) 8편을 포함하여 시편가('PSALMS')를 큰 주제로 찬송가('HYMNS')와 제목별 찬송가('TOPICAL HYMNS')와 나란히 분류하여 싣고 있다.

그러나 우리의 실정은 선교사들이 이렇게 귀중한 '시편찬송가' 유산을 전해주지 못했다. 칼빈 탄생 500주년이 되는 해(2009년)에야 한국어판이 초판 돼 나왔다. 그래서 21C『찬송가』를 편집할 때는 시편찬송가 자료가 부족해 넣기가 힘들었다. 서구에서는 지금도 '시편찬송가'를 부르고 있다. 찬송가집 편집에 있어서 '시편찬송'을 넣어서 편집해야 함은 필수적인 것이다.

여기에 미국『장로교찬송가』(THE PRESBYTERIAN HYMNAL)에 나타난 종류별로 '시편찬송가'의 분포와 실태를 보면 다음과 같다.

미국『장로교 찬송가』158장부터 258장까지 101장의 시편찬송가를 '예배 찬송가' 제목분류로 분류하여 싣고 있다. 그 내용을 살펴보면 다음과 같다.

① 스코틀랜드 시편가(『Scottish Psalter』, 1615, 1635, 1650년)에서 온 시편가는 158, 166, 170, 188, 212장 등 5곡이다.
② 시편가(『The Psalter』, 1912년)에서 온 시편가는 163, 191, 197, 200, 214, 227, 234, 235, 238, 249, 250, 252, 257장 등 14곡이다.
③ 제네바 시편가(『Genevan Psalter』, 1551년)에서 온 시편가는 178(시 25편), 194(시 47편), 201(시 65편), 218(시 98편), 220(시 100편), 226(시 113편)

---

193) 『THE PRESBYTERIAN HYMNAL』(Westminster/ John Knox Press Louisville, Kentucky, 1990), 1. Hymns, English-United States, 2. Presbyterian Church(U. S. A.) Hymns.

236(457장: 시 124편) 253(시 113편) 장 등 8곡 9장이다.
④ 이삭 왓츠(Issac Watts)가 의역(意譯)한 시편가는 172(시 23편), 210(시 90편), 229(시 117편), 230(시118편), 253(시 146편) 장 등 5편의 시편가이다.

2) 미국 『감리교 찬송가』 시편찬송가 편입 실태

미국 『감리교 찬송가』(『THE UNITED METHODIST HYMNAL』)[194]의 경우에는 찬송가 734장에 이어서 '시편가'(Psalter)로 시편 1편-150편(p.735-862)이 실려 있다. 응답 송(Response 1, 2) 형태로 부르도록 되어 있다. 간단한 멜로디에 시편가사로 반복해 부르면서 예배시간에 활용해 목회자나 회중들이 '응답 송'으로 부른다. 이 책에 실려진 작곡자들에 따른 '시편찬송'은 다음과 같다.

a. 돈 셀이어(Don E. Saliers)의 곡은 시 3편, 시 25편, 시 40편, 시 89편, 시 105편, 시 115편 등 5곡.
b. 칼톤 영(Carlton R. Young)의 곡은 시 5편, 시 15편, 시 34편, 시 39편, 시 41편, 시 51편, 시 66편, 시 67편, 시 76편, 시 77편, 시 80편, 시 91편, 시 95편, 시 112편, 시 116편, 시 121편, 시 132편, 시 139편 등 14곡이다.
c. 리처드 프루(Richard Proulx) 곡은 시 9편(11-20절), 시 14편, 시 33편, 시 63편, 시 82편, 시 98편, 시 103편, 시 107편, 시 114편 등 9곡.
d. 게리 앨런 스미스(Gary Alan Smith) 곡은 시 16편, 시 32편, 시 44편, 시 62편, 시 72편, 시 84편, 시 96편, 시 102편, 시 113편, 시 117편, 시 138편 등 11곡.
e. 제인 마셀(Jane Marshall) 곡은 시 17편, 시 27편, 시 28편, 시 50편, 시 85편, 시 93편, 시 97편, 시 99편, 시 111편, 시 119편, 시 130편, 시 137편 등 12곡.
f. 히브리 곡조(Hebrew melody)는 21세기 『찬송가』(서울: 한국찬송가공회, 2006) 14장(통찬 30장) 곡으로서 시 19편 1곡.

---

[194] 『The United METHODIST Hymnal』(The United Methodist Publishing House, Nashville Tennessee, 1989).

g. 조세프 겔이누(Joseph Gelineau) 곡은 시 23편 1곡.
h. 찰스 웨슬리(Charles Wesley) 곡은 시 29편, 시 47편, 시 147편 등 3곡.
i. 마르틴 루터(Martin Luther) 곡은 시 31편(1-16절), 시 46편, 시 70편 등 3곡.
j. 토머스 윌리엄스(Thomas J. Williams)의 곡은 시 48편, 1곡.
k. 조한 크뤼걸(Johann Crüger)의 곡은 시 65편, 시 92편(15절), 2곡.
l. 중국 곡조(Chines melody)는 시 68편(1-10, 32-35절), 1곡.
m. 몽고메리(James Montgomery)의 곡은 시 122편, 1곡.
n. 찰스 앨버트 틴들(Charles Albert Tindley) 곡조는 시 124편(1-8절), 1곡.
o. 프랑스 캐럴(French carol melody)에서 온 곡조는 시 146편, 1곡.
p. 아씨시의 프랜시스(Francis of Assisi)의 곡조는 시 148편, 1곡.
q. 죠반니 팔레스트리나(Giovanni P. da Palestrina) 곡조는 시150편, 1곡.

이상에서 살펴 본 대로 미국 『장로교 찬송가』(『THE PRESBYTERIAN HYMNAL』)나 미국 『감리교 찬송가』(『THE UNITED METHODIST HYMNAL』)에서 모두 시편찬송가를 예배 찬송가에서 필수적으로 활용하고 있음을 확인했다.

『칼빈의 시편찬송가』는 개혁교회의 유산이다. 『칼빈의 시편찬송가』는 시편 150편의 시편 가사와 세 개의 다른 노래를 운율에 맞추어 노래하도록 구성한 곡들의 모음이다. 가사의 선율은 모두 1539년부터 1562년 사이에 스위스의 제네바에서 칼빈의 교회음악에 대한 철학 즉 '품위 있을 것, 간결할 것' 등에 맞도록 칼빈의 철저한 감독 하에 작곡된 것이다.195)

서구의 여러 나라에서는 아직도 『칼빈의 시편찬송가』를 사용하여 예배드리고 있음을 주목해야 하겠다. 시편찬송가 편찬위원회에서는 발행된 『칼빈의 시편찬송가』를 현대 기보법으로 편곡하여 부르기 쉽도록 만드는 작업과 함께 현대 시편찬송가들을 묶어서 『시편찬송가』를 발행을 서둘러야 하겠다.

요즈음 C. C. M. 이나 복음성가에 빠져 있는 젊은이 층과 성도들에게 교회

---

195) 『칼빈의 시편찬송가』(서울: 진리의 깃발사, 2009) 한국어판은 가사 편집에 서창원목사와 신소섭목사, 그리고 이귀자교수와 주성희 교수가 음악편집을 맡아서 칼빈 탄생 500주년이 되는 해(2009년)에 대한예수교장로회 총회 신학부 주관으로 발행되었다.

에서 '시편 찬송가'를 부르도록 유도해 가야 할 것이다. 이것이 참으로 바른 찬송가 문화형성에 있어서 바람직한 일이라 하겠다.

칼빈 탄생 500주년이 지났는데도 우리 한국 교회에는 『칼빈의 시편찬송가』를 접해 보지도 못한 실정이었다. 이러한 한국교회의 실정에서 볼 때 이번 『칼빈의 시편찬송가』 발행은 얼마나 다행한 일인지 모른다. 진정한 예배 찬송이 턱없이 부족한 한국교회의 실정을 고려할 때, 『시편찬송가』의 개발은 예배 찬송가의 빈곤시대에 참으로 가뭄에 단비와 같은 희소식이라 할 수 있겠다.

다음은 총회 신학부에서 발행한 『칼빈의 시편 찬송가』196)(서울: 진리의 깃발사, 2009)를 현대 기보 법으로 고쳐 부르기 쉽도록 편곡한 악보이다.

현대 기보 법에 의해 박자표를 넣고 세로줄을 그어 마디를 나누어 부르기 편리하도록 편곡해 만든 『칼빈의 시편찬송가』 몇 편을 소개한다.

여기에 소개하는 곡은 한국어판 『칼빈의 시편찬송가』 (D Major) 시편 1 편 (para. 신소섭, 2008; rev. 주성희, 2008)이다.

다음에 소개하는 곡은 이 곡을 필자가 다시 4/4박자 18마디의 현대악보로 편곡한 곡이다. 요즘 복음성가나 무분별한 교회음악의 사용으로 '어린이 찬송가'의 실종시대를 맞고 있다. 이러한 시대적인 배경에서 교회학교(주일학교)나 계절 성경학교 어린이 및 학생 예배찬송으로 적합하다. 현대기보 법으로 편곡한 『칼빈의 시편 찬송가』를 적용해 보니 예배찬송으로 참으로 반응이 좋았었

―――――――――
196) 『칼빈의 시편찬송가』(서울: 진리의 깃발사, 2009)는 칼빈 탄생 500주년을 기념해 한국 최초로 발행된 『칼빈의 시편찬송가』 이다.

아래 시편 84편은 [악보 21] 서창원 목사(삼양교회, 칼빈시편찬송가 편찬위원장)가 『칼빈의 시편찬송가』 시편 84편 원곡 리듬에 의역된 가사를 붙였으며, 이귀자 교수가 화음을 재배치하여, 4/4박자 12마디 현대 악보로 재 편곡하였다.

[악보 21] 시편84편

제5장 찬송학적인 『찬송가』 편집 방향   171

아래『칼빈의 시편찬송가』시편 47편은 [악보 22] 서창원 목사(칼빈 시편찬송가 편찬위원장)가 시편 47편을 이 찬송 리듬에 맞도록 의역가사를 붙였으며, 이귀자 교수에 의해『칼빈의 시편찬송가』원곡의 화음배치를 개정했다. 그리고 손지명(K.B.S. 음악감독)이 4/4박자 12마디 현대 악보로 편곡하였다.

[악보 22] 시편47편

Clap Your Hands

KOR.GENEVAN PSL. 47

제4절 『찬송가』 제목분류 작성법

『찬송가』 편집에서 가장 중요한 것은 그 『찬송가』를 예배 시에나 집회 시에 사용하기 편리하게 제목분류를 잘해 놓아 '찾아보기' 쉽도록 해야 한다. 그러므로 예배와 집회의 종류가 다양하기 때문에 고정적인 어떤 틀보다는 신앙고백이나 개인적인 경건생활은 물론 모든 의식에서 편리하게 사용할 수 있도록 '제목분류'가 필요한 것이다. 그러기에 여러 나라의 『찬송가』를 참고하여 작성된 전통적인 분류방식이나 새로운 분류방식을 비교해 최선의 방법으로 제목분류를 해야 하는 것이다.

미국이나 선진국의 경우 『찬송가』가 교파마다 그리고 개인이 편찬한 경우도 여러 권이 되기에 교파의 특색을 살려 『찬송가』가 편찬될 수 있겠으나 한국의 경우는 모든 교파와 모든 성도들이 하나의 찬송가를 사용하도록 '찬송가공회'에서 찬송가를 통제하여 제작하기 때문에 다소 교파의 특색에 맞지 않더라도 상용하는 분류 방식으로 작성하는 것이 무난한 듯하다. 이러한 조건을 충족시킨 찬송가의 제목분류로 미국에서 초교파적으로 사용하는 찬송가의 경우를 참고해 보면 아래와 같다.

I. 『THE CELEBRATION HYMNAL』 제목분류[197]

1. 예배 송과 예배 찬송(Songs and Hymns for Worship)   1-239
2. 그리스도의 생애(The Life of Christ)   240-381

대림절(Advent), 탄생(Birth), 주현절(Epiphany), 생애와 봉사(Life and Ministry), 종려주일(Palm Sunday), 사순절(고난과 죽음; <Suffering and Death>, 십자가 구원; <The Redeemer-His Cross>, 보혈; <His Blood>, 은혜; <Grace>, 사랑과 자비; <Love and Mercy>, 부활; <Resurrection>, 주권과 통치; <Lordship and Reign>, 재림; <Second

---

[197] 『THE CELEBRATION HYMNAL』 Songs and Hymns for Worship(Copyright ⓒ 1997 by Word / Integrity. Printed in the United States of America)

Coming>)
   3. 성령(The Holy Spirit) 382-398
   4. 교회 생활(The Living Church) 399-477
   5. 그리스도 안의 새 삶(New Life in Christ) 478-525
   6. 하나님과 동행(Walking with God) 526-752
   7. 변함없는 교제(Everlasting Fellowship) 753-785
   8. 절기 찬송(Special Times and Seasons) 786-818
   9. 찬송가 찾아보기(Indexes for the Hymns) 819-865

위의 차례를 살펴보면 ① 예배를 위한 노래와 찬송이 1-39장까지이고, ② 그리스도의 생애(대림절, 탄생, 주현절, 생애와 봉사, 고난과 죽음, 십자가 구원, 보혈, 은혜, 사랑과 자비, 부활, 주권과 통치, 재림) 찬송이 240-381장, ③성령 382-398장, ④교회생활 399-477장, ⑤그리스도 안에서 새 삶 478-525장, ⑥하나님과 동행 526-752장, ⑦영원한 교제 753-785장, ⑧특별한 행사와 절기 786-818장, ⑨ 찬송가 찾아보기 819-865로 제목분류에 균형을 이루어 편집하고 있다.

II. 『THE HYMNAL』 for Worship & Celebration 제목 분류[198]

1. 성부 하나님(God our Father)   1-71(71곡)
   경배와 찬송(His Adoration & Praise), 그의 위엄과 능력(His Majesty and Power), 지도와 권능(Guidance and Power), 사역과 창조(Works and Creation), 사랑과 자비(Love and Mercy)
2. 구주 예수(Jesus our Savior)   72-246(175곡)
   경배와 찬송(His Adoration & Praise), 대림절(Advent), 탄생(Birth), 주현절(Epiphany), 생애와 봉사(Life and Ministry), 고난과 죽음(Suffering and Death), 구속과 십자가(Redemptive work-Cross), 속죄의 피(Clearing Blood), 은혜(Grace), 사랑과 자비(Love and Mercy), 부활(Resurrection), 승천과 통치(Ascension and Reign), 재림

---

[198] 『THE HYMNAL』 for Worship & Celebration(Copyright ⓒ 1996 WORD MUSIC(a div. of WORD, INC.) All Right Reserved. International Copyright Secured. Printed in the United States of America)

(Second Coming)
3. 성령(The Holy Spirit)   247-261(15곡)
4. 삼위일체(The Holy Trinity)   262-268(7곡)
5. 하나님의 말씀(The Word of God)   269-275(7곡)
6. 교회(The Church)   276-325(50곡)
7. 그리스도 안의 삶(Life in Christ)   326-537(212곡)
8. 영생(Life Everlasting)   538-555(18곡)
   그리스도의 재림(The Second Coming of Christ), 영생과 천국(Eternal Life and Heaven) -
9. 특별한 행사와 절기(Special Times and Seasons)   556-577(22곡)
   감사절(Thanksgiving), 하나님 나라(God and Country), 새해(New Year), 예배 송(Service Music)
10. 어린이 찬송(Children's Hymns)   578-583(6곡)
11. 예배 개회, 예배에로의 부름   584-599(16곡)
        (Opening of Service; Calls to Worship)
12. 폐회와 축도(Closing of Service; Benedictions)   600-613(14곡)
13. 예배 의식 송(Service Music)   614-628(15곡)
   기도응답 송(Prayer Responses), 봉헌(Offertories), 영광송(Gloria), 송영(Doxology), 아멘 송(Amens)
14. 예배와 의식을 위한 말씀
   Scripture Resources for Worship and Celebration)   629-715(87편)

위와 같이 '찬송가'는 연주회를 위한 용도보다 '예배를 위한 찬송가'임을 재확인 시켜 주고 있는 것이다. 특별히 예배개회 및 예배에로의 부름 16곡, 폐회와 축도 14곡, 예배 의식 송 15곡 등 45곡이나 된다. 종교개혁자들 가운데서 가장 보수적이었던 마르틴 루터도 미사에 있어서도 성경에 명확하게 금지되어 있지 않은 것은 어떤 것이라도 변경하기를 주저했다. 1525년 '독일 미사'에 실린 예배 순서를 참고하면 다음과 같다.

- 찬송 또는 시편(독일어)/ · 기리에(Kyrie eleison, 주여 자비를 베푸소서)/
- 기도(예배 시작을 위한 짧은 기도) / · 찬송/ · 복음서(곡조를 붙여 낭송)
- 신앙고백의 찬송(독일어)/ · 설교/ · 주기도(풀어서하는 기도로)/

- 성찬에 참여하는 자에게 주는 권면의 말씀/ · 성찬제정의 말씀/
- 배찬(성찬을 받는 동안에 '거룩'(상투스<Sanctus>나 찬송을 부름)/ 성찬 후 기도/
- 축도/ 순서로 이렇게 예배를 진행했다.

칼빈은 루터와는 달리 민요나 세속 음악을 교회음악으로 도입하는 것을 반대했다. 설교와 성례전에 예배의 중심점을 두고 새로운 예배를 구상했던 칼빈은 예배에서 불필요한 동작이나 행위 혹은 언어들은 모두 제거되어야 하며, 모든 언어나 행위 및 도구들은 그것들이 전달하고 표현하려는 내용에 적합해야 한다고 주장했다. 그는 간편한 예배 순서 속에서 초기교회가 가졌던 내용을 살리는 예배를 마련하기를 원했다. 칼빈의 완전한 표준은 성경과 고대교회의 관습이었다.

[말씀 예배]
- 성경의 글 — 시편 124:8 / · 죄의 고백/ · 용서를 바라는 기도/ · 운율의 시편 /
- 계시를 위한 특별기도/ · 성도의 독성(讀聖) / · 설교

[다락방 예배]
- 구제 헌금 / · 대도/ · 주기도(길게 풀어서)/ · 배찬 준비(사도신경을 노래)/
- 성찬 제정의 말씀/ · 봉헌의 기도/ · 권면/ · 헌신의 기도/ · 성찬 떡의 분할/ · 분배/
- 성찬(그 동안 시편이나 성경을 읽음)/ · 성찬 후 기도/ 아론의 축복

이상에서 살펴보면 칼빈은 거룩함과 질서를 보존했고, 조직화된 예배 형태 및 츠빙글리의 극단적인 예배 형태에 결여되어 있는 통일성을 강조했다. 칼빈은 개혁신학에 가장 큰 공헌을 했는데, 그 공헌 가운데 하나가 예배 의식서를 만드는 데 지대한 영향을 준 것이었다. 칼빈이 1542년 펴낸 『초대 교회의 예전 내용을 연구한 예식서』에 나타난 예배 형태의 순서는 '제네바 예배 의식(Genevan Service Book)'이 되었고, 수세기를 내려오면서 대다수 개혁교회 예배의 중요한 모델이 되었다.

칼빈의 예배 순서를 종합해 보면 3가지 원리에 의해서 순서가 배열되었음을 알게 된다. ① 첫째는 죄의 고백과 용서의 부분이고, ② 둘째는 하나님의 말씀 선포의 부분이며, ③ 셋째는 삶 속의 헌신과 세상으로의 선교적 파송 부분이다.

[예배 순서]
a. 예배의 말씀(개회의 선언)   b. 참회의 기도(죄 고백)   c. 용서를 구하는 기도
d. 용서의 선언   e. 회중의 시편찬송(1545년부터 십계명 첫 부분 낭독이 첨가됨)
f. 중보의 기도(성령의 임재를 위한 기도)   g. 회중의 시편찬송(1545년부터 십계명 두 번째 부분이 낭독됨)   h. 주기도문   i. 설교 전 설교자의 기도   j. 설교   k. 설교 후 기도(목회의 종합적인 기도)   l. 주기도문의 해설   m. 회중의 시편찬송   n. 아론의 축복 기도(민 6:24-26)

이상을 참고로 하나의 모범적인 주일 공예배의 순서를 다음과 같이 만들어 볼 수 있을 것이다.

◆ 개회(하나님께 나아가는 부분)
· 전주(오르간 연주)   · 예배의 선언   · 개회 찬송(경배의 찬송)
· 예배의 기원   · 화답송(찬양대)   · 참회의 기도   · 사죄의 선언(목회자)   · 신앙고백(사도신경)   · 화답송(찬양대)   · 성시 교독   · 찬송
· 목회기도(목사나 장로)   · 화답송

◆ 말씀의 선포(하나님께서 오시는 부분)
· 성경 봉독   · 찬양(찬양대)   · 설교   · 결단의 기도(합심해서)
· 찬송(말씀에 대한 응답의 찬송)

◆ 결단과 헌신(하나님을 위한 부분)
· 헌금   · 감사기도(목회자)   · 교회 소식   · 찬송(주기도문 송)   · 축도
· 후주(오르간 연주)

예배에서의 찬송의 위치와 사용은 대단히 중요하고 긴밀한 관계를 지닌다. 여러 시대를 거치면서 다듬어진 예배 의식을 보면 분명 '찬송가'는 예배의 중심에 사용되며 하나님께 그 모든 영광과 찬송을 돌리는 요소로 자리잡아왔다.

그러나 오늘날 '열린 예배'가 현대를 살아가는 젊은이들의 최고의 예배의식인 것처럼 착각하고 있는 이들도 있다.199) 그들이 제시하는 '열린 예배'(Open Worship)의 성경적 근거가 옳은 것인가 살펴보자.

---

199) '열린 예배'(Open Worship)는 '구도자 예배'라고도 하는데 그 기원으로는 미국의 윌로우 크릭 커뮤니티 교회의 담임인 빌 하이빌스(Bill Hybels)목사에 의해 처음으로 구성된 것으로 알려지고 있다. 열린 예배의 특징은 언제 시작되고 언제 끝났는지를 모르는 것과 누가 사회자이고 누가 설교자인지를 모호하게 만들면서 기존의 교회 예배에 식상한 구도자들에게 많은 관심을 주고 있다. 전통적인 예배 형태에서 벗어나 현재적인 문화요소를 접목시켜 지루하지 않은 축제적인 예배를 지향한다.

'열린 예배'의 성경적 근거로 이사야 66:19절과 시편 96:3절, 10절, 57편 9절, 신명기 26장 10-11절 등을 예로 들고 있다. 특히 이사야서에 보면 하나님께서 이사야 선지자에게 이스라엘 백성들의 '남은 자'에 대해서 이야기 하는데 그 '남은 자'들이 이방인들에게 가서 하나님을 소개하는 것을 언급하고 있다. 그리고 시편 96편 3절, 10절의 말씀과 시편 57편 9절의 말씀을 참고하면 시편 기자도 많은 나라들 가운데서 하나님께서 예배 받을 것에 대해 이야기하는 것과, 신명기 26장 10-11절은 하나님께서 이스라엘백성들에게 어떻게 예배할 것을 가르쳐주는 말씀이다.

위에 제시하고 있는 것이 성경신학적 근거로는 빈약하다. 예배의 요소나 형태는 인간의 창조물이라기보다 하나님의 계시에 의해 창출된 하나님의 방법과 요소에 의해 드려져야 하는 것이다. 이런 면에서 '성경신학'과 '찬송신학'은 이들 문제들을 해결해 주는 원초적인 단추와 해결사역할을 해주어야 할 것이다.

한편으로 교회에서 예배 다음으로 성경교육일 것이다. 다음은 영어권 성경교육 현장에서 사용하고, 선교지에서 사용할 수 있도록 한 '영어성경목록가'이다. 글로벌 시대에 한국찬송가나 찬양 곡을 번역해 출판하는 일이 시급하다. [악보 23]

제6장 《찬양곡집》을 위한 선곡방안

교회마다 찬양곡 선정 기준조차 없다. 아래 내용은 대한예수교 장로회 총회 복음성가선별위원회에서 《총회 찬양곡집》을 만들기 위하여 작성한 제84회 총회보고서(pp. 404-408) 내용을 참조하여 '찬양곡선별 방안'을 소개한다.

제1절 찬양 곡 선곡의 필요성

교회와 그리스도인의 최고의 의무는 '예배'이다. '예배' 없는 봉사나 전도, 친교 등은 알맹이가 빠져 무의미하고 무미건조한 것이다. '예배'는 신앙생활의 중심에 있고 핵심을 이루고 있는 것이다. 또한 '찬송'이야 말로 '예배'에 있어서 필수적인 요소라고 볼 수 있다. 그러나 오늘날 한국교회의 예배는 그 본질이 심하게 왜곡되어 있다. 하나님께 드림으로서의 예배보다는 복을 받아내려는 기복신앙과 인간 친교중심으로 흘러가고 있어 인본주의 예배라고 볼 수 있다. 교회의 기능에서 친교와 봉사가 없는 것은 아니지만 오늘날은 우선순위가 바뀐 느낌이 없지 않다. '예배'는 하나님의 부르심과 회중의 응답이라는 상호적인 행위에 의해서 이루어지는 특별한 서비스(service)이다.

성경은 "이 백성은 내가 나를 위하여 지었나니 나의 찬송을 부르게 하려 함이니라"(이사야 43:21)고 하였다. 인간창조의 목적이 여호와 하나님을 찬송하게 하려함에 있고, 따라서 살아계신 하나님을 의지하는 자가 받을 복은 '찬송'이라는 말이다. "나는 여호와니 이는 내 이름이라 나는 내 영광을 다른 자에게, 내 찬송을 우상에게 주지 아니하리라"(이사야 42:8)고 하였다.

찬송은 '찬미의 제사'로서 하나님께 드려지는 제물임에 틀림없다(히브리서 13:15). 구약 성경의 시편기자는 "여호와의 이름에 합당한 영광을 그에게 돌릴 지어다"(시편 96:8상)라고 하였으며, 계속해서 "예물을 가지고 그 궁정에 들어 갈 지어다"(시편 96:8하)라고 하였다.

구약시대의 제사제도는 분명히 예수 그리스도의 십자가에서 완성되었다. R. 압바(Raymond Abba, 1910-?)라는 학자는 아래와 같이 말하였다.[200]

"그리스도인의 예배가 되기 위해서는 그리스도교 예배의 중심부에는 반드시 자기 자신을 인간에게 알게 하사 성육(成肉 : incarnation)과 십자가의 부활로 절정을 이룬, 이러한 위대한 하나님의 구원 행위(saving acts)를 구체적으로 제시하여 줌으로써 예배하는 교회가 참회와 감사의 헌신과 찬양으로 응답할 수 있도록 하여야 한다."

한국교회가 기독교 2세기를 맞는 우리의 현실은 마땅히 드려야할 '찬송'과 '찬양'이 성가라는 이름으로 저하되어 불리어지고 있다. 이에 하나님께 드려지는 입술의 열매인 찬송은 마땅히 '찬양'이라는 말이 합당하겠다. 총신대학교를 비롯해 신학교들이 '종교음악과'라는 명칭을 '교회음악과'로 명칭이 변경된 것은 당연한 처사라고 생각한다. 또한 커리큘럼도 이에 맞게 설정하여 목회자 양성을 위한 '찬송가학'을 필수로 가르쳐야 한다. 하나님께 드려지는 찬송에 대해서는 '찬양'이라는 성경적인 용어로 통일되어야 하며, 회중을 대표해서 찬송을 드리는 기관과 대원들을 총칭해서는 '찬양대'라는 용어로 통일했으면 한다. 찬양은 하나님께 예배를 전제한 교회음악임에 틀림없다. 아래의 내용은 총회 헌법「예배모범」제4장에 나타난 '시와 찬송'에 대한 내용이다.

제4장 시와 찬송
1. 예배당에서 공동으로나 혹 가족 끼리나 시와 찬미로 하나님을 찬송하는 것은 모든 신자의 마땅한 본분이니 성경에 합한 말과 하나님께 영광 돌리는 언사를 사용하라.
2. 하나님을 찬송하는 노래를 부를 때는 정성으로 하며 그 뜻을 깨달으며 곡조에 맞추어 주께 우리 마음을 다해야 할지니 음악의 지식을 연습하여 우리의 마음으로 하나님을 찬양하는 동시에 또한 우리 음성으로도 하나님을 찬송하는 것이 옳고 교우는 반드시 '찬송가 책'을 준비하여 함께 찬송하는 것이 마땅하다.
3. 공식 예배 때에 찬송은 찬송가에 한하여, 찬송하는 시간의 다소는 목사가 조심하여 정할 것이나 아무쪼록 적당하게 하여 교인 전체로 찬송하는 실력을 얻게 함이 옳다.

현행 찬송가 공회에서 발행되고 있는 '찬송가'(책)는 두 가지 기능을 가지고 있다고 볼 수 있다.

---

200) R. 압바 교수는 1940년부터 8년 동안 영국 조합교회에서 목회했으며 1948년부터 7년 동안 오스트레일리아 시드니의 캄덴 대학의 학장과 신학 교수를 역임했다. 그 후 다시 영국으로 돌아와 스완시, 더램대학에서 구약성서 신학 및 종교 교육을 강의했다. 저서로는 『Things which Abide』, 『The Nature and Authority of the Bible』 등이 있다

첫째는 헌법에 명시 된 대로 찬송가에 한하여 회중 찬송으로서의 기능이요. 둘째는 찬양대의 찬양 곡으로 사용할 찬양재료로서의 기능을 들 수 있겠다.

총회 헌법 예배 모범에 제시된 내용을 보면 찬송의 재료로 '찬송가'를 제시하고 있으며, 예배의 주축을 이루는 찬양대의 찬양의 재료로서도 그 기능을 밝히고 있다. 그러나 교회마다 소규모의 찬양대나 대규모의 찬양대를 막론하고 대부분 찬송가는 충분한 연습과 준비가 없을 경우에 '찬송가'를 그대로 찬양을 하고, 그렇지 않은 경우에는 대부분 찬양곡집에서 임의로 표집 된 곡들로 찬양을 드리고 있는 실정이다.

그렇다면 찬양대의 찬양곡은 어떻게 선곡할 것인가? 하는 문제가 남는다. 찬송가로만 드려야 할 것인가? 그리고 새롭게 발행되는 '총회 찬양집'은 또한 어떻게 편집할 것인가 하는 이러한 문제들이다. 그렇기 때문에 '총회 복음성가 선별위원회'에서 현존하는 찬양 곡들을 분석하고, 예배학적으로 합당한 찬양 곡들을 선곡하여 전국교회의 예배찬송을 선도하기 위한 자료를 제시할 것이다.

이제 우리는 21C의 가파른 역사에서 '예배 찬송가학'의 정립이 필요하다고 본다. 이러한 점에서 총회 복음성가선별위원회 주관으로 예배 시 찬양 드려질 '찬양 곡' 선곡은 시대적인 요청이기도 하다.

지금까지 21C를 향한 새로운 '찬송가 공회 찬송가'도 출판을 서둘렀지만 2006년에야 발행되었다. 이에 총회적인 차원에서 찬양대를 위한 '찬양곡'의 선곡은 하나님께 드려질 최상의 찬양을 준비하게 하는 일에 일조(一助)를 할 것이라고 본다. 지금까지의 예로 볼 때 하나님께 예배를 위한 수직적인 찬송이 점점 적어지고, 성도간의 교제를 강조하는 수평적 음악이 많아짐으로 예배찬송이 약화될 위험성이 없지 않다. 찬양대가 부르는 찬양이야말로 하나님께 드려질 최상의 상향적인 '예배음악'이요. 모든 회중들을 대표해서 드리는 '찬미의 제사'로 드려져야 한다고 본다.

제2절 '총회 찬양 곡' 선곡의 예

1970년대 한국 개신교는 합동 『찬송가』(서울: 찬송가합동위원회, 1949), 새『

찬송가』(서울: 새 찬송가편찬위원회, 1962), 개편 『찬송가』(서울: 개편찬송가편찬위원회, 1967)와 같이 각기 다른 찬송가를 사용하기 때문에 1970년대 대형 초교파 집회 시 많은 불편스러움 때문에 찬송가를 통일하기 위하여 한국 교계는 찬송가 통일 작업을 시작하여, 1983년에 '통일 『찬송가』'(서울: 한국찬송가공회, 1983)가 발행되었다. 그러나 여러 교파들이 모여 하나의 찬송가를 만들려고 교파마다 애창하는 찬송가들을 넣으려고 주장하다보니, 찬송가학도 미 정립된 상태에서 성결교단이 사용하던 '복음 성가곡'들이 통째로 들어가 '예배찬송'이 물 타기 되어 소외되고, '복음성가'가 558편중에 281편(50.4%)이나 포함되어 편집되었다. 이런 문제점으로 말미암아 질적 면에서나 편집 면에서 볼 때 '새 『찬송가』'보다 후퇴한 것이요 예배 찬송의 보강이나 한국작가들의 찬송가 면에서 보면 '개편 『찬송가』'보다 뒤진 것이라고 볼 수 있다.

문제는 찬송가만을 예배 시에 부르라고 한다 해도 '복음성가'와 '찬송가'의 구분이 되어 있지 않은 현실에서, 찬송가책에 실려 있다고 예배 시에 다 적합한 것도 아니기 때문에 뜻대로 되지 않는다는 점이다. 영·미 찬송가의 경우 특히 미국의 경우는 대부분 복음성가가 주류를 이루고 있다. 문제는 21C『찬송가』의 경우에도 '예배 찬송 보강의 원칙'을 세웠지만 '청소년들을 위한 찬송'과 '가정찬송', '절기찬송'의 보강 등의 요청을 고려해 볼 때, 우리가 요구되어진 점들의 충족을 위한 갱신을 기대하기란 어려웠다고 본다. 특별히 찬양을 드려야 할 찬양할 곡들은 아래 요건을 충족해야 한다.

[1] '찬양곡'의 음악적인 아름다움과 [2] 가사와 곡의 예배학적인 면에서 합당한 것이어야 하고 [3] 교회마다 음악적인 수준 등을 고려해야 한다.

그러므로 대형교회와 중형교회 그리고 소형교회, 농어촌교회의 특성과 찬양대의 수준에 따라 선곡이 달라질 수 있다고 본다. 그러나 문제는 찬양곡의 수준보다는 찬양곡의 예배학적인 면에서 적합성이 더 문제가 된다고 본다.

교회마다 찬양 계획이 세워지기 전에는 예배 찬송이나 모든 예배의 계획이 목회자 중심이기 때문에, 요즘은 좀 다르지만 '찬양곡'만은 대개 신학을 하지 않은 찬양대 지휘자가 대부분 선곡하기 때문에 예배학적인 측면에서 충분히 고려되지 못할 측면이 다분하다. 또한 '찬양 곡'의 경우 대부분 번역 곡들을 사용하고 있기에 가사의 조잡성은 피할 수 없다고 본다. 그러기에 현재 번역되어 진 곡들이나 한국인 작사 작곡의 찬송가 작품들을 총체적으로 집합하여 예배학적인 측면에서 선곡해야 한다고 본다.

편집 방향을 정하는데 있어서 예배찬송의 경우에는 장소 시간 연령 등 제한을 많이 받을 수밖에 없지만 구원받은 성도들이 기뻐서 드려야 할 '찬양 곡'은 범위가 넓고 다양해야 하며, 많이 알려진 곡을 중심으로 생각하지 않을 수 없다. 그래서 아래와 같이 그 '편집방향'을 정하여 일을 추진하였다.

[1] 기존의 찬양곡집들을 분석 검토하여 하나의 '찬양집'으로 편찬하되 여러 시대 여러 작가들의 찬양곡들을 고루 선곡한다.
[2] 이미 한국교회에 널리 알려진 찬양곡들을 1자석으로 수집하여 많이 애장되어섰던 은혜로운 곡을 우선적으로 선곡한다.
[3] 이미 잘 알려져 불리어지는 가사는 될 수 있으면 그대로 두되 성경신학적으로 합당하고 한글 맞춤법에 맞도록 가사를 교정한다.
[4] 찬양 예배 등을 고려하여 찬송 시 부분은 개역성경이나 개역개정성경을 참고로 하여 싣되 시편내용의 가사를 우선 싣는다.
[5] 찾아보기를 쉽게 하기 위하여 「한글 가사 첫줄」, 「영문 가사 첫줄」, 「작곡자 및 작사자 이름과 장수」 등을 찾아보기(INDEX)로 싣는다.
[6] 외국곡이나 특별히 한국인 작사 작곡한 찬양 곡들도 고루 선곡한다.
[7] 찬양곡의 총 편수는 제한을 두지 않으나, 책의 전체 분량을 고려하여 분기별이나 전반기 후반기로 구분하여 I권, II권으로 분할 발행하고, 낱장 악보도 인쇄하여 보급하도록 한다.
[8] 찬양곡의 내용 분류 및 선곡된 곡의 분배는 아래와 같이 한다.
· 제1부 예배의 입례 송, 행렬 송, 기도 송, 송영 곡 10%
· 제2부 주일예배 찬양을 위한 찬양 곡 70%
· 제3부 절기(성탄절, 부활절, 감사절 등) 찬양 곡 20%

제3절 찬양 곡 선곡의 실제

찬양곡의 선곡 과정 및 방법은 다음과 같다.

1) 찬양곡 수집 방법은 다음과 같이 한다.
· 교단 내의 각 교회에서 발행된 편집 발행된 『찬양 집』을 수집한다.
· 국내 여러 악보사에서 발행된 『찬양곡 집』수집한다. 선곡한 곡들은 표집 한 찬양곡

집을 표기하여 종합한다. 이상 내용들을 컴퓨터 저장하여 관리하도록 하고, '찬양곡 선곡 전문위원'이 최종 선곡한 곡들을 종합한다.
2) 2차적으로 찬양곡 편집 전문위원들의 공동 작업으로 선곡을 마무리 짓고, 가사 전문위원의 가사 교정을 거쳐 복음성가 선별위원회(새 찬송가위원회)에 최종적으로 보고한다.
3) 찾아보기(INDEX)의 정리는 찬양 곡 제목을 가나다순으로 찾아보기 쉽도록 정리 한다.
4) 최종 원고를 사식 후 정리하여 '전문위원회'의 감수를 받아 각급 교회의 요청을 받아 악보를 공급하도록 한다.

제4절 찬양곡 선곡 위한 위원조직과 운영

총회《찬양 합창곡 집》 발간을 위해서 선곡을 위한 <위원회> 조직이다.
· 위원장 : 황명택 목사   · 서기 : 권영만 목사   · 회계 : 김문갑 목사
· 위 원 : 이재영 김형천 장세종 이인건
· 전문위원 : · 신소섭 목사(한국 찬송가공회 전문위원, 성도교회 목사) · 김의작 교수(총신대학교) · 박귀선 교수(전북신학교) · 이인식 교수(대구신학교) · 김건철 교수(총신대학교) · 박재천 목사(명지학원 교목)

이상과 같이 '복음성가 선별위원회'에서 '찬양곡 선곡 원칙'과 위원회를 조직하여 21C를 대비하여 '찬양곡 선곡'을 계속한다. 진행 중에 있는 '찬양곡 선곡'에 대한 관심과 지원을 하여 정선된 '찬양곡'으로 예배드릴 수 있게 하기 위하여 특별위원회 보고를 하다.

총회복음성가선별특별위원회 위원장 황원택
서 기 권영만

위의 계획에 따라 작성된 2000년 교회력에 의한 찬양곡 선곡의 예를 기독음악저널에 연재해서 실었다. 마지막 회의 선곡 실례를 참고하면 큰 도움이 될 것이다.201)

위의 찬양곡 선곡의 예를 참조로 매년 찬양계획을 수립할 때 사전에 교회력을 참조하여 '예배찬양위원회'와 담임목사의 연간 목회계획 및 설교계획을 받아서 수립한다면 아주 훌륭한 '연간찬양계획'이 수립될 수 있을 것이다. 필자는 찬양대 지

---

201) 《기독음악저널》 1999. 9월-2000년 1월호까지 "올바른 찬양계획수립" 5회로 연재됨.

휘를 하면서 찬양위원회와 담임목사와 긴밀한 상의를 해서 계획을 수립하고 찬양대를 지휘하며 운영해 갔다.202) < 도표 6 > 교회력에 의한 찬양곡 선곡의 예

- 2000년 교회력에 의한 찬양곡 선곡의 예 -

월별	주 년 일	순	대도시 중대형	중·소도시 중형	소도시 소형
1월	신 년 주 일	1	새 노래로 주를 찬양(예찬 1/p. 86)	시온의 빛나는 아침(예성 1/p. 1)	생명의 빛(예성 1/p. 178)
	2주	2	복있는 사람은(성합 1/p. 10)	복있는 사람은(성합 3/p. 5)	내 영혼의 햇빛비쳐(교합 2/p. 28)
	3주	3	십자가를 질 수 있나(교합 1/p. 49)	십자가로 가까이(교합 2/p. 172)	복의 근원 강림하사(교합 2/p. 28)
	4주	4	깨어라 먼동이 튼다(성합 2/p. 8)	주의 곁에 있을 때(교합 1/p. 418)	아 하나님의 은혜(교합 1/p. 368)
	5주	5	할렐루야 아멘(성합 2/p. 56)	주의 이름 영화롭도다(성합 1/p. 52)	주 은혜 놀라워(교예합 4/p. 72)
2월	6주	6	주님 가르치신 기도(성합 3/p. 74)	인애하신 구세주여(교예합 6/p. 175)	부르심을 구함(명성 1/p. 251)
	7주	7	선하신 목자(예성 2/p. 150)	어지신 목자(예성 2/p. 147)	선한 목자(교합 2/p. 554)
	8주	8	우리 눈 여소서(예성 2/p. 101)	내 주를 가까이(교합 6/p. 83)	주 하나님께서(교예합 6/p. 40)
	9주	9	사도신경(성합 1/p. 26)	험한 십자가(교합 1/p. 166)	만세 반석이(교예합 6/p. 117)
3월	10주	10	할렐루야 십자가(성합 3/p. 115)	할렐루야 찬송(교합 1/p. 49)	왕이신 우리 주께(교합 2/p. 258)
	11주	11	십자가(교합 1/p. 175)	성도여 다함께(교예합 6/p. 216)	주님의 뜻을 이루소서(예합 1/p. 71)
	12주	12	보아라 십자가(성합 1/p. 106)	어린양을 보라(성합 1/p. 94)	주 달려 죽은 십자가(예찬 1/p. 108)
	13주	13	호산나(성합 3/p. 110)	호산나(예성 1/p. 233)	종려나무(성합 1/p. 102)
4월	종 려 주 일	14	할렐루야(예합 4/p. 108)	기쁜 부활찬송(성합 4/p. 118)	주님께 영광(교합 1/p. 193)
	부 활 주 일	15	하늘의 주(예성 1/p. 196)	하늘의 아버지(예성 1/p. 167)	오 신실하신 주(예성 1/p. 65)
	16주	16	땅까지 용납하라(예성 1/p. 109)	어내 빌 내 어(예성 1/p. 147)	비 인터니의 (따리 내 내 1/p. 148)
	17주	17	천부를 찬양하라(성합 4/p. 5)	거룩한 성(예성 2/p. 34)	놀라운 평화(교합 2/p. 431)
	18주	18	어린이를 용납하라(예찬 1/p. 181)	주를 사랑하십은(교합 2/p. 479)	날 사랑하심(성합 1/p. 222)
5월	어 린 이 주 일	19	우리 집(성합 2/p. 104)	우리 집(성합 1/p. 134)	어머님의 기도(성합 3/p. 130)
	어 버 이 주 일	20	사랑의 열매(성합 4/p. 8)	하나님 이세상을(성합 1/p. 134)	확실한 나의 간증(예성 2/p. 205)
	21주	21	불같은 성령(성합 3/p. 146)	엘리야의 하나님(성합 1/p. 332)	은혜의 단비(성합 2/p. 120)
	22주	22	새 노래를 주를 찬양(예성 1/p. 173)	하나님이 사랑(예성 1/p. 176)	거룩 거룩(예성 2/p. 183)
6월	23주	23	축복(예성 2/p. 198)	신의 영광(예성 2/p. 5)	내 영혼 숨기시고(예성 3/p. 143)
	24주	24	오 신실하신 주(성합 4/p. 234)	여호와를 송축하라(교합 6/p. 44)	인애하신 구세주여(교예합 6/p. 175)
	25주	25	쿠기(예성 3/p. 96)	쿠기(예성합 1/p. 22)	평화의 기도(예성 1/p. 2)
	26주	26	여호와를 감사하라(성합 2/p. 234)	주는 저산 밑에 백합(성합 1/p. 329)	구원의 찬송(교합 4/p. 195)
7월	맥추감사주일	27	만물아 감사 찬송(예성 4/p. 163)	백합화를 보라(교합 4/p. 103)	저 발에 농부 나가(교합 2/p. 521)
	28주	28	기원(명성 1/p. 32)	내 영혼의 구세주(예성 2/p. 538)	주는 나의 목자(예성 2/p. 283)
	29주	29	아 내 맘속에(교합 2/p. 622)	아 하나님의 은혜로(교합 2/p. 180)	아 하나님의 은혜(예성 3/p. 272)
	30주	30	내 눈을 열어 두루(교합 2/p. 526)	온 세계 노래하자(예성 5/p. 35)	순례자의 노래(예성 3/p. 115)
	31주	31	온 천하 만물 우러러(교합 2/p. 346)	참 아름다워라(교합 2/p. 330)	디례라 맑은 바다(성합 2/p. 233)
	32주	32	축복(예성 1/p. 75)	주는 나의 힘(예성 1/p. 166)	시편 100편(성합 1/p. 78)
8월	광복절 주일	33	시편 150편(예성 2/p. 242)	깨어라 먼동이 튼다(예성 1/p. 92)	하나님께 영광(예성 3/p. 335)
	34주	34	오 신실하신 주(교합 2/p. 651)	하나님의 크신 사랑(교합 2/p. 532)	가장 귀하신 예수(예성 1/p. 211)
	35주	35	나는 황실한 아내(교합 2/p. 289)	온 천하 만물 우러러(예합 1/p. 70)	나를 인도하소서(예성 1/p. 214)
9월	36주	36	선하신 목자(예성 1/p. 150)	사랑하는 자들아(예성 1/p. 131)	예수 사랑하심은(교합 1/p. 479)
	37주	37	주 하나님의 것(예성 1/p. 5)	예수로 나의 구주삼고(교합 2/p. 562)	내 주여 돗대로(예성 1/p. 26)
	38주	38	할렐루야 찬양하라(성합 14/p. 258)	주는 저산 밑에 백합(교합 1/p. 107)	주를 찬양하세(성합 1/p. 222)
	39주	39	주를 찬양하세(예성 2/p. 158)	본향을 향하여(예성 1/p. 112)	찬양할 수 있는 은혜(예성 2/p. 210)
10월	40주	40	영화롭도다(예성 3/p. 207)	기뻐하며 오셔서(예성 1/p. 4)	함께 경배하세(예성 4/p. 129)
	41주	41	어버 님 위함이온지(예성 2/p. 109)	주의 곁에 있을 때(예성 2/p. 68)	주님은 반석이시오(예성 3/p. 92)
	42주	42	면류관 가지고(성합 4/p. 176)	주를 사랑(예성 1/p. 107)	나 무엇 주님께(예성 3/p. 197)
	43주	43	시편 150편(성합 3/p. 36)	주 항상 계시네(명성 1/p. 62)	생명의 빛(예성 1/p. 178)
11월	종교개혁주일	44	내 주는 강한 성이요(예성 2/p. 574)	시온의 영광(예성 9/p. 222)	여호와를 찬양하라(교예합 4/p. 108)
	45주	45	주의 이름 영화롭(예성 2/p. 176)	내 구주 예수를(성합 9/p. 90)	만세 반석 열리니(성합 9/p. 225)
	추수감사주일	46	생명의 양식(예성 2/p. 176)	하나님의 크신 사랑(예성 2/p. 258)	내 마음 편하다(교합 1/p. 535)
	47주	47	영영송(성합 3/p. 16, 성합 1/p. 294)	여호와께 감사하라(교예합 6/p. 138)	주 찬송(교예성 3/p. 376)
12월	대림절 1주	48	기뻐하며 경배하세(교합 2/p. 632)	문들아 머리 들라(성합 1/p. 276)	놀라운 평화(교합 2/p. 431)
	대림절 2주	49	주의 계획성을(예성 4/p. 36)	곧 오소서 임마누엘(교합 2/p. 132)	임마누엘 오소서(예성 2/p. 232)
	대림절 3주	50	달고 오묘한 그 말씀(교합 2/p. 465)	내 평생 듣는 말씀(예성 2/p. 259)	주의 말씀(예성 2/p. 232)
	성 탄 절	51	천사의 합창(성합 2/p. 388)	기쁘다 구주 오셨네(성합 1/p. 350)	기쁘다 구주 오셨네(성합 2/p. 306)
	송 년 일	52	영광(성합 1/p. 24)	주의 크신 은혜(예성 2/p. 390)	예수가 거느시네(교합 2/p. 414)

교회에는 여러 기관이 있지만 '예배분과위원회'는 참으로 중요하고 긴요한 기관이다. '예배분과위원회' 아래 예배부와 찬양부로 나뉘고, 찬양부는 찬양대별(예배

---

202) 필자는 대한예수교장로회 개복교회 할렐루야 찬양대 지휘자(1974-1983)로 봉직함. 위의 도표는 총회 찬양곡 선별위원회 요청으로 작업한 내용이다. 《기독음악저널》, 2000년 1월호, p.53.

시간대별, 연령층)로 나뉘고, 기악부는 관현악부와 선교 찬양단(기악 연주단과 보컬 팀)으로 나뉘지만 모두 하나님께 영광을 돌리기 위한 마음과 정성을 다해 찬양 드려야 할 것이다. 관현악 반주는 찬양대와 호흡을 잘 맞춘다면 은혜로운 찬양이 될 것이다.

한국개신교회가 먼저 예배에 있어서 예전(liturgy)을 중시해야 하겠다. 찬양대 예산을 비롯한 예배에 대한 예산이 충분히 확보되어야 한다. 교회에서 사용하는 악보는 꼭 세워진 '찬양위원회 예산'으로 정품을 구입해서 사용하도록 해야 하겠다. 지휘자들의 사례비 지불도 중요하지만 악보구입예산은 꼭 세워져서 제대로 구입한 악보로 찬양을 드리도록 해야 하겠다. 다음은 '즉흥적 예배'에 대한 서창원 목사의 따끔한 지적이다.203)

> 오늘날 주일 예배가 몹시 혼란스럽고 무질서하다. 전통적 예배의식을 전면 부정하고 어떠한 형식에 매이지 않아야 한다고 하며, 복장은 가장 편안한 것으로 입고 일주일에 어느 한 날 예배 시간에만 참석하고 헌금만 하면 된다는 식으로 전락하고 있다. 성경 찬송가를 가지고 다닐 필요가 없도록 영상매체를 사용하여 성경말씀이나 찬송가 가사를 대형 스크린에 비추어 준다. 어느 교회는 시편찬송가는 말할 것도 없거니와 『찬송가』조차도 부르지 않고 복음 송만 부른다. 현대 '복음송'을 열광적으로 부르고 감정적으로 흥이 고조되어 박수치고 춤추고 하는 것은 잘못 된 것이다.

예배위원들은 가능한 '예배학'이나 '찬송가학'에 대한 지식을 가지고, 지휘자와 찬양대원들을 함께 지도해가도록 해야 하겠다. 지휘자는 특별히 찬양곡, 독창곡, 송영곡, 합주곡 등을 여러 시대 여러 장르의 음악을 선곡해 활용하도록 해야 하겠다. 한국인의 정서가 담긴 한국인의 찬송이나 찬양곡들도 선곡하여 찬양을 드리도록 하는 것이 좋다.204) 헌금 송, 입례 송도 찬송가나 찬양 곡 집에 실려진 곡들 말고도 수시로 작품들을 모아서 '찬양자료'로 활용하도록 하는 것도 좋은 방법일 것이다.

수시로 찬양대원들의 교육 프로그램을 마련하여 교육과 훈련을 시키도록 하는 것이 찬양대 발전을 위해 필요하다.

예배는 하나님의 방식대로 하나님을 예배하되 성경과 교회 헌법 및 예배 모범을 따라 바르게 하나님을 섬기는 개혁교회가 되도록 해야 하는 것이다.

---

203) 서창원 저, 『기독교는 무엇을 믿는가?』 (서울: 진리의 깃발, 2010), p.395. 삼양교회 시무.
204) 문성모 찬송가 330곡집, 『우리 가락찬송가와 시편교독송』 (서울: 도서출판 가문비, 2011), p.512.

제7장 교회음악의 구분과 활용

'교회음악'이란 그리스도를 머리로 삼고, 그의 지체가 된 유형무형의 교회가 그 교회 된 사명을 완수하기 위하여 필요로 하는 음악적 활동 일체를 지칭하게 된다. 음악적 활동 일체란 창작, 연주, 감상 일체를 말하며, 이를 위한 개인적, 집단적인 모든 음악적 활동을 포함한다.205)

교회음악의 내용을 논할 때 교회의 사명적인 관점에서 접근해야 할 것이다. 교회의 사명을 크게 나눈다면 '예배' '교육' '전도'(선교) '봉사' 또는 '친교'로 나눌 수 있다. 이러한 관점은 필자의 저서인 『예배와 찬송가』(1993)의 후반부에서 찬송가의 활용 방안으로 찬송가의 '예배학적인 기능'과 활용 방안, '교육적 기능'과 활용 방안, '선교 적 기능'과 활용 방안으로 나누어서 설명했다.206)

여기에서는 교회음악을 다음 네 가지로 나누어 설명해 갈 것이다. 첫째는 예배용 음악이요, 둘째는 교육용 음악이요, 셋째는 전도용 음악이요, 넷째는 친교용 음악이다.207)

제1절 예배용 음악

교회음악의 장르에서 가장 중요하게 취급되는 내용은 '예배음악'이다. 그것은 교회의 가장 중요한 기능은 하나님께 예배드리는 일이기 때문이다.

예배에서 교회음악의 목적은 하나님에 대한 인식 및 예배의 분위기를 창조

---

205) 김의작, 『교회음악학』(서울: 총신대학 출판부, 1983), p. 20.
206) 신소섭, *op. cit.*, pp.155-181.
207) 김의작, *op. cit.*, pp. 21-41. 참조

히고 사람의 내적 생활을 향상시키고, 예배의 경험을 위하여 회중을 통일하고, 회중의 믿음을 표현하는 데 있다. 즉 교회음악은 사람의 확신과 그의 감정 및 태도를 연결하는 다리(橋梁)로서 이바지할 수 있다. 교회음악은 다음 세 가지 측면에서 예배와 관계가 있다.

① 교회음악은 예배의 목표 또는 정신을 나타낸다. 교회음악은 예배에서 경외하는 정신을 북돋워 준다.

② 교회음악은 작가의 기본적 진리와 경험을 회상케 하며, 이 경험을 다른 사람들과 나누어 갖게 하는 예배의 한 조력자로서 이바지한다.

③ 교회음악은 예배의 한 행위이다. 즉 소리를 높여 찬양할 때, 여기에서의 음악은 실제로 예배의 한 행위인 것이다.208)

또한 교회음악 중에 예배용 음악은 교회 안에서 설교가 하나님의 말씀인 메시지의 선포인 것처럼 예배용 음악인 찬양 또한 이러한 하나님의 말씀 선포의 기능이 있는 것이다. 그런가하면 회중 찬송은 하나님께 드려지는 찬양임에 틀림없다. 그러므로 여기에서 말하고자하는 예배용 음악은 찬송가 집에 실려 있든 실려 있지 않던 그 찬송가 자체가 이미 자체적으로 차별성을 지니고 있는 것이다. 사용하는 사람에 따라 오용될 지라도 '찬송가'의 기본적인 성질은 변하지 않는 것이다. 여기에서 우리는 진정한 찬송가의 창작과 활용에 힘써야 되겠다. 찬송가 집에 수많은 노래들이 실려 있지만 진정으로 하나님께 드려질 찬송가는 구분되는 것이다. 그러므로 우리는 교회음악을 바로 알고 예배라는 중요한 활동에 쓰여 져야 될 예배용 음악을 다른 기능의 음악과 차별성을 가지고 올바르게 배우고 가치 있게 선포해야 한다. 하나님께 예배한다는 것은 그분에게 우리 자신을 바치고 우리를 향한 그분의 뜻을 찾고 배우는 것이다. 즉 하나님께 가까이 나아가 경배 드리고 있는 자신을 발견하는 일이다.

1. 예배의 개념과 찬송

아브라함 카이퍼(Abraham Kuyper)는 그의 저서 『칼뱅주의』에서 말하기를

---

208) 『크리스챤 大典』 제3권 교회 편(서울 : 도서출판 문맥, 1984), p. 436.

"종교는 인간을 위하여 존재하지 않는다. 하나님이 피조물을 위하여 존재하는 것이 아니며, 피조물이 하나님을 위하여 존재한다. 그것은 성경이 말하고 있는 바대로 하나님은 당신 자신을 위하여 만물을 창조하셨기 때문이다."라고 하였다.209)

우리가 하나님이 기뻐하시는 예배를 드린다고 할 때, 성경에서 참 예배의 모습을 찾아야 하는 것이 당연하다. 성경 소 요리문답 제 1문에 보면 "사람의 제일 되는 목적은 하나님을 영화롭게 하는 것과 영원토록 그를 즐거워하는 것이다."210) 라고 하였다.

왜 찬송을 불러야 하는가? 왜냐하면 '하나님을 영화롭게 하는 것'이 인생의 제일 되는 목적이기 때문이다. 또한 '영원토록 그(여호와)를 즐거워해야' 하는데, 인생들은 돈이나 물질이 생기면 기뻐한다. 그러나 보이지 아니하는 하나님 여호와를 경배하거나 섬기며, 그분을 기뻐하지 않는 것은 인간 무지의 소치가 아닌가? 생각되어진다. 그러나 신앙의 선배들을 보라. 그들은 여호와를 즐거워하며, 기뻐하라 하면서 구체적인 이유들을 제시해 주고 있다.

시편에서 다윗은 "너희 의인들아 여호와를 기뻐하며 즐거워할지어다. 마음이 정직한 너희들아 다 즐거이 외칠지어다(시32:11)." "너희 의인들아, 여호와를 즐거워하라. 찬송은 정직한 자의 마땅히 할 바로다. 수금으로 여호와께 감사하고, 열 줄 비파로 찬송할지어다. 새 노래로 그를 노래하며, 즐거운 소리로 아름답게 연주할지어다(시33:1)." "또 여호와를 기뻐하라. 그가 네 마음의 소원을 이루어 주시리로다(시37:4)." "온 땅이여, 하나님께 즐거운 소리를 낼지어다. 그의 이름의 영광을 찬양하고 영화롭게 찬송할지어다(시66:1-2)."라고 하였다.

하박국 선지자는 "비록 무화과나무가 무성치 못하며, 포도나무에 열매가 없으며, 감람나무에 소출이 없으며 밭에 식물이 없으며, 우리에 양이 없으며, 외양간에 소가 없을지라도, 나는 여호와를 인하여 즐거워하며, 나의 구원의 하나님을 인하여 기뻐하리로다. 주 여호와는 나의 힘이시라. 나의 발을 사슴과 같게 하사 나로 나의 높은 곳에 다니게 하시리로다."(합 3:17-19) 라고 영장(伶長; choir master)211)을 위하여 수금에 맞춘 노래를 들려준다.

---

209) Dr. Abraham Kuyper, 「칼뱅주의」, 박영남 역 (서울: 세종 문화사, 1982), p.67.
210) 대한 예수교 장로회 총회 발행, 「헌법」, (서울: 총회출판국, 1993), p.27.

신약 성경에는 성모 마리아의 아름다운 찬양이 나온다. "[46]마리아가 가로되 내 영혼이 주를 찬양하며, 내 마음이 하나님 내 구주를 기뻐하였음은 [47]그의 여종의 비천함을 돌아보셨음이라……(눅1:46~55)."

이러한 노래들은 '하나님 내 구주를 향한 마음의 즐거움과 기쁨이 찬양과 감사로 터져 나온 것들'이다. 그래서 피조물인 인간은 이러한 기쁨과 즐거움의 표출로 여호와 하나님께 찬양과 감사로 예배드리지 않을 수 없는 것이다.

1) '예배'라는 용어

'예배(禮拜)'라는 말은 "신(神)을 숭상하고 숭배하면서 그 대상을 경배하는 행위 및 그 양식이라."고 정의되어 왔다. 이러한 우리말의 뜻은 기독교 예배의 본질적인 의미와 매우 가까운 관계를 가지고 있다고 본다. 신구약 성경에서는 '예배'란 말이 사용되었던 형편과 시기에 따라서 표현의 차이가 약간 있기는 하지만 그 내용은 거의 일치하고 있다.

2) '예배'의 구약적인 의미

구약 성경에서 사용한 그 대표적인 어휘 둘을 들 수 있다.
① '아바드(עָבַד)'라는 히브리어이다. 이 말의 뜻은 '봉사' 또는 '섬김'으로 나타내지고 있는 바, 영어에서 예배를 '서비스'(service)라고 하는 표현은 그

---

211) 박윤선, 「시편 주석」(서울 : 영음사,1974), p.72. "영장"(伶長)이란 히브리어로 메낫체카(מְנַצֵּחַ)인데, 악대(樂隊)의 지휘자 즉, 악장(choir master)을 의미한다. 기독교문사, 「기독교 새사전」, (서울 : 기독교문사, 1990), 제2권, p.276. 성가대 지휘자. 이 말이 특히 시편의 제목으로 되어 있는 경우는 예배에 있어서의 음악의 지휘자를 가리킨다. 영장이라는 제목이 있는 시편은 그리스 시대 회당에 있어서의 기도서이었던 듯하다.

유래를 '아바드'에서 찾아야 할 것이다.

② '샤하아(שָׁחָה)'라는 단어로, 이 말의 뜻은 '굴복하는 것' 또는 '자신을 엎드리는 것'으로서 '숭배' '순종' '봉사'의 종교적인 개념을 가지고 있다. 이 개념은 예배드리는 사람들이 마음과 몸을 가지고 최대한으로 존경하는 태도를 보이는 것을 의미한다. 이러한 표현은 '머리를 숙여 경배했다'라든가 '엎드려 경배했다'라고 구약의 여러 군데에서 사용한 것과 관련된다(참고, 창 24:26, 출 4:31, 출 34:8).212)

이상의 예배에 대한 어휘 속에서 나타나고 있는 뜻을 보면 다음과 같다. 곧 모든 인간은 하나님 앞에서 자기의 자주성을 버리고 그의 뜻을 따르며 섬겨야 할 존재라는 사실과, 경배와 복종의 생활이 예배자들의 주요한 삶의 근본이라는 사실이다.

일반적으로 인정하는 바와 같이 예배의 목적은 사람과 하나님(神)과의 관계를 성립시키기 위한 것이요. 또는 예배의 상징과 의식 등을 통하여 사람과 하나님과의 관계를 표현하는 데 있는 것이다. 예배는 하나님과 인간, 하나님(神)의 세계와 인간 세계 사이에 교제를 일으켜야 한다고 믿는다. 그 교제는 양편에 모두 유익을 끼치는 것이며, 인간의 욕구를 충족시키는 것과 마찬가지로 하나님(神)의 욕구도 충족시키는, 활력이 있고 신비로운 힘들의 순환이라고 할 수 있다.213)

예배는 곧 인간들과 인격적인 실체인 하나님과의 영적인 교제여야 한다. 하나님은 구약 성경에서 인간들과의 만남의 기회를 주셨다.

"⁹모세가 회막에 들어갈 때에 구름 기둥이 내려 회막문(會幕門)에 서며, 여호와께서 모세와 말씀하시니, ¹⁰모든 백성이 회막문에 구름 기둥이 섰음을 보고, 다 일어나 각기 장막 문에 서서 경배하며, ¹¹사람이 자기의 친구와 이야기함같이 여호와께서는 모세와 대면하여 말씀하시며……."(출 33:9-11)라고 했다. 여호와 하나님께서는 레위기에 나오는 '5대 제사제도'라는 행위를 통해서 우리 인간들과 화목하시고, 인간들을 만나 주시기를 원하셨다(레위기 1장-5장).

---

212) 정장복, 『예배학 개론』,(서울: 종로 서적, 1989), pp. 7-8.
213) J. J. von Allmen, 『Vocabulary of the Bible』, 김춘배 발행, (서울 : 대한 기독교서회, 1966), p. 223.

3) '예배'의 신약 적인 의미

헬라어로 기록된 신약 성경에서는 오늘 우리가 사용하는 '예배'라는 단어에 해당하는 어휘를 찾아볼 수 있다. 그 첫 번 경우는 예수님이 광야에서 사탄에게 시험을 받을 때 사용하셨던 말씀으로 사탄이 예수께 자신 앞에 '엎드려 경배하라'고 하자, 예수께서는 "주 너희 하나님께 경배하고 다만 그를 섬기라"(마태복음 4:10)고 대답하신 말씀에서 찾아 볼 수 있다.

① '프로스퀴네오'(προσκυνέω)

이 말은 존경의 표시로 '절하다' 또는 '굽어 엎드리다', '입 맞추다'라는 뜻으로서 지상의 통치자들에게 신체적으로 굴복 또는 순종한다는 의미를 지닌 말이었다. 신약 성경에서는 이 단어가 약 24회나 사용되고 있다.
 하나님을 '예배하다'(경배하다)는 완전한 복종을 요구하시는 분, 절대적인 굴복을 강요하는 분, 사람의 전 생명과 모든 생활의 유일한 주가 되시고자 하시는 분과의 만남을 의미한다. 하나님을 섬긴다는 것은 이스라엘에 대해서나 또는 교회에 대해서 하나님과의 인격적인 관계를 가진다는 것을 의미하고 있다.214)
 하나님을 섬긴다는 것은 또한 그리스도가 우리의 가련함과 부족함을 대신 감당해주신 것과 그가 우리를 고무 격려한 봉사의 열정을 일으키신다는 것을 배우는 일이다.

② '라트레이아'(λατρεία)

이 말은 마태복음 4:10에서 예수께서 유혹하는 사탄에게 최종적으로 선언할 때 "다만 그분만을 섬겨라"고 하신 말씀이다. 이것이 내포하고 있는 의미는 종으로서 자신의 상전(上典)만을 섬겨야 할 신분을 확인시키는 일인데, 이 말은

---

214) Ibid., p. 224.

예배와 동일한 의미를 지니고 있다. 이 단어에서 오늘의 성직자들을 가리켜 '주의 종'이라고 하는 표현의 언어적 줄기를 찾아볼 수 있다.

③ '레이투르기아'(λειτουργια)

일반적으로 예전의 의식(ritual)과 관계를 맺는 단어이다. 본래의 뜻은 '백성을 위하여 일하다'라는 뜻으로 소 국가였던 아테네를 위하여 수행되어졌던 일반적인 임무에 사용된 단어이다. 그러나 그 후 이 말은 기독교의 예전, 특히 성례전 의식이나 그 외의 특수한 의식을 집례 할 때 활용되었다. 그때마다 이 말은 그리스도인들이 믿음과 순종으로 하나님께 비치는 봉사의 의미로 더욱 뚜렷하게 나타내졌다. 그래서 이 단어는 제사장의 직무(눅 1:23), 그리스도의 직분(히 8:6), 교회의 예배(행 13:2) 등을 표시하는 구체적인 단어가 되었다.215)

④ '워쉽'(worship)

영어에서 표현하는 '예배'에 대해서 말할 때 사용되는 단어이다. 사실상 우리의 '예배'란 말은 바로 이 worship(숭배, 예배, 典禮, 숭배하다, 존경하다)에서 번역된 것이다. 원래 'worship' 이란 말은 앵글로색슨 어인 "weorthscipe"에서 나온 것으로 가치(weorth; worth)란 말과 신분(scipe; ship) 이라는 말의 뜻을 가진 말과의 합성어이다. 이 말은 '존경과 존귀를 받을 가치가 있는 자'란 뜻이다. 이 말을 좀더 구체화시킨다면 '하나님께 최상의 가치를 돌리는 것'(to ascribe Him supreme worth)이란 뜻이 된다. 이러한 표현은 성경의 여러 곳에서 사용되고 있다.

예를 들면 시편 기자가 "여호와께 그의 이름에 합당한 영광을 돌리며, 거룩한 옷을 입고 여호와께 예배할지어다."(시 29:2) 계시록에는 "큰 음성으로 이르되 '죽임을 당하신 어린양이 능력과 부와 지혜와 힘과 존귀와 영광과 찬송을 받으시기에 합당 하도다.'"(계 5:12) 이러한 표현들은 모두 이러한 뜻을 가진 것

---

215) 정장복, *op. cit*, pp. 8-9.

들이다. 이러한 표현은 안셀무스(Anselm, 1033-1109)가 '하나님 이상의 가치 있는 분을 생각할 수 없다'라고 확인한 데서 더욱 실감나게 느껴진다.

시드니 대학에서 1954년 기독교 예배의 원리에 대하여 명 강의를 한 바 있던 압바(Abba) 교수의 말대로 오늘의 성도들이 "오! 하나님, 당신은 나의 하나님이시옵니다."라고 고백할 때 누구나 "오! 주님, 주님만이 영광과 존귀와 권세를 받으시기에 합당한 분입니다."216) 라는 뜻과 표현을 내포하고 있다고 생각할 것이다. 그러기에 오늘의 우리 예배 현장을 하나님께 영광과 존귀를 드리는 시간과 장소로 정의하는 것도 예배에 대한 용어들의 본뜻과 맥락을 같이하고 있다고 볼 수 있다.

2. 예배의 내적 의미

앞에서 예배에 대한 용어들의 뜻이 서로 공통점을 내포하고 있다는 것을 발견케 된다. 즉 예배의 대상 앞에서는 한 인간은 자신의 인간적인 요소를 다 버리고 그 대상의 뜻을 따른다는 것과 그를 경외하고 그 앞에 섬기는 존재로 나타난다는 점이다.

로버트 레이번(Robert G. rayburn) 교수는 그의 저서 "오라! 우리가 예배드리자" 『O Come, Let Us Worship.』에서 성경에 나타난 예배의 용어들을 다음과 같이 종합하였다.

첫째로, 기독교 예배는 신실한 신앙인이 하나님의 영화로우신 존엄성을 인식하고, 살아 있는 하나님 앞에 자신을 굽어 엎드리는 것이어야 한다고 했다. 이때에 비로소 인간은 하나님께 경외와 찬양과 감사와 존귀를 드릴 수 있다는 사실을 지적하였다.

---

216) Raymond Abba, 『Principles of Christian Worship』, (New York : Oxford University Press, 1957), 許慶彰譯. 『基督敎禮拜의 原理와 實際』(서울 : 大韓基督敎書會, 1992), p. 10.

둘째로, 예배 자들은 예수 그리스도께서 보여 주셨던 대로 순종하는 종의 자세로 하나님께 자신을 내어놓는 것이어야 한다고 말하고 있다. 이것은 예수께서 사탄의 유혹도 물리치고 십자가의 희생을 감수하시는 자세가 본이 된다는 사실을 강조한 것이다.[217]

여기에서 우리에게 밝혀 주는 것은 예배 자가 예배의 대상을 얼마나 정확하게 이해하느냐에 따라 예배의 의미가 좌우된다는 뜻이다. 그러므로 예배의 대상이신 하나님이 자신을 위하여 무엇을 하였으며, 무엇을 하고 있으며, 그리고 무엇을 할 것인지를 아는 사람은 하나님 앞에서는 자세가 달라질 수밖에 없으며, 어떠한 희생적인 일도 스스로 감수할 수 있게 된다는 결론이다. 예배의 대상인 하나님의 은총을 깨달은 하나님의 백성(λαός)만이 참된 감사와 찬양과 헌신과 고백의 응답을 드릴 수 있는 것이다. 이처럼 하나님(神)과의 인격적인 관계 형성이 없는 예배 자에게는 예배가 언제나 방관적인 자세에서 계속되고, 예배를 보는(구경하는) 존재로 남게 될 것이다.

그러나 자신이 깊은 은총의 깨달음 속에서 예배 행위에 참여할 때 그 예배는 언제나 주관적이며, 기쁘게 드리는 예배가 될 것이다.

그렇기에 헉스터블(John Huxtable)은 이렇게 말했다. "기독교 예배(禮拜)란 '하나님(神)과 그 백성(人) 간의 대화(對話)'이다" 이러한 '은총과 응답'이라는 대화적 관계는 기독교만이 가지는 생동력 있는 예배(禮拜)의 내용이라 할 수 있다.

이러한 내용을 집합하여 프랭클린 지글러(Franklin Segler)는 이렇게 말했다. "기독교 예배는 예수 그리스도 안에 나타난 하나님 자신의 인격적인 계시에 대한 인간들의 인격적인 신앙 안에서의 정성어린 응답이다."

여기에서의 대화적 관계는 수평적이 아니라 오직 수직적인 관계성을 원칙적으로 고수해야 한다. 이럴 때만이 하나님께서 주인이 되시고 인간은 응답하는 존재가 될 수 있는 것이다. 그러기에 예배는 보는 것이 아니라 예배를 드리는 자세로 전환되어야 한다.

사도 바울은 이와 같은 의미를 알고 있었기에 다음과 같이 말했다.

---

217) Robert G. Rayburn, 『O Come, Let Us Worship』,(Grand Rappids, Mich : Baker Book House, 1980), p. 24. 정장복,「예배학 개론」, op. cit., p. 10. 재인용.

"너희 몸을 하나님이 기뻐하시는 거룩한 산 제물로 드리라."(롬 12:1)고 하면서 이것이 우리 인간들이 참으로 드려야 할 '영적 예배(靈的 禮拜)'라고 말하고 있다.

사도 바울이 말한 '거룩한 산 제물'은 짐승을 죽여 드리는 레위기 적 제사와 대조 되는 바 구약의 화목제사라기보다는 '찬양의 제사'이다.218)

여기에서 쓰인 '산 제물'(θυσίαν ζῶσαν, 롬 12:)이란 말과 히브리서에 나오는 '찬송의 제사'(θυσίαν αἰνέσεως; 히 13:15) 란 말에서 '제물' '제사'란 말이 똑같이 뒤시안(θυσίαν)으로 쓰였다. 이 말의 뜻은 '희생 제물'이란 뜻도 있지만, '봉헌 물'(offering)이란 뜻이다.

이상에서 예배의 진정한 내면적인 의미를 통하여 볼 때, 우리가 드려야 할 제물은 '찬송' 즉 '찬양'이란 의미가 분명해 진다.

사도 바울은 "오직 성령의 충만을 받으라. 시와 찬송과 신령한 노래들로 서로 화답하며, 너희의 마음으로 주께 노래하며 찬송하며, 범사에 우리 주 예수 그리스도의 이름으로 항상 아버지 하나님께 감사하며(엡5:18b-20)"라고 하였다.

여기에 찬양의 대상과 찬양의 요소와 주제들이 제시되어 있다.

3. 예배 의식과 교회음악

예배의 원칙은 성경에서 나오지만 그 실제는 역사로부터 나온다. 예배 음악의 원칙 역시 성경에 근거한다. 그러나 예배 음악의 실제는 교회의 역사로부터 나온다. 예배 중의 설교가 하나님의 감화(Impression)의 한 방편이며, 도구이듯 예배 음악 역시 그러한 역할을 수행한다. 사실 음악은 때로 설교나 강의와 같은 설명적이고 웅변적인 방법보다 훨씬 더 깊고 큰 영향과 감화를 주는 힘을

---

159) A. T. Robertson's, 「Word Pictures in the New Testament」, 번역 위원회 역, (서울 : 벧엘 성서 간행사, 1986), 제11권, p. 137.

가지고 있다.219)

루터는 로마 가톨릭의 잘못되어진 점들을 "오직 성경으로 돌아가자"고 주창을 했다. 그러면서도 구교의 예배의식들을 전면적으로 부인하지 않았다. 우리가 여기에서 알아야 할 점은 로마 가톨릭교회와 개신교가 많은 차이점들을 지니고 발전되어 왔으나 어디까지나 그 기본 바탕은 성경을 중심으로 한 예배의식은 서로 상호 보완관계를 가져야 한다고 본다. 이런 점에서 교회음악 분야에서 로마 가톨릭의 미사 음악들을 면밀히 살펴 볼 필요가 있는 것이다.

기독교의 예배는 하나님의 명령에 의한 것이며, 성경의 계시에 기초한 예배이다. 그러나 타종교의 예배는 인간의 편의와 욕구충족을 위해서 행해지는 예배이다.220)

그러기에 정성구 교수는 "칼뱅주의 적 예배의 원리"라는 글에서 예배가 인간의 자기 방식과 생각대로의 '인본주의적 예배'(人本主義的 禮拜)가 아닌 신본주의 적 예배(神本主義的 禮拜)를 드려야 한다고 했다. 그럼에도 오늘날 너무 많은 세속화(변질)된 예배의 형태들이 교회 안에 버젓이 침투하고 있다는 것은 참으로 위험스런 요소임에 틀림없다. 그러므로 현대의 종교개혁은 예배의 개혁(Liturgical Reform)이 있어야 한다고 말할 수 있다.221)

칼뱅은 인간에게는 신 의식(神 意識; Sense of Divinity)이 있는데, 이것이 종교(宗敎)의 씨앗(Seed of Religion)으로서 하나님을 예배할 수 있는 기초가 되었다는 것이다. 그러면 그의 글에서 제시한 칼뱅주의 예배란?

① 예배는 만남이다(Worship is meeting).
② 예배는 집단적인 만남이다(Worship is a Corporate meeting).
③ 예배는 규칙을 따라서 하는 집단적 만남이다. (Worship is a prescribed, corporate meeting).
④ 예배는 하나님과 그의 백성 사이에 일어나는 규칙적이고 집단적인 만남이다(Worship is a prescribed, corporate meeting between God and his people).

---

219) 황성철, 『예배학』(서울: 대한예수교 장로회총회, 1998), p. 161.
220) Ralph G. Turnbull, *Baker's Dictionary of Practical Theology* (Michigan, Baker book House, 1976), p. 364. 정성구, "칼빈主義의 禮拜의 原理", 神學指南, 1987년 봄호, pp.30-47.
221) *Ibid*, p. 31.

⑤ 예배는 하나님께 찬양을 돌리면 서의 만남이다(Worship is a meeting in which God is praised).
⑥ 예배는 축복 받은 교회 안에서의 만남이다(Worship is a Meeting in which the church is blessed).

위 글 ⑤항에서 '찬양'은 예배에 있어서 가장 중요한 목적이며 필수적임을 말하고 있다. 시편에서는 예배의 성격을 나타내는 근본적인 단어를 '찬양'이란 말을 쓰고 있다. 또 다른 성경에서는 예배의 특징을 짓는 말로서 '여호와 하나님을 노래하고 그에게 영광을 돌리는 것'을 의미한다. 그런데 이러한 "찬양과 영광을 돌리는 예배는 예배 자가 제멋대로 하는 것이 아니라 경건한 두려움으로서 죄를 고백하면서 하나님의 놀라운 구속의 은총을 바라보면서 예배하는 것이다"라고 예배에서의 찬송의 위치를 말하고 있다. 그리고 예배 시간에 '하나님의 말씀'은 네 번이나 강조되어 나타나는 데 즉
① 예배가 시작될 때 성도들에게 문안의 말씀(The word of greeting).
② 죄의 고백에 따른 용서의 말씀(The word of forgiveness).
③ 설교 시간 교훈의 말씀(The word of Instruction).
④ 한 주간 동안 승리의 생활을 그의 백성에게 약속하는 축복의 말씀(The word of benediction)이다.222)

로마 가톨릭의 미사(mass)에 비하여 볼 때 칼뱅의 예배 의식은 매우 단순하다. 칼뱅주의 적 예배에서 가장 중요한 것 중의 하나는 '찬송과 기도'이다. 그런데 이 둘을 하나로 보았다. 왜냐하면 '찬송은 기도의 노래 형태'(Hymns were a song form of prayer)로 보았기 때문이다. 그리고 찬양도 주로 시편에다 곡을 부친 것을 사용했다. 칼뱅은 츠빙글리(Zwingli)와는 달리 "음악은 교회에 주신 첫 번째 선물"(first gift God to church)로 이해하였다.223)

이러한 신학의 영향이 예술에도 나타나 서양음악은 신의 선물로서의 재능을 발휘하여 발전해 왔던 것이다.

---

222) *Ibid*, p. 35-38.
223) *Ibid*, p. 45.

교회음악은 찬송가 발전의 역사와 함께 발전되어 진다. 찬송가는 바로 교회음악의 자료이다. 또한 찬송가 즉 어린이 찬송이나 청장년들의 찬송의 자료의 원천은 성경에서 나온다. 성경에서도 "시편은 찬송의 보고(寶庫)"이다. 그래서 일본 찬송가 위원회에서는 '시편찬송'의 복고(復古)를 위해 힘을 쓰고 있다.224)

다윗은 시편 150편 중 73편을 썼다고 알려지고 있다.225) 이 여호와께 찬양을 드리기 위해서 많은 분량의 시편을 써서 회중들에게 가르쳤던 것이다. 신약 교회에서는 항상 찬미와 영창을 사용했었다. 그 예를 들면 신약 성경 로마서 15장 9절, 고린도전서 14장 15절, 에베소서 5장 19절, 골로새서 3장 16절, 야고보서 5장 13절, 요한 계시록 5장 9절, 14장 3절, 15장 1-3절, 마태복음 26장 30절 등을 들 수 있겠다. 예배 의식에 있어서 그것들은 실제로 마치 신약이 구약을 인용하듯이 인용되어졌다. 이것은 이 기도의 형식이 개인의 마음에서 솟아난 것보다는 성령에 의해 영감 되어진 것으로 간주되었다는 것을 증명하는 것이다. 또한 신약 성경에서 '신령한 노래'($\dot{\phi}\delta\alpha\hat{\iota}\varsigma$ $\pi\nu\eta\mu\alpha\tau\iota\kappa\alpha\hat{\iota}\varsigma$, 골3:16)에 관해 말하는 것을 발견할 수 있다.

진정한 말씀에서 울어난 순수한 신앙 감정을 '찬송 시(讚頌詩)'로 표현해야 되는 것이다. '영창'의 가치를 평가할 기준, 불러야 할 '영창'을 선택하는 기준이 지금 말하고 있는 것으로부터 주어진다. 그 기준은 영혼의 고동을 듣는 문제가 아니라 '주님을 찬양하고 천사들의 합창'에 참여하는 문제이다. 요한계시록에는 이렇게 '찬송'을 부른다.

"구원하심이 보좌에 앉으신 우리 하나님과 어린양에게 있도다.", "아멘, 찬송과 영광과 지혜와 감사와 존귀와 능력과 힘이 우리 하나님께 세세토록 있을 지로다"(계7:10, 12). "세상 나라가 우리 주와 그 그리스도의 나라가 되어 그가 세세토록 왕 노릇 하시리로다."(계11:15), "거룩하다 거룩하다 거룩하다 주 하나님 곧 전능하신이여! 전에도 계셨고, 이제도 계시고 장차 오실 자로다."(계4:8)

헨델의 불후의 명작 <메시아> 53번에서 이렇게 노래하고 있다.

"죽임 당하신 어린 양, 피 흘리사 우리를 구원하셨네. 그에게 권능 또 부와

---

224) 신소섭, 『예배와 찬송가』, op. cit., pp.189-190.
225) 헨리에타 E. 미어즈, 『미어즈 성경 핸드북』(서울: 아가페 출판사, 1977), p. 248.

지혜와 힘과 존귀와 영광을 돌리세. 찬양과 존귀 영광 지혜 권능 주께 돌리세 보좌 위에 앉으신 주의 어린양."
　신약 교회에서는 항상 '찬미'와 '영창'을 사용했었다.226) 예배 의식에 있어서 그것들의 중요성은 신약 성경에 인용되어 있는 그것들의 수에 의해 명백히 표시된다. 그것들은 실제로 마치 신약이 구약을 인용하듯이 인용되어졌는데, 이것은 이 기도의 형식이 개인의 마음에서 솟아난 것보다는 성령에 의해 영감 되어진 것으로 간주되었다는 것을 증명하는 것이다. 그러므로 신약 성경에서 '신령한 노래'(ᾠδαῖς πνυματικαῖς, 골 3:16)에 관해 말하는 것을 발견해도 놀라서는 안 된다. 여기서 우리가 다룰 수 없는 찬송가학(Hymnology)의 역사는 찬송들이 영고성쇠(榮枯盛衰)의 때를 거쳐 왔고, 새 운동과 개혁, 잘못된 출발과 참된 복귀를 거쳤음을 보여줄 뿐 아니라 특별히 찬송

들의 산출이 교의학적 사고가 수렁에 빠지게 되거나 석화(石化)될 때 (여기서는 특별히 17세기 독일 루터 교를 염두에 두고 있다) 영적 생명력을 보호하는 복된 작업이면서 교회 생활의 충실한 지표일 수 있음을 보여준다.
　소위 특별한 예전적 기도의 경우에서와 같이 상이한 형태들의 찬미가 있다. 환호와 신앙고백의 찬송들, 예를 들면 '아멘 송'(the Amens), '할렐루야 송'(the

---

226) 신약 성경 롬15:9; 고전14:15; 엡5:19; 골3:16; 약5:13; 계5:9; 14:3; 15:1-3; 마26:30 등을 참조해 보기 바란다.

Alleluias), '주님 송'(the Kyrie), '성령 송'(the Sanctus), '하나님의 어린양 송'(the Agnus Dei), 그리고 '영광 송'(the Gloria)과, 투리안(Thurian)이 명상적이라고 기술했던 그리고 '봉독'과 '기도' 사이의 과도형태를 형성하는 찬송들<'시편', '성경의 영창'들, 동일한 기질의 영성을 개발하고 개신교 시가(詩歌)들 가운데 보다 많은 부분을 차지하는 모든 그러한 것들>, 예배 의식의 전개를 돕는 '초입송'(初入誦), '봉헌송', '응답송' 같은 찬송가들이 있다.227)

일반적으로 말해서 이런 예배의 요소는 교회의 종말론적 희망을 드러내 주고, 하나님 나라에서 영원히 부르게 될 '새 노래'를 예시해 준다(계5:9; 14:3; 시 33:3 등 참조). 찬송들은 기쁨의 표현이고(약5:13), 그리스도의 승리를 선포한다(계15:3).

어거스틴(St. Augustine)은 한 설교에서 "하늘나라에서 한없는 만족을 누리며 끊임없이 아멘(Amen)과 할렐루야를 부르는 일 외에는 아무 것도 할 일이 없을 것임을 우리는 알고 있다"고 말했다. 그리고 지상에 있는 교회는 영창들을 부름으로서 이런 하늘의 기쁨에 참여하도록 부름 받고 있다.

루터는 "고난의 수난과 승리의 기념이 영원하듯이 할렐루야도 교회의 영원한 소리이다"라고 했다. 이 기쁨은 교회의 신앙과 확고한 생활을 고양시키는 환희를 참된 기독교 찬송들에 바르게 전해 준다. 브루너(P. Brunner)는 이 점에서 정교회의 올바로 정립된 사상과 연결되는데 찬미는 신학의 궁극적인 형식이라고 선언하는 것이 가능하다고 생각한다. 그 이유는 찬미가 지금 여기에서 기독교인에게 하나님 나라의 지복(至福) 가운데서 표현하게 될 것과 같이 그의 신학을 표현할 기회를 주기 때문이다.

그러면 영창들을 기독교 예배의 외변(外邊)에서만 받아들일 수 있는 방언과 같은 수준에 놓아야 하는가? 그것은 방언과 공동으로 종말론적 환희와 기대를 가지고 있다. 그러나 찬송은 부활절 기쁨의 공동적 표현이고, 상호적 교화를 자아내지만 방언은 통역되지 않으면 방언 하는 자만을 고무해 주기 때문에(고전 14:4) 그 둘을 병합시켜서는 안 된다. 그럼에도 불구하고 '영창'과 '찬송'은 방언으로부터 몇 가지 쉽게 알 수 있는 형태들을 전해 받았고(히브리말인 할렐루

---

227) J. J. von Allmen, 「Worship its Theology and Practice」, 정용섭 외 3인 역, 「禮拜學原論」, (서울 : 대한 기독교 출판사, 1979), p. 172.

야), 때로는 방언에 매우 가깝다. 마음이 기쁨으로 넘치는 사람의 말을 표현하기 위해 방언과 '영창'은 서로 경쟁적으로 된다. 그러나 '영창'은 이런 환희를 질서 있는 형식으로 표현하고 방향을 잡아 주며, 무엇보다도 모든 신도로 하여금 이 환희를 공유할 수 있게 한다.

'영창'의 가치를 평가할 기준, 불러야 할 '영창'을 선택하는 기준이 지금 말하고 있는 것으로부터 주어진다. 그 기준은 영혼의 고동을 듣는 문제가 아니라 주님을 찬양하고 천사들의 합창에 참여하는 문제이다.

칼빈(Calvin)은 "찬송의 음악은 경박하고 발랄해서는 안 되고 중후하고 장엄해야 하며 그러므로 식탁에서나 가정에서 사람들을 즐겁게 하기 위해 연주되는 음악과 하나님과 그의 천사들의 임재 가운데 교회에서 불리는 찬송의 음악 사이에는 두드러진 차이가 있어야 한다."고 하였다.

말씀과 음악이 조화되어야 하고 음악은 그 자체 안에서 기쁨을 누려야 하는 것이 아니라 하나님의 은혜를 기뻐해야 한다.

게리노(Fr. Gelineau)는 여기에 적절한 말을 하였다.

> "영창은 지나치게 장식되었을 때 더 빨리 소멸되어 버리고, 평범하고 단순하면 더 오래 살아남는다. 바로크 벽화는 벗겨지고 그 색은 바래지만 성당의 돌은 오래 남아 있고, 시간이 지남에 따라 더욱 아름다워진다."228)

이 말은 우리에게 예배에 있어서 요구되는 '찬송'이나 '찬양'의 형태를 규정하는 데 있어서 많은 시사점을 준다고 본다.

'예배'라고 하면 우리 그리스도인들에게는 생활의 일부가 되어져 버렸다고 볼 수 있다. 칼 바르트(Karl, Barth)가 말한 대로 "크리스트교 예배는 인간 생활을 영위하는 데 있어서 인간이 할 수 있는 것 중에서 가장 중대하고, 가장 긴급하며, 가장 영광스러운 행동이다." 그럼에도 불구하고 '예배'라는 주제가 개혁교회의 신학에서 그렇게 중요한 것으로 취급되어 오지 않았다. 우리가 신학에서 '예배학·찬송가학', '크리스트교 예배의 신학'은 그 자체의 특수한 일을 위해서 창조해 가는 것이 아니라 정규적인 예배를 검토하고 지도하여 가능한 대

---

228) *Ibid.*, pp. 173-174. 『하나님의 집』, *La Maison-Dieu*, No. 60, 1959, p.147.

로 본연의 예배에 가깝게 접근시키는 데에 있다.

"크리스트교 예배는 그 본질에 있어서 전문가들에 의해서 그려진 신학적인 청사진이 아니라 하나의 사건이며 말씀과 성례 전(聖禮 典)에서 역사 하시는 성령을 통해서 주님께서 당신의 백성들과 만나시는 만남이다. 그러므로 그 예배의 형태는 믿음과 복종의 열매인 것이다. 예배의 신학은 역사적으로 당연시되어 온 크리스트교 예배(Cult)를 검토하고 평가하는 비판적인 규범을 마련하는 것이다." 그것은 실제로 예배(Liturgy)에 있어서 과정을 보여주는데, 다시 말하면 "교회가 예배에서 따라야 할 적절한 순서를 마련하고 예배를 견지하도록 지지한다." (J. Beckman, W. Hahn)229)

신약 성경이 우리에게 보여주는 대로 예수의 역사적 선교와 그의 생애가 예배 적인 과정을 가지며 사실에 있어서 바로 이것이 예배(the liturgy)요, 예배의 생활(the life of worship)로서 하나님이 받으실 만한 예배(liturgy)요, 예배의 생활(life of worship)이었다는 근거를 찾는 것으로 충분하다. 이런 의미에서 크리스트교의 예배 의식(Christian Cult)은 예수께서 그 자신의 성육신에서 승천까지 이르는 그 동안에 드리신 '메시아 적인' 예배 의식에 그 근거를 두고 있는 것이다.

이 예배(cult)는 "그리스도께서 한 번 예물을 드리심으로 거룩해진 자들을 계속하여 완전케 하시는"(히10:14) 한 번의 제사(단 번의; ἐφάπαξ : at once, at one time; 히7:27)란 십자가에서 정점을 이루신 그리스도에 의해서 제정된 것이다. 이것이 크리스트교 예배의 근거요, 이것은 그리스도께서 하신 일 전체, 곧 성육을 위한 준비로부터 승천까지, 그가 다시 영광 중에 오시는 날까지의 모든 일을 완성하신 그리스도의 사건에 근거를 두고 있는 것이다.230)

히브리서 기자는 "그리스도도 많은 사람의 죄를 담당하시려고 단번에 드리신 바 되셨고, 구원에 이르게 하기 위하여 죄와 상관없이 자기를 바라는 자들에게 두 번째 나타나시리라"(히9:28)고 했다. 십자가와 승천에서 절정을 이루신 예배의 완전한 행위는 예수 그리스도께서 위대한 대제사장으로 지성소에 들어가시고, '성소와 참 장막에서 섬기시는'(τῶν ἁγίων λειτουργὸς καὶ τῆς σκηνῆς

---

229) *Ibid.*, p. 11.
230) *Ibid.*, pp.19-22.

τῆς ἀληθινῆς: 히 8:2) 위대한 대제사장으로 영광 가운데 들어가심으로 성취하셨다. 이는 '예배'(liturgy)의 제사장의 직무를 가지고 하늘의 영광에 이르고, 또 재림(파루시아: παρουσία) 때에 이것이 완성된다. 또한 승천은 우리가 흔히 그렇게 믿고 있는 것 같은 단순히 왕으로서의 행진(royal procession)만은 아니다. 그것은 동시에 예배 적인 행진(liturgical procession)이며, 하늘에 올라가셔서 예수님은 하늘의 성소(sanctuary)에 들어가신 것이다. 그러므로 우리가 크리스트교 예배의 기독론 적 근거를 확인하려고 할 때, 우리는 예배에 대한 신약성경의 증거의 중요한 부분을 간과해서는 안 된다. 즉 그리스도 교회 예배 의식은 다만 예수님께서 "이것을 행하여 나를 기념하라"(고전 11:24, τοῦτο ποιεῖτε εἰς τὴν ἐμὴν ἀνάμνησιν.)고 명령하신 이 말씀에 근거한다. 한 걸음 더 나아가서 예수님이 희생제물이 되신 것이 하늘의 예배를 반영하신 것이며, 크리스트교의 예배가 예수 그리스도께서 영원한 대제사장(大祭司長)으로서 영원한 하늘의 제사를 드리신 것을 반영하는 것이다.231)

그러므로 교회 예배의 기독론 적 근거는 이중적이다. 즉 성육 하신 그리스도의 생애와 죽음과 영화(glorification)에 의해서 행해진 땅 위의 예배와 영광 중에서 행해진 하늘의 예배이다. 그는 이 세상 끝날 까지 이 예배를 드리신다. 그리고 예수 그리스도의 탄생에서 죽으심에 이르기까지 드리신 땅 위의 예배와 교회의 예배로서 기념하는 공관 복음서에 나타난 뼈대는 그리스도인들이 그 나라의 영원한 예배(liturgy)를 준비하신 것이며 이것은 이중적인 예배의 근거가 된다.

첫째는, 예수 그리스도의 예루살렘 선교(수난을 가리킴)의 성취와 그 연장이 그리스도의 하늘의 제사라는 것이다.

둘째로, 땅 위의 교회의 예배는 예수 그리스도의 갈릴리 선교와 예루살렘 선교의 양쪽의 요점을 반복하는 것이다.

---

231) 요한 계시록을 보면 하늘의 예배는 그리스도에 의해서 드려질 뿐만 아니라, 죽음을 당하신 어린양이신 그리스도에게 가장 고귀하게 드려지며, 이 어린양은 "권능과 부와 지혜와 힘과 존귀와 영광과 찬양을 받으심이 합당하도다."(계5:12)고했다. 그리고 이 찬양은 그리스도께서 결코 거절하시지 않았으며, 이미 그의 탄생(마2:11)에서부터 그의 부활(눅24:52)에 이르는 지상 적인 그의 성업이 영광을 받으신 것이다.

이 두 요점을 반복하는 예배에는 신학적인 요소만 있는 것이 아니라 동시에 기독론 적인 연결도 있는 것이다. 동시에 하늘의 예배는 땅 위에서 매주 중단 없이 계속되는 예배와 결부되어 있다.232)

예수 그리스도께서는 승천하시기 전 제자들에게 "볼지어다. 내가 세상 끝 날까지 너희와 항상 함께 있으리라."(마28:20b)고 약속하셨고, 또한 "두 세 사람이 내 이름으로 모인 곳에는 나도 그들 중에 있느니라."(마18:20)고 약속하셨다.

크리스트교 예배에 있어서 그리스도의 임재는 이러한 약속을 근거로 하고 있다. 제자들이 주간 첫날인 주일에 다시 사신 주님이 아직 그들 가운데 나타나시기 전에 있었던 것처럼 찬란한 희망이 빛을 잃은 것을 추억하고 있는 것이 아니다. 그와 반대로, '예배의 모든 행위기 살이 계신 그리스도께서 그를 따르는 사람들과 함께 계시기 위해 오시는 기적을 새로이 경험하는 것'이다.

초기의 교회 예배가 거울에 비친 것처럼 부활하시던 날 저녁에 다시 사신 주님께서 나타나신 것을 누가(Luke)가 분명하게 기록해 놓았다.

예배의 본래의 모습은 말씀 중의 한 부분과 음식을 나누는 중의 한 부분 사이의 번 갈음(alternation)이 아니라 부활하신 그리스도가 오시고, 임재 하시고 행동하시는 것이다. 이 임재로 말미암아 크리스트교 예배는 환상의 결과도 아니고, 요술을 부리는 것도 아니고 다만 은총이 역사 하시는 것이다. 이 은총은 그리스도의 임재로 말미암아 구원의 임재가 된다. 그는 그 자신을 우리에게 주시고 영원한 생명을 나누어주시는 생명의 떡이며(요 6:52-58), 그는 우리의 믿음을 일으키시고 힘을 주심으로 우리를 그 자신에게 가까이 이끄시고 묶어주신다. 그가 그의 임재를 증명하시는 절정은 복음을 선포하는 때와 성만찬 때이다.

"너희 말을 듣는 자는 곧 내 말을 듣는 것이요…."(눅10:16) 우리가 복음의 말씀을 듣고 있을 때 우리는 곧 주님의 말씀을 듣는 순간이다. 그러므로 개혁교회가 '말씀 중심의 예배'를 고수하고 있는 것이다.

"이것은 너희를 위하여 주는 내 몸이라, 너희가 이를 행하여 나를 기념하라…. 이 잔은 내 피로 세우는 새 언약(言約)이니 곧 너희를 위하여 붓는 것이라."(눅22:19-20)고 하셨다.

---

232) *Ibid*, pp. 20-22.

루터 주의(Lutheranism)에 있어서 '오직 은총'(Sola gratia)과 '오직 믿음'(Sola fide), '오직 성경'(Sola Scriptura)이라는 표현은 이 교리를 요약하는 데 사용하며, 성례 곧 세례와 성찬은 단순한 제식(祭式) 이상의 의미를 가지고 있다. 세례는 새롭게 하는 물, 신생(新生)의 효과를 발휘하는 수단으로 -특히 어린아이들의 경우에- 여겨진다. 성찬도 단순히 기념하는 식사가 아니라, 죄를 사하고 믿음을 강하게 하기 위하여 그리스도께서 제정하신 것이며, 그리스도와 동료 신자들의 연합을 표현하는 것이다. 루터는 성찬의 빵과 포도주에 그리스도 자신의 몸과 피가 실제로 임재 한다고 가르친다. 그리스도와 교제하는 것, 곧 그의 몸과 피에 참여하는 것이 성찬의 본질이다.233)

뮐러(A. D. Muller)의 표현을 빌어서 표현한다면 그리스도의 임재의 현실성은 가장 생생하고 가장 감촉할 수 있고 가장 중심적이고 가장 명백한 형태이다. 이것은 '성례전 적인' 임재에 대한 문제이다. 우리는 성경에서 하나님의 말씀을 깨닫고 또 성례전 적인 요소에서 그리스도가 희생 제물이 되신 몸을 깨닫는 영적인 과정에 들어가는 것이다. 이 임재는 그리스도의 재림과 함께 완전히 성취되어지지만, 교회의 예배는 하나님 나라를 효과적으로 예시하는 것이며, 하나님 나라 그 자체는 아직 아니다. 메시아의 잔치에서의 그리스도의 임재와 비교한다면, 크리스트교 예배에서의 그의 임재는 부분적일 수밖에 없다. 그러나 이 임재는 믿음으로만 알 수 있는 것이다. 교회야말로 주님의 임재를 청원 내지 간구하는 장소이다(μαρὰν ἀθά; Lord has come). 이 청원(ἐπιλησις)은 2세기부터 성령께서 예배에 강림하셔서 구원의 약속과 기대를 만들어 주시고 그리스도의 실재적인 임재와 교통을 신도들에게 확실하게 보증해 주시기를 더욱 더 요청하는 것이 되었다. 청원은 점차로 교회의 예배, 특히 주의 만찬을 거행할 때 정상적인 순서로 등장하게 되었다. 사도시대에도 "주여, 오시옵소서."(μαρὰν ἀθά; מָרַנָא אֲתָה; '우리 주님이 오실 것이다', '우리 주님이 오신다.')는 그리스도께서 예배의 처음부터 임재 하신다는 것을 알고 있었음에도 불구하고 예배를 시작할 때 부른 것이 아니라 성찬식을 거행할 때 불렀을 것이다.234)

성례전(eucharist)을 제정하는 데 있어서 예를 들면, 크리스트교 예배는 예수께

---

233) 강병도 발행, 「교회사 대사전」, 제1권, (서울 : 기독지혜사, 1994), pp. 644-645.
234) J. J. von. Allmen,「Worship its Theology and Practice」, op. cit., pp.23-38.

서 "이것을 행하여 나를 기념하라"(τοῦτο ποιεῖτε εἰς τὴν ἐμὴν ἀνάμνησις, 고전 11:24b)고 말씀하셨다.

예배 자가 경배를 드리고 충성을 고백함으로 그를 기념하는 것이다. 이리하여 크리스트교의 예배와 가장 중요한 성례전은 구약 성경에 기록한 'oth' 즉 표(sign)가 기념 적인 하나님의 능력에 의해서 거기에 내포된 것에 생명력을 가져오는 것이다. 구속의 과정을 요약하는 데 있어서 예배는 언제나 미래를 지향하고 있다. 그것은 단순히 그리스도의 죽음과 승리를 표현할 뿐 아니라 그의 재림을 기대하며 그의 재림 후에 그가 세울 그 나라를 미리 나타내는 것이다(마26:29).

왜 예배가 필요한가? 예배는 성령께서 그의 일을 수행해 가시는 하나의 도구이며, 그리스도의 과거의 성업을 오늘에 와서 효과 있게 하는 것이며, 동시에 이 과거의 성업을 오늘의 인간과 사건에 접촉하게 함으로써 구원을 가져다주고 그래서 그들이 이 은혜 안에 들어가도록 하게 하기 때문이다. 그러므로 한 시간의 예배가 한 영혼을 살리게도 하는 것이다.

찬양대라든가 회중 찬송을 인도하는 이들과 예배를 드리는 회중은 마땅히 예배의 중요성과 그 특질을 이해하고, 하나님께 합당한 교회음악이 되도록 최선을 다해 연구하고 수련을 게을리 하지 말아야 될 것이다.

4. 예배 순서와 교회음악

개신 교회는 교파나 교회마다 차이는 있겠지만 일반적으로 예배에 사용되는 음악은 다음과 같은 순서로 진행된다. 대략적인 개신교회의 예배 순서에 따라 교회음악을 설명하겠다.

1) 전주곡(Prelude)

전주곡은 예배의 참석자로 하여금 하나님께 명상과 기도를 드리도록 도와주는 역할을 한다. 따라서 이 전주곡은 회중들에게 성령의 임재를 증거 해 주는 것이므로 전주가 연주되는 동안 예배 자들은 주님의 임재와 부르심에 대하여 감사하는 마음으로 기도하고 있어야 한다. 따라서 예배 자들은 교회 안에 들어오면 잡담을 금하고 깊은 명상과 묵도에 임하도록 훈련되어야 한다. 그리고 전주는 예배 약 10분전에 시작하여 정시 각 입당과 연결한다.

여기에 오르간 음악을 들 수 있다. 예배에 사용되는 오르간은 낭독, 기도, 설교와는 달리 곡조 있는 고백과 찬양의 노래를 감싸고 인도하며 때로는 홀로 악기를 통하여 위로와 평안, 감사와 찬송을 음악의 언어로 연주한다. 오르간이스트는 예배의 처음부터 마지막까지 모든 순서를 오르간 음악으로 이어가는데 이 아름답고 신비스러운 음악은 예배의 일치를 이루는데 큰 역할을 하고 있다.

또한 오르간이스트는 예배의 모든 순서에서 메시지를 전하는 마음으로 오르간을 통하여 말하고 있으며, 그의 연주는 음악적인 기술 뿐 아니라 그의 인격과 올바른 신앙 형성의 결과 아름다운 음악으로 표현된다.

특히 예배 시간 전에 울려 퍼지는 오르간 전주는 바깥세상과 예배 장소 사이를 가려주는 커튼과 같은 역할을 한다. 전주는 예배 목적의 앙양에 도움이 되며 회중들로 하여금 같은 하나님에 같은 방향감각을 가지고 무릎을 꿇게 한다. 전주곡은 대개 익숙한 찬송가 곡이나 경건하고도 장엄한 고전적인 오르간 곡을 연주하는 것이 효과적이며, 높은 예술성으로 큰 감명을 줄 수도 있다. 그러므로 예배 시작 전 4-5분 동안은 조용한 음악으로 예배 자의 마음을 안정하게 하여 명상의 시간으로 이어주어 예배에 임하게 한다.235)

오르간은 모든 악기의 여왕으로서의 지위를 관현악에게 내어주었지만 그래도 현실적으로 대관악단을 쉽게 운영할 수 없는 것이기에, 여기에 바흐의 오르간 곡들은 매우 유익하게 사용될 것이다. 교회의 절기에 따라 변화 있게 하되 수난 절기에는 바흐의 <마태 수난곡>이 좋을 것이다. 개신교회의 전통인 코랄 전주곡(Choral Prelude)은 안성맞춤이다.

---

235) 전희준, "목회자와 찬송가", 『월간 목회』(서울 : 월간목회사, 1984), pp.94-96.

2) 행렬 송(Processional) 입례 송(Introit)

이는 입례 송(Choral Introit)이라고도 하며, 예배가 시작되기 전에 입당한 신자들이 예배에 합당한 마음의 자세를 갖는 시간이므로 엄숙하고, 종교적인 내용의 곡을 연주하여 예배를 드리려는 분위기를 조성하도록 한다.236) 입례 송은 예배의 시작과 함께 드리는 찬양대의 찬양으로서 행진하여 입장하는 경우에는 찬양 대원들이 뒤에서 입례 송을 부르고, 입장 행렬이 없을 경우는 찬양대 석에서 이 노래를 부른다.

입례의 행진은 5세기경 로마 교회 미사에서 시편을 부르며 사제들이 성소를 향해 행진하는 순서가 전통적으로 있어 왔다.237)

3) 예배의 부름(Call to Worship)

예배에의 부름에 관한 형식은 두 가지로 분류될 수 있는데, 하나는 인도자가 말씀을 일반적으로 선포하는 것이고, 또 하나는 인도자의 선언에 응답하는 형태가 있다. 예배에의 부름은 교단에 따라 '예배의 말씀', '예배 사', '예배에로의 초대' 등으로 사용되고 있는데 본래 이 순서는 칼뱅에 의해 성구 낭독으로부터 시작된 것으로 개신교 예배의 역사에 오랜 전통이 되어 온 순서이다.238)

전체 예배 자로 하여금 하나님의 위대하심을 생각하게 해주며 그에게 찬양을 돌리는 내용으로 집례 자가 직접 성구를 낭독하기도 하고, 찬양대의 합창으로 짧은 곡을 연주하기도 한다. 보통 영광 송(Gloria Patri)이나 삼위를 찬양하는 내용의 송영(Doxology) 혹은 입례 송(入禮 頌)을 부른다.

---

236) 『크리스챤 大典』 제3권 교회 편, op. cit., p. 452.
237) Edward T. Horn, 『교회력』, 배한국 역 (서울 : 컨콜디아사, 1971), p. 52.
238) 신소섭, 『禮拜와 讚頌學』, op. cit., p. 272.

4) 개회 찬송(開會讚頌; Opening Hymn)

　개회 찬송은 하나님께 공동적으로 드리는 '찬양의 찬송'이다. 그러므로 이 찬송은 신학적인 깊은 내용을 지닌 것이어야 하고 감사와 찬양으로 하나님께 경배하는 찬송으로 하나님의 위대하심을 찬양하는 내용의 곡을 부른다. 따라서 개회 찬송은 『찬송가』 중에서 '찬양과 경배' 중에서 선택되는 것이 바람직하며 교회력(敎會曆)에 따른 절기 중에는 그 절기 중에는 그 절기에 맞는 '찬양과 경배'의 찬송이 선택되어야 한다. 칼뱅은 예배 가운데 사용된 찬송을 가리켜 "하나님을 우러러 찬양하고자 하는 뜨겁고 열렬한 열심과 인간의 가슴을 강렬하게 움직이는 힘을 가지고 있는 것"이라고 말하고 있다.239)

　개회 찬송은 반드시 하나님을 향하여 드리는 경배와 찬양의 뜻이 담긴 찬송이어야 한다. 여기에 맞는 찬송은 다음과 같다.240) 21C 『찬송가』 21장 "다 찬양하여라."241), 77장 "거룩하신 하나님", 64장 "기뻐하며 경배하세" 등이 알맞다.

　구체적으로 말하자면 이때에 부를 수 있는 찬송은 어떤 것이나 좋은 것은 아니다. 그러므로 21C 『찬송가』의 제목 분류에서 "경배, 찬양"의 찬송인 8-41장에서 선택해야 된다. 이 중에서도 노랫말이 '~하라, ~하여라, ~돌려라' 등의 명령형(命令形)이나, '~하세, ~돌리세, ~드리세, ~부르세, ~부르자' 등의 권유 형(勸誘形)은 경배를 드려야 하는 인간의 입장에서 어색하다.

　찬양과 경배를 드릴 인간의 입장에서는 진실한 감사와 찬양과 경배가 담긴 내용으로 현 21세기 『찬송가』 16장 1, 2절 끝 부분이나, 20장의 1, 2, 4절 끝 부분처럼 '찬송합니다.', 19장이나 29장의 끝 부분의 '할렐루야 아멘', 48장 끝 부분에 '우리 예배 받으소서.' 등은 예배찬송의 아름다운 가사라고 여겨진다.

　박은규 교수는 찬송 시를 '명령화법으로부터 서술화법으로 고치는 것이 바

---

239) H. Y. Rayburn, John Calvin (London : Hodder & Staughton Ltd., 1904), p. 85.
240) 정장복, *op. cit.*, p. 124-125.
241) 21C 찬 21장 『Gotteslob』 (Katholisches Gebet-und Gesangbuch; 찬미가/ 가톨릭 기도문 & 찬미가) 258장 위 악보임

람직할 것이다'라고 하였다.242)

> (예) 찬양하라 → 찬양합니다, 찬송하세 → 찬송합니다
> 돌려라 → 돌립니다, 돌릴지어다 → 돌립니다

성 프랜시스가 작시한 찬송가 69장("온 천하 만물 우러러")에서는 "온 천하 만물 우러러 다 주를 찬양하여라." 장엄하게 촉구하고 있다. 이 찬송가는 '할렐루야 아멘'으로 훌륭하게 끝난다. 여기에서는 온 천하 만물들에게 하나님께 경배하고 찬양하라고 함께 찬양을 권유하고 있다. 여기서도 이 찬송가가 훌륭한 "경배와 찬양"의 찬송가가 되려면 적어도 마지막 절에서는 온 회중이 하나님께 "찬양합니다."라는 표현을 곁들여야 된다고 하는 수상은 일리가 있다.

5) 화답 송(Response to Prayer)과 응답 송(Response to the Word)

화답송은 아무 기도에나 무조건 뒤따르는 것이 아니라 목회기도가 끝났을 때 곧 이어 연주되는 것으로 회중을 대표하여 찬양대가 맡아 한다. 가사의 내용은 반드시 기도의 성격과 내용에 직결되는 것이어야 한다. 이런 화답송은 가능한 한 짧은 것으로 하도록 권장한다.

말씀에 대한 응답은 설교 후 바로 이어지는 순서로서 다음과 같은 몇 가지 방식으로 수행될 수 있다.

① 그리스도의 제자 직으로 초대하는 방식이다. 초대의 방식으로 교독이나 찬송 혹은 합심 기도의 순서가 상황에 따라 설정될 수 있다.
② 말씀에 대한 응답의 행위로서 세례, 봉헌의 순서가 진행될 수 있다.
③ 다시 참회하고 용서를 구하는 순서를 가질 수 있다.243)

말씀을 전하고 설교자가 기도한 후에 응답 송을 부른다. 이때는 말씀의 확신과 순종의 마음을 담은 짧은 찬송이 좋다. 적당한 곡이 없으면 찬송가의 후렴

---

242) 박은규, 『예배의 재구성』, op. cit., p. 420-403.
243) 최윤환, 『미사 해설』, (서울 : 가톨릭 출판사, 1992), pp. 27.

부분을 연주할 수도 있다.

6) 찬양대 찬양(讚揚; Anthem)

원래 찬양 곡은 영국 성공회(국교회)의 예배에서 불리어지던 합창곡인데, 찬양대가 맡아서 하는 것으로 일반화되었다. 이 찬양 곡은 성경이나 교리적인 진리를 음악적 분위기로 나타내 표현할 수 있는 것으로 찬양대가 연주하는 음악 중 가장 중요한 부분이다. 이 찬양 형식은 주일마다 다르게 할 수 있다. 그 시간 설교 제목이나 절기에 맞추어 할 수 있도록 미리 준비하고 계획하여 연습하는 것이 좋다.

교회의 예배에 있어서 찬양대의 역할은 대단히 중요하다. 그 중에도 설교 전에 부르는 찬양은 하나님을 향하여 가장 아름다운 경외를 드리는 부분이며, 예배 자들의 마음을 하나님 앞에 함께 끌고 가는 헌신의 경험을 주는 사명을 감당하고 있다.

이때 부를 찬양 곡들은 "시편 찬양 곡"244)을 선택하도록 하면 좋을 것이다. 예배드리는 모든 회중들을 대표해서 드리는 '찬양'이기에 회중은 찬양을 감상하는 태도가 아니라 능동적으로 그 찬양에 참여하는 것이 요청된다. 따라서 찬양 대원에게 있어서 찬양을 부르는 일은 자신의 신앙 간증이 되어야 한다.245)

다음의 몇 가지는 예배 신학자들이 찬양대의 발전적 미래를 위하여 주는 충고들이다.246)

첫째, 하나님의 영광을 위하여 노래하는 무리들은 반드시 가슴속으로부터 우러나는 신앙의 표현으로서 노래해야 한다. 그러기 위해서는 뜨거운 신앙을 소유해야 하고 그것을 위하여 영성 생활을 지속해야 한다.

둘째, 단순히 청아한 음악 소리의 전달이 아닌, 노래가 지니고 있는 메시지 전달을 위하여 정확한 발음과 함께 몸과 마음이 일치된 찬송을 불러야 한다.

---

244) 신소섭 곡, 「시편 찬양곡집」 1권 "여호와는 나의 목자시니", 2권 "하나님이여 사슴이"(아가페 문화사, 2000)는 좋은 찬양 자료가 될 것이다. 찬양의 보고는 구약의 시편이며, 시편 찬양곡이다.
245) 박은규, *op. cit.*, p. 312.
246) 가홍순, 『성만찬과 예배갱신』(서울 : 나단, 1994), p.157.

셋째, 지휘자는 언제나 설교자와의 관계를 가지고 설교의 내용과 일치된 찬양을 찾아야 한다.

넷째, 지휘자는 자신의 테크닉의 과시에 민감할 필요가 없다. 그리고 뜨겁고 간절한 신앙의 발로 속에 찬양곡(讚揚曲)이 선정되어야 하고, 연습도 진행되어야 한다. 그렇게 될 때만이 뜨거운 감화가 찬양의 사역에 임하게 될 것이다.[247]

'찬양대의 찬양' 이 부분은 예배에 윤기와 활력을 줄 수 있는 부분이다. 찬양대 지휘자는 목회자와 상의하여 미리 한 달 분씩 설교의 주제를 받아 선곡하는 것도 좋은 방법이다.[248] 그리고 교회력(敎會曆)을 참조하여 곡을 선택하고, 매 주일마다 회중 찬송을 지도하도록 한다.

7) 봉헌 송 또는 헌금 송(奉獻 頌; Offering, Offertory)

신약교회와 초대 교회에서의 봉헌은 말씀의 예전이 끝나고 성만찬이 시작될 때 먼저 빈궁한 성도들을 위하여 물질을 드리는 순서를 가졌고, 이어서 성례전을 위한 성물(빵과 포도주)을 바치는 예전에서 시작되었으나 12세기부터 헌금으로 대치되었다. 헌금의 순서는 예물의 드림만을 뜻하지 않고 하나님의 은총 앞에 성도들이 드리는 응답적 행위를 총칭하는 말로서 샌프란시스코 신학교의 하워드 라이스 교수는 봉헌에 대하여 다섯 가지로 그 의의(意義)를 설명했다.
① 봉헌이란 용서를 구하거나 하나님의 노여움을 풀게 하는 행위가 아니다. 또한 나의 뜻을 이루기 위하여 바치는 물질도 아닌 것이다.
② 봉헌이란 실질적으로 자신을 드리는 상징이다.
③ 봉헌은 '만인 제사장설'의 이론대로 직접 하나님께 예물을 드리는 행위이다.
④ 봉헌은 하나님을 향한 인간의 응답으로서 하나님께 인간이 수고한 결실을 드리는 예전이다.

---

247) *Ibid.*
248) 『기독음악저널』 1999년 9월호-2000년 1월호 (서울: 도서출판 작은 우리, 1999-2000), "올바른 찬양계획 수립" 1-5회 연재된 원고를 참조.

⑤ 봉헌은 영적인 것과 물질적인 것이 함께 내포되어 있다. 하나님께 감사하고 찬양하는 영적인 것과 이웃을 돕고 하나님의 나라를 펴 나가는데 쓰는 물질이 바쳐진 것이다.249)

여기에 적당한 찬송은 '예배' 항목 중 <헌금>(통일찬송가 69-72장)에 대한 찬송을 회중이 함께 부르든지, 찬양대가 헌금 찬송을 부르도록 하거나 중창단이나 현악중주나 독주 및 독창자의 찬양을 드려도 되겠다.

8) 설교 전·후 회중 찬송(會衆 讚頌; Congregational Singing)

공중 예배 중 찬송을 부를 때에는 모두 다 일어서서 노래하는 것이 바람직하다. 그리고 예배 중에는 보통 세 가지 찬송이 불리어지는데 첫째, 개회 찬송이나 찬양 경배의 찬송이고, 이 점에 대해서는 앞에서 언급하였거니와 둘째, 설교 전에 부르는 찬송이다. 설교 전에 부르는 찬송은 말씀을 들으려는 회중의 마음을 조율해 주고, 영적인 준비를 갖추도록 도와준다. 여기에 적합한 찬송들은 다음과 같다.

21세기 『찬송가』의 제목 분류에서 "그리스도인의 삶" 중에서 '은혜와 사랑'(290-310장), '소명과 충성'(311-335장), '시련과 극복'(336-345장), '분투와 승리'(346-360장), '기도와 간구'(361-369장), '인도와 보호'(370-403), '성결한 생활'(420-426), '감사의 생활'(427-429), '주와 동행'(430-447), "성자" 중에서 '예수 그리스도'(80-96장), '구주 강림'(97-105장), '성탄'(106-129), '생애'(134-138장), '고난'(143-158장), '부활'(159-173장), '재림'(174-181장) 중에서 교회력에 따른 선택이 필요하다. 또 "성령"(182-197장) 부분에 많이 수록되어 있다.

셋째, 헌신 찬송(the Hymn of Dedication)으로서 주로 설교 후에 불리어지는 찬송인데, 설교를 듣고, 각자가 결정적인 반응을 보일 때 그들의 마음을 잡을 수 있는 시간으로 이것은 설교 제목과 관련이 있어야 하며, 가능하면 목사(설교자)가 택하는 것이 좋다. 이때의 찬송뿐 아니라 예배의 순서는 예배학을 잘

---

249) 정장복, op. cit., p. 144-149.

이해한 목회자가 예배의 찬송을 택하는 것이 바람직한 일이다.

가사는 봉사와 헌신의 내용을 지니고 곡은 힘차고 밝은 면을 지녀야 한다. 예를 들면 21세기『찬송가』85장 "구주를 생각만 해도", 196장 "성령의 은사를", 188장 "무한하신 주 성령", 343장 "시험받을 때에", 375장 "나는 갈길 모르니" 등은 그 찬송을 부르는 사람으로 하여금 마음을 열도록 이끌어 주고, 동시에 기도하는 자세를 갖도록 인도해 준다.250)

9) 축복 송(祝福頌; Choral Benediction ; Blessing)

'복의 선언'은 한국 교회에서는 '축도'로 알려진 부분이다. 복의 선언은 예배가 끝날 때 행하여지는 예배의 요소로서 이것은 두 가지 기능을 지닌다. '하나는 하나님의 이름으로 세계를 향해 봉사하러 나가고자 하는 회중들을 파송하는 일'이요, 다른 하나는 '하나님의 이름으로 목사가 회중에게 복을 선언하는 일'이다.251) 한국 교회는 초창기에 안수 받은 목사의 수가 적었으므로 안수 받지 않은 교회 지도자는 복의 선언을 할 수 없었다. 그 결과 복을 기원하는 기도, 즉 '축도'가 수행되기 시작했다.

축도에 대하여는 세 가지 견해가 있다.
첫째, 가톨릭교회나 동방교회의 입장으로서 사제가 하나님의 이름으로 제사적 축복을 부여한다는 견해가 있다.
둘째, 축복을 기원한다는 견해가 있다.
셋째, 그리스도와 계약적 교제에 있는 하나님의 백성에 대해 성령이 전하는 영적 축복의 선언이 축도의 형식을 띤 것이라는 견해이다.
위의 견해에 대하여 설명을 붙이면, 첫째는 이 선언에 의하여 축복이 임한다는 것이고, 둘째는 하나님의 백성을 향한 축복의 선언으로서 하나님 편에서의

---

250) 박은규, *op. cit.*, p. 314-315.
251) The United Methodist Church, *Word and Table*, Revised Edition (Nashville : Abingdon Press, 1980), p. 32f.

행위가 되는 것이고, 셋째는 성령이 축복을 주시고 있다는 사실을 선언한다는 것이다.252)

이때 부르는 찬송은 예배의 최종 순서로 집례자의 축도가 끝나고 회중을 대표하여 찬양대가 이에 화답하는 음악이다. 보통 '아멘 송'으로 하지만 성 삼위를 노래하는 '송영'(Doxology)도 있고, 신자들에게 복이 있도록 구하는 가사로 된 것도 있다.

10) 후주(後奏; Postlude)

이 음악은 예배가 끝나고 회중이 퇴장할 때에 연주한다. 이때에는 엄숙하던 예배의 분위기가 계속 이어지도록 장엄하고 무게 있는 음악으로 신자들이 확신과 기쁨을 가지고 돌아갈 수 있도록 도와주어야 한다. 찬양대가 마지막 응답송의 아멘이 끝나자 곧 시작하여 회중이 전부 퇴장할 때까지 계속된다. 예배가 끝나고 아무런 음악이 없으면 회중이 시끄럽게 떠들기 쉽다. 그렇게 되면 엄숙하던 예배의 분위기는 깨어지면서 예배에서 받은 감동이나 은혜가 감소된다. 그러므로 후주곡도 예배에 있어서 필수 요소이다.

대개 후주는 반주자(오르간이스트)가 즉흥적으로 찬송곡을 연주하는 것이 상례이지만 능숙한 연주자가 아닌 경우에는 미리 준비된 찬송 곡으로 하는 것이 무난하다. 이 후주곡도 전주곡 못지않게 중요하다.

제2절 교육용 음악

교회음악의 장르에서 교육용음악이란 교회 내에서 신자들을 교육하는데 사용하거나 관계되는 일체의 음악을 말한다. 음악은 예술성을 내포하고 있고, 예

---

252) 김소영, 『예배와 생활』, (서울 : 대한 기독교 서회, 1992), p. 76-77.

술은 미의식과 관계되는 것으로서, 그 이상의 무엇을 부합시켜서 가르치려는 것은 음악이 부담을 느끼며, 음악 본연 미학적인 가치가 소멸된다. 그러나 음악이 직접적으로 가르치는 것이 아니라 간접적으로 연상을 시키든지, 흥미를 갖게 할 수는 있다. 이런 점에서 음악의 교육적인 효과는 클 수밖에 없다. 그래서 역사적으로 이런 음악의 미묘한 힘을 예술 이외의 분야에서 사용되어 왔다. 현대는 음악을 통한 '음악치료법'까지 동원되고 있는 실정이다.

교육용 음악이란 교회 내에서 신자들을 교육하는데 사용하거나 관계가 있는 일체의 모든 음악을 말한다. 여기에는 교재용 음악, 부흥가, 고무가(鼓舞歌; 권유가) 등이 있다.

1. 교재용 교회음악

교재용 교회음악이란 교회의 교육기관인 주일학교(교회학교)에서 성경 말씀을 가르칠 목적으로 작사된 것에 동요 풍의 곡조를 붙여서 학생들에게 가르쳐 부르게 하는 음악이다. 주일학교에서는 구별 없이 어린이 찬송으로 부르고 있으나 엄연한 구분이 있어야 한다. 찬송은 엄연히 찬송이고, 교재용은 따로 편집되어야 한다. 찬송은 장년 찬송이나 어린이 찬송이나 그 성격이 같다. 하나님께 예배드리기 위하여 성삼위 하나님이나 그분의 하신 일들을 찬양하는 것이며, 교재용 노래는 학생들에게 무엇을 가르치려는 목적에서 만들어진 것이다. 그래서 교재용 노래는, 어떤 목적의식 때문에 왕왕 격에 넘치는 많은 단어가 의도적으로 작은 노래 속에 억지로 몰아넣어짐으로써 시적 미가 거의 없는 상태라서 가르치려는데 급급한 느낌이 풍기는, 부자연스런 노래가 되기 쉽다.[253]

교재용 노래는 주로 교육하는 것이 목적이고 보니, 성경을 떠나서 세속적으로 흘러갈 가능성이 있다. 그러므로 성경 적인 진리, 복음 적인 가사를 개발해서 그 소재를 건전한 가사로 운율에 맞도록 작사하는 일이 무엇보다도 중요하다. 이런 점에서 <성경 목록 가>, <성경 요절 노래>, <성경 지리 노래> 등…… 이 부분은 많이 개발되어져야 할 부분이다. 좋은 작가를 키워서 좋은 교재용

---

253) 김의작, 『교회음악학』, op. cit., pp.33-34.

노래를 창작하도록 해야 하겠다. 다음은 <성경이름 노래>(김종석 작사, 신소섭 작곡)의 좋은 한 예이다.254)

< 악보 25> 성경이름 노래(성경목록가)

2. 부흥 가(Revival Song)

이것은 신자들에게 강한 신앙심을 길러주기 위하여 만들어진 음악이다. 이

---

254) 기존의 '성경목록가'는 일본의 오오노 작곡의 "철도창가"에 가사를 붙인 곡을 지금도 부르고 있는 안타까운 형편이다. 성경교육을 위해 '성경목록'을 암기하도록 '교육용 음악'이 필요하기에 김종석(군산개복교회) 목사가 작사한 "성경이름노래"를 신소섭 목사가 1978년에 새롭게 작곡하였다.

는 특수한 목적으로 모인 집회에서만 사용하고, 공적인 예배 시간에는 되도록 피해야 한다. 그 가사의 내용은 주로 그리스도의 재림과 천국에 대한 소망, 그리고 지옥, 멸망, 영생 등을 다루고 있으며, 리듬도 8분 음표나 16분 음표 등 매우 자극적이고, 감정적 흥분을 자극하므로 교육적 효과를 위해 성경에 대한 충분한 이해와 더불어 불려져야 한다.

예) 21세기『찬송가』175장(신랑 되신 예수께서), 177장(오랫동안 고대하던), 180장(하나님의 나팔소리), 184장(불길 같은 주 성령) 등이다.

3. 고무가(鼓舞歌, Inspiring Song)

인스파이어링 송(Inspiring Song)을 우리말로 번역하면 '고무가' '권장가' 라고 할 수 있다. 역시 찬송가에 편입되어 많이 불려진다. 또 교파에 따라 별책으로 편집하여 부르기도 한다. 우리나라에서는 부흥가와 구별 없이 사용하고 있으나 외국에서는 구별되어 있다. 그 리듬은 부흥가와 같은 스타일이며, 가사가 부흥가는 자극적인데 비하여, 신앙생활을 권장하는 온건한 것들이다.

『합동찬송가』402장 "가시밭 된 세상 백합 피게 할 것은", 21세기『찬송가』309장 "목마른 내 영혼"(통찬 409), 421장 "내가 예수 믿고서"(통찬 210, 합찬 414, 새찬 611, 개찬 616) 등이 이에 속한다.[255]

4. 차임(Chime)과 종(鍾)

교회가 종을 사용한 역사나 유래를 정확히 알 수는 없으나, 성경에 교회가 종을 사용한 기록이 없는 것으로 미루어, 중세기 이후가 아닌가 생각된다.

중국의 아악기 중에 속하며, 중국의 악기 분류의 제 8음에서는 금부(金部),

---

255) *Ibid*, p.33.

주나라 때부터 쓰인 청동제 타악기이다. 문헌에 의하면 종은 12율의 발명과 관계가 있으며, 음률을 가진 종이 제작 사용되었다고 생각된다.256) 교회는 집회 시간 또는 집회의 종류, 기도 시간 등을 높은 종각에 달린 한 개 또는 다수의 종을 치는 것으로 알려져 왔었다. 구미 교회들은 전통적인 음악 종(carillon)을 사용하는 곳이 많다. 고성능 확성 장치가 발달되어 종 대신 금속 파이프나 금속 봉을 매달고, 때리면 종소리와 비슷하면서도 보다 음악적으로 정확하고 명랑한 음정을 얻을 수 있는 것에 창안하여 확성 장치로 방송하게 되었다. 우수한 차임은 실제로 금속 봉이나 파이프를 건반을 통하여 피아노 치듯이 연주하는 것이다. 이것도 교회음악의 한 분야이다. 차임 연주자는 사전에 충분한 연습을 하여 새벽의 음향과 낮의 음향 등을 면밀히 시험, 연습하여 적당한 음량과 정확한 시작과 끝맺음에 유의해서 연주해야 한다. 찬송가 한 절 정도를 연주하면 된다. 너무 긴 시간 연주하여 시민들에게 불쾌감을 주어서는 안 되겠다.257)

제3절 전도용 음악

전도용 음악이란 교회가 불신자를 향하여 복음을 전파하기 위하여 사용하는 음악적인 활동 일체를 말한다. 여기에는 전도가, 복음송가, 흑인영가 등이 이에 속한다.

1. 전도가

교회가 복음을 전파하기 위하여 전도를 권장하거나 고취시키는 노래이다. 찬송가에 수편이 포함되어 있다. 21세기『찬송가』495장-549장까지 '전도와 선

---

256)『음악대사전』(서울: 신진출판사, 1972), pp. 1118-1119.
257) 김의작, op. cit., pp. 35-36.

교'라는 제목 분류로 편집되어 있다.

예를 들면 '21 『찬송가』 496장 "새벽부터 우리"(통찬 260), 511장 "예수말씀 하시기를"(통찬 263), 505장 "온 세상 위하여"(통찬 268) 등이다. 이런 노래들은 가사의 내용에서 그 목적이 전도에 있다는 것을 뚜렷이 보여 준다.

2. 복음성가와 복음 찬송가

복음싱가는 '복음가' '복음송가' 등으로 불리진다. 그러나 그냥 '복음가'라고 부르는 것이 타당하다. 복음찬송(Gospel Hymn)이란 단어가 따로 존재하기 때문이다.

이 복음가는 부흥사 디 엘 무디(Dwight L. Moody)이 전도 집회 때 음악으로 협력한 쌩키(Ira D. Sanky), 또는 필립 블리스(Philip P. Bliss) 등에 의하여 복음전도를 위하여 창작되었다.258)

쌩키는 『Gospel Song』(복음 송가)이라는 명칭을 처음 사용한 것은 블리스(Bliss)라고 주장한다.259) 1875년부터 블리스는 무디와 쌩키와 같이 미국의 주요 도시에서의 부흥집회를 인도하였는데, 이들의 복음 찬송은 대단한 성공을 거두었다. 복음 찬송의 곡조는 음악회에도 침투되었고, 거리에서, 집에서, 어디서나 들을 수 있는 평상 노래가 되었다.260) 이들 노래 중에는 블리스의 "하나님의 진리 등대"(21찬 510), 크로즈비의 "저 죽어 가는 자"(21찬 498), 쌩키의 "양 아흔 아홉 마리"(21찬 297)가 있다. 가장 많은 복음 송가를 작사한 사람은 크로즈비(Fanny J. Crosby, 1820-1915)이다.

찬송가에는 하나님을 찬양하되 직접 찬양하지 않고 간접적으로 찬양하는 곡도 있다. 하나님의 사랑이나 구원의 역사, 수단, 방법 그리고 십자가의 사역, 하나님의 창조하신 자연 등을 통해서 간접적인 방법으로 찬양하는 노래를 '복음

---

258) E. E. Ryden, The Story of Christian Hymnody, (Augustana Press, 1961), p. 557.
259) James Sallee, p. 62. 재인용. 조숙자·조명자, op. cit., p. 180.
260) Benson, The English Hymn, p. 487.

찬송가'(Gospel Hymns)라고 한다. 예컨대 '21 『찬송가』 250장 "十수의 십자가 보혈로", 150장 "갈보리 산 위에 십자가 섰으니" 등과 같이 주님의 성호를 찬양하고, 십자가를 사랑하겠다는 결심을 통해 주님을 사랑한다고 노래하고 있다. 이와 같이 하나님(三位 中 一體)이 이룩하신 어떤 역사나 그의 속성과 복음 등 그리스도에 관한 어떤 사실을 들어서 그를 찬양하고 감사하는 노래를 '복음찬송가'라고 한다. '복음찬송가'는 서사시적이며 끝에는 '아멘'이 붙지 않는다.261)

스티븐슨(Robert M. Stevenson)은 그의 저서 『개신교 교회 음악의 형태』 (*Patterns of Protestant Church Music*, 1953)에서 "복음 찬송(Gospel Hymns)은 기독교 노래에 있어서 미국의 가장 독특한 공헌이다. 복음 찬송은 단단히 포장된 사람의 마음을 파헤칠 수 있는 힘이 있어서 장엄하고 고상한 교회의 찬송이 할 수 없는 승리를 할 수 있었다. 종교가 생존하기 위해서 대중의 인정과 지지가 필요한 시대에 있어서 복음 찬송은 불가피한 것이었다. 쌩키의 노래는 진정한 대중의 민요였다. 엠메트(Dan Emmett)와 포스터(Stephen Foster)가 세속 음악에서 미국국민에게 준 영향을 종교 음악에서는 쌩키와 블리스가 효과적으로 유용하게 적용하였던 것이다"라고 하였다.262)

복음 송가의 영향을 가장 많이 받은 교파는 침례교이다. 1864년 미국 침례교 출판 협회에서 출판한 브래드버리(William H. Bradbury)의 찬송가에는 그의 "이 몸의 소망 무엔가"(SOLID ROCK; 21찬 488)가 수록되어 있다.

원래의 목적이 전도이며 그 수단으로서의 노래였다. 오늘날 그 사용법이 문제가 대두되고 있다. 이 문제는 예배음악 항목에서 다루고 있다. 원래 예배 음악의 모체는 시편으로부터 시작되었다고 볼 수 있다. 이스라엘 민족의 신앙 고백적인 '시편찬송'이야말로 찬송의 주류를 이루어야 한다고 본다.

---

261) 염행수, *op. cit.*, p. 14.
262) Robert M. Stevenson, *Patterns of Protestant Church Music* (Durham, N. C. : Duke University Press, 1953). p. 162. 재인용. 조숙자·조명자, *op. cit.*, p. 181.
  * 복음 송가(Gospel Song)는 대중들에게 호소력이 있고, 전도를 목적으로 하는 대중 집회에서 가장 효과적으로 사용될 수 있다. 지성보다는 감성(emotion)에 쉽게 호소하는 쉬운 말의 가사로 간단히 구절을 반복하므로, 후렴(refrain)이 붙어 있는 것이 특징으로 대중들과 쉽게 접근할 수 있었다. 그러나 경건하고 무게 있는 찬송과는 구별되어 교회의 정상적인 예배를 위한 목적에는 적절하지 못한 것이 많다.

그러나 우리의 현실은 『찬송가』를 전해 주고 보급해 주신 분들이 대부분 18세기 미국 선교사들에 의해 전해졌기에, 미국 · 영국 찬송가의 영향을 그대로 받았다고 볼 수 있다. 그 영향으로 예배 찬송보다는 부흥가를 비롯한 전도와 선교를 위하여 만들어진 복음성가(Gospel Song)263) 비율이 『통일찬송가』 558편 중 281편(50.4%)이나 된다.264) 지금까지의 찬송가를 주제별로 분석해 보면 다음과 같다.265) < 도표 10 >

< 도표 10 >   한국찬송가 주제별 분석

주 제 별	합동 찬송가	새 찬송가	개편 찬송가	통일찬송가	21 찬송가
예 배	9.5%	12.8%	11%	12.9%	9.4%
성부· 성자· 성령	18.4%	21.8%	20%	19.5%	20.7%
성례· 절기 행사	2.3%	3.6%	5.2%	4.7%	11.3%
성도의 생애와 구원	58.7%	51.1%	48.5%	48.6%	46.3%
성 경	1.4%	1.5%	1.0%	1.4%	1.2%
교회와 천국	7.0%	5.3%	15.3%	9.5%	5.0%
유년· 소년· 청년	1.8%	2.8%	3.2%	1.1%	3.0%
송 영	0.9%	1.1%	5.6%	2.3%	3.1%
합 계	(586)100.00%	(618)100.00%	(620)100.00%	(558)100.00%	(645)100.00%

위의 도표를 비교 분석해 볼 때, 단연코 성도의 '생애와 구원'을 다룬 '복음가'가 절반 정도인 것을 볼 수 있다. 상대적으로 '예배 찬송'이 매우 적다. '예배 찬송'이 빈약한 이유는 찬송가를 편집함에 있어서 경건하고 거룩한 '예배 찬송'보다는 개인의 신앙 간증을 담은 복음 성가를 애창하는 애창 성향에 따라 잘 불려지지 않는 찬송가를 삭제하다보니 그렇게 된 것이다. 또한 찬송가를 통합함에 있어서 '예배 학적인 관점'이 고려되지 않았기 때문이라고 볼 수 있다. 성

---

263) 나운영, "한국에서 사용되고 있는 Gospel Song 의 문제점", 『교회 음악』, (서울 : 교회 음악사, 1980, 겨울호), p. 24. [부록 1] 통일 『찬송가』 중 복음성가 일람 참조
  * 복음성가(Gospel Song)는 '복음가' 또는 '복음 송가'라고도 하는데, 19세기 후반 미국에서 일어났던 부흥 집회에서 불려진 노래로 신앙 부흥 집회나 전도 집회에는 합당하지만 예배 찬송으로는 적당치 않다.
264) 신소섭, 『예배와 찬송가』, op. cit., pp. 135-136.
265) Ibid., p. 117.

노들의 신앙 교과서라면 성경과 찬송가인데, 찬송가가 왜 필요한가 하는 원초적인 문제를 소홀히 했다고 볼 수 있다. 성도의 교제도 중요하고, 개인적인 신앙 간증도 필요하겠지만 문제는 창조주 하나님께 경배와 찬양을 드리는 도구로서 사용되도록 '예배 찬송'을 되도록 많이 넣어 편집해야겠다.

3. 흑인영가(Negro Spiritual)

이 음악은 아프리카에서 끌려온 흑인들이 복음을 듣고 신자가 되었으나, 백인들이 자기네 교회당에 들어오는 것을 꺼려했기 때문에, 그들이 따로 모여 예배를 드릴 때에 그들 나름대로 신앙심을 표현하는 음악을 민요처럼 만들었던 것이다. 가사의 내용은 주로 구약 성경이나 때때로 흑인들의 고뇌를 하나님께 호소하는 가사도 있다. 곡조는 흑인 특유의 리듬인 당김 음(syncopation)을 많이 사용하여 자극적이고 선동적인 것이 특징이며, 아프리카에서 온 흑인 특유의 리듬과 가락을 사용하고 있다. 이 노래들은 가사가 쉽고 리듬이 특이하여 전도에 많이 이용되고 있다.

흑인 영가(Negro spiritual)도 한국 찬송가에 수록되어 있다. "그 누가 나의 괴롬 알며"(21찬 372, 통찬 420), "거기 너 있었는가"(21찬 147, 통찬 136), "신자 되기 원합니다."(21찬 463, 새찬 649, 통찬 518) 등이 실려 있다.

제4절 친교용 음악

교회가 말하는 친교는 신자와 개인적으로, 또는 집단적으로 교제하는 것을 말한다. 여기에는 감상을 위한 음악, 생활을 위한 음악, 레크리에이션을 위한 음악 등이 이에 속한다.

1. 감상을 위한 음악

감상을 위한 음악은 정식 예배 시간과 찬송의 목적 이외에 이뤄지는 교회 내에서나 가정에서나, 기타 음악연주를 위한 공공장소에서의 음악 전부가 포함된다.

1) 오라토리오(Oratorio; 聖譚曲) 연주회

오라토리오란 성경 말씀을 소재로 구성된 교회음악 중에서 가장 복잡하고 완벽에 가까운 음악으로서, 서곡, 서창(敍唱), 영창(詠唱), 중창, 기악합주, 합창 등을 최대한으로 구사했으므로 그 규모가 크고, 연주시간은 대개 60분을 초과한다. 신자는 물론이요, 불신자에게도 깊은 감동을 줄 수 있는, 웅장하고 무게 있는 신앙적 음악이다. 세속음악에서는 오페라에 해당된다. 그러나 오라토리오는 무대장치나 무대의상, 분장 등을 하지 않는다. 그 이유는 사람이 감상하고 있으나, 그 내용이 하나님의 영광과 관련되어 있으므로 혹시라도 영광에 손상을 가져올 우려가 있기 때문이다.

헨델의 <메시아>와 하이든의 <천지창조>, 멘델스존의 <엘리야>를 3대 오라토리오라고 한다. 그 중에도 <메시아>가 가장 훌륭하고 감동도 크다. 그것은 비단 저 유명한 "할렐루야" 합창이 들어 있어서 뿐 아니라 전체적으로나 부분적으로도 다른 어떤 작품도 따를 수 없는 품위와 감동과 신비를 지니고 있다. 그래서 헨델이 그 곡을 작곡한 이래 오늘날까지 세계 방방곡곡에서 해마다 연주되고 있으며, 감동도 해마다 새롭다. 그것은 신적 능력 때문이라고 불신자도 평하고 있다.

오라토리오의 기원을 살펴보면, 16세기 중엽 '오라토리오 회'라는 것이 조직되었는데, 그 때에는 기도실에서 간소하게 성경을 가르칠 목적으로 음악을 시작하였던 것이 점차 발달하여, 전문가에 의하여 연주되게 되었다.266)

독일 오라토리오의 시조는 쉬츠이다. 그의 <부활 오라토리오>(1623)와 <크리스마스 오라토리오>(1664)는 현대에도 널리 알려져 있다. 그 후 1세기 후에 바흐는 위대한 <크리스마스 오라토리오>에서 쉬츠의 전통을 이어 받았다.

작품들은 헨델의 <이집트의 이스라엘인>(1737), <메시아>(1742), <마카베우스의 유다>(1746), <예후다>(1751) 그리고, 하이든의 <천지 창조>(1798), <사계; 四季>(1801)와 멘델스존의 <엘리야>와 <성 바울>, 슈만의 <낙원과 페리>나 <파우스트>는 세속적이기는 하나 종교적 신비성이 넘쳐흐른다.

2) 칸타타(교성곡; 交聲曲) 발표회

칸타타는 성경을 주제로 한 것과 세속적인 내용을 주제로 한 것들이 있어, 교회용 칸타타와 세속적 칸타타로 구별되지만, 세속적 칸타타는 별로 그 수가 많지 않고, 또 연주되는 일도 별로 없으므로, 칸타타 하면 곧 교회 칸타타를 생각하게 된다.

칸타타도 그 내용이나 작곡형식이 오라토리오와 흡사하여, 구별이 잘 되지 않는다. 작곡가가 구별할 수밖에 없다. 그래서 역사적으로 오라토리오는 종교적 오페라, 교회 칸타타나 수난곡(受難 曲)과의 구별이 때로 확실하지 않은 악종(樂種)이다.[267]

다만 오라토리오와 칸타타를 쉽게 구별하는 방법이 있다면, 대개의 오라토리오가 연주 시간이 60분 이상이 걸리는 반면에 칸타타는 40분 내외 정도이므로 연주 시간이 기준이 될 수도 있다. 칸타타는 이와 같이 연주시간이 짧으므로 일반적으로 교회에서 널리 애창되고 있다.

3) 오르간 독주회

원래 오르간이라면 파이프 오르간을 말한다. 그러나 가격이 너무 비싸고 설

---

266) 김의작, op. cit., pp. 37-38.
267) 『음악대사전』, op. cit., p. 963.

치비가 많이 들기 때문에 우리나라에도 세종 문화 회관이나 큰 교회들이나 설치 운용하고 있다. 파이프 오르간은 그 음색이 화려하면서도 장중하고, 엄숙한 분위기를 조성한다. 그러나 근래에는 파이프 오르간 음색을 지양하고 전자 오르간의 전통적 음색에 도전하고 있다. 신자들이나 혹 불신자라 할지라도 기독교 문화의 중추와 같은 오르간 독주를 듣는 것은 기독인의 생활, 친교의 어느 모로나 바람직한 일이다. 여기에 관심이 있는 분들은 단편이나마 이 책의 반주 악기편이나 럿셀 N. 스콰이어의 『교회음악사』 제5장 오르간 편을 참고하기 바란다.268)

바로크 음악의 전통을 거대한 형으로 종합한 것은 바흐(Bach)였다. 그의 오르간 곡은 민(版) 9권의 전집에 수록되어 있다. 크리스마스 코랄 <하늘에서 내려와>에 의한 카논의 변주는 만년의 명작 <음악의 헌정>과 비견할 만한 대위법기교의 소산이다. <d단조의 토카타와 푸가>는 초기의 작품으로 간주된다. 독일에서는 바흐의 <마태 수난곡>의 부활 연주를 한 멘델스죤이 6곡의 오르간 소나타로 바흐의 푸가나 코랄 작법을 부흥시켰으며, 브람스는 <코랄 프렐류드>에서 역시 바흐의 정신과 수법을 계승했다. 오르간 연주자로 뛰어난 사람 프랑스의 메시앙과 피에르 코쉬로, 독일의 쿠르트 토머스와 발터 크라프트 등을 들 수 있다.269)

4) 독창회

교회음악에 관심을 가진 사람이나 연구하는 음악가, 작곡가, 특히 성악가가 교회나 음악당을 사용하여 거룩한 노래를 부르는 모임이다. 신자들은 물론 불신자들까지라도 같이 참석하여, 성스럽고 고상한 음악을 듣는 것은 우리들의 생활의 일부여야 한다. 이런 점들을 세상에 보여줌으로써 간접적인 전도가 가능한 것이다. 이러한 독창회는 새로 창작한 송가를 소개하는 기회로도 마련될 수 있다.

---

268) 럿셀 N. 스콰이어, 『교회음악사』 이귀자 역, (서울: 호산나 음악사, 1992), pp. 187-234. 참조
269) 『음악대사전』, op. cit., p.971-973.

그러므로 크리스천 음악가들은 좋은 작품들을 창작해 내야 한다. 이런 것이 싸이고 쌓여 역사적으로 하나님을 찬양하는 좋은 작품들을 남길 수 있는 것이다.

5) 합창 발표회

교회에서는 매주일 드려지는 찬양을 통해서 합창으로 하나님께 영광을 돌림과 동시에 합창 발표도 되는 것이다. 교회 정규 찬양대나 또는 각급 주일학교 찬양대가 조직되어져야 한다. 또한 직장 단위로, '크리스천 신앙동우회'(基督 信仰 同友 會)모임을 통한 합창단이 정기 연주회를 갖는다는 것은 합창의 발전이나 친목을 위해서도 의미 있는 일이다. 지역적으로 부부합창단을 조직 운영하여 좋은 친목을 유지하고 합창의 예술성도 살리는 일석이조의 효과를 거두고 있다.

합창 음악도 오르간 음악처럼 교회에서 성장한 예술이요, 문화이다. 이런 모임은 신앙인의 생활을 윤택하게 한다.

6) 현악 합주회 · 관악 합주회

2명 이상 10명 안 밖 인원의 실내악으로 현악 2중주, 3중주, 가장 핵심적인 현악 4중주나 또는 피아노 3중주(Piano Trio) 등으로, 소규모라도 발표회를 갖는 것은 바람직한 일이다. 오늘날에는 교회에도 이러한 현악 합주단이나 관악 합주단이 운영되는 교회도 있다. 대단히 보람 있는 일이라고 생각되어진다. 또한 관악합주라면 곧 브라스밴드를 생각하게 되지만, 그런 것 외에도 실내악을 위한 목관악기들의 합주는 그 소리가 매우 우아하다. 플루트, 오보에, 클라리넷, 파곳 등은 매우 부드러운 악기들이다. 이런 악기들을 연주할 수 있는 학생이나 청년, 장년들이 모여 비정기적으로 연습할지라도 1년에 1-2회 연주회를 갖는다는 것은 교회의 분위기나 친교를 위해서도 대단히 좋은 일이다.

7) 남성합창단 또는 중창 발표회

음색이 서로 잘 어울리는 남자 4인이 호흡을 맞춘 남성 4중창, 그리고 여성 3중창으로, 세련된 연주로 찬송가를 연주해 보라. 얼마나 우아하고 아름다운가! 또한 소규모로 여성 합창단이나 남성합창단을 구성하여 연습을 통하여 1년에 한두 차례 연주회를 갖는다. 이러한 일은 찬양대원들을 전문화시키는데 한 몫을 감당할 것이다. 이런 모임은 너무 환상적이며 아름답고, 친교는 저절로 이루어진다.

8) 가족 중창 및 합창발표회

음악 전문가가 아니더라도 가정 예배를 드리면서 찬송을 익히고 함께 파트별로 노래할 수 있다면 좋겠다. 평소에 즐겨 부르는 곡들을 모아 가족 합창회로 모임을 갖는다면 친목도 다져지고, 형제간의 우애도 저절로 이루어진다. 또한 교회 안에 찬양 위원회나 음악 위원회 주최로 가족 찬양 발표회를 가지게 한다면 성도들의 찬양 수준도 높아지고, 가정에 화목을 이루게 하는 촉진제 역할을 할 것이다.

9) 음악 감상회

정식 음악회가 아니더라도 새로이 음반을 구입하고, 가까이 지내는 분들과 함께 미리 준비된 곡들을 함께 들을 수 있는 기회를 가진다는 것은 너무 멋진 친교이다. 좋은 음식을 장만하지 않더라도 친구를 초대하여 가정에서 조용히 흐르는 음악을 감상하도록 하고, 친교를 나눌 수 있다면 참으로 좋은 일이다. 요즘은 대부분 가정에도 오디오 시설을 갖추고 있기에 웬만하면 디스크나 테이프, CD 플레이어를 이용하여 얼마든지 감상의 여건들을 만들 수 있을 것이다. 이런 프로그램을 정착시키기 위하여 찬양대 연습실에 오디오 시설을 마련하여 찬양대원들과 함께 차를 마시면서 오라토리오의 난해한 부분이나 가벼운 찬송가를 듣도록 하고, 감상 동호회를 만들어 건전한 음악 특히 교회음악을 많이 듣는 기회를 주도록 하면 좋을 것이다.

2. 생활을 위한 음악

가정에서, 직장에서, 길을 가면서, 우리들은 곧잘 찬송가를 부르게 된다. 부담 없이 혼자서 부르는 찬송이 자신에게 영적으로 건전한 증거임과 동시에 쾌감을 준다. 우리는 열려진 공간에서도 나만의 즐거움을 창조해 갈 수 있는 생활을 즐겨야 된다. 혼자 부를 수 있는 찬송가, 복음성가를 배워서 부를 수 있어야 한다. 명곡을 부르듯이 말이다. 친한 친구라면 함께 들어주고, 부르면서 즐길 수 있어야 한다. 우리도 이제는 생활 찬송인, 생활 음악인이 되어야 한다. 서로가 짜증을 내지 않고 감싸주면서 함께 노래 부르고, 들으면서 친숙하게 친구처럼 지낼 수 있어야 한다. 이런 점에서 찬송가 교과서만 있으면 될 것이지 무슨 또 『찬송가 집』이 필요한가라고 반문할지 모르지만, 평신도들의 다양한 모임을 감안하여 생활을 위한 『복음성가 모음집』을 편집 출간하여 사용한다면 좋을 것이다.

3. 레크리에이션 음악(Recreation Song)

기독교 신자들은 모이면 건전한 게임과 놀이 등을 하게 된다. 불신자들이야 세상 놀이나 장기나 바둑 등을 즐기겠지만 신자들은 그들과 차별성이 있어야 한다. 놀 줄 알아야 하며, 놀이를 위한 노래, 게임을 위한 노래가 필요하다. 이런 게임을 위한 마땅한 노래가 없으니 할 수 없이 궁여지책으로 『찬송가』를 부르면서 게임을 시작할 수도 있겠지만 이런 때는 '복음성가'나 '게임 송'을 부르면서 하는 것이 옳지 않을까? 게임을 할 수 있는 복음송가를 활용한다면 전도의 효과도 있을 것이다. 또한 성경 적인 소재로도 얼마든지 게임 송을 만들 수 있지 않을까? 문제는 생활에서 부담 없이 부를 수 있는 생활 동요나 교회음악 중 레크리에이션 음악들을 창작할 필요가 있다. 270)

요즘 요양원에서 건전한 놀이를 통한 치료프로그램이 절실한 요즈음 신체적, 정신적 기능 저하로 인하여 가족 및 사회에서 소외되고 고립되어져 가는 치매 어르신에게 교회음악을 활용한 프로그램을 통해 새로운 경험과 서비스를 제공하여 삶의 질을 향상시키고, 문제행동 및 증상을 완화시키는데, 레크리에이션 만큼 알맞은 프로그램이 없을 것이다.

교회음악을 활용한 레크리에이션의 개발이 무엇보다 시급한 때이다. 먼저 아래와 같은 목표를 가지고 실제 실행계획을 세워보자.

1. 목표 1) 치매노인의 사회적응을 위한 기회가 되도록 한다.
   - 사회구성원으로서의 혜택을 충분히 누릴 수 있도록 도와준다.
   - 외부 활동을 통해 계절을 인식할 수 있는 기회를 제공한다.
   - 다양한 사람들과의 접촉을 통해 사회성을 향상시킨다.
   2) 치매노인의 문제행동 및 증상을 완화시킨다.
   - 장거리이동을 통해 배회증상 및 야간 수면장애를 해소시킨다.
   - 새로운 경험으로 상실되었던 장기 기억력에 자극을 주어 회상치료 효과를 도모한다. 이런 면에서 동요나 어린이 찬송은 좋은 재료다.

2. 일   시 : 20 . . .(요일) 13:50-14:30 ✱ 우천시 : 13:30-14:00

3. 참여인원 : 00 명
   · 어 르 신/ 양✱✱, 이✱✱, 김✱✱, 강✱✱, 유✱✱, 미 지정(6명)
   · 지도교사/ 000외 00 명, 생활보조원/ 운전기사, 거동불편어르신 보조인원(0 명)
   · 사회복지실습생 지원 ✱✱✱, ✱✱✱, ✱✱✱(0 명)

4. 진행시간(13:50-14:05) ▶ 비가 안 올 경우 시간/ 13:50-14:30

   ▶ 내용 및 준비물 / 고무공이나 깡통, 나무 볼링 채, 바구니 2개와 높은 장대 2개
   1) 깡통볼링 14:05-14:20
   2) 바구니에 공 넣기 14:20-14:30
   3) 빨대 과자릴레이
      ▶ 비가 올 경우 ☂ : 우천시 : 13:30-14:00 / 시민공원에 실내 공간 없음.
      공원 가까이에 위치한 000 문화시설이나, 000 기념관을 관람 및 문화 체험예정.

---

270) 이요섭 엮음, 신동우 그림, 『레크리에이션』(서울: 서울음악사, 1981), pp. 130~176. 율동 노래 편과 pp. 177-189. 가스펠송 편을 참조.

5. 프로그램 세부계획

　<1> 깡통볼링 : 교회음악 중 경쾌한 레크리에이션 음악을 들려주면서 진행한다.
　1) 일시 : 2004년 10월 19일 화요일 13:50 - 14:05
　2) 장소 : 00 시민의 숲이나　00 시민 공원
　3) 대상 : 주간보호센터 어르신(치매어르신)
　4) 참여인원 : 총11명 - 어르신 : 양**, 이**, 김**, 강**, 유**, 미 지정(0 명)
　　· 지도교사 및 간호보조사 ***, 생활보조원 ***(　0 명)
　　· 사회복지실습생 : ***, ***, ***(　0 명)

　1.목표 및 효과 :　　/　2.일시:　　/　3.참여인원:　　/
　4.진행시간: ▶ 실외 활동 가능한 경우　/　▶ 실외 활동 불가능한 경우

6. 프로그램 세부계획

* 프로그램 목표 및 효과 : 어르신들은 서로의 만남을 통하여 상호 교제하면서 신앙의 향상은 물론 가족적인 분위기 속에서 가정생활이 원만해 지며, 교회생활에 관심을 가지고 즐거워 질 것이다. 모든 프로그램에 교회음악을 들려준다.

* 계획을 세운 레크리에이션 프로그램을 세부계획을 세운다.
　1) 일시　　2) 장소　　3) 대상　　4) 참여인원
　5) 프로그램 내용　　① 운영방법　　② 운영규칙
　6) 레크리에이션 진행상 필요물품 목록에 따라 기록하고 준비한다.
　7) 준비일정 : 20 . . . - 20 . . .
　8) 업무분담 :
　9) 소요예산 :

예제 35) 교회음악 중 예배용 음악에 대하여 기술하라.
　　　36) 교회음악 중 교육용 음악에 대하여 기술하라.
　　　37) 교회음악 중 전도용에 대하여 기술하라.
　　　38) 교회음악 중 친교용 음악에 대하여 기술하라.

제8장 교회음악 교육과 행정

제1절 어린이 교회음악 내용

 어린이 교회음악이란 그리스도를 머리로 삼고, 그의 지체가 된 유형무형의 교회가 그 교회 된 사명을 완수하기 위하여 필요로 하는 음악적 활동을 다만 어린이를 대상으로 하는 것이다. 어린이를 대상으로 교회음악 교육이 철저하게 이루어졌다면 그들은 10-20년 후에는 그 교회의 지도적인 위치에서 가르치고 있을 것이며, 사회와 직장에서 그러한 철저한 신앙적인 인격으로 모든 일을 가르침대로 사명처럼 알고 봉사할 것이다. 그러므로 어린이의 철저한 신앙 인격교육과 교회음악교육이야말로 꼭 필요한 일이다.
 우리 성도들은 누가 언제 찬양대원이나 지휘자가 될지 모르는 일이다. 그러므로 기회가 닿으면 열심히 배워야 나중에 쓰임 받을 수 있는 것이다. 그렇다 어린 시절과 학생 시절에 철저하게 배운 이들이 성년이 되어서 다른 사람을 잘 가르칠 있게 된다. 필자는 음악교육 환경이 좋지 않은 곳에서 자랐다. 그러나 중학교 3학년 때부터 장년 찬양대 오르간을 반주하면서 음악성은 자라기 시작했고, 30여년 넘게 교회음악과 찬송가 연구에 몰두했다. 교회음악 지도자 강습이 열리는 곳은 어디든 꼭 찾아가 열악한 환경을 극복하면서 배워 중등학교 음악교사로, 지금은 교회음악과 찬송가학을 가르치며, 한국찬송가의 발전을 위해 이 일을 천직처럼 알고 봉사하고 있다.
 이 장에서는 어린이음악교육을 여러 방법으로 시도했던 분들의 방법을 소개하면서 어린이교회음악 교육에 관심을 가진 분들에게 도움을 주려고 한다.

제2절 어린이 교회음악교육 방법론

어린이 교회음악의 지도 방법도 어린이 음악교육의 방법과 다를 바 없다. 먼저 세계적으로 알려져 널리 쓰이고 있는 칼 오르프(Carl Orff, 1895-1982)의 음악 지도 방법을 소개한다.

1. 생활중심의 음악지도

칼 오르프는 뮌헨출신의 현대 독일의 대표적 작곡가의 한 사람이며, 교육자이다. 그는 일찍부터 음악적인 자질을 발휘하여 어렸을 때 자작의 인형극에 노래와 음악을 썼다. 16세 때인 1911년에 벌써 게르만(E. German)에 의해서 <5개의 가곡집>이 출판되었다. 이 해 50곡 이상의 가곡, 니체(Friedrich Nietzsche)의 <짜라투스트라>에 의한 합창, 관악 오케스트라, 2대의 오르간, 2대의 피아노, 2대의 하프를 위한 대작을 작곡했다. 1924년 도로테 귄터(Dorothee Günther)에 의해서 창설된 고전교육 · 음악 · 무용을 위한 귄터학교의 음악교육부에서 교편을 잡음으로써 교육자로서 출발했다. 1950년부터 1960년까지 뮌헨 고등음악학교 작곡과 주임 교수가 되었으며, 1955년에는 튀빙겐 대학으로부터 명예박사 학위를 받았다.[271]

칼 오르프는 "생활 감정의 발로를 기반으로 소재를 어린이들의 생활주변에서 찾아 음악지도를 해야 한다"고 주장했다. 그는 음악지도의 출발점을 뻐꾸기의 울음소리에 두고, 언어의 리듬(Rhythm)을 존중했으며 그 기준을 사람의 이름, 수의 명칭, 간단한 동요나 민요 등에 두었다.

또한 여기에는 반드시 동작(리듬 치기), 춤(무용), 말(언어)이 수반되어야 하며 누구나 연주할 수 있는 음악이라야 하는 동시에 피동적으로 음악을 듣거나

---

[271] 『음악 대사전』, op. cit., pp. 974-975.

바라만 보는 음악이어서는 안 된다고 했다.272) 즉 연주에 적극적으로 참여하여 모든 분야를 손색없이 행할 수 있는 음악이라야 한다는 것이다.

오르프는 '기초적인 음악'(elementary Music)이라는 기본 개념을 지도법에 반영시켰는데, 이것은 음악만을 뜻하는 것이 아니고 반드시 동작과 말이 수반되어야 하며 누구나 다 연주할 수 있는 음악이라야 한다는 것이다.

기초적인 음악은 어린이 주위에 항상 가까이 있는 것으로서 이름 부르기, 라임(Rhyme; 운<韻>, 압운<押韻>), 속담 등은 기본적인 동작(손뼉 치기, 발 구르기, 무릎치기 등)을 통하여 리듬감이 더욱 구체화된다는 점을 오르프는 본 것이다.

화성이전에 멜로디가 존재했고, 멜로디 이전에 리듬이 존재했다는 역사적 사실에 비추어, 음악교육에 선행되어야 할 요소를 '리듬교육'이라고 보았다.

종전의 음악교육은 피아노의 중앙 '도'(가온 'C')를 가르치는 것부터 시작하여 점차 쉬운 곡을 연주할 수 있도록 이끌어 간다하더라도 벌써 연주 테크닉은 물론 무의도적으로 리듬 · 멜로디 · 화성을 동시에 주입시켰다.

즉 리듬을 감각치 못하고 프레이즈 감, 화음 감을 느끼지 못한 채 기계적인 연주에 임하게 됨으로써 음악의 낙오자를 만드는 결과를 초래했었다는 것이다. 이러한 모순점을 제거하기 위하여 오르프는 우선 리듬에 중점을 두었고, 이 리듬교육은 학령전이 더 효과적이라고 지적했다. 그는 또한 춤 · 동작 · 말 그리고 음악 등의 종합 활동으로 이루어지는 원시인들의 생활에 공감하였고, 이러한 요소들이 정신력을 일깨우고 발달시키며, 인간 생활의 균형을 유지시켜 주는 열쇠라 생각하고 전인교육(全人敎育)을 위해 필요 불가결한 것으로 보았다.273)

이러한 소재로서 음악의 기초 기능을 확립시킬 수 있고, 또 확립시켜야 한다는 것이 칼 오르프의 신념이자 이념이었다.274)

---

272) 『Encyclopaedia Britannica』, 1959, V, p. 620.
273) J. N. Ashton, 『Music in Worship』(Boston: Philgrim, 1943), p. 122.
274) 김철륜, 『교회 음악론』, op.cit., pp.174-175.

2. 칼 오르프의 음악지도 방법
(Carl Orff Method)

좁은 의미에서의 창작이란 작곡을 말한다. 그러나 현대교육이 의도한 창작활동은 작곡만을 의미하는 것은 아니다. 인간의 창조성을 계발할 수 있는 종합적인 음악교육활동을 요구하고 있다. 그렇기 때문에 오늘날의 음악교육은, 그 중점을 창조적인 표현능력에 두고 다음과 같은 능력이 어린이들 나름으로 계발할 수 있도록 최선을 다해야 한다.
① 음악적인 경험을 최대한으로 풍부하게 해 준다.
② 다양성 있는 음악활동으로서 어린이들의 상상력을 자극하도록 한다.
③ 체계적인 학습을 통하여 독보력, 청음력의 기틀을 마련해 준다.
④ 모방성을 계발하고 즉흥적으로 표현할 수 있는 능력을 마련해 준다.
⑤ 폭 있는 음악학습으로 음악 어휘를 풍부하게 한다.
⑥ 자신과 타인의 음악을 비판할 수 있는 힘을 길러 준다.

이상과 같은 현대음악의 사조는 칼 오르프의 교육방법 속에도 그대로 반영되고 있다. 이러한 방법을 구체화한 것이 전 5권으로 되어 있는 『어린이를 위한 음악』(Das Schulwerk-MUSIK für kinder)이라는 방법이다. 이 책은 1950-1954년 사이에 출판된 것으로 30여 년의 경험을 토대로 하여 집대성한 것이다. 이 책은 1948년 바바리아 방송국으로부터 어린이를 위한 음악을 작곡해 달라는 청탁을 받은 것이 계기가 되어 쓰게 되었던 것으로, 음악교육은 어려서 시작되어야 훨씬 효과적이라는 신념으로 쓴 것이다.

8-12세의 어린이들을 모아 방송을 시작하였을 때 학교로부터 들어오는 반응은 대단한 것이었다. 방송이 5년간 계속되는 동안 5권의 『오르프-슐베르크』가 출판되었다. 누구든지 어느 정도까지는 음악성의 계발과 발달이 가능하다는 신념으로, 어린이들을 위해 썼다는 점과 어린이들의 관점에서 썼다는 그 점이 곧 『오르프-슐베르크』의 특징이라 하겠다.275)

---

275) 김철륜, *op. cit.*, p. 176.

『오르프-슐베르크』의 제1권에는 5음 음계(Pentatonic Scale)를 바탕으로 한 곡, 제2권과 3권에는 장음계 · 삼화음 · 종지형 등의 전통 화성을 바탕으로 한 곡, 제4권과 5권에는 단음계 · 교회선법(Aeolian, Dorian, Phrygian Mode 등)을 바탕으로 한 곡들이 실려 있는데, 오르프가 민속음악, 특히 전통적으로 내려오는 동요나 민요를 이 책의 소재로 삼았다는 것은 주목할만한 일이다.

그가 5음 음계를 사용한 이유는 다음과 같다,

첫째, 5음 음계는 반음이 없어 어린이들이 노래하기 쉽다는 점이다.

둘째, 조성이 없고 화음의 변화에서 오는 불협화음을 초래하지 않아 자연스러운 즉흥연주 활용이 용이하다는 점이다.

셋째, 실로폰과 같은 음판 악기의 연주가 비교적 쉽다는 점들을 들 수 있다.

즉흥연주 악곡의 일부를 소개해 보면 다음과 같다. <악보 26>

< 악보 26 > 즉흥 연주곡

이러한 방법을 통해서 오르프는 즉흥적인 연주 및 표현이야말로 어린이들을 위한 음악교육의 방법이라는 점을 강조하였고, 또 다음과 같은 학습 방법을 소

개했나.

(1) 리듬에 의한 즉흥적인 표현 학습으로는 손뼉 치기, 무릎치기, 발 구르기 등의 학습단계를 거쳐서 간단한 리듬악기를 사용하도록 한다.

(2) 교사나 동료의 모방으로부터 시작해서 문답학습으로 들어가도록 했는데, 교사나 동료들 사이에서 리듬이나 가락으로 즉흥적으로 문답할 수 있도록 한다.

(3) 리듬의 오스티나토 반주276) 에 맞추어 즉흥적인 가락악기로 표현을 하도록 하였다. 오스티나토를 활용함으로서 어린이들이 즉흥적으로 문답할 수 있도록 하였으며, 이것으로 '게임'도 할 수 있게 함으로써 재미있는 활동을 이룰 수 있도록 꾀했다. 이상과 같은 구체적인 학습방법은 오르프의 다음과 같은 창작지도의 기본조건을 위해 이루어 놓은 것이다.

① 기악과 기악합주의 지도와 병행해서, 또는 그 지도 속에서 생각해야 한다.
② 말(언어)이 지닌 리듬의 취급을 지도과정 속에서 살려야 한다.
③ 즉흥적인 리듬과 가락의 연주는 물론, 창작지도에는 이 밖의 모든 조건과 활동이 함께 이루어져야 한다.

이와 같이 오르프는 종래의 작곡지도와는 달리, 즉흥적인 요소를 기악합주나 연주 속에 살림으로써 어린이들의 즉흥적인 창작체험을 심화하고 음악교육 전체를 창조적인 입장에서 운영함으로써 인간의 창조성을 계발해야 한다는 점을 특별히 강조하고 있다.

예제 39) 교회에서 친교용음악의 필요성을 실례를 들어 설명하라.
      40) 교회에서 어린이 음악지도의 중요성을 실례를 들어 설명하라.

---

276) 『音樂大事典』, op. cit., p.983. 오스티나토(ostinato)란 어떤 일정한 음형(音型)을 악곡 전체를 통하여, 혹은 통합된 악절 전체를 통하여 동일 성부, 동일 음 높이로 언제나 되풀이하는 것을 말한다. 짧게 반복되는 선율 또는 리듬 악구. 이중선율 오스티나토는 곡 전체에 걸쳐 반복되는 짧은 선율 악구로 때로 약간 변형되거나 다른 음높이로 전이되기도 하며, 리듬 오스티나토는 짧게 지속적으로 반복되는 리듬 유형이다.

3. 리듬에 사용되는 간단한 악기

칼 오르프의 음악교육이념 중 가장 두드러진 것 하나만을 골라잡는다면 그것은 기초적인 운동일 것이다. 오르프는 바쁜 작곡생활 중에 틈을 내어 이웃의 어린이들을 모아놓고 큰북, 작은북, 심벌즈, 나무토막, 금속 물 등 소리가 나는 물건을 하나씩 손에 들게 하고 두들기면서 그 속에서 교재를 연구하였고, 또 새로운 악기를 고안했다고 한다. 그러나 그는 아무리 그것이 간이악기라고 할지라도 다음과 같은 점만은 구비할 수 있도록 고려하였다.

① 음성이 정확하고 소리가 아름다워야 하며 음량도 있어야 한다.
② 어린이들이 다루기 쉽고, 초보자에게 편리해야 한다.
③ 어느 나라에나 민속악기가 있다.[277] 따라서 이를 개척하여 기초적인 음악에 활용할 수 있는 악기를 만들어야 한다.

칼 오르프가 사용한 악기는 대략 다음과 같다.

1. 소프라노 실로폰
2. 알토 실로폰
3. 소프라노 철금
4. 알토 철금
5. 소프라노 메탈로 호른
6. 알토 메탈로 호른
7. 비올라다감바
8. 팀파니
9. 방울
10. 우드불럭
11. 트라이앵글
12. 탬버린
13. 심벌즈
14. 손 북
15. 작은 북
16. 큰 북
17. 블록 플루트
18. 기타
19. 류트
20. 하크프렛
21. 솔터리
22. 크룸 호른
23. 라우슈 파이프
24. 트롬본
25. 소프라노 바스

---

277) 창세기 4:3-4; 8:20; 9:1; 12:7.

제3절 교회음악 교육의 실제

한국교회의 음악교육도의 실태는 아직도 의욕은 있으나 전문가가 적다고 볼 수 있다. 일반적인 학교에서 배운 실력을 바탕으로 교회음악을 지도하고 있는 실정이다.

'교회 음악'은 지도교사가 훈련을 잘 받아야 좋은 '찬송 지도'를 할 수 있는 것이다. 그러나 아무나 교회음악 교사가 되어서는 안 된다. 예배 음악이 하나님께서 받으실 만한 것이 되기 위해서는 음악을 드리는 사람들의 삶의 자세와 태도가 하나님께 대한 헌신의 정도가 기준이 된다. 순수 음악적 수준과 전문성은 그 다음에 오는 것이다.[278]

교회음악 교사는 먼저 신앙심과 교육 그리고 훈련이 필요하다. 그러므로 교회음악 교사는 다음 몇 가지 자질을 갖춰야 한다.

① 교회 음악에 대한 이해
② 성경적 신앙의 소유자
③ 음악적 지식과 실기의 소유자
④ 도덕적 인격의 소유자
⑤ 항상 성장하는 교사여야 한다.

찬양 신학교, 지휘자 연수원, 찬양 세미나, 반주자 지휘자 훈련원 등 찾아보면 많이 있다. 열심히 배워야 잘 가르칠 수 있다.[279]

현실적으로 어린이 찬송 지도를 위한 기초적 설문 조사에 보면 "가장 좋아하는 음악"을 묻는 질문에 동요가 45.6%, 가요 38.3%, 팝송 8.8%, CM송 3.0%

---

[278] 황성철, op. cit., p. 162.
[279] 현실적으로 시대적인 요구로 지금은 교회음악발전을 위해 지도자과정을 개설하고 운영하고 있는 대학들이 많이 있다. 바람직한 곳을 들자면 중앙대학 예술대학원에도 '교회음악지도자과정'을 개설하여 교회음악지도자 2급 자격증 수여와 음악목사과정과 학점 연계하여 음악목회자자격 취득기회를 부여하고 있다. (T.02-823-5344, http://www.gsa.cau.ac.kr/)

순 이었다. 가요와 팝송을 선호하는 어린이가 47.1%로 동요를 앞지르고 있다. 우리는 찬송을 잘 부르지 않는다고 팝송 스타일의 복음성가(Gospel Song)나 차마 찬송이라고 부르기에 부끄러운 노래들이 '어린이 찬송'을 대체하고 있는 실정이며, 가르치고 있으니 한심스럽다. '어린이 찬송 교육'은 방법보다 '질(質)' 곧 '진정한 찬송자료'가 문제다. 썩은 밀가루로는 훌륭한 요리사가 요리해도 마찬가지다. 그러므로 '좋은 자료의 찬송'을 골라 지도해야 한다. 세상이 변한다고 대중문화 쪽으로 기울지 말고, '성경 말씀 중심'으로 건전한 기독교 문화를 창출하며 보급해야 한다. 어린이들이 좋아한다고 세속적인 멜로디나 리듬에 맞들게 하지 말고, 경건하고 우아한 찬송! 하나님께 영광을 돌리는 찬송을 가르치고 부르게 하여야 할 것이다. 특별히 어린이들 변성기 때에는 무리한 고음 발성을 피하고, 음정을 낮게 이조하여 지도하고, 계절 성경학교 때에는 앞서 설명한 리듬악기나 간이 악기(리코더, 트라이앵글, 캐스터네츠, 탬버린, 큰북, 작은 북 등)들을 활용하여 함께 참여하는 활기찬 '찬송'과 '찬양'을 드리게 해야 할 것이다 찬양대에서 찬송을 열심히 부르던 한 청년이 후두수술을 하고 성대를 쓰지 못하게 되자 하나님께 찬양을 드리고 싶어 '클라리넷'을 구입하여 열심히 연습하면서 시간이 날 때마다 교회에서 아름다운 악기로 찬양을 드리고 있다. 얼마나 좋은 발상이며 아름다운 봉사인가?

　오늘날 한국교회들이 각 음악대학에서 쏟아져 나오는 인재들을 유용하게 활용하지 못하고 있는 것이 현실이다. 성악이나 지휘 전공자들 외에도 각종 악기를 다룰 줄 아는 이들과, 또한 찬양 드리고 싶어 하는 전문가들의 충족을 만족시켜 주면서 하나님께 영광을 돌릴 수 있는 방법이 얼마든지 있다. 이제는 교회 내에서 소규모로 '현악 중주 단', '관악 중주 단', '타악기 중주 단', 그리고 '관현악 단' 등을 운영해 간다면 얼마나 좋겠는가? 문제는 이들을 지도할 수 있는 전문 인력의 양성이다. 연못을 파 놓으면 고기가 모여들 듯이, 연차적으로 예산을 세워서 시도 해보려고 하지 않고, 운영비가 적게 들고, 하기 쉬운 '합창단'만을 운영하는 것 같다. '찬양대' 운영을 위해서도 전문 인력을 미리 양성하여 대장이나 지휘자, 반주자로 채용하면 좋을 것이다

　어린이 교육을 방치하거나 비싼 학원에 맡기지 말고, 교회 내에서 바이올린이나, 비올라, 첼로 등을 방과 후에 교회에 오도록 하여 양성한다면 어버이 주

일이나 행사 때 장년 예배에 참석시켜 경험을 쌓도록 하고, 예배 시에 함께 악기로 하나님께 찬양을 돌리도록 한다면 실전기술도 향상되고, 신앙지도도 함께 이루어지리라 확신한다. 이렇게 예배를 통하여 회중찬송 속에 젖어 그 경건 성의 훈련과 함께 가족 단위의 예배로 이어져 일석이조(一石二鳥)의 효과를 얻을 수 있을 것이다. 초등학교 교재에 나오는 철금, 세로 피리나 멜로디언, 아코디언 같은 악기들도 찬양의 간주를 담당하도록 한다면 더욱 다양한 음색과 함께 드려지는 감미로운 예배, 흥미와 은혜를 겸비한 예배가 되리라고 본다. 이렇게 함께 반주하며 찬양 드리게 하면 찬송을 연주하며 예배드리는 습관을 통해, 찬양의 실력도 쭉쭉 늘어만 갈 것이다.

1. 교회음악 교육의 기초

요사이 아이들은 한글을 깨우치는데 많은 시간이 소요되지 않는다. 좋은 매체가 옆에 있으니 조금만 가르쳐 주면 저절로 글을 깨우치게 된다. 한글을 읽을 줄 알면 까막눈이 밝아지고, 동화책도 성경도 읽을 수 있다. 요사이 컴퓨터를 못하면 '컴맹'이라 부른다. 악보를 읽지 못하면 '보맹(譜盲)'이 된다. 이제라도 '독보 원리'를 배우게 되면 일생동안 '보맹'을 면하게 된다. 특히 찬양대원에 있어서 독보력(讀譜力)의 터득은 필수적이다. 광의 적으로 볼 때, 우리 성도들은 모두 찬양대원이다. 그러므로 독보력을 익힌다는 것은 필수적이며 이는 어렸을 때에 익히는 것이 좋은 방법이다.

1) 음악교육과 독보력

학생이 책을 읽지 못하고 학교를 다닌다고 가정해 보라. 얼마나 갑갑하고 비교육적이며, 비생산적일까? 그러므로 앵무새처럼 노래를 가르치는 것도 필요하지만 악보를 읽는 훈련을 먼저 해야 한다. 처음에는 어려운 것 같지만 어린이들이 훨씬 이해가 빠르고 쉽게 익힌다.

교회마다 복음성가 부르기 붐이 일어나 신시사이저나 드럼, 기타 등으로 반주를 하면서 악보는 없이 가사만을 자막으로 비추어 부르게 하는 바람이 불고 있다. 즉흥적으로 연주하면서 기분을 내는 연주자들을 제외하고 참석자들은 그저 흥얼거리다가 시간만 지난다. 젊은이들이야 리듬감이 있어서 웬만한 곡들은 두어 번만 들으면 곧 잘 부른다. 그러나 기성세대들은 따라갈 수가 없다. 어린이 주일학교에서부터 정식으로 찬송교육을 받아 악보를 보면서 찬송을 자력으로 부를 수 있는 훈련을 거쳐야 좋은 찬양대원이 될 수 있다.

(1) 보표 이해

악보를 읽으려면 먼저 보표를 이해해야 한다. 바로 악보를 적는 원고지 역할을 하는 것이 다섯줄인 보표이다. 이 보표는 음의 높이를 적는 데 사용된다. 보표에는 여러 가지가 있다.

첫째로, 우리가 가장 많이 그리고 쉽게 볼 수 있는 보표가 '높은 음 자리 보표'이다. 일명 '사'('G')음자리 보표(G Clef; ξ)라고도 한다. '사'음 자리 보표는 둘째 줄을 음이름 '사'(영 · 미 음이름 'G')음으로 지정해 준다. 그러므로 거기서부터 '사' '바' '마' '라' '다' 차례로 내려오면 아래 첫째 덧 줄이 '다'음이 되는 것이다. 바로 이 음이 '가온 다'이며, 피아노의 열쇠고리에서 가장 가까운 '도'음 즉 '중앙 도'음인 것이다. 이 음에서부터 차례로 올라가면서 "도, 레, 미, 파, 솔, 라, 시, 도" 음이 되는 것이다.

둘째로, 찬송가 악보에서 가사 아래 부분에 쓰이는 보표가 '낮은음자리 보표'이다. 일명 '바'('F')음 자리 보표(F clef; ヲ)라고도 한다. '바'음 자리 보표는 넷째 줄을 음이름 '바'(영 · 미 음이름 'F')음으로 지정해 준다. 그러므로 거기서부터 '바' '마' '라' '다' 하고 내려오면, 둘째 칸이 우리나라 음이름으로 '다'(영 · 미 음이름 'C')음이 된다. 이 음은 '가온 다'(중앙 도; 중앙 'C')음에서 아래로 8째 음 즉 1옥타브가 낮은 음이다.

셋째로, 보통 악보에서는 잘 나타나지 않는 '가온음자리표' 일명 '다'음 자리표('C'음 자리표; 'C' Clef)이다. 이 음자리표가 붙는 곳을 1점 다(Ċ) 음으로 정하는 표로서, 그 음을 '가온 다'(중앙 '도'; 가온 'C')음으로 지시해 주는 것이다.

여기에는 위치에 따라서 여러 가지 종류가 있다. 이 음자리표가 어디에 위치하
느냐에 따라 그 이름과 기능이 달라진다.
　첫째 줄에 위치할 때는 높은 음을 적기에 알맞으며, 그 이름을 '소프라노 음
자리표'라고 한다.
　둘째 줄에 위치할 때는 '메조소프라노' 음을 적으며, '메조소프라노 음자리표'
라고 한다.
　셋째 줄에 위치할 때는 '알토' 음을 적으며, '알토 음자리표'라고 한다. 현악기
비올라 음을 적는 데도 사용된다.
　넷째 줄에 위치할 때는 '테너' 음을 적으며, '테너 음자리표'라고 한다.
　다섯째 줄에 위치할 때는 '바리톤' 음을 적으며, '바리톤 음자리표'라고 한다.

　　예제　41) 교회음악 지도자로서 갖춰야 할 것들을 구체적으로 논하라.

(2) 절대 음감 체득

　절대 음감이란 1점 '가'음(1점 'Å'음의 고도를 진동수 435로 잡고, 연주회 고
도는 Å=440으로)의 높이를 감지하는 일이다. 어렸을 때부터 절대 음감을 갖도
록 지도해야 한다. 세계 최대 형 컴퓨터보다 나은 인간 두뇌를 활용하도록 하
자. 인간의 두뇌에는 136억 5천 3백만 개의 세포가 있다고 한다. 그런데 괴테
같은 시성(詩聖)도 0.4% 정도, 아인슈타인 같은 과학자가 0.6% 정도를 활용하
다가 갔단다. "하면 된다." 뇌 세포 1%만 활용하면 천재 소리 듣지 않겠는가?
절대 음감을 익히면서 12음 음계를 고정 '도' 법으로 익히는 훈련이 필요하다.

(3) 음표와 쉼표 이해

① 음표와 쉼표를 이해해야 한다.

이름	꼴	길이	이름	꼴	길이
점 온음표	𝅝·	𝅝 + 𝅗𝅥	겹점온음표	𝅝··	𝅝 + 𝅗𝅥 + 𝅘𝅥
점 2분음표	𝅗𝅥·	𝅗𝅥 + 𝅘𝅥	겹점2분음표	𝅗𝅥··	𝅗𝅥 + 𝅘𝅥 + 𝅘𝅥𝅮
점 4분음표	𝅘𝅥·	𝅘𝅥 + 𝅘𝅥𝅮	겹점4분음표	𝅘𝅥··	𝅘𝅥 + 𝅘𝅥𝅮 + 𝅘𝅥𝅯
점 온쉼표	𝄻·	𝄻 + 𝄼	겹점온쉼표	𝄻··	𝄻 + 𝄼 + 𝄽
점 2분쉼표	𝄻·	𝄻 + 𝄽	겹점2분쉼표	𝄻··	𝄻 + 𝄽 + 𝄾
점 4분쉼표	𝄽·	𝄽 + 𝄾	겹점4분쉼표	𝄽··	𝄽 + 𝄾 + 𝄿

② 점음표와 점쉼표의 이해

이름	꼴	길이	이름	꼴	길이
점 온음표	𝅝.	𝅝 + ♩	겹점온음표	𝅝..	𝅝 + ♩ + ♩
점 2분음표	𝅗𝅥.	𝅗𝅥 + ♩	겹점2분음표	𝅗𝅥..	𝅗𝅥 + ♩ + ♪
점 4분음표	♩.	♩ + ♪	겹점4분음표	♩..	♩ + ♪ + ♫
점 온쉼표	𝄻.	𝄻 + 𝄼	겹점온쉼표	𝄻..	𝄻 + 𝄼 + 𝄽
점 2분쉼표	𝄼.	𝄼 + 𝄽	겹점2분쉼표	𝄼..	𝄼 + 𝄽 + 𝄾
점 4분쉼표	𝄽.	𝄽 + 𝄾	겹점4분쉼표	𝄽..	𝄽 + 𝄾 + 𝄿

③ 박자표와 셈여림

2박자(강, 약)			3박자(강, 약, 약)			4박자(강, 약, 중강, 약)		
표	마디단위	박단위	표	마디단위	박단위	표	마디단위	박 단위
2/2	♩ ♩	♩	3/2	♩ ♩ ♩	♩	4/2	♩ ♩ ♩ ♩	♩
2/4	♩ ♩	♩	3/4	♩ ♩ ♩	♩	4/4	♩ ♩ ♩ ♩	♩
2/8	♪ ♪	♪	3/8	♪ ♪ ♪	♪	4/8	♪ ♪ ♪ ♪	♪

2) 악보 읽기(독보, 讀譜)의 실제

(1) 음계 이해

▣ 올림 장음계와 올림 단음계

① 어떤 음계에 있어서 첫 음('Do'나 'La')의 높이가 정해졌을 때에 그것을 '조(調)'라고 하며 이때에 그 조에 따라 '♯'을 붙이는 '올림 장음계', '♭'을 붙이는 '내림 장음계'가 있다. <악보 26>

"Fa, Do, Sol, Re, La, Mi, Si"를 외우면서 5선 보의 5째 줄부터 붙이기

를 시작한다. 그음으로부터 아래로 4번째 음에 붙고, 두 번째 붙인 자리로부터 위로 5번째 음에 또 아래로 4번째 음에, 그음으로부터 위로 5번째 음에 이런 방법으로 7째 #을 붙이면 된다. 다시 한 번 외어 보자. "Fa, Do, Sol, Re, La, Mi, Si"를 다섯째 줄에 'Fa' 아래로(4번째; Do)/ 위로(5번째; Sol)/ 아래로(4번째; Re)/ 아래로(4번째; La)/ 위로(5번째; Mi)/ 아래로(4번째; Si) 음 순서로 붙여 간다.

< 악보 27 > 장조와 단조의 으뜸음

② 조표를 붙이고 나면 마지막 붙인 #붙은 자리가 계이름으로 'Si'가 된다. 그러므로 #을 정확하게 붙일 수만 있으면 자연스럽게 계이름은 마지막 붙은 #자리로부터 역순으로 계이름이 "Si, Mi, La, Re, Sol, Do, Fa"가 되는 것이다. 예를 들면 이 2개가 붙으면 마지막 붙은 자리가 계이름으로 'Si'이고 남은 자리가 'Mi'가 되는 것이다. 말하자면 마지막 #자리로부터 역순으로 붙은 자리의 계이름이 "Si, Mi, La, Re, Sol, Do, Fa"라고 읽으면 된다.

③ 일단 계이름을 읽을 수 있으면 마지막 #붙은 자리가 'Si'이기 때문에 바로 위 자리가 계이름 'Do'음이 된다. 그 'Do'자리의 음이름이 그 조의 이름이 되는 것이다. 예를 들면 #이 2개가 붙었을 경우 마지막 붙은 #자리가 음이름으로 'C'음이고, 바로 위 음인 'D'가 계이름으로 'Do'가 되기 때문에 조성(調性)은 '라장조'(D Major)이며, 단조인 경우에는 계이름이 'La'인 자리가 으뜸음이 되기 때문에 D장조의 으뜸음 단3도 아래인 'b'(나)가 계이름으로 'La'음이 되어 '나단조'(b minor)가 되는 것이다.

④ 찬송가에 따라 '장조의 곡'도 있고, '단조의 곡'도 있다.280)

■ 내림 장음계와 내림 단음계

① 내림표가 붙은 장음계와 단음계를 말하는데, 내림표가 붙는 순서는 다음과 같다.
"Si, Mi, La, Re, Sol, Do, Fa" 이 순서를 꼭 외어 두어야 한다. 내림표 즉 '♭'은 3째 줄에서부터 붙이기 시작한다. '♯'을 붙이는 방법과는 방법이나 순서가 모두 역순으로 된다. 3째 줄에서부터 '♭'을 붙이고, 그 음에서부터 위로 4번째 음에, 그 음으로부터 아래로 5째 음에, 또 위로 4번째 음에, 아래로 5째 음에 붙여 가면 된다. 다시 한 번 복습해 보면, 3째 줄부터 "Si, Mi, La, Re, Sol, Do, Fa" 순서로 붙인다.
3째줄- 'Si'에 '♭'을 붙이고, 위로(4번째 음에)/ 아래로(5번째 음에)/ 위로(4번째 음에)/ 아래로 5번째 음에 '♭'을 7번째까지 붙여 가면 된다.

② 조표를 붙이고 나면 마지막 붙은 '♭' 자리가 계이름으로 'Fa'라고 읽으면 되는 것이다. 마지막 '♭' 바로 전에 붙은 '♭' 자리가 계이름으로 'Do'가 된다. 말하자면 내림 장음계나 내림 단음계의 계이름은 마지막 '♭' 바로 전에 붙은 '♭'자리가 계이름 'Do'가 된다. 그리고 마지막 '♭'자리로부터 역순으로 '♭' 붙은 자리의 계이름이 "Fa, Do, Sol, Re, La, Mi, Si"가 되는 것이다.

---

280) 신소섭, 『예배와 찬송가』(서울: 아가페 문화사, 1993), p. 217.
▲참고로 『통일찬송가』의 조성 통계를 보면 다음과 같다.
"다장조"-316장 등 49곡(8.8%), "사장조"-58장 등 83곡(14.9%), "라장조"-82장 등 45곡(8.1%), "가장조"-122장 등 9곡(1.6%), "마장조"-138장 등 4곡(0.7%), "바장조"-57장 등 85곡(15.2%), "내림 나장조"-313장 등 56곡(10.0%), "내림 마장조"- 347장 등 100곡(17.9%), "내림 가장조"-314장 등 97곡(17.4%), "내림 라장조"-102장 등 12곡(2.2%), "올림 바단조"-372장 1곡(0.2%), "마단조"-104, 116, 117, 311장 4곡(0.7%), "바단조"-30, 229, 521장 등 3곡(0.5%), "사단조"-143, 160, 341, 515장 장 등 4곡(0.7%), "나단조"-345장 1곡(0.2%), "라단조"-140, 378장 2곡(0.4%), "가단조"-145장 1곡(0.2%), 다단조"-128, 477장 2곡(0.4%) 으로 구성되어 있다.

③ 일단 계이름을 읽게 되면 장조의 경우에는 계이름으로 'Do'자리가 장조의 으뜸음이 되고, 으뜸음 'Do' 자리의 음이름을 그 장조의 이름으로 부르게 된다. 단조의 으뜸음은 계이름 'La'이기 때문에 장조의 단3도 아래인 계이름 'La'자리의 음이름이 그 단조의 이름으로 붙여지게 되는 것이다. 예를 들면 '♭'이 2개가 붙었을 경우에는 마지막 붙은 '♭'자리가(4째 간) 계이름 'Fa'이고, 바로 전의 '♭' 자리가(3째 줄) 계이름 'Do'이기 때문에 'Do'자리의 음이름이 '내림 나(B♭)'이기 때문에 '내림 나장조(B♭)'이며, 단조는 단3도 아래 자리가 으뜸음 'La'요, 그음의 음이름이 '사(g)'이기 때문에 '사 단조'(g minor)라고 부른다.

④ 계이름 읽기는 '장조의 곡'이나 '단조의 곡'이 같기 때문에 위의 원리만 알면 그대로 적용하여 장조나 단조의 구별 없이 계이름을 읽어 가면 되는 것이다. 이때에 'Do Mi Sol'이나 'Fa La Do', 'Sol Si Re'의 위치를 먼저 파악하고 이에 준하여 다른 계이름을 읽어 가면 쉽다.

(2) 조성 이해와 건반화성

■ 조성을 쉽게 암기하는 법

① 독보력의 기초는 다음을 먼저 소리 내어 읽으면서 외어야 한다. 먼저 올림표(♯; 올림 장 단 음계)와 내림표(♭; 내림 장 단 음계)를 붙이는 순서를 철저하게 외어야 한다.

⇒ Fa, Do, Sol, Re, La, Mi, Si ⇐

② 조성을 암기하는 법은 올림표나 내림표를 붙이는 순서에 따라 다음과 같이 장음계의 이름이 정해져 있다. 소리를 내어 여러 번 읽고 암기한 후 적용시키도록 하자. 내림 장음계는 올림 장음계를 먼저 익힌 다음에 그 역순으로 되

어 있어서 자세히 살피면서 적용시키도록 하자.

"사람 가마니 봤다" → "사라 ㅁ 가마니(나) 바 ㅆ 다"
   →"사·라·가·마·나·♯바·♯다'장조. (올림 장음계)
  ♭다· ♭사· ♭라· ♭가· ♭마·♭나·바← ㄷ(내림 장음계)

■ 건반화성과 조옮김

  회중 찬송의 반주자는 먼저 원 곡의 음높이를 높게 또는 낮게 조옮김하는 실력을 길러야 한다. 새벽예배의 반주 시나 저녁 늦은 시간에는 음역이 좁아져서 너무 높은 음은 잘 낼 수가 없다. 또한 어린이들은 음역이 좁아서 반주 시에 조금 낮게(장2도나 단3도 정도) 반주하면 부르기가 아주 편하다. 다음과 같이 12음 음계를 읽듯이 ♯을 붙여 가면서 "Do, Di, Re, Ri, Mi, Fa, Fi, Sol, Sil, La, Li, Si, Do" 라고 '고정 Do' 법으로 읽는다. 또 '♭'을 붙이고서 위에서 아래로 내려오면서 "Do, Si, Se, La, Le, Sol, Se, Fa, Mi, Me, Re, Re, Do"라고 음정을 넣어 몇 번이고, 반복해서 연습을 한다.
  처음에는 음정이 잘 맞지 않지만 피아노를 치면서 음정이 정확히 반음씩 올라가고 내려갈 수 있도록 연습을 한다.

(C - C♯ D♭-D -D♯ E♭- E -F - F♯ G♭
             - G - G♯ A♭ - A   - A♯ B♭ - B - C)

* 딴이름 한소리(Enharmonic)의 이해 :

   C♯= D♭ , D♯=E♭ , F♯=G♭ , G♯=A♭ , A♯=B♭

  건반으로 반음씩 으뜸음을 올려가면서 왼손으로는 으뜸음을 1 Octave 로 누르면서 왼손으로는 '으뜸화음'(Do, Mi, Sol)을 함께 누르면서 올라가고 또 내려오는 연습을 계속한다. 이때 주의할 점은 손가락은 기계적으로 움직이지만 머리 속으로는 지금 연주하는 음이 어떤 조인가를 생각하면서 연주하도록 한다.

이 연습이 자유롭게 되면 '7화음'을 연주하고, 다음 단계는 '단음계'도 시도한다. 이때 화음 감을 느끼면서 연주하도록 한다. 이 연습이 익숙해지면 쉬운 찬송가 곡을 높게 낮게 조옮김하여 연주해 본다.

예제 42) 『찬송가』 214장을 단2도 낮게 연주해 보자(E♭→D).
43) 『찬송가』 265장을 장2도 높게 연주해 보자(C→D).
44) 『찬송가』 89장을 장2도 낮게 연주해 보자(D→C).
45) 『찬송가』 540장을 장2도 낮게 연주해 보자(G→F).

조성음악(Tonality)에서 조(調)에는 각기 특유한 특성이나 느낌이 있다고 미학자들에 의해 논의되어 왔다. <도표 11> Matheson의 조성에 따른 감정

① 1713년 Matheson의 조성에 따른 감정

장조		단조	
C장조	대담한 성질이므로 축제나 기쁠 때의 느낌.	c단조	매우 사랑스럽지만 약간 슬픔.
G장조	웅변적이고 강하며 쾌활함.	a단조	비탄적이며 차분하나 불쾌하지는 않음.
D장조	완고한 성질이 있으나 호탕한 느낌.	d단조	겸허하고 부드러움.
A장조	공격적이며 슬픈 느낌.	g단조	가장 아름다운 조성, 우아미와 숭고미
E장조	절망, 비통한 슬픔.	f단조	깊고 무거운 절망과 치명적 우울.
F장조	가장 아름다운 감정을 표현, 목가적인 느낌.	e단조	침묵, 위로와 깊은 고뇌.
Bb장조	매우 즐겁고 화려하며 사랑스러움	b단조	우울, 불쾌와 근심.
Eb장조	장중하고 착실함		

참고로 불란서의 음악 이론가인 라뷔냑(Alexandre Jean Lavignac, 1846-1916)의 조성에 대한 특색의 일설을 소개하면 다음과 같다.281) <도표 7>

---

281) 김형주, 『음악 감상법』(서울 : 세광 출판사, 1971) p. 52.

< 도표 12 >   조의 특성

② 라뷔냑(Alexandre Jean Lavignac)의 조(調)의 특성

장 조 의 곡		단 조 의 곡	
G : 사장조	시골풍이다. 유쾌함	e : 마단조	슬프다, 감격
D : 라장조	완만하다	b : 나단조	야만적, 음산, 힘차다
A : 가장조	단명, 음향적	f# : 올림바단조	조잡하다, 경쾌함
E : 마장조	온화, 기쁘다, 빛나다	c# : 올림다단조	잔인, 음산하다, 야유
B : 나장조	정력적, 빛이 있다	g# : 올림사단조	어둡다, 비애적
F# : 올림바장조	조잡하다	d# : 올림라단조	완만
C# : 올림다장조	전아, 막연		
C : 다장조	난순, 소박, 난냉, 난조	a : 가단조	단순, 소박, 슬프다
F : 바장조	목가적, 소박하다	d : 라단조	열중한, 진지하다
B♭ : 내림나장조	고귀하다, 전아, 우아	g : 사단조	우울, 애수, 수줍다
E♭ : 내림마장조	힘참, 기사적, 음향적	c : 다단조	극적, 어둡다, 격렬함
A♭ : 내림가장조	유화, 추종적, 장려	f : 바단조	기분 좋지 않다, 정력적
D♭ : 내림라장조	매혹적, 유화	b♭ : 내림나단조	장례식 적, 신비적
G♭ : 내림사장조	유화, 조용하다	e♭ : 내림마단조	대단히 슬픔, 비애적
C♭ : 내림다장조	고귀하다, 비음향적	a♭ : 내림가단조	애절하다, 염려 된다
*D# : 올림라장조	화려, 사치스럼, 활발	*d♭ : 내림라단조	진지하다
*G# : 올림사장조	완만하다, 고귀하다		

예제 46) 찬송가에서 단조와 장조의 조성별로 장수를 적어보자.
　　 47) 찬송가 145, 153장과 259, 165장을 비교, 특징을 설명해보자.
　　 48) 여러 찬송가의 조성별 특징을 비교하여 설명해 보자.

(3) 박자와 리듬 이해

계명 창이나 리듬 읽기가 너무 쉬운 설명이라고 느껴질지 모르나 이것이 가장 기본이기 때문에 아는 사람은 복습이라고 생각하고 앞의 부분과 중복되는 점이 있겠지만 확실하게 익혀 두자.

① 악보를 읽어가려면 계이름을 파악하고서 리듬(Rhythm)에 따라 읽어가야 하기 때문에 박자와 리듬을 알아야 한다.

② 박자는 2박자, 3박자, 4박자, 6박자 등을 비롯하여 9박자, 12박자 그리고 혼합박자인 5박자나 7박자 등이 있다. 이러한 박자들은 2분 음표(♩), 4분 음표(♩), 8분 음표(♪) 등의 음표를 기본으로 하여 박자를 이루게 된다.

③ 어떤 음표를 기본으로 하느냐에 따라 또한 한 마디에 음표가 몇 개씩 들어가느냐에 따라 3/2, 4/4, 6/4, 6/8박자가 결정되는 것이다. 이러한 기본 원리를 알 때 박자와 리듬을 바르게 읽어갈 수 있다.

④ 여기에다 빠르기표 즉 ♩=98, ♩=70, ♩=76, 또는 ♪=108 등의 빠르기를 이해해야 한다. 왜냐하면 같은 8분의 6박자라 하더라도 ♪=60과 ♪=120의 경우를 비교한다면 ♪=120의 곡이 ♪=60의 곡보다 2배나 더 빠르게 연주되기 때문이다. 회중 찬송 반주자는 찬송가 전체를 파악하고서 전주 할 때(前奏 時)에 정확히 전주를 해주어야 한다. 그래야 회중 찬송을 정확히 부를 수 있다. 너무 느려 빼거나, 너무 빠르게 전주를 한다면 회중 찬송이 바르게 불려질 수가 없다. 예를 들면 찬송가 23장의 경우에 음표만 보고서 '♩ | ♩ | ♩ ♩ | ♩ ♩ | ♩ ♩'를 4분의 6박자처럼 느리게 전주를 했다고 생각해 보라. 얼마나 답답하겠는가? 그러나 2분의 3박자이기 때문에 2분 음표를 단위음표(1박)로, 그리고 통일찬송가의 경우 ♩=84라는 빠르기표를 읽고 올바르게 연주해야 하겠다.

예제 49) 교회음악에 필요한 기초 능력을 구체적으로 설명하라.
　　　 50) 독보 법, 시창 법, 발성법에 대하여 구체적으로 설명하라.

2. 시창(視唱; Sight singing) 및 발성법

■ 계이름(Syllable Name) 노래

우리가 노래를 연습할 때 부르는 도(Do), 레(Re), 미(Mi), 파(Fa), 솔(Sol), 라(La), 시(Si)를 계이름(Syllable Name)이라 하고 이러한 규칙을 제도화한 것을 계명 법이라 한다.
이 계이름 부르기에는 '고정 Do법'과 '이동 Do법'의 두 가지가 있다.

① 고정 Do법(固定 Do法)
이태리나 프랑스 등의 나라에서는 계이름을 음이름으로도 사용하기 때문에 조가 바뀌어도 계이름은 같은데 이렇게 자리가 변하지 않는 것을 고정 도법이라 한다.

② 이동 Do법(移動 Do法)
계이름은 음이름과 달리 조에 따라서 그 자리가 변하는데, 이렇게 자리가 변하는 것은 원래 계이름의 성질이며 이를 '이동도법'이라 한다.

예제 51) 찬송가 311장과 258장의 계이름으로 노래해 보자.
   52) 찬송가 283장과 252장의 계이름으로 노래해 보자.
   53) 찬송가 288장과 494장의 계이름으로 노래해 보자.
   54) 찬송가 264장과 537장의 계이름으로 노래해 보자.

③ 변화표가 붙은 음의 계이름 읽기
계이름을 읽다가 올림표(#)나 내림표(♭)가 붙어 음정이 달라졌을 때는 다음과 같이 읽는다.

* 보통 올림표(#)가 붙어 반음이 올라갈 경우에는 마지막 모음을 '이'(i)로 바꾸어서 발음해 준다.
예) Do#은 'Di', Re#은 'Ri', Fa#은 'Fi', Sol#은 'Sil', La#은 'Li'로 읽는다.

* 내림표(♭)가 붙어 반음이 내려갈 경우에는 마지막 모음을 '에'(e)로 바꿔 부른다. 예를 들면 Mi♭은 'Me', Si♭은 'Se'로 읽어 가면 된다.

예제 55) 찬송가 210장(시온성과 같은 교회)의 계이름으로 노래해 보자.
   56) 찬송가 598장(천지 주관하는 주님)을 계이름으로 노래해 보자.
   57) 찬송가 325장(예수가 함께 계시니)을 계이름으로 노래해 보자.
   58) 찬송가 25장(면류관 벗어서)을 계이름으로 노래해 보자.

◼ 발성법의 기초

우리 몸 가운데서 소리가 나는 가장 중요한 부분은 성대이다. 이 성대를 어떻게 울리느냐에 따라 소리가 크고, 작고, 부드럽고, 강하고, 편안하고, 아름다운 소리를 얻을 수 있다. 이 성대를 잘 울려주기 위해서는 성대와 연관된 다른 몸의 신체 구조에 대하여 공부할 필요가 있다. 먼저 우리 몸을 크게 4가지로 나누어 설명을 하고자 한다.282)

1] 머리

머리에는 소리가 밖으로 나오는 입과, 숨을 쉬는 코와 발음을 정확하게 해주는 혀가 있다. 그리고 입을 벌릴 수 있도록 해주는 턱이 있다.
① 입 : '입을 벌린다.'는 의미는 입을 크게 만드는 것이 아니라 턱을 아래로 떨어뜨림으로 입안을 넓게 해 주는 것을 의미한다. 다시 말하면, 입술은 다문 상태에서 입안에 달걀을 넣고 있듯이 입안을 벌린 상태를 말한다. 노래할 때에는 이와 같이 입안이 열려 있도록 해야 한다. 이때 연구개의 위치는 입안의 윗천장으로 높이 들려 있게 된다.
② 코 : 숨을 쉴 때 코로 숨을 마시고 입으로 내쉬는 것이 바람직하다. 코는 비강을 이용하여 좋은 공명을 시킬 수 있는 곳으로 아름다운 소리를 낼 수 있는 곳이다. 감기가 걸려 코가 막힌 상태의 소리를 상상해 보면 알 수 있다.

---

282) 순복음 음악연구소 편 『교회음악의 재발견』(서울 : 서울서적, 1993), p. 59-74참조.

③ 혀 : 혀가 없으면 무슨 발음을 하는지 알아들을 수 없다. 그러나 혀가 좋은 소리를 내는 데는 오히려 방해물이 된다. 왜냐하면 입안을 열어 공간을 크게 만들어도 혀의 뿌리가 입을 막으면 소리를 내는 데 방해가 되기 때문이다. 그러므로 혀의 위치는 언제든지 아랫니 바로 밑에 혀끝이 닿도록 살며시 놓는다.
④ 턱 : 귓바퀴의 바로 옆에 손가락을 갖다 대고 입을 열어 보면 턱뼈 사이가 벌어지면서 작은 구멍이 생긴다. 이것이 바로 입이 열린 상태임을 말해 주는 것이다.

2] 목

목은 우리가 소리를 내는 기관인 성대를 갖고 있는 곳으로, 성대는 후두 속에 얇은 피부 2개가 비벼지면서 소리를 내게 된다. 주로 소프라노나 테너는 성대가 짧지만 베이스의 경우는 길다. 이 성대를 갖고 있는 후두의 위치는 소리를 내는 데 있어서 매우 중요하다. 한번 침을 삼켜 보자. 침을 삼키면 후두는 자연적으로 올라가게 된다. 침이 넘어갈 때는 기도가 닫히고 식도가 열리게 된다. 반대로 숨을 쉴 때는 기도가 열리고 식도는 닫히게 된다. 그러나 노래할 때는 기도가 열려야 하므로 후두가 올라가서는 안 된다. 후두가 올라간 상태에서 노래를 할 경우에는 목소리를 짜서 내게 되므로 부르기도 힘이 들고 턱이 앞으로 나오면서 높은 음을 내기가 불가능하며 듣는 사람도 불안하게 된다.

후두를 내리기 위한 방법으로는 아주 낮은 소리를 내면 자연적으로 내려가게 된다. 그러나 높은 음을 내면 후두가 자연히 따라 올라가게 되는 것을 손을 만져서 알 수 있다. 천성적으로 후두가 아래 부분에 놓여져 있는 사람은 이러한 것을 못 느끼는 경우도 있다. 이러한 사람은 소리를 내는 데 매우 유리하다. 여자인 경우도 눈으로 보이지 않지만 후두는 모두 갖고 있기 때문에 손으로 만져보면 다 알 수 있다. 후두를 너무 내리려고 하다보면 잘못된 발성이 되기 때문에 후두를 무리하게 내리려고 하지 말고 후두가 올라가지 않도록 횡격-막의 사용을 통하여 자연스럽게 내려가도록 해야 할 것이다.

3] 배와 가슴

가슴에는 숨을 저장하는 허파가 있으며, 그 허파 밑으로는 횡격-막(또는 가로막)이 있다. 이 횡격-믹을 내리게 되면 허파가 자연히 부풀게 되어 입을 통하여 숨이 들어오게 된다. 우리가 숨을 쉰다는 의지를 가지고 호흡을 하게 되면 이러한 횡격-막의 사용을 통한 복식 호흡을 하지 않고 가슴으로 숨을 쉬는 흉식 호흡을 하게 된다. 호흡을 할 때 '횡격-막을 내린다'는 생각으로 복식 호흡을 하여야 올바른 호흡을 할 수 있다. 올바른 복식 호흡을 하고 있는가에 대하여 알려면 양손을 배와 옆구리에 대고 숨을 들이쉴 때 배와 허리 전체가 동시에 늘어나면 복식 호흡을 하고 있는 것이다.

4] 다리

다리는 우리 몸의 상체를 지탱하여 주는 역할을 하는데, 서 있는 자세가 좋아야 흉식 호흡을 하게 되는 것이다. 먼저 자신이 편하게 발을 약간 앞으로 내고 서서 자신의 체중을 앞쪽으로 실어 주며, 뒷발은 그보다 적은 무게로 상체를 받쳐 줌으로 노래하기 편안한 위치를 갖도록 해야 한다. 하체는 힘을 주어도 되지만 상체는 모두 힘을 풀어 주는 기분으로 가볍게 갖고 있어야 한다.

이 외에도 노래하는 자세에 있어서 눈은 15도 가량 위를 보며 턱은 아래로 당겨야 한다. 양팔은 머리 위로 들어 올렸다가 힘없이 그대로 아래로 떨어뜨리면 가장 편안한 상태가 된다. 어깨는 펴고 목은 유연하게 좌우로 돌릴 수 있도록 해야 한다.

노래하는 데 있어서 좋은 자세는 자신의 몸을 벽에 기대고 벽에 닿는 부분이 발꿈치, 엉덩이, 어깨, 머리가 되도록 하여 몸이 일직선이 되게 해야 한다. 이때 양다리의 간격을 적당히 하고 편안한 자세를 갖도록 하면 노래하는 데 좋은 자세가 된다.

■ 발성 연습법의 기초

이제부터 함께 실습에 임해보자.

1] 입

입은 다문 상태에서 볼펜이나 손가락 등을 입술의 가운데에 갖다 대고 서서히 조금씩 입을 벌려 보자. 입을 끝까지 다 벌렸을 때 볼펜이나 손가락이 그대로 가운데 위치해 있으면 올바르게 입을 벌린 것이다. 의식 없이 입을 벌리면 아래 입술만 내려가 턱이 내려가게 되고 윗입술은 올라가지 않게 된다. 이렇게 되면 입을 벌리지 못한 것이다. 살짝 웃게 되면 광대뼈 부분의 근육과 윗입술이 들려 올려지면서 좋은 표정과 함께 올바른 입 모양을 갖게 된다. 입술 자체의 힘을 빼기 위하여 입술을 다문 후에 '푸르르….' 하면서 입술을 떨리게 연습하는 것이 좋다.

2] 혀

혀에 힘이 들어가지 않기 위해서 혀를 굴리는 연습을 하면 도움이 된다. '아르르….' 또는 '크르르….' 등의 소리를 내면서 혀를 굴려보자. 이때 유성음의 발음이 들리면 안 된다.

3] 후두

후두를 가장 잘 내릴 수 있는 방법은 '하품'이다. 그러면 후두가 아주 많이 내려간다. 이때에 혀의 위치를 잘 생각하면서 턱도 내리고, 입도 앞서 설명한 대로 벌려야 한다. 그리고 동시에 복식 호흡으로 숨을 쉬면 좋은 호흡법을 갖게 된다.

4] 횡격-막

이것을 훈련시키는 방법은 여러 가지가 있는데, 우선은 '크크크크, 트트트트, 프프프프, 스스스스'의 소리를 내어 보자. 이때 파열음의 소리만이 들려야 한다. 동시에 횡격-막에 손을 대고 배가 움직이는가를 느껴보면서 다른 한 손으로는 후두를 만져서 횡격-막이 내려갈 때마다 아래로 같이 움직여야 한다. '크'와 '크' 사이에 모두 숨을 쉬면서 연습을 해야 된다.
　두 번째로 '스'하는 소리와 함께 숨을 내쉬는데 몇 초 동안이나 길게 쉴 수 있나 시간을 내서 보는 것도 좋다. 물론 '스'는 파열음의 숨소리다. 손은 배와 옆구리에 대고 호흡하며 숨을 내쉴 때 배가 꺼지지 않도록 해야 한다.

세 번째로, 꾸부려 앉은 자세에서 한쪽 무릎은 바닥에 또 다른 무릎은 가슴에 붙여서 양손은 옆구리에 대고 복식 호흡을 해 보자. 그러면 옆구리가 불룩해진 것을 알 수 있다. 이 상태가 꺼지지 않도록 이야기를 해보자. 그리고 얼마나 오랫동안 이야기를 할 수 있는가를 알아보는 것도 좋은 방법이다.

네 번째로, 반듯이 누운 상태에서 복식 호흡을 한 후에 배 위에 성경책이나 사전 등 두꺼운 책을 올려놓고 책이 내려가지 않도록 하고 숨을 길게 내어 쉰다. 이것이 익숙해지면 양팔을 머리 위에 올려놓고 복식 호흡을 하면 이전의 방법보다 좀더 횡격막 조절을 잘 할 수 있을 것이다.

이상과 같이 올바른 발성에 대한 기본적인 원리와 함께 호흡법에 대하여 간략하게 살펴보았다. 이론만 갖고서는 올바른 발성법을 터득하기 힘들다. 자신이 실제로 해보면서 신체의 느낌을 가져야 발성을 올바르게 할 수 있다.

■ 빠르기말과 빠르기표

1] 빠르기말

악보 시작하는 첫머리 바로 위에 ♩=120 (또는 M. M. ♩=120)의 표를 적어 빠르기를 나타내는데, 이를 '빠르기말'이라고 한다. 이 표는 1분 동안에 ♩를 120번(회) 연주하라는 뜻으로서 빠르기표보다 더욱 정확하며, 멜첼(Mälzel)이 만든 메트로놈(Metronome)에 의하여 빠르기가 측정되므로 그 머리글자를 따서 M. M. 이라 한 것이다. 빠르기말은 메트로놈으로 계산되기 때문에 메트로놈 표라고도 하는데, 빠르기표와 비교하면 다음과 같다.

Largo	40 - 72
Largetto	72 -100
Adagio	100-126
Andante	126-152
Allegro	152-184
Presto	184-208

2] 빠르기표(Tempo Signature)

a. 악곡 전체의 빠르기를 지시하는 말

  아주 느린 것
- Largo   느리고 폭넓게
- Lento   느리고 무겁게
- Adagio   느리고 장중하게
- Grave   느리고 장중하게

  느린 것
- Largetto   Largo보다 조금 빠르게
- Adagietto   Adagio보다 조금 빠르게

  조금 느린 것
- Andante   느린 걸음걸이의 빠르기로
- Andantino   Andante보다 조금 빠르게
- Moderato   보통 빠르기로 빠른 것
- Allegretto   Allegro보다 조금 느리게
- Allegro   빠르고 유쾌하게

  매우 빠른 것
- Vivace   빠르고 경쾌하게
- Presto   빠르고 성급하게

  가장 빠른 것
- Vivacissimo   Vivace보다 빠르게
- Pretissimo   Presto보다 빠르게

b. 다른 말에 덧 붙여서 쓰이는 말
- alla   ……풍으로(alla marcia; 행진곡 풍으로)
- assai   매우(Allrgro assai; 매우 빠르게)
- con   ……을 가지고(con espressione)

ma non troppo	지나치지 않게	
	(Allegro ma non troppo)	
meno	보다 적게(meno mosso)	
molto	매우(molto vivace)	
non tanto	너무 지나치지 않게(Lento non tanto)	
ossia	또는, 혹은, 그것이 아니면	
piu	더욱(piu Allegro)	
poco	약간	
poco a poco	조금씩(poco a poco Allegro)	
quasi	거의 ····처럼(Andante quasi moderato)	

c. 점차로 빠르기를 변화시키는 말

accelerando(accel.)	점점 빠르고 세게
stringendo(string.)	점점 빠르게
poco a poco animato	점점 빠르게
ritardando(rit.)	점점 느리게
rallentando(rall.)	점점 더 느리게
lentando	점점 느리게
slentando	점점 느리게
morendo	숨이 끊어져 가듯이
perdendosi	사라지듯이
smorendo	꺼져 가듯이
smorzando	꺼져 가듯이
calando	점점 평온하게
mancando	점점 평온하게
allargando	점점 느려지면서 폭이 넓고 세게

largando		점점 느려지면서 폭이 넓고 세게
meno mosso		빠르기를 조금 늦추어서
piu mosso		더욱 발랄하게
a piacere		자유롭게, 좋을 대로
ad libitum(ad. lib.)		임의대로
tempo rubato		임의대로(느리거나 빠르게 자연스럽게)
a tempo		본디 빠르기로
Tempo Primo(Tempo 1)		처음 빠르기로
tempo ordinario		본디 박자로
tempo guisto		정확한 박자로
Listesso tempo		같은 빠르기로
medesimo tempo		같은 빠르기로

* Sostenuto와 Maestoso는 나타냄 말로 사용되지만 빠르기표로 쓰일 때는 Andante와 같으며, 때로는 Andante, sostenuto, Andante maestoso와 같이 쓰이기도 한다. Animato는 Allegro와 Vivo는 Vivace와 같다.

■ 셈여림 표(Dynamic Signature)

1] 전반적인 셈여림표

여림	*p*(piano)		여리게
	pp	(pianissimo)	p보다 여리게
	ppp	(pianississimo)	pp보다 여리게
중간 셈	*mp*(mezzo-piano)		조금 여리게
	mf	(mezo-forte)	조금 세게

셈	f(forte)	세게
	ff(fortissimo)	f보다 세게
	fff(fortississimo)	ff보다 세게

ppp - pp - p - mp - mf - f - ff - fff
아주 여리게-매우 여리게- 여리게- 조금 여리게 -조금 세게-세게-매우 세게-아주 세게

2] 부분적인 셈여림표

sf, sfz	(sforzando)	특히 세게
>, ∧, ∨	(accent)	특히 세게
rf, rfz	(rinforzando)	갑자기 세게
fp	(forte-piano)	세고 곧 여리게
pf	(piano-forte)	여리고 곧 세게
subito piano		갑자기 여리게
subito forte		갑자기 세게

3] 셈여림이 변화되는 표

cresc.	(crescendo)	점점 세게
decresc.	(decrecsendo)	점점 여리게
dim.	(diminuendo)	점점 여리게
poco a poco cresc.		조금씩 점점 세게
poco a poco dim.		조금씩 점점 여리게

4] 나타냄 말(Expression)

곡조의 첫머리나 또는 도중에 적어서 그 곡조의 기분을 나타내게 하는 말을 나타냄 말이라고 한다.

affettuoso	사랑스런 마음으로
agitato	성급하게, 초조하게

amabile	사랑스럽게
amorosso	사랑스럽게
animato(con anima)	생기 있게
appassionato	정열적으로
a ballata	발라드 풍으로
alla marcia	행진곡풍으로(alla는 ……풍으로)
arioso	노래하듯이
brillante	화려하게, 찬란하게
calmato	조용하게
cantabile	노래하듯이
cantando	노래하듯이
capriccioso	들뜬 듯이, 제멋대로
comodo	평온하게
con allegrezza	쾌활하게(con은 ……을 가지고)
espressivo(con espressione)	표정을 담아서
feroce	거칠게
fioco	연약하게
furioso	미친 듯이
generoso	고귀하게
gentile	사랑스럽고 귀엽게
giocoso	즐겁게
grandioso	웅대하게
grave	무겁게, 엄숙하게
grazioso(con grazia)	사랑스럽고 우아하게
innocente	순진하게, 어린 마음으로
lamentoso(lamentabile)	슬픈 마음으로
largamente	폭이 넓게
leggiero	경쾌하게
liberamente	자유롭게

maestoso	장엄하게, 위엄 있게
marcato	힘을 주어 똑똑하게
marciale(marziale)	행진곡처럼
misterioso	신비스럽게
nobile	고귀하게, 고상하게
ostinato	끈덕지게
parlando	지껄이듯이, 말하듯이
passionato	정열적으로
pastorale	목가 풍으로
con brio	생기 있게
con energia	기세를 올려서
con forza	세게
con fuoco	열렬하게
con moto	감동적으로
con sentimento	감정 있게
con tenerezza	우아하게
declamando	낭독하듯이
delicato	섬세하게
distinto	또렷하게
dolce	부드럽고 아름답게
dolore(doloroso)	가슴 아픈 듯이
elegante	우아하게, 품위 있게
energico	정력적으로
eroico	영웅적으로
pesante	무겁게
piacevole	귀엽게
rapido	재빠르게
religioso	경건하게
risoluto	결연히

rusticana	소박하게
saltato	깡충깡충 뛰듯이
scherzando	경쾌하고 우스꽝스럽게
semplice	단순하게
sensibile	예민하게
serioso	점잖게
simile	같은 모양으로
soave	사랑스럽게
sospirando	탄식하듯이
sostenuto	음의 길이를 충분히
spirituoso(con spirito)	생생하게
subito	곧, 갑자기
tempestoso	격렬하게
tenuto(ten.)	음의 길이를 충분히
tranquillo	조용히
veloce	급히
vibrato	떨면서
vigoroso	힘차게

예제 59) 빠르기말, 빠르기표, 셈여림표에 대하여 정리해보자.
    60) 나타냄 말에 대하여 기억하면서 정리해보자.
    61) 교회음악의 창법과 세속적인 노래의 창법을 비교 설명하라.

제4절 교회음악의 운영과 행정

교회의 규모가 커감에 따라 교회음악도 전문화되고 조직화되어 가는 것은 효율적인 측면에서 당연한 현상이라 할 수 있다. 바람직한 교회음악의 운영을 위해서는 그것을 전담할 기구를 교회가 따로 설치할 필요가 있다. 그러기에 앞서 교회는 전문화된 하나님의 나라 확장을 위한 팀워크가 이루어져야 한다. 말하자면 목회의 분야에 따라 전담 목회자를 두어야 한다. 곧 전도목사를 따로 두듯이 교회음악을 위한 음악목사 제도를 정착화해야 한다. 그리고 담임목사를 효과적으로 돕기 위해 전문적인 활동을 해야 한다. 다음에서 조직과 그 역할을 논하겠다.

1. 교회 음악위원회 조직
(Church Musician Organization)

소형교회에서는 음악목회자를 따로 둘 필요가 없겠으나 중대형 교회에서는 음악목사를 따로 두어서 업무를 전문화 신속화 시킬 필요가 있다.
아래 교회음악 전문위원회 조직을 참조하여 개교회의 교회음악 전문위원회를 조직하여 운영하여 교회음악활동이 효과적으로 운영되도록 하자.

< 도표 13 > 교회음악 위원회 조직표

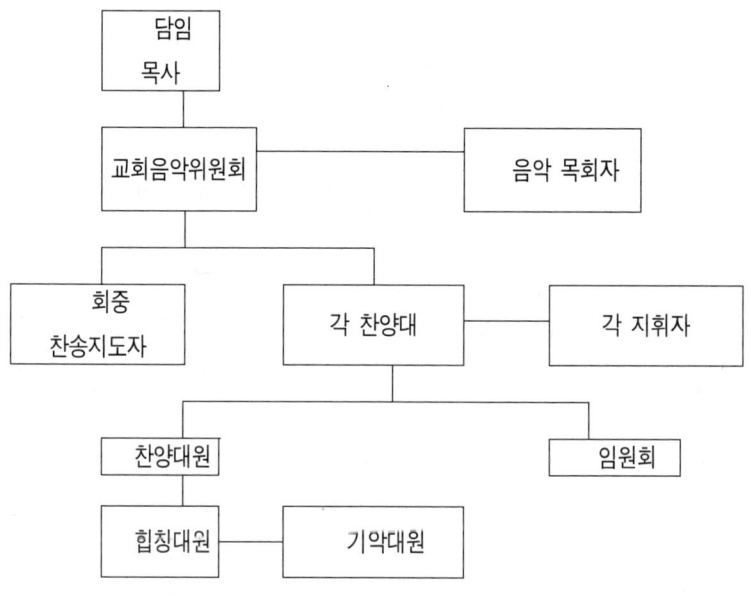

2. 교회 음악위원 역할

위의 도표를 참고로 교회음악의 전문화 운영을 위한 각 분담자의 역할을 나누어서 설명을 하면 다음과 같다.

1) 담임목사

교회의 전반적인 문제를 통괄한다. 교회의 모든 행사의 프로그램의 궁극적인 책임은 담임목사에게 있으므로 담임목사는 각종 행사 프로그램에 대해 알고 있어야 한다. 특히 예배와 직결된 음악에 대해서도 깊은 관심을 가지고 담당자들에 대한 협조를 아끼지 않아야 한다. 담임목사는 첫째 음악을 실제로 담당하고 있는 자들의 사역에 대한 깊은 이해가 있어야 하며, 그들의 견해를 수용하려는 태도를 갖추고 있어야 한다.

2) 교회음악 위원회

실제적으로 교회에서 음악목회자의 역할이 뚜렷이 구별되어 실행되지 않고서는 그 효과를 기대하기란 어렵다. 담임목사 중심의 교회운영이 보편화되어 있는 현실에서 음악목회자의 역할이란 축소될 수밖에 없다. 그러므로 담임목사는 철저한 분업정신이 있지 않으면 음악목사의 전문적인 활동을 기대하기란 어렵다. 그러므로 교회음악 위원회는 그 실정을 감안하여 음악목회자에게 무리한 요구를 하기보다는 담임목회자와의 관계를 잘 개선해 가는 노력이 있어야 한다. 그리고 음악위원회는 음악목사의 직접적인 지도를 받으며, 교회음악 전반에 관한 문제를 기획 · 심의 · 결정하는 기구로서, 음악목회자, 찬양대의 대표자와 지휘자, 예배위원, 각 교육기관의 장이나 그에 준하는 인물들로 구성된다. 음악위원회의 역할은 다음과 같다.

첫째, 교회음악의 현실을 민감하게 파악하여 그 교회의 찬송과 찬양을 지도한다.

둘째, 교회음악에 관한 예산을 결정하고 관리한다. 이때 세부 조목들 - 악보 구입 비, 지휘자 반주자 사례비(제직회 예배 비 항목에서 다루는 것이 좋겠다), 사무비, 장비 구입 및 보관 등 - 에 대한 예산 수립 · 지출에 섬세히 주의하여 효율적인 관리를 해야 한다.

셋째, 유급 직원들을 선정 · 관리한다. 특히 사전에 그들에 대한 충분한 자료를 가지고 있어야 한다.

넷째, 교회음악 전반에 관한 일에 음악목회자와 긴밀하게 협조할 뿐 아니라 담임목회자와도 수시로 대화함으로써 교회음악이 원활하게 운영되도록 해야 한다.

3) 음악 목회자

교회 음악의 전반에 관한 일에 음악목회자와 긴밀하게 협조하여 최종적인 결정을 내리는 일을 맡는 음악목회자는 교회음악 전반에 대해 알고 있어야 한다. 음악목회에 대한 연간 계획을 수립해야 하며, 각부 찬양대간의 유기적인 관계와 음악적 · 신앙적 성장을 위한 프로그램을 개발해야 한다. 또한 각부 찬양대 지휘자들과 긴밀한 유대 관계를 가짐으로써 각 찬양대가 활성화되고 분위기 좋은 찬양대가 되도록 노력을 기울여야 한다.

그리고 찬양대 찬양뿐만 아니라 회중 찬송에도 관심을 가지고 계속적인 지도가 있어야 한다. 모든 예배에 적합한 찬송이 잘 불려 질 수 있도록 하고, 성도들의 신앙이 찬송을 통해 향상될 수 있도록 찬송을 지도해야 한다. 이러한 문제는 음악목사 자신이 해도 좋고, 찬양대 지휘자나 찬송 인도자를 따로 두어 지도를 할 수도 있다. 그러나 음악목회자가 직접 지도하는 것이 올바른 일이다.

음악 목회자는 음악에 대한 실제적인 면에도 많은 이론 및 지식과 지휘자, 반주자 · 편곡 자 · 작곡자 등을 교육하거나 실제로 자신이 그 일을 담당할 수 있어야 한다. 이런 일들을 훌륭하게 해 내기 위해서 음악 목회자는 교회 음악을 전공하고, 거기에 신학적인 지식과 교회 전반적인 일에 대해서도 잘 알고 있어야 한다. 교회의 †조상 담임목사의 조력자(co-worker)로서 일해야 하기 때문에 안수 받은 목사라면 효율적으로 일들을 수행하는 데 많은 도움이 될 것이다.

4) 찬양대

찬양대는 교회의 예배를 비롯한 각종 행사를 주관하기 때문에 모든 교육기관(유치부, 유년부, 초등부, 중등부, 고등부, 대학부, 청년부, 장년부 등)에 찬양대를 둘 수 있고, 이 찬양대의 가장 큰 임무는 그 기관들의 예배에서 찬양을 드리는 일이나, 부활절, 감사절, 성탄절 등의 절기에 특별 프로그램들을 운영해야 하기 때문에 대원들의 선발이나, 지휘자 반주자의 선택과 임명에 각별한 주의가 요청된다. 그리고 연합 찬양행사를 통해 하나님께 영광을 돌려야 하므로 구조상 서로 밀접한 연계가 이루어져야 한다. 그러므로 교회음악 위원회를 통해 음악목회자의 지도를 받아 모든 행사에 계획에서 실제 행사에 이르기까지 하나의 예술이 되도록 노력해 최고 최선의 찬양을 드릴 수 있도록 해야 한다.

5) 회중 찬송 인도자

예배 시 회중 찬송 인도자는 예배 시작 전에 회중들에게 찬송을 가르치거나 인도하는 일을 담당하여, 예배 시간에도 회중들이 찬송을 아름답고 하나님께서 받으실만한 찬송이 되도록 인도해야 한다. 대부분의 교회들이 그 예배를 담당한 찬양대의 지휘자가 이 일을 겸하고 있기 때문에 실제로는 회중 찬송 지도가 시간이 겹치기 때문에 제대로 이루어지지 못하고 있다. 그러므로 교회는 찬양대 지휘자가 아니더라도 다른 사람으로 찬양대 지휘를 겸하지 않도록 하고, 이 일을 제대로 담당할 수 있도록 모든 시간적인 배려가 있어야 한다. 그러려면 교회의 모든 직원들은 교회의 시종 모든 업무가 예배가 최우선이라는 것을 인식해야 하며, 엄연히 회중 찬송 인도자도 교회 업무에서 귀중히 여기는 풍토가 조성되어야 한다. 그래서 잘 부르지 못하는 찬송을 지도하거나 새로운 찬송을 가르치는 일을 전담하도록 찬송 인도자에게 책임을 맡겨야 한다. 그리고 찬송 지도계획 수립에 있어서 필자의 논문을[283] 참고하기 바란다.

또 한 가지 이야기 할 것은 회중 찬송 인도자는 예배 시 반주자와 항상 호흡을 맞추어 회중 찬송의 빠르기를 알맞게 조정해야 한다. 찬송의 음높이를 살펴서 회중이 찬송을 부르기에 무리가 가지 않도록, 반주자에게 단2도나 장2도를 낮추어 전주를 해 주도록 부탁을 해서 찬송을 부르다가 중간에 포기하고 낮게 부르는 일이 없도록 해야 한다. 반주자의 실력이 즉흥적으로 조옮김(移調)을 할 수 없을 경우에는 사전에 몇 곡 예제를 주거나 찬송가 반주용 악보에 부가 표시를 해 두도록 하는 게 좋다. 실력이 부족한 경우에는 전주를 꼭 4부로 웅장하게 하려고 하지 말고, 단음으로 멜로디를 정확하게 반주를 해도 무방하다.

회중 찬송 인도자는 다음과 같은 점을 유의해야 한다.[284]

a. 찬송가 장수를 발표할 때 부르지 않을 절수와 부를 절수를 명백히 설명하고, 설 때와 앉을 때를 자세히 알려 준다.

---

283) 기독음악저널 1999. 9월 호에서 2000년 1월 호까지를 참조.
284) 존 F. 윌슨, 『敎會音樂入門』, 羅運榮 趙義秀 共譯, (서울 : 大韓基督敎書會, 1974), p.173.

b. 찬송을 부르는 성도들의 주의를 찬송가의 기본 정신에 초점을 둔다.(주제 소개 : 하나님께 드리는 장엄한 찬송, 확신과 위로의 찬송 등)
c. 찬송 부르는 데 있어서 좀더 나은 반응을 불어넣기 위하여 찬송가의 성격을 자아낼 수 있는 감정이나 태도를 보여 주어야 한다.
d. 인도할 때 정확한 템포와 정력적으로 불러야 할 때와 정반대로 불러야 할 때를 알려 준다.
e. 강하게 할 때와 느리게 할 때 연장 기호가 있는 데와 속도가 바뀌는 부분을 알려 준다.
f. 인도자는 침착하고 자신 있는 태도를 가져서 회중에게 자신을 가지도록 가르쳐 준다.
g. 간단한 논평이나 적당한 태도, 또는 회중에게 다음에 올 순서를 준비하게 하여 회중이 함께 부르는 찬송가가 나머지 순서에 관계를 가질 수 있도록 한다.

6) 찬양대 지휘자

찬양대의 지휘자는 매 주일 예배에서 찬양할 곡들을 살펴서 주의 깊게 선정하고, 찬양대원들을 지도해야 한다.[285] 이때에는 교회의 절기들에 대해서도 특별하게 주의를 기울여야 한다. 이뿐 아니라 지휘자는 찬양대원들의 신앙 인격적인 면에서도 모범이 되어야 하고, 또한 평상시 유머 감각을 가지고, 형제자매를 대하듯이 면밀하고도 친절하게 지도해 주어야 한다. 그래서 인간적인 관계에서도 좋은 관계를 유지해야 좋은 찬양을 만들어갈 수 있다. 그러기 위해서는 바쁘더라도 찬양대원 개개인과의 대화와 접촉을 통해 그들의 사정과 견해를 들어주는 것이 필요하다. 찬양대 지휘자도 회중 찬송 지도자와 음악 목회자와 마찬가지로 교회 음악을 전공했거나 이 분야에 대한 깊은 이해가 있어야 하며, 교회의 형편이 여의치 못할 때도 이에 준하는 인물로 이 일을 전담하는 것이 바람직하다.

찬양대 지휘자의 임무는 다음과 같다.[286]

---

285) 『기독음악저널』, op. cit., 예배와 교회력 절기를 바탕으로 한 찬양 곡 선정 방법에 대하여 필자의 논문(기독음악저널 1999. 9월 호-2000년 1월 호까지) 참조.
286) 크리스챤 대전, op. cit., p. 469-470.

a. 지도자로서의 임무 찬양대 지휘자는 아름다운 품성을 지닌 신앙인격자로서 존경받을만한 사람이어야 한다. 그리고 교회음악에 관한 지식이 풍부하여 찬양대원들에게 이를 충분히 제공할 수 있어야 하며, 신앙적인 면에서도 손색이 없는 모범을 보여야 한다.
b. 교사로서의 임무 - 찬양대 지휘자는 교회의 음악을 가르치는 자로서 그 역할을 다해야 한다. 그러기 위해서는 악곡분석능력, 지휘능력, 독보능력, 예민한 청각, 음악이론, 성악, 악기연주 등에 대한 이해 등의 근본적인 조건들을 갖추어야 하며, 이를 찬양 대원에게 잘 가르쳐 주어 찬양대를 위해 성실한 음악적 봉사를 해 주어야 한다.
c. 대행자로서의 임무 - 찬양대 지휘자는 음악을 가르침에 있어 그 음악 원작자의 정신과 메시지를 충분히 이해하고 대원들에게 설명하여 "영으로 찬미하고 또 마음으로 찬미하게"(고전 14:15)해야 한다. 또한 작곡자의 음악적 의도를 충분히 연구하여 정확한 강약법과 속도와 분위기를 나타내도록 해야 한다. 충분히 연습시킨 곡을 회중들에게 잘 전하는 것도 중요한 임무 중의 하나이다.

7) 반주자

교회음악에 있어서 반주자의 역할은 참으로 중요하다. 찬양대의 반주를 비롯하여 회중 찬송 반주, 각종 기악 부의 반주 등 할 일이 많다.

(1) 반주자의 역할

① 회중들의 마음을 준비시킨다.   ② 예배를 격조 있게 한다.
③ 예배의 주제를 제공한다. 반주자는 전주(前奏)를 통해서 예배의 임시 의장이 된다. 그는 전주를 통해 그 예배의 목적을 선포하는 것이다.

(2) 회중 찬송 반주 시 유의 할 점[287]

① 찬송 첫 절의 성격을 정하고 거기에 따라서 적절하게 반주한다. 음색 배합의 적당한 배정은 노래 부르는데 좋은 밑받침이 된다. 그러나 회중들로 하여금 너무 부담을 주거나 찢어지는 듯한 소리로 노래 부르게 해서는 안 된다.
② 힘의 강약이나 음색의 종류는 부르는 찬송, 회중들의 수, 예배당의 크기, 음향의 효과 등을 고려하여 잘 조절해야 한다.
③ 찬송의 빠르기나 힘주어야 할 데를 잘 관찰하고서 그 후에 전주를 해야 한다.
④ 회중들이 찬송을 부를 때까지 머뭇거리지 말고 처음부터 회중을 이끌고 나가야 한다. 이 말은 회중들을 앞서 나가라는 말이 아니라, 회중들이 반주를 들으며 그 반주에 맞추어 찬송을 할 수 있도록 반주하라는 것이다.
⑤ 찬송가 구절의 자연스러운 한도 내에서 안정된 리듬을 지켜나가야 한다. 그러면서 구절 사이에 적당량의 호흡 시간을 준비하며, 회중들과 함께 숨쉬는 시간을 지켜 나가는 습관을 갖는 것이 좋다.
⑥ 진동음(Vibrato)을 너무 많이 쓰는 것은 좋지 않다.
⑦ 과잉 표현(음색배합의 갑작스런 변화, 계속적인 expression pedal, 변화 없는 음량 등)은 안 하는 것이 좋다.

8) 독창 자

독창의 유래는 성경에서 찾아볼 수 있다. 출애굽기 15장에 있는 승리의 찬양은 모세가 독창(선창)으로 부르면 그에 따라 미리암이 독창으로 응답 송을 하고 여인들이 함께 소고를 잡고 춤을 추었다.

초대교회에서는 예배드릴 때 독창을 부르는 것이 제도화되었다. 즉 독창 자(Cantor)가 시편 중 한 부분을 부르면 합창대가 거기에 화답해서 교창(交唱)을 했다. 오늘날에 와서는 점차로 교회에서 기악을 받아들임에 따라 독창의 위치가 더욱 중요하게 되고 있다. 독창자가 유의할 점은 다음과 같다.
① 올바른 조(Keys)와 음역(Range)을 선택해야 하며, 공연히 무리하게 연주해서는 안 된다. 선곡할 때는 자신이 낼 수 있는 음에서 3도 정도 여유를 가진 곡을 선곡해야 한다.

---
287) 존 F. 윌슨, *op. cit.*, pp.174-175.

② 독창사는 성령의 인도하심과 개인의 닦은 기량으로 온전히 하나님께 드려지도록 찬송해야 한다.
③ 독창자는 정확한 가사 전달에 힘써야 한다. 독창자는 자신이 노래를 통해 말씀의 메신저 역할을 하고 있다는 사명 의식을 갖고 연주해야 한다.
④ 독창자는 곡을 완전히 이해하고 영적으로 노래해야 한다.

9) 찬양대원

찬양 대원은 합창대원과 기악대원으로 나눌 수 있으나, 규모가 작은 찬양대의 경우는 기악 대원이 오르간이스트나 피아니스트의 반주자에 한정되는 경우가 많다. 장년 찬양대의 경우에는 세례교인 이상인 자로 구성하는 것이 바람직하다. 간혹 신앙경력이 없는 분들을 자리에 앉혀 놓았다가 불미한 사태가 일어날 경우 교회에 큰 피해를 끼치는 일이 있을 수 있기 때문에 신중을 기해야 한다. 그리고 연말에 교회 봉사 신청서에 본인의 신앙 경력이나 학력 등, 신상 명세를 적어내도록 하여 자발적인 봉사를 유도해 물의가 없도록 하고 신청서를 낸 사람들을 당회가 신중하게 검토하여 임명의 절차를 갖는 게 원칙이다. 또한 신청자들을 일정한 오디션(audition)을 거쳐 대원들의 자질을 충분히 파악하고서 정 대원으로 임명하는 절차가 있어야 한다. 여의치 못할 경우에는 준 대원 제도를 두어서 6개월 이상 동태를 면밀히 살펴서 합당하면 정 대원으로 임명하는 것이 좋다.

학생 찬양대원의 경우는 연령이 달하지 않았거나 형편이 여의치 못할 경우에는 장년 찬양대의 경우처럼 준 대원 제도를 두어서 물의가 없이 시간이 흐른 다음 정 대원으로 임명하는 절차가 필요하다.

오르간이스트나 피아니스트는 신앙인격을 갖추고, 그 자질이 충분히 인정되는 자를 선발하여 당회가 신중하게 살펴서 임명의 절차를 밟는 것이 좋다. 실제로 지휘자에게 있어서는 반주자 한 두 사람과 찬양 대원 전체와의 비중이 맞먹을 정도로 주의를 기울여야 함으로 신중하게 지휘자와 반주자의 팀워크가 잘 되는 사람을 선별하는 것도 좋은 방법이다. 회중 찬송의 인도자와 반주자와의 관계 역시 유기적인 조화가 이루어져야 하며, 충분한 실력과 함께 센스를 갖추고 있어야 한다. 특히 오르간 연주자는 오르간의 특색과 음색을 충분히 조작할 수 있는 능력이 있어야 한다.

10) 찬양대 임원회

찬양대의 임원이라 하면 지휘자, 반주자, 찬양대의 모든 일을 통괄하는 총무, 각종 모임의 회의록을 정리하고 사무적인 서류를 정리하는 서기, 찬양대의 예산 결산 및 현금 지출을 정리하는 회계, 그리고 파트를 지도할 수 있는 파트 장(보통 네 파트에 한 사람씩 그 파트를 지도하며 대원의 친목을 거들어 주는 사람) 등을 들 수 있다. 이러한 임원회는 한 달에 한 번 이상 모여 대원들을 관리하고, 행사의 계획이나 대원들의 친목을 도모하도록 활성 화 되어야 한다.

3. 찬양대 기원 및 운영

1) 찬양대의 기원과 발달

세속 종교들은 신전(神殿)이나 신상(神像)이 차지하는 비중이 크다. 따라서 이러한 신전이나 신상을 제작하는 일과 신전을 관리하는 중대한 일들을 감당하기 위하여 조각이나 회화가 크게 발달하였다. 그러나 기독교에서는 상대적으로 우상 숭배를 금하고 무형의 하나님께 예배드리는 일을 위해서 음악이 매우 발달하였다. 그래서 기독교 미술은 로마 가톨릭을 제외하고는 대부분 미미했다. 반면에 교회음악은 매우 발달하였다. 성경에는 하나님께 찬양하기를 무엇보다 강조하고 있다. 그래서 구약시대로부터 오늘날의 예배에 이르기까지 음악은 기독교의 아주 중요한 요소가 되었다. 그래서 일찍부터 찬양대가 구성되어 다윗 시대에는 "사천은 다윗의 찬송하기 위하여 지은 악기로 여호와를 찬송하는 자라."(대상 23:5)고 했고, 좀더 잘 훈련되고 익숙한 음악가들에 대해서는 "여호와 찬송하기를 배워 익숙한 자의 수효가 288인이라."고 하였다. 말하자면 성전 예배를 위해서 찬양대는 특별하게 레위 지파에서 30세 이상의 남자로 구성하였다(대상 23:3). 이러한 성전 찬양대 제도는 예수님 당시까지 계속된다.

그 후 초대교회에 대한 로마 정부의 박해로 지하에 숨어 예배 드렸기에 찬양대를 조직할 수 없었다. 그러나 313년에 밀라노 칙령에 의하여 교회들은 다시 자유롭게 찬양드릴 수 있게 되었다. 교황 실베스터(Sylvester, 314-335)는 새 교회음악의 빠른 발전을 위해 로마에 음악학교를 세우고 암송과 호흡법과 바른 발성법을 가르쳤다.

교회음악 발전에 많이 기여한 음악학교는 다음과 같다.[288]
① 교황 그레고리(6세기)에 의해 설립된 스콜라 칸토리움(Scholar Cantorium)
② 1212년에 설립된 후 바흐(J. S. Bach)에 의해서 운영된 라이프치히의 성 토머스 학교(St. Thomas School of Leipzig)
③ 14세기 이전에 조직된 드레스덴 십자가 찬양대(Dresden Cross Choir)
④ 1498년에 창설되어 현재까지 계속되고 있는 비엔나 소년 합창단 등이다.

초기에는 음악이 단순하였으므로 성인 남자들로만 구성되었는데, 음악이 복음(複音)으로 발전하면서 소프라노 파트(soprano part)가 필요해지자 소년들을 찬양대에 기용하게 되었다. 이런 찬양대의 구성은 16세기까지 계속되었다.

1517년 마르틴 루터에 의해 종교개혁이 일어나면서 찬양대는 변화를 가져왔다. 루터는 일반 회중에게 코랄을 부르도록 하는 새로운 전통을 만들었고, 이에 따라 찬양대의 역할은 감소되었다. 그러나 찬양의 질적인 면을 우려하여 다시 찬양대를 조직하고, 찬양을 담당하게 함으로서 그 전통을 계승하게 되었다. 찬양대는 혼성찬양대와 남성찬양대가 있는데 혼성찬양대는 18세기 독일에서 시작되었다. 이 당시 교인들의 참여에 중점을 둔 단순화된 예배의식은 성가학교의 훈련을 받지 않은 남녀의 비전문적인 찬양대로부터 환영을 받았다. 미국에서 최초로 찬양대가 조직된 곳은 뉴욕에 있는 삼위일체 영국교회이고, 최초의 혼성찬양대가 생긴 곳은 1774년 스타우톤(Stoughton) 시의 윌리엄 빌링스(William Billings)에 의하여 설립된 성가학교(Sacred Singing School)이다. 1800년 이후, 로웰 메이슨(Lowell Mason) 박사가 남녀대원수를 알맞게 나누어 조직한 찬양대를 발판으로 각 교회들이 이러한 혼성찬양대 제도를 받아들였다.

---

288) *Ibid*, pp.183-184.

2) 찬양대 역할

요셉 아쉬톤(Joseph Ashton)은 찬양대를 가리켜 "교회음악의 최고 형태로서 이것은 음악적인 미(美)나 흥미를 넘어서 종교적인 기능을 갖는 것"이라고 하였다. 이 말은 찬양대의 기능을 잘 표현해 주고 있다.289) 찬양대의 가장 큰 역할은 예배 시 회중을 대표해서 하나님을 찬양하는 일이었다. 이러한 대표성을 띠고 있으면서 하나님께 가장 아름다운 것으로 하나님께 드리기 위해서 보다 철저한 훈련과 연습을 통해서 예배가 더욱 아름답게 드려졌던 것이다.

또한 찬양대는 국가적인 행사나 전쟁 시에도 동원되었다(대하 20:21). 그러나 현대에는 그러한 것이 일반 음악단으로 대체되고, 교회에서 전도 대회나 부활절 연합 예배 시, 노는 성탄절 연합 행사 등에서 사명을 감당하도록 한정되었다. 그러나 여전히 유명한 오라토리오 헨델의 <메시아>, 하이든의 <천지창조>, 멘델스존의 <엘리야> 등은 중대형 교회에서 또한 연합적으로 찬양대를 구성하여 예술 회관이나 실내 체육관, 극장늘을 빌려서 연주하고 있다. 이러한 연주는 전도나 선교 적인 측면에서도 좋은 반응을 얻고 있다.

3) 찬양대 구분

교회에서 찬양대는 앞서 언급한 바와 같이 각 기관별로 조직 운영되고 있으나 편하게 장년 찬양대와 학생 찬양대로 구분하여 재론하기로 한다.

(1) 청장년 찬양대(성인 찬양대)

대개 주일 낮 대예배 시에 봉사하는 남녀 혼성 찬양대와 또는 교회 각 속회에서 조직되고 있는 남녀 전도 회(또는 선교회) 찬양대, 부부끼리 구성된 부부 찬양대, 또는 청년들을 중심 한 청년 찬양대를 들 수 있다.

(2) 학생 찬양대

어린 유치부 찬양대에서부터 유년부, 초등부, 고등부, 대학부 등으로 구분할

---

289) 『크리스챤 대전』, *op. cit*, p. 467.

수 있고, 이들을 어린이 부나 학생부로 크게 둘로 나누기도 한다. 문제는 이들을 지도하는 지도자 문제다. 중등부 이하의 찬양대에서는 교회에서 상용되고 있는 4부 합창의 악보로 된 찬송이 이들에게는 무리다. 그러므로 어린이 부나 학생부에서는 그들의 발달 수준에 맞는 『찬양 집』이 개발되어야 한다. 각 교단의 교육부에서 대부분 잘 개발이 되어 있는 실정이다. 어린이 부의 경우에는 고학년과 저학년의 차가 너무 심하기 때문에 구분하여 편집해주면 좋겠다. 이들에게 알맞은 음정과 조성으로 구성해야 한다. 2성부나 3성부의 조직을 갖춘 찬양대임을 고려해야 한다. 반주부도 이들에게 맞도록 쉽게 분산화음 반주나 상성 부는 2~3부로 아래 성부는 반주로 구성하면 좋으리라고 본다.

4) 찬양대 조직

교회마다 실정에 따라 매 예배 때마다 찬양을 드려야 하므로 여간 주의를 요하는 것이 아니다. 또한 학생부의 경우는 요즈음 학생들이 대부분 학교에나 각종학원에 매달려 시간을 낸다하더라도 장년 찬양대도 그렇지만 주일을 제외하고는 시간을 붙잡기가 어렵기 때문에 효과적인 연습을 위해서는 많은 기관들이 협조를 해 주어야 한다. 찬양대원이 주일학교 교사와 겸하는 경우가 많기 때문에 다른 기관과 협조를 잘하여 시간 관리를 철저하게 해 주어야 한다. 그리고 주일 예배를 드리는 부서별로 찬양대를 두는 것이 좋다.

교인 수에 비례해서는 보통 전체 예배 인원의 10% 정도를 이야기한다. 구약교회에서도 레위 지파 30세 이상 남자가 3만8천 명에 찬양대 수가 4천명을 기준으로 임명하였던(대상 23:3-5) 예를 볼 수 있다. 그러나 전교인 찬양대원 화를 기하는 것이 예배의 정신에 합당하다고 할 수 있다. 예배 시에 전체 성도들이 함께 자기에게 맞는 파트로 노래하면서 예배드릴 수 있다면 이상적일 것이다. 그러므로 예를 들자면 찬양을 드리면서도 1, 2절은 찬양대가 3절은 온 교우가 함께 찬양을 드리는 형태도 시도해 볼 수 있다.

성부의 구성은 구성원에 따라 달라진다. 혼성 찬양대의 경우 소프라노(Soprano), 알토(Alto) 및 메조소프라노(Mezzo Soprano)의 여성 파트와 테너(Tenor), 베이스(Base) 및 바리톤(Baritone)으로 구분하나 4부 합창일 경우는 메조소프라노나 바리톤 파트는 생략된다. 4성부에 따른 우리나라 사람들의 성대와 성량을 감안하여 40명 기준으로 볼 때 다음과 같이 숫자를 편성하는 것이 좋다.

소프라노 10명(25%), 알토 8명(20%), 테너 6명(15%), 베이스 16명(40%), 그런 이러한 숫자는 기준에 불과할 것이므로 각 교회의 실정에 따라 편성하는 것이 좋다.

여성 찬양대의 경우는 소프라노(Soprano), 알토(Alto) 및 메조소프라노(Mezzo Soprano)의 3 파트로 나누는 것이 일반적이며, 중등부 이하의 경우는 베이스를 생략하고 3성부로 나누는 것이 좋은데, 이 시기에는 베이스에 해당하는 저음을 연주할 능력이 아직 모자라기 때문이다. 각 성부의 인원 구성비는 일반적으로 외성부(外 聲部)인 소프라노와 베이스를 내 성부이(內 聲部)인 알토와 테너보다 약간 많도록 구성하는 것이 음향적인 면에서 합리적이라 할 수 있다.

음악의 역할에 따른 조직을 살펴본다면, 규모가 큰 찬양대에는 지휘자를 위시하여 성악과 기악을 담당하는 대원이 있으며, 소규모의 찬양대는 지휘자와 빈주자(오르간, 피아노)와 찬양대원으로 구성된다. 사정이 여의 하면 파트에 따라 한 두 사람의 독창자를 두는 것도 좋다. 사무적인 조직으로는 기관과의 조율이나 효율적인 운영을 위해서 찬양대장과 총무, 서기, 회계, 간사, 파트 장 등으로 구성된다. 형편에 따라서 기구를 확대·축소시킬 수 있다.

찬양대장은 그 찬양대를 대표하는데, 특히 교회 내외적으로 찬양대를 대표해서 행정적인 일들을 총괄한다. 총무는 찬양대장을 도와서 모든 사무적인 일을 총괄하고 특히 지휘자와의 긴밀한 관계를 유지하도록 역할을 잘 감당해야 한다. 서기는 전 대원들의 출결 상황을 파악하고 신상 기록을 정리하는 업무를 맡아 대원 상호간의 친목을 위해 대원들의 생일이나, 결혼기념일 등을 기억했다가 축하 엽서나 작은 기념품들을 선물하는 등 대원 상호간의 친목을 도모하도록 하게 한다. 회계는 찬양대의 예산, 결산의 수립 및 집행으로 찬양대의 작고 큰 행사에 차질이 없도록 해야 한다. 간사는 악보의 관리나 가운을 잘 관리하여 예배 시나 행사시에 차질이 없도록 해야 한다.

5) 찬양대원 자격

구약시대에 찬양대원은 레위 지파에 한정되어 있었다. 또한 중세 교회에서는 사제들이 담당하기도 했다. 그래서 전통적으로 찬양 대원은 아주 구별되고 특별한 직책이 되었다. 그러나 종교개혁이후 루터의 만인제사장 설에 힘입어 예수를 구주로 고백하는 교회의 구성원은 누구나 찬양대원이 될 수 있게 되었다. 다만, 교회의 현실을 고려해서 교회의 관습이나 생활에 익숙하지 않은 사람보다는 신앙이 깊고 교회의 여러 일들에 어느 정도 익숙한 사람이 맡는 것이 좋다. 이 같은 이유로 현실 교회에서는 세례교인(입교인)에 한하여 찬양대원으로 임명하는 것이 상례다.

또한 대원의 음악적 소양에 대한 자격 여부는 개교회의 실정에 따라 다를 수 있다. 인적 자원이 풍부한 교회에서는 오디션을 거쳐서 선발하기도 하며, 일단 대원으로 받아들인 후 자체교육을 통해 소양을 훈련하는 교회도 있다. 이러한 일들은 교회음악을 담당하는 자가 교회 실정에 맞게 계획을 짜서 시행하는 것이 좋다. 찬양대는 하나님의 성호를 찬양하는 자요, 하나님께 찬미의 제사를 드리는 제사장들의 집단이니 만큼 우선 신앙적으로 타인의 모범이 되어야 한다. 또한 찬양을 부르기에 합당한 소양을 가졌는지 찬양대에 입단할 때 음악성에 대한 심사를 받아야 한다.

  a. 일반 대원으로서의 자격은 세례교인으로 좋은 하모니(화음 조화)를 이룰 수 있는 음성을 가져야 하고 리듬과 화음 등에 관한 기초적 지식이 있어야 한다. 특히 중요한 것은 교회를 위해 헌신적으로 봉사할 마음의 준비가 된 자라야 한다.

  b. 특수대원이나 기악 대원들은 교회음악을 전공한 자이거나 일반 음악대학을 졸업한 사람 중에 신앙이 돈독한 자들을 임명하도록 한다.[290]

  c. 음악적 능력을 측정하기 위하여 지휘자와 면담을 가지고, 성실하게 출석하여 바른 행동을 가진다는 약속을 할 것과 정식 회원으로 채용되기 전에 규칙적으로 출석하는 기간을 둔다.[291]

    예제 62) 지휘자, 반주자, 파트장의 임무를 구체적으로 서술해보자.
        63) 각 부서별 찬양대 운영계획을 구체적으로 세워보자.
        64) 교회 기악부 운영계획을 구체적으로 세워보자.

---

290) *Ibid*, pp. 468-469.
291) 존 F. 윌슨, *op. cit.*, p.187.

4. 찬양대 운영 실제

1) 찬양 연습과 연주

찬양대의 음악적 기량은 연습 시간과 비례한다고 할 수 있다. 그러므로 음악적 수준 향상을 위해서는 가능한 한 연습 시간을 많이 갖는 것이 좋다. 그러나 찬양 대원은 직업적인 합창단원이 아니고 또한 개인적 생활이 있기 때문에 연습 시간을 효율적으로 안배함이 중요하다. 현재 우리나라 교회에서는 대체로 주 2시간 내외의 연습시간을 갖고 있는데, 보통 주일 예배를 전후하여 연습하는 경우가 많다. 그러나 필자의 경우에는 토요일 저녁이나 수요일 예배 후에 기도 모임과 함께 연습하는 것이 효과적이다.

하나님께 최고 최선의 찬양을 드리기 위해서는 대원 각자가 헌신적인 노력을 기울여야 함은 재론할 여지가 없다.

문제는 교회의 대부분의 경우 찬양대원과 주일학교 교사가 겸직을 하고 있기 때문에 마찰되는 경우도 없지 않다. 교회가 가능하면 교사나 찬양대원은 전담제를 채택하는 것도 한 방법일 수 있다. 문제의 해결 방법은 전 교회가 찬양대 연습 시간에는 가급적 대원들이 연습에 전념할 수 있도록 배려를 해 주는 것이 최선의 방책이다.

찬양은 받으시는 대상이 하나님이시기 때문에 연습 시간이 연주하는 시간만큼 중요하다. 지휘자나 대원 모두가 찬양은 지존의 하나님께 바쳐지는 것임을 알고, 결과보다도 그 과정을 중시하여 충분히 준비하여야 한다.

찬양을 받으시는 분은 삼위 하나님이시다. 물론 찬양대는 회중을 대표해서 하나님께 찬양하는 것이고, 회중과 동떨어진 별개의 기구는 아니다. 그리고 회중의 감상을 위해서 연주하는 기관이 아니다. 회중이 이해할 수 없는 어려운 곡이라 할지라도 찬양대가 회중의 찬양 수준을 높여 가는 역할도 감당하고 있다는 사실을 감안하여 준비한다면 좋을 것이다.

찬양하는 찬양 대원들의 태도는 자신을 과시하거나 자기의 기교를 나타내기 위한 것이어서는 안 된다. 하나님은 그 중심을 보시는 분이시기 때문에 자기의 음악적 기교로 하나님을 감동시키려는 노력은 매우 어리석은 것일 수밖에 없다. 모든 대원들이 온전히 하나님께 감사하는 마음을 가지고 기쁨으로 하나님께 찬양드릴 때 하나님께서도 영광을 받으시고 성도들도 하나님의 은혜를 깨닫게 될 것이다.

지휘자가 선곡할 때 주의해야 할 점은 그 찬양이 예배의 정신과 분위기에 적합한 것이어야 한다는 것이다. 그러기 위해서는 지휘자는 교회력을 잘 알고 있어야 하며, 미리 충분한 시간을 가지고 연습하여, 다양한 스타일의 곡들을 고루 연주할 수 있도록 해야 한다. 사전 준비 없이 주일 아침에 갑자기 곡을 고르거나 찬양 연습 시간이 되어서야 급하게 악보를 이것저것 고른다면, 결코 하나님께서 기쁘시게 받으실 찬양이 될 수 없을 것이다. 또한 대원들이 연습을 게을리 해서 곡을 충분히 익히지도 못하고 연주에 임하는 것은 올바른 찬양의 태도라 할 수 없다.

찬양대 지휘자는 찬양 대원들과 함께 합창 발표회나 다른 음악회에 참석하여 감상하는 기회를 마련하는 것이 좋다. 그렇게 함으로써 찬양대의 문제점도 알 수 있고, 배울 점도 깨달을 수가 있는 것이다. 그럴 때 찬양대에게 신선한 충격을 줄 수도 있으며 대원 상호간의 친목도 도모할 수 있다.

찬양대의 찬양 연습에서 발성법과 시창과 듣는 훈련(청음)은 기본이다. 호흡 연습은 앞에서 언급한 바와 같이 복식호흡으로 연습 때마다 20번씩 실시하면 좋다.292)

정확한 가사의 전달을 위해서 발음연습을 하도록 하고, 소리의 질과 발음은 사실상 입의 모습과 좌우되므로 가사에 의한 감정처리는 꼭 관심을 기울여야 한다. 좋은 화성을 위해서도 대원 전체가 같은 목소리는 가질 수는 없는 것이지만 서로가 상대방의 음을 잘 들으면서 좋은 화음을 만들어 가야 한다.

2) 찬양대원 복장

대부분의 교회들은 찬양 대원들에게 유니폼으로 가운(gown)을 입게 하는데,

---

292) 『크리스챤 대전』, op. cit., p.468-469.

아름다움과 함께 찬양 대원들에게 경건한 마음의 준비도 갖도록 도와준다. 구약 시대의 제사장들은 하나님께 제사드릴 때 특별히 마련한 옷을 입었는데, 이 옷은 아주 정성스럽게 만들었으며, 거룩한 옷으로 구별하였다(출 39:1-31).

가운은 입는 사람과 보는 사람 양자에게 다 특별한 의미를 준다. 가운은 대체로 여름용과 겨울용으로 나누어 만들고, 여기에 교회력을 가미해서 그 상징적인 색깔들을 칼라나 후드 등에 사용한다면 보다 더 의미를 살릴 수 있을 것이다.

3) 찬양대 석 위치

전통적으로 한국교회의 찬양대 석은 강단과 회중 석 사이의 어느 한 쪽에 위치해 왔다. 그러나 최근에는 찬양대석이 양쪽으로 나뉘어 있거나 혹은 단상 위에 위치한 교회도 있다. 양쪽으로 나뉜 찬양대 석은 중세 이태리 교회에서 행하였던 쿠리 스페짜티(Corri Spezzati : 두 개의 분리된 찬양대가 서로 화답하는 형식으로 연주되는 합창곡)293)의 영향이 아닐까 생각된다. 이런 종류의 음악은 찬양대가 교회당의 좌우에 위치하여 연주할 때 최대의 효과를 거둘 수 있다.

찬양대 석이 강단 위에 위치하는 경우도 있는데, 이것은 찬양대가 예배 위원의 하나라는 것을 강조하고 그 중요성이 부각된 것으로 볼 수 있다. 이것은 신학의 흐름과도 밀접한 관계가 있다.

로마 가톨릭교회에서는 회중석에서 볼 수 없는 뒤에 위치하게 하여 찬양의 신비감을 더해 주는 교회도 있다.

4) 찬양대 실

찬양대 실은 여러 가지 목적으로 꼭 필요한 곳이다. 예배 전에 찬양대 대열을 정비하고 가운이나 의복 등을 잘 간수한다. 그리고 연습 시 훈련에 필요한

---

293) 코리 스페짜티(cori spezzati)란 16세기 베네치아악파에서 많이 성행하였던 것으로, 이중 합창 즉 2개 이상의 합창이 교대로 또는 함께 노래하면서 전체를 만들어 가는 창법이다. 이중합창(Double chorus)은 복식합창의 하나로 더욱 빈도가 높은 형태이다.

문제들을 처리하기도 하며 찬양대원들의 친목을 위해서도 꼭 필요한 공간이기도 하다. 찬양대 실에는 피아노, 보면 대, 간편한 의자, 악보보관 서류 장, 기타 교회음악에 관한 정기간행물 등을 꽂는 책장 등의 비품들을 마련하도록 한다. 가능하다면 찬양 곡들을 감상할 수 있는 오디오 시설을 갖추어 친목도 도모하고 음악 감상을 통해서 난해한 곡들을 간접적으로 익히도록 하면 좋겠다.

5. 찬양대 활동계획[294]

① 찬양대의 교회 내에서의 활동은 찬송과 찬양, 음악 예배 그밖에 음악예술에 관계하는 모든 분야를 망라해서 봉사할 일을 개발하고 추진시켜 나가도록 하는 것이다.

② 대외활동 계획으로는 타 교회 찬양대와의 교류라든가 지역사회의 음악적인 발전을 위한 프로그램을 마련하여 이를 통해 하나님을 알게 하고 그를 찬양하여 더욱 가까워질 수 있도록 한다.

③ 찬양대원들의 친교 프로그램은 중요한 활동계획 중의 하나이다. 이는 단지 찬양대에 한한 일이 아니라 교회의 사명이기도 하다. 찬양대는 전적으로 교회에 봉사하는 기관이므로 친목회나 야유회 등을 가져 찬양대원들의 노고를 위로하도록 한다.

④ 찬양대는 교회의 예배의 순서를 담당하는 기관으로 예산은 예배 비에 포함되어야 한다. 찬양대 예산은 악보 구입 비, 연습 비, 수련회비, 심방 비, 시상비 등에 사용되는데, 매주일 악보 구입비는 매주일 필요한 악보를 구입하고 지휘자나 반주자를 위한 참고서적, 선곡을 위한 악보구입 등을 가장 많이 배당해야 한다. 찬양대의 악보 구입을 위해서는 교회음악 강습회나 연구집회 등에 참여하거나 출판사에 주문하는 방법을 택하여 자료를 수집하도록 한다.

교회음악의 발전을 위한 찬양대의 원활한 운영은 매우 중요한 일이며 이를 위하여 찬양대를 위한 기준이나 규범이 되는 제도가 절실히 요구된다.

---

[294] *Ibid*, p. 470.

6. 찬송 및 찬양과 교회력

교회력은 축일과 주일에 일정한 의미를 부여하여, 신자들의 생활을 주님의 일생에 맞추어, 그에 관한 기억을 돕게 하기 위한 것이다. 그러나 교회력에는 유대교 전통으로부터 흘러나온 유월절 같은 것도 포함되어 있다. 또한 마리아와 성인들에 관련된 로마 가톨릭 적인 교회력도 있으나 이는 개신교와는 무관하다. 우리나라의 개신교에서 지켜지는 교회력은 성탄절 · 수난절 · 부활절 · 오순절 등 극히 제한되어 있다. 요사이는 장로교나 감리교의 전통이 교회력을 옹호하는 일이 많아졌다. 전통적으로 교회력에는 거기에 맞는 성경구절과 찬양을 갖고 있다. 교회력에 따른 절기 찬양은 가톨릭 적 전통 안에서 '특별 미사'(Progrium)라고 부른다. 개신교에서는 루터교가 각 주일에 맞는 칸타타를 많이 산출했다. 그 예로 바흐의 칸타타들은 대부분 일정한 틀에 맞춘 것이다. 다음은 장로교 신학자들이 연구 발표한 3년간의 성서 일과로서 교회음악을 담당한 이들은 이를 참고로 하여 찬송이나 찬양 곡을 선택할 일이다. 교회력과 관련 성구 그리고 상징 색깔들은 다음과 같다.295)

1] 대림절(대강절)

교회가 그리스도의 오심을 기쁘게 기억하면서 다시 오실 그리스도를 기다리는 절기를 대림절 또는 대강절이라 한다. 이 기간은 성탄절을 기점으로 네 주간을 말하는데 보통 11월 30일경부터 시작한다. <도표 14> 교회력

---

295) 정장복, 『예배학 개론』(서울 : 종로서적, 1989), p. 260-268.

주일 및 행사일	년	구약의 말씀	신약의 말씀	서신서
대림절 첫째 주일	A B C	사 2:1-5 사 63:16-64:4 렘 33:14-16	마 24:36-44 막 13:32-37 눅 21:25-36	롬 13:11-14 고전 1:3-9 살전 5:1-6
대림절 둘째 주일	A B C	사 11:1-10 사 40:1-5, 9-11 사 9:2, 6-7	마 3:1-12 막 1:1-8 눅 3:1-6	롬 15:4-9 벧후 3:8-14 빌 1:3-11
대림절 셋째 주일	A B C	사 35:1-6, 10 사 61:1-4, 8-11 습 3:14-18	마 11:2-11 요 1:6-8, 19-28 눅 3:10-18	약 5:7-10 살전 5:16-24 빌 4:4-9
대림절 넷째 주일	A B C	사 7:10-15 삼하 7:8-16 미 5:1-4	마 1:18-25 눅 1:26-38 눅 1:39-47	롬 1:1-7 롬 16:25-27 히 10:5-10
성탄 전야	A B C	사 62:1-4 사 52:7-10 슥 2:10-13	눅 2:1-14 요 1:1-14 눅 2:15-20	골 1:15-20 히 1:1-9 빌 4:4-7

2] 성탄절

그리스도의 나심을 경축하며, 그의 탄생을 축하드리는 절기이며, 성탄절 이후 1주 혹은 2주간을 말하는데 12월 25일부터 1월 5일까지 12일 간이다.

주일 및 행사일	년	구약의 말씀	신약의 말씀	서신서
성탄일	A B C	사 9:2, 6-7 사 62:6-12 사 52:6-10	눅 2:1-14 마 1:18-25 요 1:1-14	딛 2:11-15 골 1:15-20 엡 1:3-10
성탄 후 첫째 주일	A B C	전 3:1-9, 14-17 렘 31:10-13 사 45:18-22	마 2:13-15, 19-23 눅 2:25-35 눅 2:41-52	골 3:12-17 히 2:10-18 롬 11:33-12:2
성탄 후 둘째 주일	A B C	잠 8:22-31 사 60:1-5 욥 28:20-28	요 1:1-5, 9-14 눅 2:21-24 눅 2:36-40	엡 1:15-23 계 21:22-22:2 고전 1:18-25

3] 현현절

인간에게 하나님이 계시하심을 강조하는 계절로서 현현일(1월 6일)로부터 시작하여 참회의 수요일까지 계속된다. 보통 이 절기는 4-8주간 계속된다.

주일 및 행사일	년	구약의 말씀	신약의 말씀	서신 서
현현일		사 60:1-6	마 2:1-12	엡 3:1-6
현현절 첫째 주일	A	사 42:1-7	마 3:13-17	행 10:34-43
	B	사 61:1-4	막 1:4-11	행 11:4-18
	C	창 1:1-5	눅 3:15-17, 21:22	엡 2:11-18
현현절 둘째 주일	A	사 49:3-6	요 1:29-34	고전 1:1-9
	B	삼상 3:1-10	요 1:35-42	고전 6:12-20
	C	사 62:2-5	요 2:1-12	고전 12:4-11
현현절 셋째 주일	A	사 9:1-4	마 4:12-23	고전 1:10-17
	B	욘 3:1-5, 10	막 1:14-22	고전 7:29-31
	C	느 8:1-3, 5-6, 8-10	눅 4:14-21	고전 12:12-30
현현절 넷째 주일	A	습 2:3; 3:11-13	마 5:1-12	고전 1:26-31
	B	신 18:15-22	막 1:21-28	고전 7:32-35
	C	렘 1:4-10	눅 4:22-30	고전 13:1-13
현현절 다섯째 주일	A	사 58:7-10	마 5:13-16	고전 2:1-5
	B	욥 7:1-7	막 1:29-39	고전9:16-19, 22-23
	C	사 6:1-8	눅 5:1-11	고전 15:1-11
현현절 여섯째 주일	A	신 30:15-20	마 5:27-37	고전 2:6-10
	B	레 13:1-2, 44-46	막 1:40-45	고전 10:31-11:1
	C	렘17:5-8	눅 6:17-26	고전 15:12-20
현현절 일곱째 주일	A	레 19:1-2, 17-18	마 5:38-48	고전 3:16-23
	B	사 43:18-25	막 2:1-12	고후 1:18-22
	C	삼상 26:6-12	눅 6:27-36	고전 15:42-50
현현절 여덟째 주일	A	사 49:14-18	마 6:24-34	고전 4:1-5
	B	호 2:14-20	막 2:18-22	고후 3:17-4:2
	C	욥 23:1-7	눅 6:39-45	고전 15:54-58

4] 사순절

이 절기는 그리스도의 죽음으로 인간의 죄가 속죄되었음을 기억하면서 슬픔과 기쁨을 같이 나누고 교회가 확장되는 절기이다. 이 기간은 40일, 즉 6주 동안 계속되는데, 재의 수요일을 기점으로 하여 고난 주간이 이 절기의 절정을 이룬다.

주일 및 행사일	년	구약의 말씀	신약의 말씀	서신 서
재의 수요일	A B C	욜 2:12-18 사 58:3-12 슥 7:4-10	마 6:1-6, 16-18 막 2:15-20 눅 5:29-35	고후 5:20-6:2 약 1:12-18 고전 9:19-27
사순절 첫째 주일	A B C	창 2:7-9, 3:1-7 창 9:8-15 신 26:5-11	마 4:1-11 약 1:12-15 눅 4:1-13	롬 5:12-19 벧전 3:18-22 롬 10:8-13
사순절 둘째 주일	A B C	창 12:1-7 창 22:1-2, 9-13 창 15:5-12, 17-18	마 17:1-93 막 9:1-9 눅 9:28-36	딤후 1:8-14 롬 8:31-39 빌 3:17-4:1
사순절 셋째 주일	A B C	출 24:12-18 출 20:1-3, 7-8,12-17 출 3:1-8, 13-15	요 4:5-15 요 4:19-26 눅 13:1-9	롬 5:1-5 고전 1:22-25 고전 10:1-12
사순절 넷째 주일	A B C	삼하 5:1-5 대하 36:14-21 수 5:9-12	요 9:1-11 요 3:14-21 눅 15:11-32	엡 5:8-14 엡 2:1-10 고후 5:16-21
사순절 다섯째 주일	A B C	겔 37:11-14 렘 31:31-34 사 43:16-21	요11:1-4,17,34-44 요 12:20-33 눅 22:14-30	롬 8:6-11 히 5:7-10 빌 3:8-14
종려 주일	A B C	사 50:4-7 슥 9:9-12 사 59:14-20	막 21:1-11 막 11:1-11 눅 19:28-40	빌 2:5-11 히 12:1-6 딤전 1:12-17

5] 고난 주간

이 주간은 예수 그리스도의 수난과 죽음을 감사함으로 기억하는 주간이며, 부활 주일 전, 토요일 밤 12시까지를 말한다.

고난 주간의 날들	년	구약의 말씀	신약의 말씀	서신 서
월요일 화요일 수요일	A B C	사 50:4-10 사 42:1-9 사 52:13-53:12	눅 19:41-48 요 12:37-50 눅 22:1-16	히 9:11-15 딤전 6:11-16 롬 5:6-11
세족 목요일	A B C	출 12:1-8, 11-14 신 16:1-8 민 9:1-3, 11-12	요 13:1-15 마 26:17-30 막 14:12-26	고전 11:23-32 계 1:4-8 고전 5:6-8
성금요일	A B C	사 52:13-53:12 애 1:7-12 호 6:1-6	요 19:17-30 눅 23:33-46 마 27:31-50	히 4:14-16, 5:7-9 히 10:4-18 계 5:6-14

6] 부활절

이 절기는 그리스도의 부활을 축하하는 부활 주일부터 50일간, 즉 7주까지로써 승천일, 그리고 부활 후 40일 동안 예수 그리스도는 어느 때나 어디까지나 주가 되심을 확인하는 계절이다.

주일 및 행사일	년	(신)구약의 말씀	신약의 말씀	서신 서
부활주 일	A B C	행 10:34-43 사 25:6-9 출 15:1-11	요 20:1-9 막 16:1-8 눅 24:13-35	골 3:1-11 벧전 1:3-9 고전 15:20-26
부활 후 둘째 주일	A B C	행 2:42-47 행 4:32-35 행 5:12-16	요 20:19-31 마 28:11-20 요 21:1-14	벧전 1:3-9 요일 5:1-6 계 1:9-13; 17-19
부활 후 셋째 주일	A B C	행 2:22-28 행 3:13-15, 17-19 행 5:27-32	눅 24:13-35 눅 24:36-49 요 21:15-19	벧전 1:17-21 요일 2:1-6 계 5:11-14
부활 후 넷째 주일	A B C	행 2:36-41 행 4:8-12 행 13:44-52	요 10:1-10 요 10:11-18 요 10:22-30	벧전 2:19-25 요일 3:1-3 계 7:9-17
부활 후 다섯째 주일	A B C	행 6:1-7 행 9:26-31 행 14:19-52	요 14:1-12 요 15:1-8 요 13:31-35	벧전 2:4-10 요일 3:18-24 계 21:1-5
부활 후 여섯째 주일	A B C	행 8:4-8; 14-17 행 10:34-48 행 15:1-2; 22-29	요 14:15-21 요 15:9-17 요 14:23-29	벧전 3:13-18 요일 4:1-7 계 21:10-14; 22-33
승천일		행 1:1-11	눅 24:44-53	엡 1:16-23
부활 후 일곱째 주일	A B C	행 1:12-14 행 1:15-17; 21-26 행 7:55-60	요 17:1-11 요 17:1-19 요 17:20-26	벧전 4:12-19 요일 4:11-16 계 22:12-14; 16-17, 20

7] 오순절

이 계절에는 교회에 성령이 선물로 주어짐을 기억하는 절기로서 어떻게 하나님의 성령의 인도 아래에서 살아가고 있는가를 반영하는 절기이다. 이 절기는 부활 후 일곱째 주일부터 시작하여 대림절이 시작되는 때까지이다.

주일들	년	구약의 말씀	복음서	서신서
성령 강림 주일	A B C	고전(신) 12:4-13 욜 2:28-32 사 65:17-25	요 14:15-26 요 16:5-15 요 14:25-31	행 2:1-13 행 2:1-13 행 2:1-13
오순절 후 첫째 주일 (삼위일체 주일)	A B C	겔 37:1-4 사 6:1-8 잠 8:22-31	마 28:16-20 요 3:1-8 요 20:19-23	고후 13:5-13 롬 8:12-17 벧전 1:1-9
오순절 후 둘째 주일	A B C	신 11:18-21 신 5:12-15 왕상 8:41-43	마 7:21-29 막 2:23-3:6 눅 7:1-10	롬 3:21-28 고후 4:6-11 갈 1:1-10
오순절 후 셋째 주일	A B C	호 6:1-6 창 3:9-15 왕상 17:17-24	마 9:9-13 막 3:20-35 눅 7:11-17	롬 4:13-25 고후 4:13-5:1 갈 1:11-19
오순절 후 넷째 주일	A B C	출 19:2-6 겔 17:22-24 삼하 12:1-7a	마 9:36-10:8 막 4:26-34 눅 7:36-50	롬 5:6-11 고후 5:6-10 갈 2:15-21
오순절 후 다섯째 주일	A B C	렘 20:10-13 욥 38:1-11 슥 12:7-10	마 10:26-33 막 4:35-41 눅 9:18-24	롬 5:12-15 고후 5:16-21 갈 3:23-29
오순절 후 여섯째 주일	A B C	왕하 4:8-16 창 4:3-10 왕상 19:15-21	마 10:37-42 막 5:21-43 눅 9:51-62	롬 6:1-11 고후 8:7-15 갈 5:1, 13-18
오순절 후 일곱째 주일	A B C	슥 9:9-13 겔 2:1-5 사 66:10-14	마 11:25-30 막 6:1-6 눅 10:1-9	롬 8:6-11 고후 12:7-10 갈 6:11-18
오순절 후 여덟째 주일	A B C	사 55:10-13 암 7:12-17 신 30:9-14	마 13:1-17 막 6:7-13 눅 10:25-37	롬 8:12-17 엡 1:3-10 골 1:15-20
오순절 후 아홉째 주일	A B C	삼하 7:18-22 렘 23:1-6 창 18:1-11	마 13:24-35 막 6:30-34 눅 10:38-42	롬 8:18-25 엡 2:11-18 골 1:24-28
오순절 후 열째 주일	A B C	왕상 3:5-12 왕하 4:42-44 창 18:20-33	마 13:44-52 요 6:1-15 눅 11:1-13	롬 8:26-30 엡 4:1-6, 11-16 골 2:8-15

오순절 후 열 한 째 주일	A B C	사 55:1-3 출 16:2-4, 12-15 전 2:18-23	마 14:13-21 요 6:24-35 눅 12:13-21	롬 8:31-39 엡 4:17-24 골 3:1-11
오순절 후 열두째 주일	A B C	왕상 19:9-16 왕상 19:4-8 왕하 17:33-40	마 14:22-33 요 6:41-51 눅 12:35-40	롬 9:1-5 엡 4:30-5:2 히 11:1-3, 8-12
오순절 후 열 셋째 주일	A B C	사 56:1-7 잠 9:1-6 렘 38:1b-13	마 15:21-28 요 6:51-59 눅 12:49-53	롬 11:13-16, 29-32 엡 5:15-20 히 12:1-6
오순절 후 열 넷째 주일	A B C	사 22:19-23 수 24:14-18 사 66:18-23	마 16:13-20 요 6:60-69 눅 13:22-30	롬 11:33-36 엡 5:21 33 히 12:7-13
오순절 후 열 다섯째 주일	A B C	렘 20:7-9 신 4:1-8 잠 22:1 9	마 16:21-28 막 7:1-8, 14-15, 21-23 눅 14:1, 7-14	롬 12:1-7 약 1:19-25 히 12:18-24
오순절 후 열 여섯째 주일	A B C	겔 33:7-9 사 35:4-7 잠 9:8-12	마 18:15-20 막 7:31-37 눅 14:25-33	롬 13:8-10 약 2:1-5 몬 8-17
오순절 후 열 일곱째 주일	A B C	창 4:13-16 사 50:4-9 출 32:7-14	마 18:21-35 막 8:27-35 눅 15:1-32	롬 14:5-9 약 2:14-18 딤전 1:12-17
오순절 후 열 여덟째 주일	A B C	사 55:6-11 렘 11:18-20 암 8:4-8	마 20:1-16 막 9:30-37 눅 16:1-13	빌 1:21-27 약 3:13-4:3 딤전 2:1-8
오순절 후 열 아홉째 주일	A B C	겔 18:25-29 민 11:24-30 암 6:1, 4-7	마 21:28-32 막 9:38-48 눅 16:19-31	빌 2:1-11 약 5:1-6 딤전 6:11-16
오순절 후 스무째 주일	A B C	사 5:1-7 창 2:18-24 합 1:1-3; 2:1-4	마 21:33-43 막 10:2-16 눅 17:5-10	빌 4:4-9 히 2:9-13 딤후 1:3-12
오순절 후 스물 한 째 주일	A B C	사 25:6-9 잠 3:13-18 왕하 5:9-17	마 22:1-14 막 10:17-27 눅 17:11-19	빌 4:12-20 히 4:12-16 딤후 2:8-13

오순절 후 스물둘째 주일	A B C	사 45:1-62 전 53:10-12 출 17:8-13	마 22:15-22 막 10:35-45 눅 18:1-8	살전 1:1-5 막 5:1-10 딤후 3:14-4:2
오순절 후 스물 셋째 주일	A B C	출 22:21-27 렘 31:7-9 신 10:16-22	마 23:34-40 막 10:46-52 눅 18:9-14	살전 1:2-10 히 5:1-6 딤후 4:6-8, 16-18
오순절 후 스물 넷째 주일	A B C	말 2:1-10 신 6:1-9 출 34:5-9	마 23:1-12 막 12:28-34 눅 19:1-10	살전 2:7-13 히 7:23-28 살후 1:11-2:2
오순절 후 스물 다섯째 주일	A B C	 왕상 17:8-16 대상 29:10-13	마 25:1-13 막 12:38-44 눅 20:27-38	살전 4:13-18 히 9:24-28 살후 2:16-3:5
오순절 후 스물 여섯째 주일	A B C	잠 31:10-13, 19-20, 30-31 단 12:1-4 말 3:16-4:2	마 25:14-30 막 12:24-32 눅 21:5-19	살전 5:1-6 히 10:11-18 살후 3:6-13
오순절 후 스물 일곱째 주일	A B C	겔 34:11-17 단 7:13-14 삼하 5:1-4	마 25:31-46 요 18:33-37 눅 23:35-43	고전 15:20-28 계 1:4-8 고전 15:20-28

8] 특별한 행사의 날들

개신교가 가지고 있는 특별한 기념일들을 위하여 여기에 맞는 말씀을 생각해 본다. 이 말씀 속에서 크리스천으로, 그리고 하나의 국민으로서 의무와 책임을 다짐할 수 있다.

특별행사의 날	년	구약의 말씀	복음서	서신서
새해 전야 또는 새해	A B C	신 8:1-10 전 3:1-13 사 49:1-10	마 25:31-46 마 9:14-17 눅 14:16-20	계 21:1-7 골 2:1-7 엡 3:1-10
기독 연합의 날	A B C	사 11:1-9 사 35:3-10 사 55:1-5	요 15:1-8 마 28:16-20 요 17:1-11	엡 4:1-16 고전 3:1-11 계 5:11-14

세계 성만찬의 날	A	사 49:18-23	요 10:11-18	계 3:17-22
	B	사 25:6-9	눅 24:13-35	계 7:9-17
	C	대상 16:23-34	마 8:5-13	행 2:42-47
종교개혁의 날	A	합 2:1-4	요 8:31-36	롬 3:21-28
	B	창 12:1-4	마 21:17-22	고후 5:16-21
	C	출 33:12-17	눅 18:9-14	히 11:1-10
감 사 절	A	사 61:10-11	눅 12:22-31	딤전 2:1-8
	B	신 26:1-11	눅 17:11-19	갈 6:6-10
	C	신 8:6-17	요 6:24-35	고후 9:6-15
시민의 날 혹은 국가 특별행사의 날	A	신 28:1-9	눅 1:68-79	롬 13:1-8
	B	사 26:1-8	막 12:13-17	살전 5:12-23
	C	단 9:3 10	눅 20:21-26	벧전 2:11-17

예제 65) 찬송과 찬양 그리고 교회력의 관계를 설명해보자.

7. 절기 찬송 및 선곡실제

1] 절기에 따른 찬송가 선곡의 예[296]

예배의 전반부는 찬양과 기도가 중심이 되는 부분이다. 이 부분에서 개회 찬송과 경배찬송, 절기 찬송(seasonal hymn), 송영 등이 회중과 찬양대에 의해 찬양되어진다. 예배에서 개회찬송은 찬양과 경배에 해당하는 찬송으로, 회중이 찬양을 드리고 성시 교독을 한 다음 송영으로 응답하고 두 번째 회중 찬송은 절기 찬송을 회중이 찬송하는 것이 일반적이고, 주로 교회력(敎會曆)에 맞추어 선곡되며, 그 주일 찬양대 찬양과도 내용적으로 같다. 한편 성탄절이나 부활절 같은 주요한 절기에는 개회찬송, 폐회 찬송 등에도 절기 찬송이 사용되기도 한다.

---

296) 강신우, 「찬송과 예배의 이론과 실제」 (서울: 호산나음악사, 1993), P. 149-153.

예배 의식이 발달된 교회(high church)는 철저히 교회력을 지키나, 한국 교회는 전통적인 예배의 형태를 거부하는 미국 교회의 영향을 주로 받아 한국의 개신 교회는 찬송에 대한 이해가 부족하다. 예배 찬송 선곡에 뚜렷한 기준이 없는 것이 현실이다. 한편 찬송가에도 절기 찬송의 수가 부족하여 절기에 알맞은 찬송을 선곡하는데 어려움이 있다. 여기에 절기와 관계된 찬송으로 예배에서 찬양 드리기에 합당한 표준 찬송을 중심으로 엄격히 지켜져야 할 교회의 전반 축제 기간(주님의 생애가 중심이 된 기간)의 절기에 맞추어 『통일찬송가』와 21세기 『찬송가』에서 찬송을 선곡하였다.

< 도표 15 > 교회력에 따른 찬송가 주제와 선곡의 예

절기	'21 찬송가 (통일찬송가)	절기	'21 찬송가 (통일찬송가)	절기	'21 찬송가 (통일찬송가)
왕이신 그리스도의 날	25, 22, 34 (25, 26, 45)	현현절 후 넷째 주일	462(517)	성 목요일	228, 232, 227 (285, 282, 283)
강림절 첫째 주일	102, 546 (107, 399)	현현절 후 다섯째주일	511(263)	성 금요일	145, 143, 148 (145, 141, 142)
강림절 둘째 주일	10, 398, 504 (34, 92, 266)	현현절 후 여섯째주일	450(376)	부활절	164, 166, 163 (154, 156, 160)
강림절 셋째 주일	85, 96, 105 (85, 94, 105)	현현절 후 일곱째주일	600(242)	부활절 둘째 주일	170, 165 (16, 155)
강림절 넷째 주일	84, 104 (96, 104)	현현절 후 여덟째주일	208, 15 (246, 55)	부활절 셋째 주일	159, 172, 65 (149, 152, 19)
성탄절 전야	새찬 127, 128, 129 통찬 108, 124, 248	주님의 산상 변화	484 (533)	부활절 넷째 주일	567, 386 (436, 439)
성탄절	115, 126 (115, 126)	속죄의 수요일	363 (479)	부활절 다섯째주일	600, 446, 210 (242, 500, 245)
성탄 후 첫째 주일 (신년)	122, 119(122, 119) 90, 196, 499, 551 (98, 174, 277, 296)	수난절 첫째주일	(134, 345)	부활절 여섯째주일	28, 85, 186 (28, 85, 175)
성탄 후 둘째 주일	240, 36, 37 (201, 36, 37)	수난절 둘째주일	14, 341, 535 (30, 367, 325)	부활절 일곱째주일	212, 462, 33 (347, 517, 12)
현현절	118, 42(118, 11)	수난절 셋째주일	366 (485, 445)	성령 강림절	188, 186, 187 (180, 176, 171)
현현절 후 첫째 주일	42, 21(11, 21)	수난절 넷째주일	216, 149, 305 (356, 147, 405)	종교개혁 주일	585 (384)
현현절 후 둘째 주일	340, 530, 531 (366, 320, 321)	수난절 다섯째주일	312 (341)	감사절	590, 592 (309, 311)
현현절 후 셋째 주일	81, 138 (452, 52)	수난절 여섯째주일	140, 141, 142 (130, 132)	* 찬송가가 삭제되어 없는 것은 각각 또는 공란으로 처리하였음.	

찬송 선곡의 다른 기준은 해당하는 주간에 봉독 되는 성구 집(lectionary)의 복음서의 말씀을 기초로 하였다. 예배에서 찬송 선곡을 엄격히 하는 교회의 경우, 크리스마스 절기에 크리스마스 캐럴을 예배에서 부르지 않는다. 이는 캐럴은 찬송과 달라 대부분 그 내용이 찬양의 내용이 없이 서정적으로 크리스마스의 정경을 단순히 노래하기 때문이다. 또한 많은 수의 복음성가 중에도 절기와 관계된 내용이 없기 때문이며, 한편 시적인 면과 음악적 수준이 낮아 예배에서 하나님을 찬양하기에 합당치 않기 때문이다.297)

2] 교회력에 의한 예전 색깔 · 절기의 메시지298) <도표 16>

　교회력에서 예전 색깔과 각 절기의 메시지는 찬양 곡을 선곡하는 데 참고가 될 것이다. 또한 예배 시에 입는 가운 후느의 색깔과 또한 찬양대원이나 지휘자의 가운 후드색깔에도 영향을 줄 것이다.

　예제　66) 찬양대 운영을 위한 기구조직을 구체적으로 세워보자.
　　　　67) 찬양대 운영을 위한 예산을 구체적으로 세워보자.

---

297) 강신우, 『찬송과 예배의 이론과 실제』(서울: 호산나음악사, 1993), p. 148-149.
298) 朴恩圭, 『禮拜의 再發見』(서울: 大韓 基督敎出版社, 1991), P. 292.

< 도표 16 > 교회력 예전 색깔 · 절기 메시지

구분	절기	예전 색깔	월별	메 시 지	영적 행사 활동
교 회 력	강림절	보라색	-11월-	메시아가 세상에 오신다. 모두 다 준비하고 기다려라.	불우 이웃돕기
	성탄절	흰색	-12월-	주께서 탄생하셨고, 우리와 함께 하신다. 다 기뻐하라.(신년예배)	성탄축하의 기간,
	주현절기	녹색	-1월-	메시아는 모든 사람을 위해 오셨다. 다 일어나 빛을 발하라.	대외 선교회 기간
	사순절기	보라색	-2월- -3월-	주님은 당신을 위하여 고난을 당하시고, 죽으셨다. 모두 다 진정으로 참회하고 그 은혜에 대하여 감사하라.	참회 및 전도의 기간
	부활절기	흰색	-4월-	주님은 죽음의 권세를 이기시고 부활하셨다. 다 일어나 주님의 승리를 경축하고 부활의 사역에 동참하라.	교육적 전도의 기간
					기독교 가정의 기간
	성령강림절기	적색 혹은 녹색	-5월-	하나님은 주님의 부활을 믿고, 따르는 신앙인들에게 성령을 보내신다. 주안에서 하나가 된 신도들은 각기 받은 성령의 은사에 따라 열매를 맺으며, 하나님의 구원과 사랑을 만방에 전하고 실현하라.	성서연구의 기간 (평신도 훈련)
			-6월-		청소년 훈련의 기간
			-7월-		사회적 관심의 기간
			-8월-		기독교시민의 기간
			-9월-		기독교 교육의 기간
			-10월-		청지기 직분의 기간
	강림절기	보라색	-11월-	메시아가 세상에 오신다. 모두 다 준비하고 기다려라.	불우이웃 돕기 (노인 복지회 등)

3] 예전 색깔과 절기의 메시지

예전의 색깔(liturgical color)들의 의미를 되새겨 볼 필요가 있다. [흰색](white)은 순결, 기쁨, 빛, 그리스도의 기쁨, 승리, 진리, 완전, 성결, 영광 등을 표현하고, [보라색](violet)은 슬픔, 참회, 고난, 겸손, 준비, 금식, 그리고 [붉은 색](red)은 성령, 피, 불, 열심, 사역, 순교자의 피를, [진홍색](scarlet)은 고난을, [녹색](green)은 생명, 성장을, [검정 색]은 애도, 슬픔(성금요일에 사용)을, [청색]은 희망을, [금색]은 왕위, 하나님의 영광, 가치, 덕을 의미한다.

< 그림 3 > 교회력의 절기 도표[299]

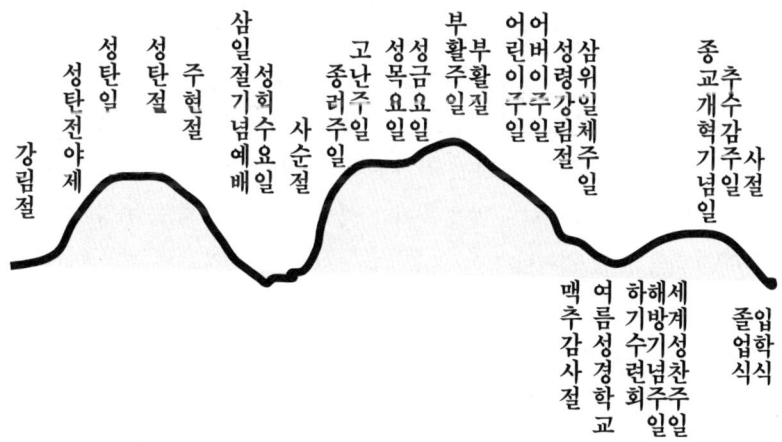

참고로 알아야 할 것은 '교회력'은 강림절기로부터 시작된다. 강림 절기는 해마다 11월 30일(성 안드레의 날) 또는 그 날과 가장 가까운 주일로부터 시작되며, 성탄일 전까지 네 주일을 포함하는 절기이다. 이 강림절기는 성탄절 전날 밤에 끝난다. '강림'(advent)이라는 말은 본래 라틴어 아드 베니레('ad-venire')로부터 온 것으로 "…으로 온다."는 뜻을 의미한다. 그러므로 강림절 메시지는 "메시아가 오신다. 모두 준비하라."이다.

---

299) *Ibid*, p. 262.

강림절이야말로 대망의 예수 그리스도의 오심은 하나님이 계획하신 구원사의 정점을 이루는 사건이다. 이 사건은 말씀이 육신으로 나타나는 성육신(the Incarnation)의 사건이다. 이 사건은 오신 주님의 과거의 사건으로가 아니라 다시 오실 주님을 맞이할 준비를 갖추는 기간이요, 죄에 속한 옛사람을 버리고 새로운 사람이 되기 위하여 구원을 주시는 주님을 사모하고 그의 오심을 고대하는 기간이다.300)

이러한 교회의 절기는 교단 적으로 받아들이는 교회도 있고, 사순절 같은 절기를 받아들이지 않는 교단도 있으나, 전통적인 교회들이 지키는 절기들을 참고로 하여 찬양 곡들을 선곡하는 것은 복음 적인 교회에서도 별 물의가 없을 줄 안다. 왜냐하면 교단마다 아직도 예배학적인 정립이 필요한 부분들이 있기는 하지만 이러한 절기들이 기본적으로 예수 그리스도의 생애를 중심으로 성탄절과 부활절을 정점으로 하여 모든 절기들이 이루어 졌기 때문이다.

찬양은 '찬송가'를 중심으로 선택하되 예수 그리스도의 생애를 중심으로 부활절과 성탄절을 정점으로 하여 교회의 담임 목회자의 목회 계획에 따라 선곡을 해야 한다. 그러나 찬송가를 참조하고, 절기를 감안하여 교회력(敎會曆)에 따라 선곡 정리해 간다면 그렇게 어렵지 않을 것이다. 특히 '시편 찬양 곡'을 찬양 곡으로 선곡한다면 더욱 좋을 것이다.

예제 68) 교회력과 절기에 따른 찬송 및 찬양곡을 선별해 보자.

---

300) *Ibid*, p. 263.

제9장 교회악기론 및 지휘법

제1절 성경에 나오는 악기

교회음악이란 그리스도를 머리로 삼고, 그의 지체가 된 유형무형의 교회가 그 교회 된 사명을 완수하기 위하여 필요로 하는 음악적 활동이라고 전제하고 이를 수행함에 있어서 악기에 대한 이해는 교회음악을 운영함에 있어서 많은 도움을 줄 것이다. 먼저 성경에 언급된 악기들의 형태를 역사적으로 살펴본 후, 현대 교회음악의 악기들을 효율적으로 사용하는 방법을 제시하려 한다.

1. 구약성경에 나타난 악기

성경에 나타난 악기라 할지라도 역시 악기나 소리가 남아 있지 않으므로 그 실제의 음향을 알아볼 수 없으나 성경에 나타난 여러 악기의 이름과 고대의 유물인 분묘나 피라미드 내부 등에서 발견된 악기들의 모양을 종합적으로 대조, 연구함으로써 구약 시대에 적어도 10여종의 악기가 사용되었음이 입증되었다. [악기가 언급된 주요 구절들 : 부록 2] 그리고 성경에 나오는 모든 악기들이 야곱의 자손들이 창작한 것이 아니라 이집트, 아시리아, 갈 대아 등에서 도입된 것으로 추측된다.301) < 그림 4> 성경 나오는 고대 악기

---

301) 신소섭, 『예배와 찬송학』, op. cit, p. 73.

<그림 4> 성경에 나오는 고대 악기

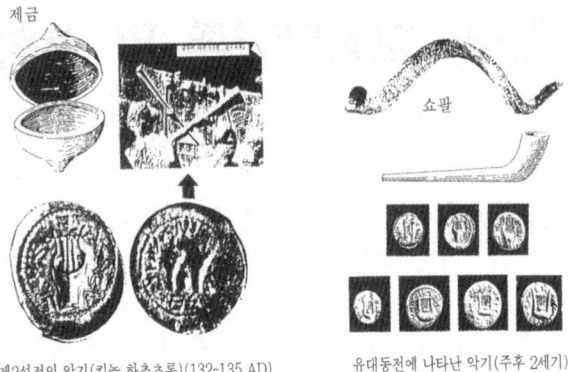

제2성전의 악기(킨놀.하초츠롯)(132-135 AD)   유대동전에 나타난 악기(주후 2세기)

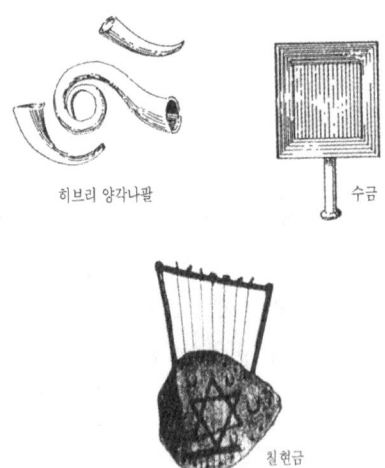

히브리 양각나팔   수금

칠현금

그래서 그 음악을 듣는다는 것은 어렵다. 그러기에 비교 음악학의 세계적 권위자인 씨·사흐스(c. sachs)박사는 그의 저서에서 "분묘나 피라미드 내벽에 그렇게 생생하게 그려진 궁정 음악가들의 모습에서도 그 음악 소리는 들리지 않는다. 파르테논(Parthenon)으로 올라가는 젊은이의 노래 소리도 들리지 않는다. 형태도 없고 순간 사라지는 음악을 고대에 있어서는 전혀 기록할 수가 없었다. 그리고 남아 있는 약간의 악보까지도 그 소리가 어떻게 울렸으리라는 확증을 얻을 길이 없다"고 하였다.302)

성전 시대까지는 사용자에 따라 악기들이 다른 것을 보여준다.303)

1) 제사장 - 나팔

나팔(하초츠라; חֲצוֹצְרָה; chatzotzerah)은 하차르(חָצַר) 즉 "둘러싸다", "모이게 하다"라는 어원에서 이 악기의 이름은 '모이게 하는 것'을 뜻하며, 사람들을 소집할 때에 쓰였을 것으로 추정한다(민 10:2절에 보면 '은 나팔 둘을 만들되 쳐서 만들어서 그것으로 회중을 소집하며, 진을 진행케 할 것'). 이 나팔은 제사장들만이 불 수 있었다(대하5:12이하; 7:6; 13:12-14; 스3:10; 느12:35,41). 또한 숫양의 뿔로 만들어진 '쇼팔'(שׁוֹפָר)은 '나팔', '뿔'을 의미하며, 숫양의 뿔로 만들어진 것으로 음정을 바꾸는 변음 장치(valve)나 구멍 따위가 없었으므로 자연 배음밖에 나지 않았다(출19:16; 레25:9; 욥39:25). 성경에 72번이나 등장하는 이 악기는 다음과 같은 성경 구절에서 언급되고 있다.

① 다윗에 의해 언약궤가 운반될 때(삼하 6:15), ② 아사 왕이 여호와께 맹세할 때(대하15:14), ③ 새로운 달의 예고(시81:3), ④ 하나님의 행한 이적에 감사할 때(시98:6; 시150:3), 그리고 세속적인 의미로 사용된 것은 ① 왕의 대관(삼하15:10; 왕상1:34; 왕하9:13), ② 전쟁에 관련(삿3:27; 7:22; 삼하2:28; 6:15; 18:16, 20:1, 22; 렘4:5, 19, 21; 6:1, 17; 42:14; 겔33:3 4, 5, 6; 욥39:24, 25; 슥9:14), ③ 재앙, 공포, 피신 등과 관련(출19:16, 19; 20:18; 느4:18; 사27:13; 58:1; 호8:1; 욜2:1, 15; 겔7:14) 등이다.

2) 레위 인(성전 음악가) - 수금과 비파 등의 현악기 종류

① 수금(킨놀; כִּנּוֹר)은 유발과 연관된 악기중 하나이며, 매우 흔하게 사용되는 반주 악기이다. 성경에 42번이나 등장하는 이 악기는 기쁨을 나타내는 악기

---

302) Ibid, p. 97.
303) 홍정수, *op. cit.*, pp. 203-344 참조.

로(욥21:12; 창31:27), 가족의 축제에(창31:27), 목자들에 의해(삼상16:16), 여자들에 의해(사23:16), 즐거운 잔칫상과 축제에(욥21:12), 전쟁에 승리했을 때나 대관식에 사용되었다. 탄식의 노래에서는 이 악기의 사용이 없었고, 기쁨이 사라지면 이 악기가 연주되지 않는다(시137:2). 백성들이 죄로 인해 벌을 받게 되면 수금이 소리를 잃는다(사24:8; 겔26:13). 다윗은 가장 유명한 이스라엘의 수금 연주자로, "하나님의 부리신 악신이 사울에게 이를 때에 다윗이 수금을 탄즉 사울이 상쾌하여 낫고, 악신은 그에게서 떠났던 기록"(삼상 16:23)이 있다. 이 악기가 술꾼들에 의해 다른 악기들과 함께 이 악기도 추방되지만, 의식에 사용되는 일은 계속되었다.

② 수금(프산테린; פְּסַנְטֵרִין; Pesanterin; 단 3:5, 7, 10, 15)은 헬라어 프살테리온(psalterion; Ψαλτηριον)과 그 울림이 비슷하여 같은 것으로 추정된다. 헬라어 '프살테리온'은 히브리어 네벨(nebel; נֶבֶל; 우리 성경에 비파로 번역됨)로 보는 견해가 있기 때문에 이를 같은 것으로 생각하는 경향이 있다. 이 악기가 수금(킨놀; כִּנּוֹר)과 같은 것이라는 견해도 있는데, 우리의 성경에는 이를 수용했다.304) 영어 성경에는 '비파'를 '솔터리'(psaltery)나 '하프'(harp)라 하였고, 성경에 27번 나타난다. '킨놀'보다는 약간 규모가 큰 다현 악기이다. 구약 70인 역에 보면, 시편 71:22절에는 '살모스'(Ψαλμος), 시편 81:2절에서는 '키다라'(κιθάρα)로 번역을 했다. 영어 성경에서는 '네벨'을 '살터리'(psaltery), '삶'(psalm), '루트'(Lute), '비올'(viol) 등으로 번역했다.305)< 그림 3 >

③ 생황(笙簧; 숨포니야; סוּמְפֹּנְיָה; Gr. συμφωνια; Germ. *Sackpfeife*; Ital. *Zambogna*)은 성경마다 번역이 다양하다.306) 헬라어 70인 역에서 '숨포니아'

---

304) Ibid, p. 275.
305) John Stainer, 「The Music of Bible」, 성철훈 역, 「성경의 음악」,(서울: 호산나 음악사, 1991), p.48, 55.
306) 고영민, 「성서 원어 대사전」, (서울: 기독교문사, 1982), 히브리어 사전 p. 260. 현대어 성경은 개역성경의 번역을 따르고 있으나, 표준 새번역성경(김호용 발행, 서울: 대한 성서공회, 1993)은 '나팔' '피리' '수금' '삼현금' '양금' '생황'을 '나팔' '피리' '거문고' '사현금' '칠현금'과 '풍수' 등 갖가지 악기라고 번역을 시도했다.
「The Holy Bible」, Thomas Nelson & sons (New York: Manufactured in the United States of America, O. T. 1952, N. T. 1946)의 번역은 다니엘 3:5a를 "that when you hear the sound of the horn, pipe, lyre, trigon, harp, bagpipe, and every kind of music, "로 번역.
Sir Lancelot C. L. Brenton 의 「The Septuagint Version: Greek and English」에는 영역으로 "at what hour ye shall hear the sound of the trumpet, and pipe, and harp, and sackbut, and psaltery, and every kind of music,"으로 번역을 하고 있다. Greek어로는 각각 "σάλπιγγος, σύριγγός, κιθάρα

로 번역한 것으로 보아 여러 악기 소리가 울려 퍼지는 '관현악'을 의미한다고 본다.

3) 비 전례적 음악 – 퉁소, 저, 피리 등의 관악기

① 퉁소(우갑; עוּגָב)는 여러 학설이 많으나 플루트(Flute)의 일종이나, 팬 플루트의 일종, 또는 두델삭의 일종으로 보고 있다. 모든 학설이 관악기라는 점에서 일치하고 있다. 시편150:4에서 "현악과 퉁소로 찬양할지어다."란 부분이 나오는데, 퉁소보다는 '관악'이란 말이 더 적절해 보인다.

② 저(笛; 할릴, חָלִיל; halil)는 '피리'라고도 번역되는 경우도 있으며, 구역 성경에 6번(삼상10:5; 왕상1:40; 사5:12; 30:29; 렘48:26에 2번)이 나온다. '오보에'(oboe) 종류로서, 한국어 피리가 뜻하는 원 의미에 가깝다. '피리'는 원래 플루트 종류기 아니라 겹 혀를 가진 오보에 종류의 관악기이다(삼상10:5; 사 30:29).

③ 피리(마스로키타; Mathrokita מַשְׁרוֹקִיתָא; pipe)는 앞서 언급한 대로 다니엘 3:5, 7, 10, 15에 나오며, '팬파이프', '이중 오보에' 등으로 간주되는 관악기다.

4) 제사장 – 금방울과 제금

가장 높은 제사장에게 허용되는 것은, 옷에 달린 금방울(출28:33-35)과 레위족의 지도자 아삽의 제금(대상16:5)이 있다.

① 제금(提金; 메칠타임; מְצִלְתַּיִם)은 자바라(자발라; 喳哶囉)라고도 하는 심벌즈 모양의 악기이다. 국한문 성경에 제금을 모두 '提琴'이라고 기재한 것은 오기로 보인다. 타악기로서 놋 제금이라고 할 때는 '金'자로 써야 하고(대상 16:5; 대하5:13), 음악 지휘자에 의해 연주되었다. 현악기인 제금은 '提琴'이라고 '琴'자를 써야 한다(대상15:16; 25:1, 6; 대하 5:12; 29:25; 스 3:5).307) 제금가(提

ς, σαμβύκης, Ψαλτηριον, και παντος γενουςμουσικων"으로 번역했다.

琴家)는 바이올리니스트를 말한다.

② 금방울(파아몬; פַּעֲמוֹן; Paamon)은 제사장이 지성소에서 제사를 행할 때에 항상 울리도록 되어 있다. 이 소리가 들리면 죽지 아니하리라(출28:34~35)고 하였다. 그러나 이것은 서기 70년 로마 군대의 예루살렘 함락과 함께 소실되어 그 모습조차 전혀 알 길이 없다.308)

4) 여성 – 소고와 북 · 경쇠

여성들은 소고(토프; תֹף; toph)를 사용하여 춤추며 노래하였다.

① 소고(토프; תֹף)는 출 애굽한 이스라엘 백성들이 기적적으로 홍해를 건너고 나서 뒤따르던 애굽 군대를 수장(水葬) 시키신 여호와 하나님께 찬양을 드릴 때, 여인들은 미리암을 따라 소고(小鼓)를 손에 들고 흔들면서 찬양을 드렸다(출15:20).

② 북(토프; תֹף)은 라반이 야곱이 몰래 그에게서 떠난 것을 나무라며 "내가 즐거움과 노래와 북과 수금(竪琴)으로 너를 보내겠거늘…"(창31:27)하는 구절에서 언급된 악기이다. 앞의 미리암이 춤추고 노래하면서 손에 잡고 있었던 것이 바로 이 소고(小鼓; תֹף; toph)이며, 입다(Jephthah)의 외동딸이 그의 암몬과의 전투에서 승리하고 돌아옴을 환영하기 위해 손에 토프(toph)를 들었었고, 앞으로 왕이 될 사울이 선지자들을 만났을 때 그들이 가지고 있던 악기 가운데 토프(toph)가 있었다(삼상10:5). 성경에 15번 나오며, 영어의 탬버린(tambourine, timbrel)에 해당된다.

③ 경쇠(샬리쉼; שָׁלִישִׁים; Shalishim)는 사무엘상 18:6절에 "여인들이 이스라엘 모든 성에서 나와서 노래하며, 춤추며 소고와 경쇠(shalishim; 각주에는 '세 줄 악기'로 되어 있으나 각 막대기에 3개의 고리를 가지고 있거나 3개의 진동 막대기를 가진 시스트럼이었을 가능성이 더 높다)를 가지고 또 사울을 환영"했다고 했다. '샬리쉬'(Shalish)는 3이라는 숫자로 '트라이앵글', '시스트럼', '바이올린' 등으로 다양하게

---

307) 홍정수, *op. cit.*, p. 306.
308) 김의작, *op. cit.*, p. 183.

묘사되었다.309) '샬리심'은 복수 어미이고, 이 악기는 놋쇠나 구리 제품을 이었을 것이다(대상15:19). 이를 '삼현 금' 또는 '삼각 금'이라 하기도 한다. 그런데 '경쇠'란 쇳덩어리를 소리내기 좋은 모양으로 적당하게 만들어 끈으로 매달아 일정한 틀에 고정시키고, 망치로 때려서 소리를 내는 유형의 악기로 본다. 그러므로 쉽게 휴대하거나 춤추는 여인들이 다룰 수 없는 악기이다. 그러므로 앞서 인용한 본문의 '경쇠'는 필시 오역일 것이다. 왜냐하면 춤추는 여인들이 휴대한 정도의 악기라면 소현(小絃)의 현악기류가 틀림없을 것이며, 타악기로서는 소고가 이미 앞에 나오기 때문이다. "삼현 금"이라 번역하는 것보다도 앞서 나오는 대개 '킨놀'이 3현이므로, '3각 금'이 더 바른 번역이라고 본다.310)

6) 이스라엘 온 족속 - 여러 가지 악기

다윗과 이스라엘 온 족속은 하나님의 언약궤(言約櫃)를 다윗성으로 옮겨올 때, "다윗과 이스라엘 온 족속이 잣나무로 만든 여러 가지 악기와 수금과 비파와 소고와 양금과 제금으로 여호와 앞에서 주악(奏樂)하더라"(삼하6:3-5)고 하였다.

여기에 나오는 양금(洋琴) 메나아네임, מְנַעַנְעִים; Menaaneim; 아람어; kathros)은 다니엘 3:5, 7, 10, 15절에도 나오는 악기로서, 이 악기는 70인 역(septuagint)에는 헬라어 '키다라'(κιθάρα)로 번역했다. '키다라'는 '수금'(단3:5, 7)으로, 고전 14:7에는 거문고로 나타나기에 이 악기는 '수금'으로 번역되는 '킨놀'(כִּנּוֹר) 종류일 것이다.311)

7) 열 줄 비파

시편에는 '열 줄 비파'(네벨 아소르; נֵבֶל עָשׂוֹר; nebel asor)가 나온다(시편 33:2; 144:9). 312) 이 악기는 십 현금이라고도 하며, 단순한 △모양의 간단한 하

---

309) John Stainer, op. cit., p.208.
310) 김의작, op. cit., p. 184.
311) Sir Lancelot C. L. Brenton, 『THE SEPTUAGINT VERSION』, (Michigan: Zondervan Publishing House, 1983), p. 1053.
312) The Holy Scriptures,『OLD TESTAMENT HEBREW AND ENGLISH』, (LONDON The British and Foreign Society: 1978), p. 1009.

프(Harp)일거라고 생각된다. 한편 하프도 다른 모든 악기와 마찬가지로 시간이 지남에 따라 발전해 왔다는 사실을 간과해서는 안 된다. 그리고 이 네벨(נֵבֶל) 이 비교적 늦게 언급된 사실은 이 악기가 위에서 암시된 것보다는 훨씬 더 발달된 구조를 갖고 있었다는 것을 암시하고 있다.313)

2. 이스라엘 왕국 시대 연주 형태

이상에서 우리는 성경에 최초의 악기가 나타난 때(이 때는 창세 직후로서 기원전 3,800년경으로 추산)로부터, 출애굽 시대 애굽에서 습득한 음악의 상태로 볼 수 있는 시적으로 구성된 가사와 기악과 무용이 곁들어진 종합예술로서의 찬송, 그리고 성경에 나타난 악기들을 중심으로 살펴보았다.

이스라엘 나라가 수립되어 초대 왕 사울의 취임식 음악 행사로부터, 다윗의 승전 시 "무리가 춤추며 이 사람의 일을 창화하여 가로되 사울의 죽인 자는 천천이요, 다윗의 죽인 자는 만만이로다."(삼상 21:11)를 비롯하여 여러 번 음악과 시와 무용이 결합되어 연주되는 일이 많았다는 것을 볼 수 있다.314)

이미 언급 한대로 다윗 왕은 그 가치와 중요성이 먼 후대에 의해서도 인정된 (느12:24; 45-46) 많은 시편을 지은 시인(詩人)이요, 뛰어난 음악가이다. 그는 악기들도 발명하였다(암6:5; 참조, 느3:10).315)

다윗이 언약궤(言約櫃)를 옮길 때 "여호와 앞에서 힘을 다하여 춤을 추는데… 다윗과 온 이스라엘 족속이 즐거이 부르며, 나팔을 불고 여호와의 궤를 메어 오니라"(삼하6:14-15)고 하였다.

이 시대에는 성악이나 기악 합주의 형태로 음악적 규모가 막대하게 커졌다는 사실과, 음악에 종사하는 자들이 일체 다른 일을 하지 아니하고 음악만 전문적으로 연구했다는 것과, 기악이 개량되었으며 여성 만에 의한 음악이 생겼고, 음악의 종류가 다양해진 점들을 들 수 있다.316)

---

313) John Stainer, op. cit., pp. 48-49.
314) 김의작, op. cit., pp. 185-187.
315) 『아가페 성경 사전』(Agape Bible Dictionary), (서울: 아가페 출판사, 1991), p. 305.
316) 김의작, op. cit., pp. 188.

3. 포로 시대와 재건 시대의 연주 형태

여호야김(원래 이름은 엘리아김 B. C. 609-598년) 제 3년에 바벨론 왕 느부갓네살은 자기에게 반기를 든 여호야김을 갈대아와 수리아와 모압과 암몬 군대로서 보복하고, 598년에는 친히 예루살렘을 포위하였다(단1:1). 예루살렘에 쳐들어 와 성전의 모든 기명들을 약탈해 감으로써 화려하고 웅장하던 예루살렘 성전 음악은 자취를 감추게 되었다. 그러나 이스라엘 사람들은 '수금'을 바벨론 강변 버드나무에 걸고, 포로들의 애국적 향수와 원수들을 향한 저주가 혼합된 시를 노래했다(시137:). 무거운 악기는 가지고 갈 수 없었겠지만, 수금 같은 작은 악기를 지니고 간 것으로 본다.

예루살렘은 유대 민족의 바벨론 포로에 이후 그 규모와 웅장함을 많이 잃었다. 포로로 잡혀간 소수의 유대인만이 귀환하여, 남아 있던 2천 명 정도의 '그 땅 거민'과 합병하였다. 성전을 회복하려는 노력으로 지방민의 반대에도 불구하고 성전 역사는 B. C. 516년경에 완성되었다(스3:1-4; 6; 4:24-6:22). 성전 건축이 시작되면서, 찬양의 기사가 나오지만 그러나 많은 악기로 호화스럽게 찬송한 기록은 별로 없다. 다만 "건축자가 여호와의 전 지대를 놓을 때에 제사장들은 예복을 입고 나팔을 들고 아삽 자손 레위 사람들은 제금을 들고 서서 이스라엘 왕 다윗의 규례대로 여호와를 찬송하되, 서로 찬송가를 화답하며 여호와께 감사하여 가로되 '주는 지선 하시므로 그 인자하심이 이스라엘에게 영원하시도다.' 하니 모든 백성이 여호와의 전 지대가 놓임을 보고 여호와를 찬송하며 큰 소리로 즐거이 부르며"(스3:10-11)라 하였다. 느헤미야의 기록을 보면 "노래하는 남녀가 245명이요"라고 하였다(느7:66). 이것은 초기 예루살렘 성전 예식과는 그 규모가 매우 축소된 것임을 알 수 있다.317)

예제 69) 구역성경에 나타난 악기와 성경구절을 정리해보자.
      70) 신약성경에 나타난 연주 형태를 정리해보자.

---

317) *Ibid*, pp. 189-190.

4. 신약성경에 나타난 연주형태

신약성경에는 노래 말을 가진 성악연주형태가 많이 언급되지만 악기의 언급은 아주 적다. 누가복음에는 예수 탄생과 관련된 노래가 수록되어있는데, 즉, 마리아의 노래, 사가랴의 노래, 영광의 노래, 시므온의 노래가 있다.318)

찬송의 노래는 주님의 만찬이 제정된 뒤에 있었다.319) 바울과 실라는 빌립보의 감옥 속에서 하나님을 찬미하였다.320)

무디(Dale Moody)는 요한복음 1:1-5, 10-11, 14, 18을 포함한 장엄한 찬송을 2세기의 초 그리스도인들이 불렀을 것이라고 한다. 고린도전서 안에도 모팻(Moffat)의 번역에 석의한 바와 같이 20개 이상의 찬송이 있다. 무디에 의하면 로마서 5:12-21, 6:3-11, 8:31-38, 11-14절은 완전한 찬송이었을 것이라고 했다. 찬송에 관한 초자연적이고 종말론적인 말씀은 주께서 죽은 자들을 일으키실 때에 들리는 나팔소리나(고전 15:51, 살전 4:16) 선택된 자들을 집결시킬 때에 들리는 나팔소리와(마 24:31) 관련되어 있다. 구약성경에 나타난 하나님의 특수한 행위들을 수반하는 이 음악적인 경우들은 요한계시록 전체에서 발견된다. 거기서는 역사의 최종적이고 중복적인 활동들이 나팔소리를 통하여 통고된다. 거기서는 하나님에게 영원히 반복적으로 들리는 찬양의 일부를 이루고 있는 것이 바로 찬송인 것으로 보인다.321)

신약성경에 악기의 언급은 마 9:23절에 '피리'(fulte; Aulos), 고전 13:1절에 '소리 나는 구리'(resounding gong)나 '꽹과리'(clanging cymbal), 고전 14:7절에 '저'(flute; Aulos)나 '거문고'(harp; Kithara), 요한계시록 1:10, 4:1, 9:14절에 '나팔'(Trumpet; Salpinx), 계시록 5:8, 14:2절에 '거문고'(harp; Kithara), 18:22절에 '거문고'(harp; Kithara), '통소'(flute; Aulos), '나팔'(Trumpet; Salpinx) 등이 나온다.

---

318) 누가복음 1:46-55; 1:68-79; 2:14; 2:19 등.
319) 마태복음 26:26-30.
320) 사도행전 16:25-26.
321) 이중태,『예배와 교회음악』(서울 : 예찬사, 1988), p. 42-43.

그러나 구약성경 창 4:21절에 나오는 "수금과 퉁소 잡는 자의 조상"이라는 구절에서 '수금'(Kinnor; 우갑<עוּגָב>, harp)은 여러 학설이 많으나 플루트(Flute)의 일종이나, 팬 플루트의 일종, 또는 두델삭의 일종으로 보고 있다. 모든 학설이 관악기라는 점에서 일치하고 있다. 그러나 70인 경에는 우갑이란 단어가 세 가지의 명확한 번역으로 나타나 있다. 그것은 '키다라'(κιθάρα; Kithara; harp-창 4:21) : 살모스(ψαλμος; Psalmos; harp-욥 21:12, 30:31) 그리고 '오르가논'(όργανον; organon; 시 150:4)이다. 성경학자들이 하나의 히브리 단어를 기타(guitar), 살터리(Psaltery), 오르간(organ)과 같은 완전히 다른 특징을 가진 세 개의 이름으로 번역하는 모험을 감수했다는 사실은 우리가 번역을 신뢰하는 것이 얼마나 위험이 따르는가를 충분히 경고해 주고 있다. 흠정역은 '오르간'으로 통일시켜 번역하고 있다. 즉 "수금과 오르간 잡는 자의 조상"(창 4:21), "오르간 소리로 즐기며"(욥21:12), "내 수금(kinnor)은 애곡성이 되고 내 오르간(organ; ugab)은 애통성이 되는 구나", "현악과 오르간으로 찬양하며"라고 했다. 그러나 기도서 번역에는 이 마지막 구절이 '피리'(pipe)로 번역되었다. "현악(minnim)과 피리(pipe; ugab)로 찬양하며" 여기에서는 이 단어가 일반적으로 관악기를 나타내는데 사용되고 있는 것 같다. 즉 "현악기와 관악기로 찬양하며" 독일어 성경에는 이 단어가 항상 '피리들'(pipes; 독 pfeifen)로 번역되어 있다.322)

예제 71) 성경에 나타난 악기들을 종합적으로 열거해 보자.
72) 성경에 나타난 연주형태들을 종합적으로 정리해 보자.

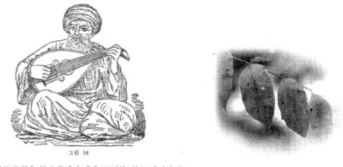

---

322) John Stainer, 『The Music of the Bible』 성철훈 역(서울 : 호산나 음악사, 1991), p. 157.

제2절 교회 악기론

1. 일반적 반주 악기

1] 오르간(Organ)

(1) 오르간(Organ)의 역사

오늘날에는 오르간이 기독교 예배의 음악적인 부분에서 상당히 중요한 요소가 되어 있기 때문에 이 성스러운 악기를 위한 봉헌의 날을 가지기도 한다. 이러한 오르간을 역사적으로 고찰해 보자.

오르간이 교회예배에 도입된 것은 7세기의 비탈리아누스 교황(Pope vitalianus)에 의해서 시작된 것이라고 한다. 그러나 한편 580년 이전에 그라도(Grado)에 있는 수녀들의 교회에서 오르간이 발견되었다는 기록도 있다. 이 악기는 길이 2피트에 높이 6인치로서 30개의 파이프를 15개의 건반이나 활판에 의해서 작동했다는 간단한 기록이 있다. 766년에 콘스탄티누스가 프랑스 왕 페핀(pepin)에게 선물로 그런 것을 하나 보냈다는 것은 상당히 확실해 보인다. 1003년에 죽은 교황 실베스터(Pope Sylvester)가 그 구조의 개선에 기여했다. 쵸서(chaucer) 시대에는 이 악기의 사용이 보편화된 것 같다. 그래서 그는 그의 『여사제의 이야기』(Nonnes Preestes Tale)에서 이것을 언급하고 있다.

"그 소리는 미사 시간에 교회에서 울리는 즐거운 오르간 소리보다도 더 유쾌했다." 혼란스러웠던 영국의 대 반란 기간에는 오르간 존재 자체가 위협을 받았고, 청교도들은 그것을 재도입하려는데 결코 우호적이지 않았다."[323]

파머(Farmer)는 8세기에서 9세기까지의 아랍 문헌에서 자신이 발견한 그런

---

323) *Ibid*, p. 157-158.

악기들에 관해 설명하고 있다.324)

　그리스의 저서에 근거를 둔 아랍의 저술들은 그리스도 시대 이전부터 있어 온 것으로 믿어진다. 이 서술에 의하면 12개의 관으로 된 커다란 풍적은 옆에 앉은 사람이 부는 바람통으로부터 바람을 받아서 이 바람을 팽창시키는 세 개의 통에서 또 바람을 받는 리드(reed)들로 되어 있다. 이런 형태의 악기에 관한 다른 설에 의하면 그 바람통을 부는 데는 열 두 사람이 고용되었으리라고 주장한다. 이런 악기들에서는 조절판이나 열고 닫는 기계 구조가 연주자가 바라는 관을 소리 내도록 밸브의 역할을 했다.

(2) 오르간(Organ)의 발전

　오르간의 역사는 길지만 문헌들이 극소하기 때문에 자세히 열거하기는 어렵겠다. 여기서는 대강을 논하면서 교회음악의 위치만을 밝히려고 한다. 다만 러셀 N. 스콰이어의 책 『교회 음악사』 제 5장에 서술된 오르간의 역사를 요약하여 설명을 하려고 한다.325)

가. 수력 오르간(Hydraulic Organ)

　'물 오르간'(Water Organ)으로도 불리는 고대 악기인 수력 오르간은 오늘날의 파이프 오르간의 발전에 큰 역할을 했다. 원래 이 오르간은 프톨레미 2세(Ptolemy Ⅱ)의 통치 기간인 기원전 265년에 알렉산드리아에서 태어난 체시비우스의 발명으로 믿어지며, 11세기까지 사용되었다. 다행히 수력 오르간의 역사는 명백하게 추적할 수 있다. 네로 시대의 동판에서 운동경기의 승리자인 라우렌티우스(Laurentius)가 수력 오르간 옆에 서 있고 맞은편에는 네로 같은 사람이 있는 것을 볼 수 있다. 네로도 이 악기의 아마추어 연주자였다. 이 오르간

---

324) Farmer, H. G. *'The Organ of the Ancients from Eastern Sources'*(Hebrew Syriac and Arabic), London : Reeves, 1931, 'Sources of Arabian music' p. 59. 럿셀 N. 스콰이어, 『敎會 音樂史』, 이귀자 역, pp.190-191. 재인용

325) 럿셀 N. 스콰이어, 『敎會 音樂史』, 이귀자 역(서울 : 호산나 음악사, 1992), pp.189-234 참조.

은 트라얀(Trajan, 98-117) 시대의 동판에도 그림이 나타난다. 222년경에 사망한 터툴리안(Tertulian)은 수력 오르간을 찬양했고, 푸블리우스 옵타티아누스(Publilius Optatianus)는 수력 오르간을 주제로 시를 썼다.

이 수력 오르간은 바람통의 풍압을 계속 유지하기 위하여 물탱크가 사용된 그런 악기였다. 영국에서는 19세기에야 원형 통의 오르간이 시편가를 자동적으로 연주하기 위하여 사용되었다.

1885년에 진흙으로 구운 수력 오르간의 작은 모형이 카르테지의 폐허에서 발견되었다. 이것은 2세기의 것이었다. 1931년에는 약 3세기의 것으로 보이는 수력 오르간 부품이 부다페스트 근처 악퀸쿰(Acquincum)에서 발견되었는데, 이 오래된 악기에는 다음과 같은 글귀가 적혀 있었다.

"악퀸쿰 식민지의 원로이며 조각 세공학교의 조영관인 가이우스 율리우스 비아토리누스(Gaius Julius Viatorinus)가 학교에 개인적인 선물로서 모데스투스와 프로부스 영사관에 있는 한 오르간을 선사한다."

이 악기를 두었던 곳은 불타서 파괴되었지만 이 악기의 윗부분은 안전하게 보관하기 위해 그것이 있던 근처의 지하실에 옮겨졌으며, 1931년에 발견될 때까지 그곳에 있었다. 오르간의 아랫부분은 옮기지 않았기 때문에 목재 부분은 모두 불에 탔다. 그러나 청동의 기계부분(관, 활판, 송풍관 등)은 잘 보존되어 있었다.

나. 풍금(Pneumatic Organ)

관에 압축된 공기를 보내기 위해 바람통을 사용하는 풍금은 기원전 4세기 이전부터 사용되었다. 아마도 이 풍금은 그리스인들에게 알려지기 전에 메소포타미아 인들에게 먼저 알려진 것 같다. 다니엘 3장 5, 7, 10, 15절에서 발견되는 모쉬로퀴타(Moshroquita), 색붓(Sackbut)은 이 '풍금'에 대한 언급인 것 같다.326)

기원 후 첫 천년간은 비교적 오르간의 현저한 발달이 없었다. 6세기에서 9세기 사이에 잊혀졌다가 아라비아 문화를 통해서 다시 소개된 것 같다. 하여튼

---

326) *Ibid.*, p. 195.

오르간 제작 기술은 8세기 초에 영국에 알려졌고, 프랑스에서는 오르간 제작이 8세기 중엽에 시작되었다.

샤를마뉴의 부친 페핀(Pepin)은 비잔틴의 황제인 콘스탄틴 코프로니무스 6세에게 오르간을 보내줄 것을 요청했고, 황제는 757년경에 페핀에게 오르간을 보냈다. 이것은 납으로 된 관을 가진 풍금이었다. 이 악기는 도중에 로마 주교인 스테파누스에 의해 연주되었고, 꽁피트에 있는 성 코르넬리우스 성당에 설치되었다. 기록에 의하면 콘스탄티노플에서 오르간 연주법을 배운 이탈리아인 사제가 이 악기를 연주했다고 한다. 그 후 샤를마뉴는 아라비아 오르간을 수입해서 812년에 아헨에 설치했다.

다. 중세의 오르간

미뉴에 있는 문헌(Patrologiae Cursus Completus, 라틴, 30, 219)에 의하면 675년경에 죽은 성 메일돌프(maildulf)와 984년에 죽은 성 에텔월드(Etherwold)가 오르간을 제작했다. 성 던스탄(Dunstan, 925?-988)은 악기 연주가이며, 제작가로서 음악에 큰 관심을 가지고 있었던 것으로 전해진다. 그의 관심은 오르간뿐만 아니라 차임벨, 하프, 그리고 수금 등도 포함하고 있었다.[327]

오르간에 대한 다른 문헌으로는 12세기의 엘윈(Elwin) 백작이 쓴 오르간의 재능에 대한 언급과 같은 것이 유명하다.

"9세기와 10세기에는 오르간 제작에 대한 중요한 활동이 독일에서 진행되고 있었고, 많은 유용한 참고 문헌들이 있다."

10세기에 윈체스터에 있었던 큰 오르간이 많은 사람들의 특별한 관심을 끌고 있다. 윈체스터 오르간은 각각 10개의 관과 연결된 40개의 건반과 활판을 가진 정말 거대한 믹스쳐 스톱(mixture stop)을 가지고 있었다. 이 악기를 연주하는 데는 두 사람의 연주자가 필요했다. 각각 연주자는 내림 나(B^b)가 첨가된 다(C)에서 바(F)까지 조정된 온음계 건반을 연주했다. 그래서 모든 옛날 성가들은 이 36개의 건반으로 연주할 수 있었다. 부가적인 4개의 건반은 아마 십중팔구 저 음부 관이었거나 아니면 오르간의 음역을 위로 증가시키기 위해 있었

---

[327] Galpin, Francis W. "*Old English Instruments of Musiv*" London: 1910, 이귀자, *op. cit.*, P.196. 재인용.

던 것으로 보인다.

라. 영국과 독일의 오르간

원체스터 오르간 시대부터 16세기까지 영국의 오르간에 관한 자료는 불확실하다. 매우 근래까지도 대부분의 영국 오르간들은 한 단의 손 건반과 6개의 음전(stop)을 가지고 있었으며, 페달은 없었다. 그러나 독일 오르간에 관한 훌륭한 자료들을 이용해서 고딕, 르네상스, 그리고 바로크 시기의 독일 오르간을 조사할 수 있게 되었다. 가장 두드러진 오르간의 발달은 독일에서 이루어졌지만 대형 오르간들은 프랑스와 베네룩스Benelux) 그리고 스페인에서 만들어 졌다.

마. 프랑스와 베네룩스 오르간

프랑스와 베네룩스에서 13세기부터 시작한 오르간의 발달은 특별한 흥미를 끌고 있다. 14세기와 15세기 동안 프랑스와 베네룩스에서의 오르간에 관한 자료로는 버어간디 공의 점성가인 쯔볼레의 헨리 아르노의 저술이 중요시된다. 파지티브 오르간(Positiv Organ)의 제작은 그때에 시작되었다.

◆ 포지티브 오르간(Positiv Organ)

포지티브 오르간(Positiv Organ)이란 운반하거나 움직이지 않고 고정시켜 둔 것을 가리키는 데서 온 말이다. 그것은 실내 오르간(Chamber Organ)이 되었고, 후에 큰 오르간의 한 단 건반, 혹은 찬양대의 합창반주를 위한 특수 오르간이 되었다. 포지티브 오르간은 연주 중에도 혼자서 쉽게 움직이거나 운반할 수 있는 포르타티브 오르간(Portativ Organ)[328]과는 다르다. 초창기의 포지티브 오르간에 대해서 프랑스의 것을 예로 들면 각각 6개에서 8개의 파이프를 가

[328) 포르타티브(Portative) 오르간이란 '운반하다'(portare)라는 뜻의 라틴어에서 온 것으로 이동이 가능한 것으로 약 2옥타브 가지고 있어서 무릎 위에 세워두고 왼손으로 바람풀무를 작동하고 오른손 가락으로 그레고리안 단 선율을 연주했다.

진 36개의 건반으로 이루어졌다.

　1429년 아미엔 성당에 설치된 오르간은 2천 5백 개의 관을 가지고 있었다고 한다. 그리고 1451년 불로와 성당에 세워진 오르간은 1천 4백 개의 파이프를 가지고 있었다고 한다. 헨리 아르노에 의하면 15세기에는 비교적 작은 대형 오르간도 주 케이스 안에 데스캔트와 부르동 그리고 리드를 제외하고 6백 36개의 파이프를 가지고 있었다고 한다.

◆ 포르타티브 오르간(The Portativ)

　포지티브 오르간(Positiv Organ) 외에도 최저 음에서 오늘날의 대략 가온 다(Middle C)까지의 음역을 가진 2피트도 채 안 되는 파이프를 가진 포르타티브 오르간(Portativ Organ; 이동용 오르간)이 있다. 이 포르타티브 오르간은 온음계를 위한 9개에서 12개의 긴빈을 가지고 있었다(실제로 12세기까지는 포지티브 오르간도 이 이상은 갖고 있지 않았다). 14세기가 되어서야 포지티브, 포르타티브 오르간은 둘 다 반음계를 가지게 되었다. 단계적인 건반의 발달은 포르타티브 오르간의 그림들을 살펴봄으로서 추측할 수 있다. 15세기가 되어서야 현재의 건반형태는 확립되었다. 그때까지도 지렛대와 활판을 사용했던, 초기의 필요했던 것과 마찬가지로 건반 위에 음이름을 쓰는 것이 관례였다.

◆ 레갈 오르간(Regal Organ)

　레갈은 중간 크기의 작은 오르간으로서 대개 휴대할 수 있는 것은 아니었다. 이것은 거의 리드 파이프를 사용했고, 단선 성가의 순서를 유지하기 위하여 사용되었다. 어떤 사람들은 이 악기의 이름은 이 기능에 의해 생겼다고 한다. 이것은 레갈이란 말이 이탈리아의 리가벨로(Rigabello)란 이탈리아 교회에서 오르간의 전신으로 쓰인 악기의 와전일 수도 있기 때문이다. 1547년 과르드롭스의 재산 명세서에 의하면 영국의 헨리 8세는 여러 대의 레갈을 갖고 있었다.

바. 16세기에서 18세기까지의 오르간

바로크 시기는 17세기에 시작했다. 유명한 프랑스 과학자 마린 메르센(Marin Mersenne, 1588-1648)이 1635년에 『Harmonie Universelle』란 책을 출판했는데, 이 책에서 그는 음악 이론과 음향학에 관해서 취급하고 당시의 악기들에 관해서도 묘사했다. 프랑스에서는 14세기 초부터 오르간이 급속하게 발전했다. 그러나 이탈리아에서는 16세기까지도 오르간은 여전히 작은 크기였다.

안테나티 가문의 몇 대(代)가 이탈리아의 중요한 오르간 제작자들이었다. 바르톨로메오 안테나티가 밀란과 코모, 크레모나, 그리고 만투아의 성당 오르간을 제작했다. 그의 손자 그라티아도 매우 유능한 예술가였는데 1580년에 원래 그의 할아버지가 만든 브레스치아의 오르간을 대치시켰다. 그라티아도의 아들 코스탄쪼는 위대한 오르간 제작자이며 연주가이며 작곡가였다. 그는 1608년 브레스치아에서 『L' Arte Organica』를 썼다. 콘스탄쪼 안테나티는 그의 저서에서 다양한 음질과 음색을 내기 위해서 스톱을 어떻게 결합할 것인가에 대해서도 기술하고 있다. 이것은 헬름홀쯔보다 250년이나 앞섰다.329)

이 시기에 유명한 독일의 오르간 제작자로는 콤페니우스와 프릿쯔 그리고 쉐러가의 몇 명이 있고, 프랑스에는 죠셀린과 프랑쇼아데 올리비아가 있다. 17세기에는 많은 프랑스의 오르간 제작가들이 있었다. 이들 가운데 스코틀랜드인인 윌리엄 레슬리(William Leslie)는 고국의 종교적 소요를 피해 프랑스로 왔다. 프랑스에서는 기욤 레슬리에(Guilaume Lesselier)로 알려졌다.

북쪽의 바로크 오르간을 대표하는 오르간이 아직 완전한 상태로 덴마크의 코펜하겐 근처 프레데릭스보르크 성의 예배당에 남아 있는데, 이것은 1616년에 제작되었다.

쉐러가의 훌륭한 전통을 이은 사람으로서 아프 쉬닛거(Arp Sehnitger)가 있는데, 그는 함부르크의 성 야곱 교회의 거대한 오르간을 제작했다. 이 교회는 바흐가 오르간이스트를 신청했다가 불행히 실패한 교회였다. 이 오르간은 바흐가 연주한 가장 훌륭한 오르간이었다. 1720년 이후 바흐가 알고 있었던 독일의 오르간들은 음향적 특질이 쇠퇴한 반면, 이 후기의 오르간들은 더욱 매력적이고 소리가 풍부했던 것 같다. 그러나 이 기간의 로코코와 낭만주의의 영향이

---

329) *Ibid*, pp. 211-212

오르간을 그것의 주된 목적인 영적인 것으로부터 멀게 하고 단조롭고 생명력이 없는 것으로 만들어 버렸다.

사. 영국의 오르간

오르간 제작가인 성 던스탄과 955년 아빙돈에 오르간을 설치한 아빙돈 수도원장인 성 에델월드는 963년에 윈체스터의 주교가 되었으며, 윈체스터의 큰 오르간 역사에 대단히 중요한 역할을 했다. 10세기와 11세기 영국에는 윈체스터 오르간 비슷한 오르간은 있었을지 모르나 전형적인 것은 거의 없었다. 비록 11세기 초의 영국의 오르간 발달에 관한 자료는 없지만 영국형의 대형 오르간과 소형 오르간이 많이 있었다는 것은 거의 확실하다.

16세기 초 영국에서 가장 뛰어난 오르간 제작자로 존 하웨(John Howe)가 있었다. 그는 1571년에 별세했는데, 생선에 그는 적어도 26내의 오르간을 제작하거나 개수했다. 오르간이 점점 평판이 나빠져 갔다. 성 바울 성당의 오르간이스트였던 존 레드포드(John Redford, 1485-1545) 같은 사람의 작품도 그 뒤 1세기이후에 활용되었다. 1552년에는 성 바울 성당의 오르간도 사용되지 않았다. 메리 여왕의 짧은 통치 기간 동안에만 사용되긴 했지만, 1536년에는 하원에서 오르간 연주를 84가지의 '종교의 악습과 결점' 가운데 하나로 지적했다. 그러나 1550년에는 성 조지 예배당과 윈저 예배당의 두 오르간이스트의 생활비를 지급하도록 판결이 내려졌다.

1644년 의회는 다시 모든 오르간의 파괴를 명했으나 10년 후에도 유명한 음악가인 기본(Gibbon)이 당시에 오르간을 연주했다. 이 오르간은 크롬웰에게 주어져서 햄프턴 궁에, 1660년에는 다시 옥스퍼드로 돌아갔고 1737년에는 튜케스베리 수도원에 설치되어 이 오르간의 일부는 지금도 남아 있다.

오르간을 종교적인 목적으로 사용하는 데 대한 반감이 청교도들 사이에는 널리 퍼져 있었다. 스코틀랜드에서도 오르간에 대한 반감은 오랫동안 계속되었다. 1866년에는 스코틀랜드의 교회에서 예배 때 오르간을 다시 사용하였고, 1872년에는 연합장로교회에서, 1883년에는 자유교회에서 각각 사용하였다.

1570년에 태어난 토머스 달람(Thomas Dallam)은 자동 오르간을 제작했다. 왕정복고 시대에는 외국으로 갔던 달람이나 해리스 같은 오르간 제작자들이 영국으로 돌아왔다. 1940년 세계 2차 대전 당시 폭격으로 성 앤드류 성당 오르간이 파괴되었다.

독일 오르간의 페달 건반이 영국인들에게는 알려지지 않았다. 1712년에는 레나투스 해리스가 성 바울 성당에 6단의 건반과 1단의 페달 건반을 가진 오르간을 설치하기 위한 허락을 얻으려고 노력했지만 실패했다. 그러나 150년이 지난 후에 홀디치(Holdich)가 리치필드(Lichfield) 성당에 페달건반이 있는 오르간을 설치했으나 오르간이스트인 스포포스(Spofforth)는 그가 페달을 사용하지 않았으리라고 주장한다. 오늘날 1800년대가 되어서도 영국인들이 바흐의 음악을 몰랐다는 것을 이상하게 생각한다. 1844년 멘델스존은 하노버 스쿠웨버룸에 있는 오르간에 독일식 페달 건반이 없다고 해서 오르간 협주곡을 연주하는 것을 거절했다.330)

아. 18세기 이후부터의 오르간

바흐 시대부터 오르간은 각 나라마다 독특하게 발전했는데, 이는 일반적으로 오르간 제작과 연주에 여러 가지로 영향을 미쳤다. 프랑스와 독일에서의 오르간은 18세기에 그 절정에 달했다. 1750년 바흐가 세상을 떠난 후 유럽 전역에는 큰 오르간들이 세워졌지만 오케스트라와 오페라의 출현이 음악가들의 활동에 새로운 매체를 제공했다. 대략 1830년경부터 오르간의 발달이 잠깐 부활되기는 했지만 오르간이 음악 작곡에 새로운 형식을 제공하지 못한 관계로 차츰 오르간 음악은 쇠퇴하게 되었다.

19세기 중반에는 낭만주의 교향곡이 그 쇠퇴를 가속화시켰다. 실제로 19세기 초에는 성 바론이나 할렘 교회에 있는 오르간(1738년에 크리스천 뮐러가 제작)과 같은 독일과 화란의 거대한 오르간들은 지나간 영광의 기념으로서만 여겨지게 되었다고 해도 과언은 아니다. 바흐의 음악을 연주할 수 있었던 멘델스존이 없었다면 19세기 오르간의 역사는 창피스러운 것이 되었을 것이다.

19세기말에 와서는 세자르 프랑크(Cesar Franck), 위도(Widor), 비에르네(Vierne), 그리고 귀망(Guilmant) 같은 사람들의 프랑스 오르간 작품으로부터

---

330) *Ibid.*, p. 223-224.

오르간 음악이 다시 한 번 일어날 움직임을 보였다. 귀망은 그의 연구를 통해서 실버만과 쉬닛거의 전통을 가진 초기 프랑스의 오르간 제작업자인 프랑스아 앙리 끌리끄오(Fransois Henri Cliquot, 1728-1790)의 훌륭한 업적들을 더 잘 이해할 수 있는 방법을 제시했다.331)

19세기에는 1700년대부터의 전통을 가진 오르간 제작 가문의 후예인 아리스티데(Aristide Cavaille-Coll, 1811-1899)와 그의 부친, 그들은 오르간을 보다 표현력이 풍부하게 만들려고 노력했다. 그들은 전보다 더 쉽게 건반을 연결할 수 있는 연결기를 고안해 냈다. 그는 22세 때인 1833년 파리에 가서 그의 아버지와 형 빈 센트의 활발한 도움으로 오르간 회사의 대표가 되었고, 성 데니스 교회의 커다란 오르간을 건축하는 동안 몇 개의 작은 오르간도 완성하였다.

카바일 콜의 오르간은 수십 년간 오르간 음악 작곡에 영향을 미쳤다. 이 악기는 프랑스 악파의 교향곡 형식의 작곡과 오르간 연주의 발달에 시발점이 되었다. 그의 오르간은 프랑크(Franck, 1822-1890), 듀보와(Dubois, 1837-1924), 기가우트(Gigout, 1844-1925), 귀망(Guilmant, 1837-1911), 생상(Saint-Sacns, 1835-1925), 그리고 위도(Widor, 1845-1937) 등에 의한 악파의 추진력의 한 부분이 되었다.

자. 영국

11세기부터 영국에서의 오르간은 프랑스와 독일, 이탈리아, 화란의 오르간들보다 더 기품 있는 것이었다는 사실을 기억할 것이다. 19세기의 가장 큰 두 대의 오르간은 성 바울 성당과 요크 교구에 있는 두 대의 오르간이었다. 또한 오르간 연주법에 의한 책들, 특히 스타이너(Stainer, 1840-1901)와 링크(Rinck, 1770-1846)의 책이 유명하다.

스타이너, 헨리 스마트(Henry Smart, 1813-1879), 조지 쿠퍼(George Cooper, 1820-1876), 그리고 리버풀의 성조지 강당에서의 연주와 오르간이스트 대학의 창설로 W. T. 베스트(Best) 같은 사람들이 유명해 졌는데 이는 모두 영국의 오르간 부흥의 결과에 의한 것이다.

---

331) *Ibid*, p. 226-227.

영국과 미국 오르간이스트들의 연주곡목은 주로 오케스트라 곡을 편곡한 것들로 되어 있다는 것을 기억해야 한다. 프랑스의 귀망은 훌륭한 오르간 음악을 연주하는데 있어서 오르간의 음질을 독특하게 살리기 위해서는 끄리끄오의 전통을 완전히 파괴하지 말고 그의 오르간에 있는 뮤테이션 음전(Mutation Stop)을 사용하도록 꾸준히 권했다.

슈바이처는 바흐 작품의 연주를 위한 오르간의 부적당함에 대해 저술했다.332) 귀망은 프랑스 오르간 음악을 편집하면서 옛날의 음악을 현대 오르간에 알맞게 고쳤다.333)

프랑스 음악학자인 피로(Pirro)와 다른 사람들이 고전적인 오르간에 관한 관심을 다시 자극했다. 그리고 독일에서는 1927년에 발커(Walcker)가 프레토리우스와 실버만의 오르간 특성을 애써 혼합한 88개의 음전(Stop)을 가진 오르간을 레클링하우젠에 세웠다.

그래서 18세기 후반과 20세기 초반에는 역사적 관점에서 일어난 보다 정확한 계통을 따른 오르간과 오르간 음악이 발달했다.

차. 신세계의 오르간

1524년에 신학자이며 음악가인 파드로 데 갠트(Padre de Gante)가 멕시코시에 한 학교를 세웠다. 물론 그는 로마 교회의 의식음악을 사용했다. 1527년에는 그가 오르간도 만들었다고 알려지고 있다.334) 이것이 아메리카 대륙의 최초 오르간인 것 같다.

뉴잉글랜드의 주민들은 주로 영국의 청교도 혁명의 견해를 받아들였다. 영국의 식민지 건설은 1644년에 의회의 법령에 의하여 결실을 보게 된 17세기에 이루어졌다. 그래서 기독교 예배에서 오르간을 사용할 수 없다는 생각이 영국으로부터 식민지에도 널리 퍼졌다.

하버드 대학을 졸업하고 1693년부터 세상을 뜰 때가지 이 대학의 재무 담당자로 지낸 토머스 브레톨(Thomas Brattle, 1656-1713)이 소유하고 있던 오르간

---

332) *Ibid*, Schweitzer, Albert, *"Deutsche und fazosiche Orgelbaukunst"* 재인용.
333) *Ibid*, Guilmant, Alex, Archives, Mainz : Schott, 1901. 재인용.
334) *Ibid*, Braden, c, s. 『멕시코 정복의 종교적 측면』, Durham, North Calorina : 1930. 재인용.

이 그의 유언을 브래틀 스트리트교회에서 받아들여지지 않자 왕립 예배당이 받아서 1756년까지 간직했다. 그 후 뉴버리포트의 성 바울 교회로 옮겨져 1830년까지 거기 있었다. 그리고 오르간은 선교용으로 1831년에 뉴햄프셔의 포츠마우스에 있는 성 요한 교회로 옮겨져 아직 그 교회에 있다.

식민지에 최초로 설치된 오르간은 1737년 트리니티 교회의 존 클렘이 설치한 오르간이다. 미국 교회에 설치된 많은 오르간들은 영국에서 수입했다. 그러나 특별한 관심을 끄는 것은 토머스 존슨이 1754년에 성 베드로 성공회 교회 (St. Peter's Episcopal Church)에 세운 오르간이다. 이 오르간은 마블헤드에 있는 성 미가엘 성공회 교회로 보낸 영국 제 수입품과 바뀌었다.

1790년 보스턴에 있는 브래틀 스트리트 교회는 미국 독립 교회로서는 최초의 오르간을 이용했다. 그러자 많은 반대가 뒤따랐으나, 그 교인들 사이에서도 오르간 연주는 오랫동안 관심을 끌어왔다.

레이노르 테일러가 1792년 볼티모어에 왔는데, 그는 오르간 즉흥 연주로 유명해졌다. 안드류 로(Andrew Law)가 1809년에 『오르간 연주법』을 썼으며, 독일, 영국 그리고 유럽대륙으로부터 많은 오르간이스트들이 미국으로 이주해 왔다.

영국 글로우체스터 출신인 조지 W. 모간(George W. Morgan, 822-1892)은 미국 최초의 연주회 오르간이스트였으며, 보스턴에 있는 트레몬트 성전에서의 연주로 유명해졌다. 이 거대한 오르간은 미국인 후크와 헤이스팅스가 제작했으며, 네 단의 건반과 70개의 음전(Speaking Stop)을 갖고 있었다. 미국에서는 아마 처음으로 바흐의 대표작이 이 오르간으로 연주되었을 것이다.

루드빅스부르크의 E. F. 발커라는 독일인이 적어도 5년 이상 걸려서 만든 이 가장 우수한 오르간은 미국에 건너와서 많은 관심을 불러일으켰는데, 이 오르간은 J. 노레스 페인(J. Knowles Paine)이 연주한 것으로 유명하다. 오르간을 조립하는 데도 몇 개월이 걸렸으며, 개인행사를 위해서 조지 W. 모간이 최초로 연주했다. 그는 이 오르간으로 윌리엄 텔의 <서곡>을 연주했다.

처음 6만 불을 주고 사왔으나 1884년 5천 불에 팔렸고, 1887년에는 다시 1천 5백 불에 팔렸다. 현재 이 오르간은 애올리안 스키너 회사의 소유로 되어 있으며, 메츄엔 홀에서 연주회 때 사용한다.

독일에서 제작된 이 커다란 오르간들이 호칭스와 루스벨트, 그리고 후크와 헤이스팅스 같은 미국의 오르간 제조회사에 많은 영향을 미쳤다. 또한 덴마크

출신의 몰러(Moller)가 미국 오르간 제작에 많은 영향을 끼쳤다.

애올리안 스키너 회사의 예술 감독이 된 G. 도날드 해리슨(G. Donald Harrison) 같은 사람에 의해서 바로크 오르간에 대한 관심이 일어났다. 솔트 레이크(Salt Lake) 시에 있는 태버나클 오르간은 해리슨 오르간이다.

세계에서 가장 큰 오르간은 애틀랜틱 시 컨벤션홀에 있는 것이라고 한다. 그 오르간은 4만 1천명을 수용할 수 있는 그 홀의 여섯 군데의 큰 공간을 여덟 칸이나 차지하고 있다. 이 오르간은 두 개의 전기 연주 대를 가지고 있는데, 그중 한 연주 대는 움직일 수 있게 되어 있다. 연주 대 하나는 일곱 단의 건반을 가지고 있으며, 다른 하나는 다섯 단의 건반을 가지고 있다. 이 오르간은 유럽의 훌륭한 오르간들의 음질 구조를 철저하게 연구한 세너트 에머슨 리처드에 의해 설계되고 롱아일랜드의 미드머-로쉬(Midmer-Losh) 회사가 제작했다. 이 오르간의 조율은 영국의 유명한 '아버지 윌리스'의 손자인 헨리 윌리스가 했다.

카. 오늘날의 오르간

오늘날의 오르간은 시대적인 요청에 의해서 많이 변화하고 있다. 예를 들면 전기 오르간, 전자 오르간, 합성 오르간(Synthetic Organ) 등의 출현이다. 그러나 아직 이런 오르간은 커다란 파이프 오르간의 소리처럼 깨끗하고 풍부하고 예민한 소리를 제대로 낼 수 없다. 이 오르간들이 앞으로 제대로의 기능을 나타낼 지 어떨지는 더 두고 봐야 알 것이다.

당분간 전기 오르간이나 합성 오르간은 커다란 파이프 오르간의 대용물로서가 아니라 그것 자체로서의 새로운 악기로 여겨질 것이다.[335]

예제 73) 교회의 오르간 역사에 대하여 기술해 보자.
     74) 교회의 피아노 역사에 대하여 기술해 보자.

---

335) *Ibid*, p. 234.

3) 작곡에 미친 오르간(Organ)의 영향

교회음악에 있어서 오르간은 지대한 영향을 미쳤다. 1470년 이후 오르간의 발전은 전 유럽 대륙 - 독일, 버어간디, 플랑드로, 노르망디, 카스틸, 그리고 포(Po) 강 지역과 오스트리아 지역에서 놀랍게 이루어졌다. 분리된 파이프를 가진 페달 건반의 도입과 손 건반들 사이의 연결과 손 건반과 페달 건반들 사이의 연결장치 등도 도입되었으며, 광범위한 종류의 음색과 완전한 음역을 가진 스톱들이 개발되었다. 이 모든 것들은 위대한 오르간 음악 작곡가들과 연주가들의 출현과 함께 이루어졌다.

사제이며 음악가인 일레보(Adam Ileborgh)가 1448년 스텐드 홀에서 엮은 아수 초기의 프렐류드와 작은 곡들의 오르간 곡 집은 흥미롭다. 숫자 악보로 된 이 책은 페달의 사용을 요구하는데 이 책은 필라델피아에 있는 커티스 음악학교에 있다.

또한 1410년 경 뉴렌베르크에서 태어난 소경인 콘리드 파우민(Conrad Paumann)이 있다. 1452년에 그는 『Fundamentum Orgaisandi』를 출판했다. 그는 또한 그레고리 성가와 민요를 정리했다. 그는 많은 제자들에게 예배의식 적인 주제를 즉흥적으로 연주할 수 있게 가르쳤다. 그의 몇몇 작품들은 『북스하이머 오르간 책』(Buxheimer Orgelbuch)에 수록되어 있다. 그는 뮌헨에 있는 프라우엔 교회의 오르간이스트로 있었으며, 1473년 그곳에서 세상을 떠났다.

15세기말에 세 사람의 중요한 음악가가 나타났다. 그들은 하인리히 이삭(Heinrich Isaac, 1450-1517)과 아놀드 슈리크(Arnold Schlick : 1445년 경-1516), 그리고 폴 호프하이머(Paul Hofhaimer, 1459-1537)이다.

폴 호프하이머(Paul Hofhaimer)는 티롤의 지기스문트 대공의 궁정에서 오스트리아의 작곡가 겸 오르간이스트로 있었다. 1519년 대주교가 있는 성당에서 오르간이스트로 봉사했다. 그의 제자들 가운데 오토마르 나흐트갈(Ottomar Nachtgall, 1487-1537), 한스 코터(Hans Kotter, 1485-1541), 요하네스 부크너(Johannes Buchner, 1483-1544?), 버나드 쉬미드(Bernhard Schmid, 1520-1592), 레온하르트 클레버(Leonhard Kleber, c. 1490-1556)와 엘리아스 암메르바흐(Elias Ammerbach, 1530-1597) 등이 있다.

4) 합창음악과 오르간

남부 유럽 특히 이태리와 다성 음악 및 아 카펠라 합창음악이 번성했던 플레미시 악파의 영향 하에 있던 지역에서는 중세 오르간의 조잡한 선율 적 혼합이 쉽게 받아들여지지 않았다. 그러나 성악 부분에서 그리 발달하지 않았던 북부 독일에서 오르간이 크게 발전했다는 것은 매우 흥미 있는 일이다. 16세기 독일에서 주로 오르간의 구조와 음악적인 면이 발전하는 동안 이탈리아에서는 같은 세기에 합창곡의 작곡이 매우 왕성하게 발전되었다.

1511년 아놀드 슈리크는 하이델베르크에서 당시 독일의 대형 오르간에 관한 자료를 제공해 주는 책을 한 권 펴냈다. 또한 1512년 『Tabulaturen etlicher Lobegesang』을 썼다. 이 책에서 그는 음계와 선법에 관한 이론적인 견해를 기록했다.

이 당시의 독일 오르간은 크고 부담스러웠다. 그러나 화란의 오르간은 손가락으로 화음을 연주할 수 있는 건반을 사용한 더 작은 것이었다. 이것들이 더 적당한 크기의 포지티브 오르간에 사용되어서 건반연주는 더 쉽게 발전할 수 있었다.[336]

2] 피아노(Piano)

(1) 피아노(Piano)의 발전

피아노는 원래 피아노포르테(Piano Forte)라고 불리었으며, 피아노는 피아노포르테의 약칭이다. 유건 타 현악기로서 <A>에서 <C>까지의 7과 1/4옥타브, 88건이 표준이고 평균율로 조율된다. 이 악기는 음량이 풍부하고 여운이 길며, 음에 셈여림의 변화를 만들기 쉽다. 페달은 음에 여러 가지 효과를 주어 이 악기의 음악성을 더욱 높이고 있다. 화성악기와 선율악기의 양면의 요소를 갖추고 있어, 서양음악에 있어서 주요한 독주용 반주용 악기이다. 이 악기는 단순하

---

336) 럿셀 N. 스콰이어, *op. cit.*, p. 210.

고 균형 잡힌 음색으로 만능악기로서 널리 사용되며, 가정용 악기로도 애호 받고 있다. 피아노에는 그랜드 피아노(Grand Piano)와 업라이트 피아노(Upright Piano)의 두 가지 종류가 있으며, 각각 소형에서 대형까지 여러 가지 크기의 피아노가 있다. 그랜드 형이 피아노의 본래 모양으로서, 이것은 쳄발로의 모양에서 생긴 것이다. 풀 콘서트 그랜드라고 불리는 것이 가장 대형이고 길이는 3m 가까이 되나, 소형에는 1.5m도 안 되는 것이 있다. 업라이트 형은 틀라비치테리운이나 엘렉트스피네트의 모양을 이어 받은 것이며, 높이는 1.3m 내외가 가장 많다. 특히 키가 작은 소형 업라이트는 스피네트 피아노라고도 한다. 이밖에 클라비코드의 형에서 생긴 스퀘어형(장방형; 테이블 형)이 있었으나 19세기 중간부터 차차 없어지고 지금은 극소수가 만들어질 뿐이다.337)

피아노의 선행 악기로서는, 클라비코드나 쳄발로가 있으나, 원리적으로는 14세기경 동양에서 들어와 유럽에서 널리 쓰여 지고 있었던 덜시머나 프살테리움, 즉 울림 판에 현을 치고 타현 하거나 발현하여 소리 내게 하는 악기가 근원이다. 1610년경 댐퍼가 없는 해머 액션을 가진 악기가 만들어지기도 했으나, 1709년 이탈리아인의 쳄발로 제작가인 바르톨로메오 크리스토포리(Bartolommeo Cristofori, 1655-1731)가 쳄발로의 보디를 사용하여 piano e forte라고 이름 지은 악기를 만들었다. 이것이 피아노의 제일 시초의 효과적인 고안이기 때문에 그를 피아노의 발병자라고 한다. 이 악기에 대하여는, 1711년 마페이(Scipiore Maffei)가 『Giornale dei letterati d'Italia』속에서 말하고 있으며, 이 악기의 액션은 이미 위펜 · 재크 · 재크 스프링 · 해머 쿠션 · 댐퍼를 가지고 있었으며, 불완전하기는 하나 에스케이프먼트의 원리도 볼 수 있으며, 기구 적으로 완전히 오늘날과 같은 것이다.

크리스토포리에 이어 1716년에는 프랑스의 마리우스가 나무로 쳄발로를 만들었고, 1717년과 1721년에는 독일의 슈레터가 두 종류를 고안하고 있다.338)

피아노의 타현 기구의 역사에는 두 가지의 원리를 찾아 볼 수 있다. 하나는 프렐메하니크(Prellmechanick)라 불리는 것으로서, 해머는 건반 뒤쪽에 붙어 있어서 건반을 누르면 해머의 자루 뒤끝이 선반에서 퉁겨져서 해머가 현을 치는 방법이고, 다른 것은 시토스메하니크라 불리며, 해머는 선반 쪽에 붙어 있어

---

337) 『音樂大辭典』(서울 : 신진출판사, 1972), p. 1382.
338) Ibid, p.1383.

서 해머 자루의 밑동을 건반이 쳐 울리는 방법이다. 전자는 독일식 또는 빈식 액션에 쓰이며, 가벼운 터치가 특징이고, 후자는 영국식에 쓰이고 있으며, 힘찬 소리를 낼 수 있는 것이 특징이다. 크리스토포리 · 마리우스 · 슈레터 등 모두가 후자의 원리에 의한 고안이며, 현재의 피아노도 이 원리이다. 크리스토포리가 1720년(뉴욕에 보존)과 1726년(라이프치히에 보존)에 의해 제작된 것이 보존되어 있다. 이들에게 쓰여 진 타현(打絃) 기구는 당초의 것보다 훨씬 뛰어난 것으로서 19세기에 만들어진 스퀘어 피아노에도 이와 똑같은 기구가 사용되었다.339)

독일인 악기 제작자 고트프리트 실버만(Gottfried Silbermann)은 1726년경 크리스토포리를 흉내 내어 피아노를 만들어 바흐에게 보였으나 호평을 받지 못하였고, 1747년에는 프리드리히 왕을 위하여 제작하였다.

시타인(Stein)은 1773년 에스케이프먼트를 개선하고, 딸인 나네테(Nannette)와 그의 남편인 피아니스트 시트라이히어(Andreas Streicher)에 의해 세부가 개량되고, 프렐메하니크에 의한 피아노 액션은 1794년에 완성하였다. 이 기구는 빈에서 완성되어 모차르트를 비롯하여 하이든 · 홈멜 · 체르니 · 베토벤 · 베버 등 주로 빈의 음악가들에게 널리 애용된 데서 빈 · 독일식이라는 명칭이 붙게 되었다.

한편 영국에서는 크리스토포리의 타이프, 즉 쉬토스메하니크가 연구되어 배커스(Americus Backers)는 1776년 건반에 직접 재크 레버를 장치하여 에스케이프먼트도 있는 그랜드 액션을 고안했는데, 이것이 영국식 그랜드 액션의 시조로 간주된다.

브로드우드(John Broadwood, 1732-1812)는 피아노의 개량에 큰 공적이 있던 사람으로서 장력(張力) · 타현점(打絃點) · 페달 등에서 특허를 받았으며, 1795년 영국식 액션에 의한 표준적인 피아노를 완성시켰다. 비인 식이나 영국식도 같은 시기에 완성되었으나, 19세기에 들어와 피아노 음악은 강력한 음에 요구되는 방향으로 발전하였으므로 비인 식 피아노는 19세기 중엽에는 드디어 더블 에스케이프먼트 액션에 밀려나서 차차 그 모습을 감추었다. 19세기 전반에 걸쳐 획기적인 개량이 이루어졌다. 음역의 확대와 함께 금속 뼈대가 채용되었다. 미국에서 단일의 주물(鑄物)로 프레임을 만드는 방향으로 연구가 진행되

---

339) *Ibid.*

어 1835년경, 피아노용 강철선이 만들어지게 되고 철선이나 놋쇠 줄 대신에 철이나 구리의 권선(捲線)으로 만든 저음 현(低音炫)도 출현하였다. 이 때문에 현의 인장력(引張力)은 증대하고 철골의 사용도 상식으로 되었다. 1821년 프랑스인 에라르는 더블 에스케이프먼트 액션을 완성하였다. 이것은 오늘날의 그랜드 피아노액션의 발명이다. 그러나 이것이 일반에 널리 채용되게 된 것은 20세기 후반이다. 저음과 중음부가 교차하도록 현을 치는 방식(교차 현)도 19세기 초에 출현하였지만 일반화한 것은 19세기 후반이다.

20세기에 들어와서는 본질적인 변화는 없고, 2단 건반 페달 부(附), 4m에 가까운 대형 그랜드, 방사상(放射狀) 건반, 울림 판 대신에 전기로 증폭하는 것 등이 만들어지고 있으나 모두 시작(試作)의 범위를 벗어나지 못하고 있다.

(2) 교회악기로서의 피아노(Piano)

대부분 교회의 반주악기로서 피아노를 사용하고 있다. 그 이유는 대부분 반주자들이 쉽게 다룰 수 있는 이점이 있다. 그리고 찬양대 찬양의 반주 악기로서는 제격이기 때문이다. 요즘 대부분 찬양 곡들이 반주 부가 특별한 경우를 제외하고는 피아노 반주로 되어 있다. 그리고 합창 음악과 잘 어울려지는 이점도 있다. 그러나 예배전의 전주곡(Prelude)이나 후주 곡(Postlude) 등은 오르간 곡으로 하는 것이 좋다. 그러나 오르간이 미설치된 교회에서는 피아노로도 충분히 효과를 낼 수 있다. 피아노를 위해서 만들어진 변주곡(찬송가의 멜로디를 사용한 변주곡)이면 그 예배의 분위기에 맞도록 선곡하여 연주한다면 좋다.

그리고 오르간과 함께 연주할 경우에는 오르간 반주곡이나 피아노 반주 곡 구별 없이 꼭 같은 곡을 연주한다는 것은 지루한 느낌을 줄 수 있다. 그러므로 피아노 반주자는 피아노 주법을 잘 익혀 두어서 회중 찬송 반주의 경우에는 즉흥 변주곡으로 분산화음 연주기법 등으로 오르간과 함께 연주한다면 좋을 것이다. 그리고 피아노 반주자는 강약을 잘 살리고, 페달 사용을 충분히 익혀서 스타카토(Staccato) 주법이나 레가토(Legato) 주법 등을 잘 익혀서 그때그때 곡의 변화를 잘 맞추어 연주해야 한다. 항상 주일 낮 예배의 장중한 예배찬송가를 연주하듯 모든 곡들을 그렇게 연주한다면 아무래도 어색하다.

그리고 회중 찬송의 경우에는 회중들의 음역을 파악하고 어린이들이나 노년층의 경우에는 충분히 노래할 수 있도록 장 2도나 단3도 정도 낮게 전주를 해 주고 반주를 해 가면 예배의 분위기도 안정되고 부드러워 진다. 새벽이나 늦은 저녁 같은 경우에도 마찬가지로 음정을 약간 낮게 반주를 해 주어야 한다.

2. 교회 기악부 운영

1) 한국교회의 실정

한국 교회가 선교 2세기를 맞으면서도 찬송학적인 면에서 볼 때 그 발전은 미미한 단계라고 볼 수 있다. 그것은 한국교회 목회자들의 소양이나 신학교에서 거의 교육을 받지 못한 결과가 아닌가하고 생각해 본다. 찬송은 음악을 전공한 분들의 전유물이 아니다. 찬송은 구속함을 받은 모든 하나님의 백성들의 공유물이다. 하나님께서 그것을 원하신다. 그러나 불행하게도 우리 교회들의 실정에서 보면 찬양대원이 아니면 별 관심이 없는 상태라고 진단해 볼 수 있다.

특별히 성악부의 운영은 각부 찬양대를 통하여 예배 때마다 합창을 통하여 드려지는 실정이다. 그러나 대부분의 교회들이 기악부를 운영하지 못하고 있는 것이 오늘날의 실정이다. 그러나 성경에 보면 이스라엘 백성들은 악기를 연주하며 하나님께 찬양한 예가 많이 나온다. 교회마다 실정이 다르겠지만 좋은 소리를 가진 성대가 좋은 사람들이 있는가하면 노래 부르기에 어려운 자들도 있다. 그러므로 찬양은 만인의 것이라고 할 때 찬양할 기회를 주어야 마땅하다고 본다. 특별히 변성기 때의 불편함 그리고 다른 사람들은 목소리를 내어 찬송을 부르는데 자기는 할 수 없을 때 얼마나 답답하겠는가? 이들에게 권할 수 있는 것이 있다면 기악이다.

회중 찬송을 부를 때 자기의 가진 악기로 함께 연주한다면 전체 회중의 음색과 어울려 훌륭한 찬송이 이루어질 수 있다. 신학교의 경우에도 일반 음악만을 고집할 필요가 없다. 찬송가의 테마를 가지고 얼마든지 기악곡을 확대 변주곡을 쓸 수 있는 것이다. 이런 과정에서 얻어진 실력으로 교회에서 실내악 반을 운영할 수도 있겠고, 찬송가 연주회도 가질 수 있으리라고 본다. 신학교는 신학교의 특색을 잃지 말아야 한다. 커리큘럼에서부터 일반학교와는 차별성이 있어야 한다. 그리고 어떻게 하나님께 최고 최선의 예배를 드릴 수 있을까? 하는 고민을 가지고 부단한 수련을 쌓아야 한다.

2) 기악부의 역할

기악부의 역할은 연수회만 생각할 것이 아니라 나음과 같은 평상시 활동을 들 수 있다. 기악부가 교회 안에서 얼마든지 예배나 전도나 친교를 위해 얼마든지 좋은 활동을 할 수 있다.

① 전주(前奏, Prelude), 헌금 주악, 예배 끝날 무렵 후주(後奏, Postlude)
② 성도들이 찬송을 부를 때 회중 찬송의 반주
③ 찬양대의 찬양이나 다른 성악 앙상블(Vocal Ensembles)
④ 예배나 연주회를 위한 연주
⑤ 노방 전도활동이나 선교활동을 위한 연주
⑥ 친교나 오락을 위한 행사시 연주

3) 기악 부 조직과 운영

대부분 대도시 교회들은 기악 부를 운영하고 싶은 꿈들을 가졌으리라고 본다. 그러나 왜 그런 꿈을 이루지 못하는가? 한국 교회가 선교 2세기를 맞으면서도 교회음악 지도자들을 키우지 못했기 때문에 자원이 있어도 충분히 활용을 하지 못하고 있는 것이다.

어떤 교회에 학생부 찬양 예능 발표가 있어서 갔다가 수준을 기대하고 기다렸으나 실망했다. 교회에서 피아노 독주를 하는데 세속 곡을 연주하고 있는 것이 아닌가? 그렇다면 무엇 때문에 교회에서 장소를 제공하고 그런 연주회를 하고 있는 것일까? 그 학생들의 연주 욕구를 채워주기는 해야겠는데, 마땅한 곡이 없어서일 것이다. 그렇다 기악 부를 조직하고도 좋은 연주곡이 없으면 세속 곡을 계속 연주할 수도 없고 그렇다고 찬송가를 그냥 연주할 수는 없지 않겠는가?

문제는 교회에서 그들의 수준에 맞는 찬송가를 테마로 한 피아노 독주곡이나, 피아노 3중주곡이나 현악 4중주곡이 있어야 한다. 찬양 곡의 경우도 그렇다. 언제까지 번역도 조잡한 외국 곡의 번역판만을 쓸 것인가? 우리의 가락과 한국인의 정서가 밴 그런 찬양 곡들을 만들어 내야 한다. 우리 손으로 시편 찬양 곡들을 작곡해서 보급해야 된다.

21세기 찬송가를 편집하고 만드느라고 그 어느 때보다 심혈을 기울였을 것이다. 그러나 막상 그 곡들이 과연 우리 한국 곡들인가? 대부분 서양 음계와 멜로디를 모방한(?) 고전적인 화음을 바탕으로 한 그런 곡들이 대부분이다. 이미 고인이 되신 나운영 선생은 찬송가의 한국화를 누누이 주장했다.340)

이제 한국 찬송가도 세계적인 선교의 현장에서 제값을 발휘할 때가 왔다고 본다. 한국의 전통 악기와 전통 성악곡들을 연구하고 여기에 우리의 시를 실어서 우리 가락 찬송가를 만들어 가야 한다. 이런 역사적이고 보람된 일에 힘쓰실 많은 분들이 나왔으면 좋겠다.

이러한 숙제를 안고 먼저 학교에서 계속 서양음악으로 길들여진 학생들이나 지금은 성인들이 된 찬양대원들을 그들이 가지고 있는 악기와 연주 기법과 악기로 연주할 수 있는 기악 부 조직 편성의 예를 아래에서 제시해 본다.

(1) 오케스트라

현악기 :	4-12		바이올린(Ⅰ과 Ⅱ)
(Strings)	1-4		비올라
	1-4		첼로
	1-3		베이스(현악기)
목관악기	1-2		플루트
(Reeds)	0-1		오보에

---

340) 나운영, "음악의 측면에서 본 찬송가 가사", 『教會音樂』, 1981, 가을호 통권 25호, p.17-19.

	2	클라리넷
	0-1	바순
금관악기	1-2	프렌치 혼
(Bass)	2	트럼펫
	1-3	트롬본

피아노나 하프 중에서 선택

(2) 콘서트 밴드

목관악기	2-4	플루트
(Reeds)	1-2	오보에
	2-4	클라리넷
	1-2	바순
	0-1	베이스 클라리넷
금관악기 :	2-4	프렌치 혼(French Horn)
(Brass)	2-3	트럼펫
	3-4	트롬본
	1-2	바리톤
	0-1	튜바

(3) 브라스 콰이어(Brass Choir)

2-6	트럼펫이나 코넷
1-3	프렌치 혼(French Horn)
1-3	트롬본
1-2	바리톤(또는 트롬본)
0-2	튜바

(4) 목관 5중주(Reed Quintet)

플루트
오보에
클라리넷
프렌치 혼(French Horn)
바순

(5) 보다 큰 관현악 합주

위에 말한 동수의 악기에
피콜로
잉글리시 혼
베이스 클라리넷을 더함

(6) 현악 합주(String Orchestra)

합창대 : 오케스트라에서와 같음
비슷한 균형의 인원
4중주 : 1, 2 바이올린, 비올라, 첼로

(7) 금관 4중주(Brass Quartet)

2 트럼펫
2 트롬본
트럼펫
알토
트롬본
바리톤

(8) 작은 배합

트럼펫 3중주

프렌치 혼 4중주
플루트 3중주
Reed 독주를 곁들인 현악합주
Brass 독주를 곁들인 Reed 합주

4) 관현악법의 기초

교회악기를 다루는 기악 부의 편성에 있어서 필요한 관현악 법(管絃樂法)이 기초는 반드시 필요하다 다음은 나운영 교수의 관현악 법을 참고로 하여 정리했다.341)

가. 악기론(樂器論 Instrumentation)

먼저 기악 부를 담당할 자는 악기론(樂器論 Instrumentation)을 먼저 익혀야 한다. 관현악기의 조율 법(調律法, Tunning), 음역(音域, Range), 음색(音色), 연주법(演奏法) 등을 알고 있어야 한다.[부록 5] 다음에서 악기들을 살펴보자.

(1) 목관악기(木管樂器, The Woodwinds)342)
 Piccolo
 Flute
 Oboe
 English Horn
 Clarinet

---

341) 나운영, 『管絃樂法』(서울 : 世光出版社, 1981), pp. 9ff. 윤양석, 장창환, 『관현악기법』(서울 : 學文社, 1974), p. 9ff. 참조.
342) *Ibid*, pp.10-11.

Bass Clarinet
Bassoon
Double Bassoon
Alto Saxophone
Tenor Saxophone

(2) 금관악기(金管樂器, The Brass)

Trumpet
Horn(French Horn의 약어)
Trombone(Tenor Trombone)
Bass Trombone
Tuba(Base Tuba의 약어)

(3) 현악기(絃樂器, The Strings)

Violin
Viola
Cello(Violoncello의 약어)
Double Bass(Contra Bass)

(4) 타악기(打樂器, The Percussion)

Timpani
Side Drum
Bass Drum
Cymbals
Triangle
Tambourine
Castanets

  Gong
  Bells(Chimes)
  Xylophone
  Vibraphone

(5) 건반악기(鍵盤樂器, Keyboard Instrument)[343]
  Piano
  Celesta
  Cembalo(클라브생; Clavecin, 하프시코드; Harpsichord)
  Organ(Pipe Organ)
이밖에도 Electronic Organ(전자 오르간), Synthesizer(신시사이저) 등이 있다.

(6) 기타
Harp(7개의 Pedal 장치가 되어 있고, 이것을 짚는데 따라 각각 음이 ♭, ♮, 또는 ♯이 된다.)
이밖에도 Wood Block, Whip, Musical Saw(톱) 등이 사용된다.

나. 악기 편성 법(樂器 編成 法, Combination)

여러 가지 악기를 동시에 연주할 때의 음색과 음량(音量) 등의 효과를 알고 있어야 한다.

1) 음악 사상(音樂 史上) 최초의 완전한 관현악은 아래와 같았다고 한다(이는 2관 편성에 가까우나 Clarinet, Trombone이 빠졌다).[344]

  1 Flute
  2 Oboe

---

343) *Ibid*, p. 12.
344) *Ibid*, P. 12.

2 Bassoon

2 Horn
2 Trumpet
2 Timpani

1st Violin
2nd Violin
Cello
Double Bass

2) 관현악은 목관악기와 금관악기의 수에 따라 2관 편성, 3관 편성 등으로 불리어진다.345)

  2관 편성(Woodwind & Brass by twos) : 1st Flute, 2nd Flute 등.
  3관 편성(Woodwind & Brass by threes) :
                      Piccolo, 1st Flute, 2nd Flute
  4관 편성(Woodwind & Brass by fours) :
                      Piccolo, 1st Flute, 2nd Flute, 3rd Flute
  5관 편성(Woodwind & Brass by fives) :
                      Piccolo, 1st Flute, 2nd Flute, 3rd Flute, 4th Flute

악기제작법과 연주법이 발달됨에 따라 관현악의 표현력이 증대되어 마침내 Wagner에 이르러 3관 편성과 4관 편성으로 확대되었다. 이에 이어 Stravinsky는 'The Rite of Spring'(봄의 제전)에서 5관 편성을 채택했다.346)

        Piccolo
        4 Flute
        3 Oboe
        2 English Horn

---

345) *Ibid*, p. 13.
346) *Ibid*, P. 18.

E^b Clarinet
3 Clarinet
4 Bassoon
8 Horn
Piccolo Trumpet
4 Trumpet
3 Trombone
2 Tuba

4 Timpani
Timpani Piccolo
Bass Drum
Tam-Tam
Triangle
Tambourin
Cymbals

1st Violin
2nd Violin
Viola
Cello
Double Bass

(1) 악기 편성법(樂器 編成法, Combination)의 실제[347]

< 도표 17 > 관현악기 4부 편성

성부 \ 악기	현악기(S)	목관악기(W)	금관악기(B)
Soprano Part	1st Violin	Flute	1st Trumpet
Alto Part	2nd Violin	Oboe	2nd Trumpet
Tenor Part	Viola	Clarinet	2 Horns
Bass Part	Cello	Bassoon	Trombone

---

347) *Ibid*, p. 53.

① 현악기에 있어서 Bass Part를 보강하려면 Double Bass를 첨가하면 된다.
② 목관악기에 있어서 Soprano Part를 보강하려면 Piccolo를 보태고, Bass Part를 보강하려면 Double Bassoon을 첨가하면 된다.
③ 금관악기에 있어서 Horn은 Trumpet, Trombone에 비해 음량이 적기 때문에 배가(倍加)해야 한다.
④ 관현악기를 종합하여 4부로 편성하면 다음과 같다.348) <도표 17, 18>

< 도표 18 > 관현악기 4부 편성(Soprano, Bass Part 보강)

성부＼악기	현악기(S)	목관악기(W)	금관악기(B)
Soprano Part	1st Violin	Piccolo Flute	1st Trumpet
Alto Part	2nd Violin	Oboe	2nd Trumpet
Tenor Part	Viola	Clarinet	2 Horns
Bass Part	Cello Double Bass	Bassoon Double Bassoon	Trombone Bass Trombone Tuba

< 도표 19 > 관현악기 4부 편성(각 Part 보강)

성부＼악기	현악기(S)	목관악기(W)	금관악기(B)
Soprano Part	1st Violin	Piccolo Flute Oboe	1st Trumpet
Alto Part	2nd Violin	1st Clarinet English Horn	2nd Trumpet 1st & 3rd Horn 1st Trombone
Tenor Part	Viola	2nd Clarinet	2nd & 4th Horn 2nd Trombone
Bass Part	Cello Double Bass	Bass Clarinet Bassoon Double Bassoon	Bass Trombone Tuba

---

348) *Ibid*, P. 54.

(2) 단일 악기에 있어서 음량349)

① Flute=Oboe=Clarinet=Bassoon
② Piccolo=English Horn=Bass Clarinet=Double Bassoon
③ Trumpet=Trombone=Tuba
④ 2 Piccolo=2 Flute=2 Oboe=2 Clarinet
　　　=2 Bassoon=2 Horn=1 Trumpet=1 Trombone
⑤ Forte(f)에 있어서 1 Trumpet=1 Trombone=1 Tuba=2 Horn
⑥ piano(p)에 있어서 1 Trumpet=1 Trombone=1 Tuba=1 Horn
⑦ Forte(f)에 있어서 2 Clarinet=2 Oboe=2Bassoon=1 Horn
⑧ piano(p)에 있어서 1st Violin=1 Flute
⑨ Forte(f)에 있어서 1st Violin=2 Flute=1 Oboe + 1 Clarinet

(3) 선율에 있어서의 음색배합(音色配合)350)

선율은 완전1도로 제주(齊奏, Unison)할 때에 어느 악기의 음색이 지배적인가를 기억해야 한다. 이제 지배적인 음색을 밑줄을 그어 표시하면 아래와 같다. '음색이 지배적이다'라는 말은 음량이 크다는 것과는 별문제이다. 즉 2종 이상의 악기에서 발생되는 복합음색에 있어서 어느 악기의 영향을 크게 받느냐를 설명한 것뿐이다.

　a. <u>Violin</u> + Viola
　b. Viola + <u>Cello</u>
　c. Violin + <u>Cello</u>
　d. Cello + <u>Double Bass</u>
　e. Flute + Oboe : 저 음역(低 音域)에서는 <u>Flute</u> + Oboe
　　　　　　　　고 음역(高 音域)에서는 Flute + <u>Oboe</u>
　f. Flute + Clarinet : 저 음역(低 音域)에서는 <u>Flute</u> + Clarinet

---
349) *Ibid*, P. 55.
350) *Ibid*, P. 56.

　　　　　　　　고 음역(高 音域)에서는 Flute + <u>Clarinet</u>
g. Oboe + Clarinet : 저 음역(低 音域)에서는 <u>Oboe</u> + Clarinet
　　　　　　　　고 음역(高 音域)에서는 Oboe + <u>Clarinet</u>
h. Flute + Oboe + Clarinet :
　　　　저 음역(低 音域)에서는 <u>Flute</u> + Oboe + Clarinet
　　　　중 음역(中 音域)에서는 Flute + <u>Oboe</u> + Clarinet
　　　　고 음역(高 音域)에서는 Flute + Oboe + <u>Clarinet</u>

i. 목관악기 + 금관악기(W + B)
　금관악기의 음색이 지배적이다. 목관악기는 금관악기와 연주하면 금관악기의 음색과 융합되어 금관악기의 음색에 부드러움을 준다.

j. <u>현악기</u> + 목관악기(S + W)
　현악기의 음량을 증대시키고 현악기의 음색에 풍만함을 준다. 한편 현악기는 목관악기의 음색을 부드럽게 해 준다.
　예) Violin + Flute, Violin + Oboe, Violin + Clarinet, Cello + Clarinet, Cello + Bassoon 등.

k. 현악기 + 금관악기 (S + B)
　현악기와 금관악기는 음색 적 차이가 심하다 그러므로 현악기+목관악기 때보다 음색이 융화되지 않는다. 그러나 가장 좋게 융화될 수 있는 것은 상호간의 음역이 잘 맞는 -다시 말해서 가장 정확하게 대응(對應) 될 수 있는 악기의 경우이다.

　예) Violin + Trumpet, Viola + Horn, Cello + Trombone, Double Bass + Tuba 등.

l. 목관악기 + 금관악기 + 현악기 (W+B+S)
　이것은 현악기 + 금관악기 때보다 더 많이 사용된다. 즉 1개의 목관악기가 개입(介入)되면 보다 풍만하고 융합된 복합음색(複合音色)이 된다.
　Violin+Oboe+Trumpet,　　Violin+Flute+Trumpet,　　Violin+Clarinet+Horn, Cello+English Horn+Horn, Violin+English Horn+Horn, Cello+Clarinet+Horn,

{Cello, Double Bass} + {2 Bassoon} + {3 Trombone, Tuba} 등

* 선율에 있어서의 음색 배합은 7종의 경우를 생각할 수 있다.
  (S=현악기, W=목관악기, B=금관악기).
  a) S
  b) W
  c) B
  d) S + W
  e) S + B
  f) W + B
  g) S + W + B

따라서 각 악기의 저음, 중음, 고음을 구별해서 세밀하게 연구할 필요가 있다. 그러나 음색의 배합이란 엄격하게 말해서 이론보다는 각자의 경험에 의해 체득해야 될 문제이다. Horn과 Bassoon은 목관악기와 금관악기 사이의 다리를 놓는 구실을 한다. 특히 이중에서도 Horn은 현악기와도 가장 융합이 잘 된다. 관현악에 있어서 참고로 각 시대에 따르는 작곡가별 악기편성을 비교해 보기로 한다. < 도표 12>351)

예제 75) 교회에서 기악부의 역할에 대하여 기술해 보자.
76) 교회에서 기악부의 활성화 방안을 세워보자.
77) 교회에서 합리적인 기악부의 육성방안을 세워보자.

---

351) 金亨柱, 『音樂鑑賞法』(서울 : 世光 出版社, 1971), pp.180-181.

(4) 각 시대 작곡가 별 악기편성

< 도표 20 > 각 시대 작곡가별 악기편성

작곡자	하이든	모차르트	베토벤		바그너	마아라	슈트라우스	라벨
작품	놀람 교향곡	C장조 교향곡	제3 교향곡	제9 교향곡	니벨룽겐	제8 교향곡	알프스 교향곡	봐르스
작곡연대	1791	1788	1804	1823	1874	1910	1915	1921
피콜로	0	0	0	1	2	1	2	1
플루트	2	1	2	2	2	4	2	2
오보에	2	2	2	2	3	4	2	2
잉글리시 호른	0	0	0	0	1	1	1	1
벡켈 호른	0	0	0	0	0	0	1	0
클라리넷	0	0	2	2(6)	3	4	3	2
베이스 클라리넷	0	0	0	0	1	1	1	1
파곳	2	2	2	2	2(3)	4	3	2
콘트라 파곳	0	0	0	1	1	1	1	1
호른	2	3	2	4	8	8	4(8)	4
트럼펫	1	1	3	2	3(4)	4	4	3
테너 튜바	0	0	0	0	0	0	4	0
트롬본	0	0	0	3	4	4	4	3
베이스튜바	0	0	0	0	1	1	2	1
팀파니	2	2	2	2	4	3	5	3
그밖에 타악기	0	0	0	3	12인 이상	6	9	9
첼레스타	0	0	0	0	0	1	1	0
피아노	0	0	0	0	0	1	0	0
오르간	0	0	0	0	0	1	1	0
하모늄	0	0	0	0	0	1	0	0
하프	0	0	0	0	6	2	2	2
만도린	0	0	0	0	0	1	0	0
현악5부	보통	보통	보통	보통	54인 이상	보통	보통	보통

(5) 악기 기보 법(樂器 記譜 法, Notation)

관현악 총보(總譜, Full Score)를 기보하는 방법에는 두 가지가 있다.352)

1) 전통적 기보(傳統的 記譜法, Traditional Notation)
① 이조 악기(移調 樂器, Transposing Instruments)를 기음식(記音式, Written Range System)으로 기보 한다. 이 방법을 사용하면 작곡 편곡할 때 이조악기에 대해 착각을 일으키기 쉽고 능률적이 못된다. 이조악기 때문에 총보를 읽는데 매우 불편하다.
② Horn을 Trumpet 상단에 기보 한다.
③ Horn과 Timpani Part 만은 조성 기호를 사용하지 않고, 모두 임시기호를 사용해서 기보 한다.

2) 현대적 기보법(現代的 記譜法, Contemporary Notation)353)
① 이조악기를 실음식(實音式, Actual Sound System)으로 기보 한다. 이 방법을 채택할 때에는 반드시 <All Instruments are written in C as they Sound> 또는 <All Instruments are notated in C>라고 기입해야 한다. 이조악기까지도 실음 식으로 기보하기 때문에 작곡 편곡을 할 때 착각을 일으킬 염려가 없다. 총보를 읽는데도 매우 편리하다. 이조 악기에 있어서 기음과 실음을 혼동할 염려가 없다.
② Horn을 Trumpet 하단에 기보 한다. Horn이 Trumpet보다 더 높은 악기인 것 같은 착각이 없어진다.
③ Horn과 Timpani Part 만은 조성 기호를 사용해서 기보한다.

3) 일반적인 주의(一般的 注意)354)

---

352) *Ibid*, P. 100.
353) *Ibid*, P. 102.
354) *Ibid*, P. 104.

가. 총보에 대하여

① 종선(縱線)을 칠 때에 목관악기, 금관악기, 타악기, 보충악기 현악기를 구분할 것.
② 현대적 기보 법을 채택할 때는 반드시 위내용(위 번호 1항)처럼 명기 할 것.
③ 이조 악기(移調 樂器)는 반드시 in B♭, in F 등을 반드시 명기할 것.
<도표 15> 이조악기의 조성기호 대조표 참조(p.318)
④ 연습번호(Letter)를 명기할 것. 예) A, B, C 또는 1, 2, 3 등
⑤ 예를 들어 2nd Flute 주자(奏者)가 Piccolo 주자를 겸할 때에는 <Change to Piccolo>라고 반드시 명기할 것.

나. 분보(分譜)에 대하여
a. 이조악기는 반드시 이조해서 사보할 것.
   예) Piccolo in D♭-단2도 아래로, Clarinet in B♭ Trumpet-장2도 상(위)으로, English Horn, Horn in F - 완전 5도 상(위)으로
   Saxophone in E♭ - 장6도 상(위)으로 이조해야 한다.
b. 악보는 쉼표가 있는 곳에서 넘길 수 있도록 할 것.
c. 다음 Page로 빨리 넘겨야 할 때에는 V. S.(Volti Subito)라고 명기할 것.
d. 다음 악장으로 가기 전에 잠깐 멈출 때는 Tacet(타켓; 타셋; 긴 휴지)라고 기입할 것.
e. 쉬지 않고 계속해서 다음 악장으로 갈 때에는 Attacca라고 기입할 것.
f. 연습 번호(Letter)를 기입할 것.
g. Solo Part 일 때에는 Solo라고 기입할 것.
h. Solo 다음에 합주를 할 때에는 tutti라고 기입할 것.
i. 주선율일 때는 [ ] 괄호로 명시할 것.
j. 같은 소절이 오랫동안 반복할 때에는 생략기호(≒)를 활용해도 좋으나 반드시 1, 2, 3, 등 번호를 기입할 것.

(6) < 도표 21 > 이조악기의 조성 기호 대조표

악기	C	B♭	F	E♭	A	D♭
조표	C	D(♯2)	G(♯1)	A(♯3)	E♭(b3)	B(♯5)
	F(b1)	G(♯1)	C	D(♯2)	A♭(b4)	E(♯4)
	B♭(b2)	C	F(b1)	G(♯1)	D♭(b5)	A(♯3)
	E♭(b3)	F(b1)	B♭(b2)	C	G♭(b6)	D(♯2)
	A♭(b4)	B♭(b2)	E♭(b3)	F(b1)	B(♯5)	G(♯1)
	D♭(b5)	E♭(b3)	A♭(b4)	B♭(b2)	E(♯4)	C
	G♭(b6)	A♭(b4)	D♭(b5)	E♭(b3)	A(♯3)	F(b1)
	B(♯5)	D♭(b5)	F♯(♯6)	A♭(b4)	D(♯2)	B♭(b2)
	E(♯4)	F♯(♯6)	B(♯5)	D♭(b5)	G(♯1)	E♭(b3)
	A(♯3)	B(♯5)	E(♯4)	F♯(♯6)	C	A♭(b4)
	D(♯2)	E(♯4)	A(♯3)	B(♯5)	F(b1)	D♭(b5)
	G(♯1)	A(♯3)	D(♯2)	E(♯4)	B♭(b2)	F♯(♯6)

제3절 지휘법의 실제

1. 지휘의 역사

　지휘란 두 사람 이상의 연주자들을 동일한 악상과 빠르기로 통일시키는 작업이다. 그리고 그 작업을 담당하는 사람을 지휘자라고 하며 그 작업에 필요한 법칙이나 체계를 지휘법이라 한다. 실제로 지휘자가 전달하고 연주할 수 있는 수준에 이르려면 많은 시간과 노력이 필요하다. 지휘법을 논함에 있어서 "모든 합창 지휘자는 한 사람의 좋은 음악가요, 성악가이며, 그리고 동시에 해설자여야 한다."고 한 에베르하르트 · 쉬비케라트(Eberhard Schwickerath)의 말을 새겨서 들을 필요가 있다.355)

　지휘의 역사적인 기원은(제7장 4절 참조) 바로크 시대에는 기악합주에서 건반악기 주자 혹은 악장이 악기를 연주하면서 지휘를 대행하는 이중 지휘의 형태가 출현했는데, 이 원리는 오늘날의 실내악 연주에서도 쓰이고 있다. 그러나 그 당시의 지휘 형태는 극히 원시적인 것으로서 곡의 시작과 마침을 지시하고, 곡의 진행 중 악보를 말아서 흔들거나 지팡이로 바닥을 쳐서 기본적인 빠르기를 맞추는 정도에 불과했다.356)

　그 후 연주형태가 실내악이 아닌 대규모의 관현악이 형성 발전됨에 따라 악곡 자체에 음악적 기법도 다양해졌다. 따라서 이중 지휘 등의 기초적인 지휘 형태가 아닌 독립적 지휘자가 필요하게 되었다. 19세기에는 관현악법의 발전과 그에 따른 자기의 해석을 발휘할 독립된 지휘자의 위상이 확립되고 지휘의 기법도 많이 발전하였다. 근대 지휘자의 개척자라 불리는 한스 폰 뷜로(Hans G. V. Bülow, 1890-1894)와 같은 전문적이고 직업적인 지휘자도 출현하게 되었다.

---

355) K. 토머스, 『合唱指揮法』, 유병무 역, (서울 : 世光出版社, 1976), p.15.
356) 순복음 음악연구소 편 『교회음악의 재발견』(서울 : 서울서적, 1993), p.77.

지휘법의 이론적 뒷받침은 베를리오즈와 바그너에 의하여 시도되었으나 세르헨(H. Scherchen, 1891-?)에 이르러 체계화되기 시작하여 오늘에 이르렀다. 또한 베버는 흰 종이로 만든 지휘봉을 최초로 사용했으며, 지금과 같은 지휘봉은 1913년 오스트리아의 작곡가이며 지휘자인 이그나츠 프란츠 모젤(1772-1884)이 처음 시작했다. 이처럼 지휘법의 발달은 음악의 변천과 발달에 그 맥을 같이하여 작곡 기법과 악기의 연주 기법이 개발 발전됨에 비례하여 지휘법도 비약적인 발전을 가져왔다. 그러나 지휘법은 각 나라와 유파마다 조금씩 다르나 지휘법의 발전은 음악의 발전에 비례하므로 지휘는 법칙이 아니라 약속이라 할 수 있다.357)

지휘자는 연주가로 하여금 작곡가에 의해 만들어진 작품을 음으로 표현하여 청중에게 감동을 주어야 하므로 어디까지나 지휘자는 작품을 잘 해석하여 고도의 예술적 관점으로 작곡가가 의도한 것을 연주가들과 함께 적절히 표현하는 일이 그 사명이다.

그러므로 지휘자는 일정한 자격을 갖추어야 한다.
① 예민하게 훈련된 청각을 가져야 한다. 예민한 청각으로 수많은 악기들이 함께 울려질 때 어느 악기의 연주 선율이 틀리거나 화음이 틀린 것을 지적해 내야 한다.
② 악보를 읽을 수 있는 능력을 가져야 한다. 어떤 악보를 보고 그 음악을 상상해 낼 수 있는 정도여야 한다.
③ 음악 구성의 모든 면을 분석할 수 있는 능력이 필요하다. 지휘자가 표현하고자 하는 음악을 자신의 몸동작에 의하여 연주자에게 어떻게 잘 전달할 것인가 하는 기술, 즉 지휘법을 잘 터득하고 습득해야 한다.

지휘자는 항상 자연스럽고 바른 자세를 취해야 한다. 필요 이상으로 몸을 흔드는 것은 좋지 않다.

지휘봉은 대체로 45cm 정도부터 50cm 길이를 표준으로 생각하는 것이 좋다. 지휘봉의 무게는 지휘자가 지휘할 때 피로감을 느끼지 않을 정도의 무게를 유지하는 것이 좋다. 지휘봉의 색깔은 흰색이 좋으며 검은색은 어두운 밤에 연주자들이 보기 어렵기 때문에 피하는 것이 좋다. 지휘봉이 없이는 표정 적인 표현에 유리하고, 사용 시에는 교향곡과 같은 대규모의 연주에 있어 엄격한 템포

---

357) *Ibid*, p. 78.

(Tempo) 유지와 박자가 흐트러지기 쉬운 경우에만 사용하는 편이 안전하다.358)
지휘봉을 쥐는 방법은 손목이 원활한 운동을 하기 쉬우며 가볍게 쥐는 것이 상식이다.

2. 지휘와 타법

타법이란 일반적으로 채를 가지고 큰북을 친다든지 손뼉을 칠 때 볼 수 있듯이 '친다'는 동작을 말한다. '친다'라는 가장 단순하면서도 자연적인 동작을 이용하여 지휘법으로 만든 것이 타법이다.
큰북을 치는 동작을 세심하게 관찰해 보자
① 북채를 낮게 하여 큰북의 가죽[위에 놓는다.(예비 위치)
② 높이 쳐든다.
③ 아래로 내리쳐서 소리를 낸다.(리듬의 시작)
④ 반동으로 퉁겨 울린다.(리듬 연속)
이와 같이 북을 치는 데에는 네 가지 동작이 연결되는 것을 알 수 있다.
지휘도 예비 박에서 실제로 소리를 내야하는 점이 분명하게 제시되어야 연주자가 함께 소리를 낼 수 있는 것이다. 지휘의 폼이나 모형이 중요한 것이 아니라 항상 지휘의 포인트(*)에 주의를 집중시켜야 한다.<그림 4> 포인트는 곡의 기본 박을 제시하는 동시에 곡의 속도, 셈여림을 나타내며 여러 가지 표정을 나타내는 모양을 결정짓는다.

< 그림 4 > 타법

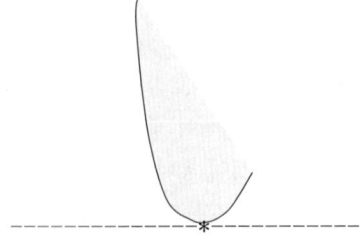

---
358) *Ibid*, p. 80.

(1) 예비타

곡이 시작할 때 또는 악상이 변할 때 반드시 예비를 필요로 한다. 연습할 때 지휘자가 1마디 정도 박자를 미리 세어 주는 것이 바로 곡의 시작에 대한 예비 박이다. 그러나 실제 연주에서는 연주가 시작되는 박의 바로 전 1박을 제시하여 예비 박을 보여주어야 한다.

예비 박에 '예비 타'를 지시해 주어야 한다. 예비 타의 시작 위치는 항상 곡이 시작되는 박 바로 전 박에서 미리 지시를 하게 된다.

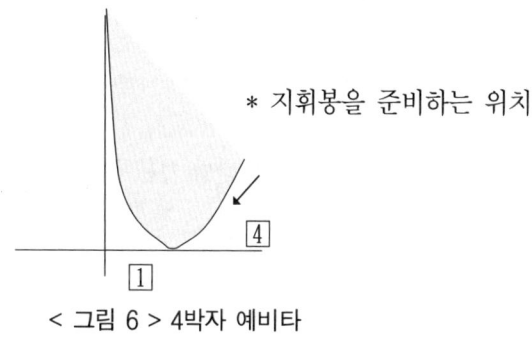

< 그림 6 > 4박자 예비타

(2) 예비 타에 포함된 악상들

① 예비 타에는 곡의 속도가 제시된다.
② 예비 타에는 곡의 셈여림이 제시된다.
③ 예비 타에는 곡의 성격이 제시된다.

즉 예비 타의 속도에 따라 곡의 속도가 결정되고, 예비 타의 길이에 의하여 셈여림이 결정되며, 예비 타의 모양에 따라 곡의 성격이 결정된다. 다시 말하면, 연주자들은 예비 타에서 위의 세 가지 중요한 악상을 읽어내야만 한다.

1) 1박자 타법

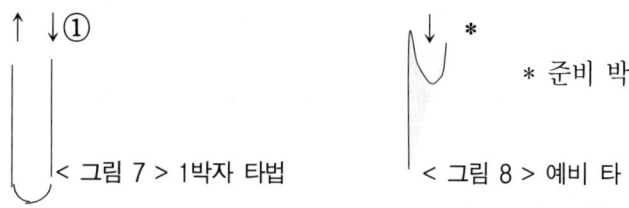

위 1박자타법은 그림에 나타난 바와 같이 지휘봉을 상하 운동에 의하여 젓는다.<그림 6> 일반적으로 아래쪽으로는 빨리 쳐 내려가고 위쪽으로는 조금 천천히 올려친다. 상하 양단의 운동을 멈춰서는 안 되며, 이 예비 타에는 < 그림 7 >을 이용한다(* 표는 지휘봉을 준비하는 위치).

2) 4박자 타법

(1) Non Espressivo 타법 또는 Marcato 타법(기본형)359)

다음 < 그림 9 >는 4박자의 타법 기본형을 나타낸 것이다.

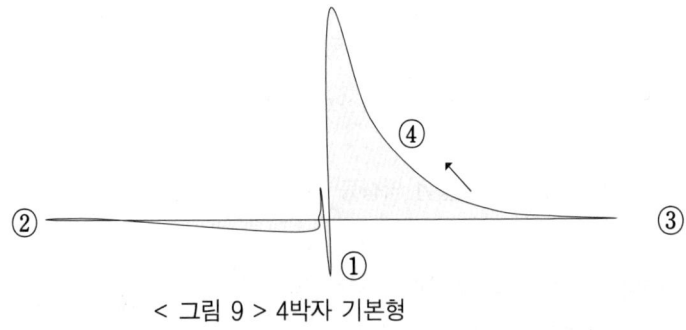

< 그림 9 > 4박자 기본형

① 먼저 지휘를 연습하기 위하여 반듯이 서서 템포 확립을 위하여 모데라토(보통빠르기)로 1, 2, 3, 4를 소리 내어 센다.
② 소리를 내어 세되 지휘봉이 없을 경우에는 인지를 펴서 손가락 끝으로 지휘도의 선을 그려본다. 그 후 손동작만으로 연속적으로 연습한다.
③ 이상의 요령이 습득되면 덧붙여 다음 점을 고려해야 한다. 즉 제 1박은 강박이기 때문에 위에서부터 조금 강하게 내려 그어 십자 선이 만나는 지점까지 내려치고, 횡선에 닿자마자 반동을 주면서 좌측으로 선을 긋듯이 옮겼다가 수

---

359) *Ibid*, p. 84-85.

평으로 우측으로 재빨리 옮겨가 다시 위쪽 처음 시작했던 점으로 복귀한다.
④ 이러한 동작이 끊어짐이 없이 자연스럽고 힘차게 공을 던질 때 벽면에 맞자마자 튀어 오르듯 타점에서 분명하게 반동을 느끼면서 쳐야 한다.
⑤ 큰 거울로 자기의 지휘 동작을 다음의 여러 가지들을 검토해 보라.

   a. 손목의 운동은 원활한가? 손목에 힘이 들어가지는 않았는가? 불필요하게 손목만 움직이고 있지는 않은가?
   b. 제1박을 내려 그을 때 몸의 중심에 위치해 있는가?
   c. 좌우 균등한 폭으로 젓고 있는가?
   d. 팔꿈치가 전후좌우로 필요 이상으로 흔들리지 않는가?
   e. 템포가 엄정히 지켜지고 있는가?
   f. 몸이 박자의 점(point)마다 흔들리지 않는가?
   g. 그 외 신체 어느 곳에도 긴장된 곳은 없는가?

   예제 78) 찬송가 330장(통일찬송 370장) 4/4박자를 저어 보자.
         79) 찬송가 284장(통일찬송 206장) 4/4박자를 저어 보자.

(2) 표정 적인 레가토 타법(Espressivo 타법)[360]

표정적인 레가토 타법이란 감정을 가지고 부드럽게 박을 저야 하는 것이다.

   < 그림 10>은 표정적인 4박자의 타법을 나타낸 것이다.

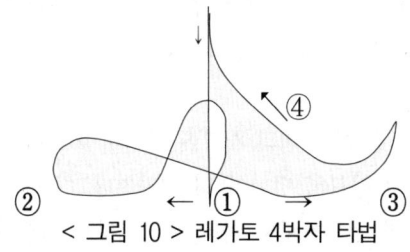

< 그림 10 > 레가토 4박자 타법

---

360) *Ibid*, p. 86.

표정적 레가토 타법은 기본형에서 손목에 힘을 빼고 부드럽게 굴리면서 젓는 타법이다. 이것은 기본형보다 곡선의 원활한 연속 운동으로 곡선의 정도는 표정에 의해 여러 가지로 변한다. 또한 지휘의 도형도 작은 것부터 큰 것까지 여러 가지 형태로 변화된다.

강한 음을 요구할 때는 크게 저어야 되며, 정도에 따라서는 손목만의 운동(*pp*)에서부터 팔 전체를 사용할(*ff*) 필요가 있을 때도 있다.

예제 80) 찬송가 369장(통찬 487장)을 표정적 레가토 타법으로 4박자 곡을 저어 보자.

(3) 스타카토 타법(Staccato 타법)361)

스타카토 타법은 경쾌하고 가벼운 곡을 연주할 때 젓는 타법이다.

< 그림 10 >은 4박자의 가벼운 스타카토 타법을 나타낸 것이다.

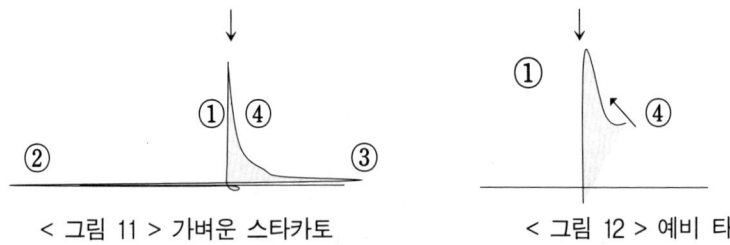

< 그림 11 > 가벼운 스타카토   < 그림 12 > 예비 타

<그림 10>은 가벼운 스타카토 타법으로 이것은 손목으로만 한다. ①에 리바운드가 없다는 것이다. 이는 각 박의 포인트에서는 완전히 봉을 멈추고 각 포인트 사이는 아주 빠르게 움직여야 한다.

<그림 11>은 이 타법의 시작에 있어서 예비타를 나타내는 것이다. 즉 ①의 맨 위 ②에서 정확히 멈춰 빨리 내려친다. 이 예비 타는 그 악곡의 템포와 같고 스타카토의 정도마저도 나타낸다는 것을 지휘자는 미리 생각해야 한다.

---

361) *Ibid*, p. 87.

스타카토의 기호가 없는 악곡에서도 리드미컬한 요소가 강조될 때 스타카토 타법을 사용하며, 또한 리듬이 잘게 쪼개진 악구에서도 사용된다.

예제 81) 찬송가 261장(후렴 "흰·눈·보·다·더, 흰·눈·보·다·더") 지휘해보자.
      82) 교회 찬양대의 균형적인 발전을 위한 방안을 제시해 보자.

(4) 1박 이외에서 시작될 경우의 지휘법362)

1박 이외에서 시작하는 곡, 즉 상박(上拍, Aufdtact)의 지휘법은 일반적으로 음악이 시작되는 박의 앞 박을 예비로 한다. 따라서 음악의 시작이 제 2박 일 때는 제 1박을 예비로 하고, <그림12>
제3박일 때는 제 2박을 예비로 하고, <그림 13> 이때 예비를 시작하는 지휘봉의 위치는 몸의 중심에서 어깨외 높이이다.
각 예비는 실제 음악이 시작되는 박의 타법보다 커서는 안 된다. 또한 그 악곡의 템포도 동시에 표정의 정도 혹은 스타카토일 때는 그 분량 등도 포함하여 지휘하여야 한다.

< 그림 13 > 1박자 예비박   < 그림 14 > 2박자 시작

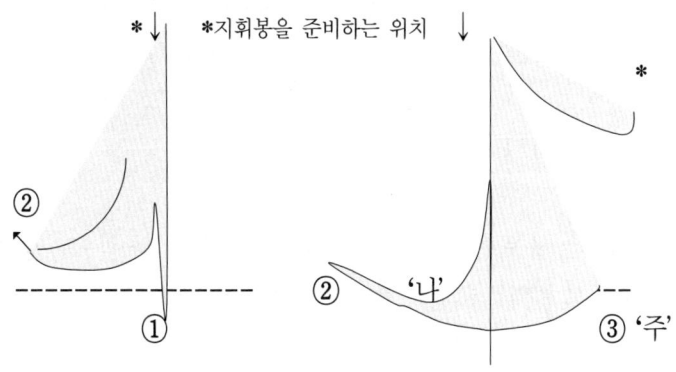

---
362) *Ibid*, p. 88.

이때 예비를 시작하는 지휘봉의 위치는 몸의 중심에서 어깨의 높이이다. 각 예비는 실제 음악이 시작되는 박의 타법보다 정도 혹은 스타카토일 때는 그 분량 등도 포함하여 지휘하여야 한다.

예제 83) 복음성가 "나 주의 믿음 갖고"의 박자를 저어보자.
2박부터 시작하는 곡 <그림 14>
예제 84) 찬송가 5장 "이 천지간 만물들아"의 박자를 저어보자.
3박부터 시작되는 곡(2박이 준비박이 됨)
예제 85) 찬송가 478장 "참 아름다워라"의 박자를 저어보자.
4박부터 시작되는 곡(3박이 준비박이 됨)

<그림 14> 는 3박이 준비 박 4박에서 시작하는 곡의 타법이다.

* 지휘봉을 준비하는 위치

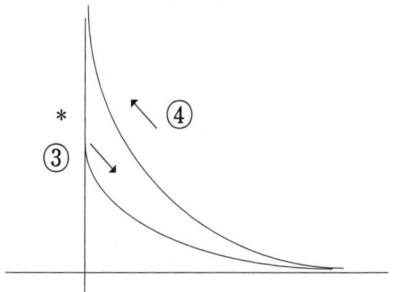

< 그림 14 > 2박, 3박 예비 타, 3박, 4박에서 시작하는 곡

3) 3박자 타법363)

3박자 타법은 첫 박인 1개의 강박과 둘째 셋째 박이 약 박으로 성립된다. 1개의 강박은 첫 박이므로 항상 몸의 중심에서 쳐 내린다.

---

363) *Ibid.*, p. 90.

(1) Non Espressivo 타법 또는 Marcato 타법(기본형)

< 그림 16 > 3박자 기본형

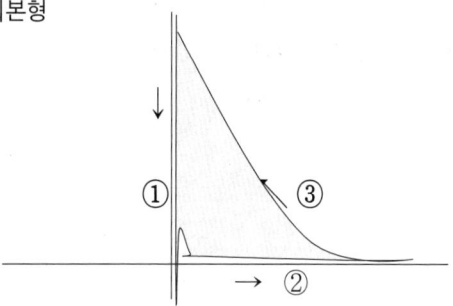

젓는 법은 <그림 16>에서 보는 바와 같이 ①의 리바운드를 오른쪽으로 ② 박을 치고, ③박은 중심축을 향하여 위로 저으면 된다. 이때 마르카토 타법은 곧게 저으면 된다.

(2) 표정 적인 레가토 타법(Espressivo 타법)

표정적인 레가토 타법은 역시 기본형을 부드럽게 굴리면서 젓는다.

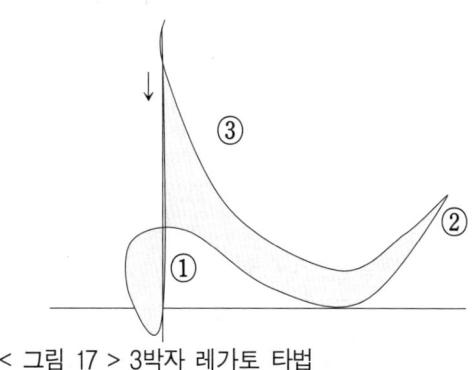

< 그림 17 > 3박자 레가토 타법

<그림 17>은 3박자의 표정 적인 레가토 타법의 젓기를 나타낸 것이다. 부드럽게 리바운드를 왼쪽에 취한 점을 주의함과 동시에 위에서 내려 긋는 ① 이 몸의 중심에 있어야 하기에 거울을 보면서 어느 한 쪽으로 기우는 습관이 있는지 확인하면서 바르게 젓는 연습을 하도록 한다.

(3) 스타카토 타법(Staccato 타법)

<그림 18>은 3박자의 스타카토의 타법을 나타낸 것이다. 스타카토 타법은 각이 지는 것처럼 젓는다.

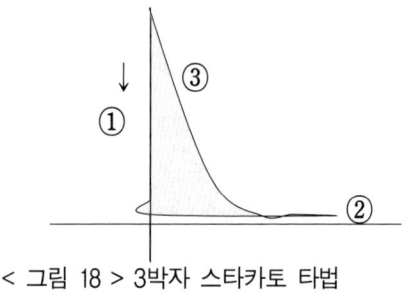

< 그림 18 > 3박자 스타카토 타법

(4) 1박 이외에서 시작하는 경우 지휘법

1박 이외에서 시작되는 3박 타는 2박 이나 3박에서 시작되는 경우이다. 이때도 시작하는 박 직전의 박자에서 예비타를 치고 악곡을 시작하도록 한다.

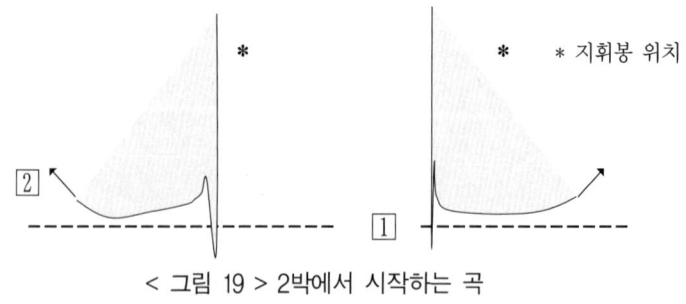

< 그림 19 > 2박에서 시작하는 곡

위와 같이 2박자에서 시작하는 곡은 1박이 예비타가 된다. <그림 18> 아래는 3박에서 시작하는 곡이므로 2박이 예비타가 된다. <그림 19>

예제 86) 찬송가 263장("이 세상 험하고"; 통찬 197장)을 저어보자.

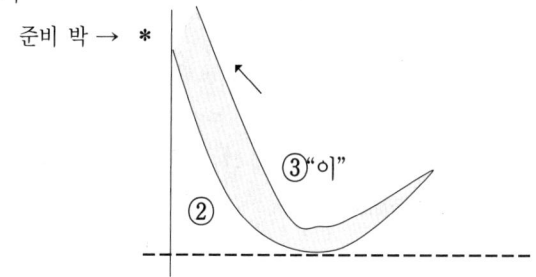

< 그림 20 > 3박에서 시작하는 3박자 곡

4) 2박자 타법[364]

2박자 타법은 첫 박인 1개의 강박과 둘째 박이 약 박으로 성립된다. 1개의 강박은 첫 박이므로 항상 몸의 중심에서 쳐 내리고, 리바운드를 받아 중심 축 위로 쳐 올리면서 젓는다.

(1) Non Espressivo 타법 또는 Marcato 타법(기본형)

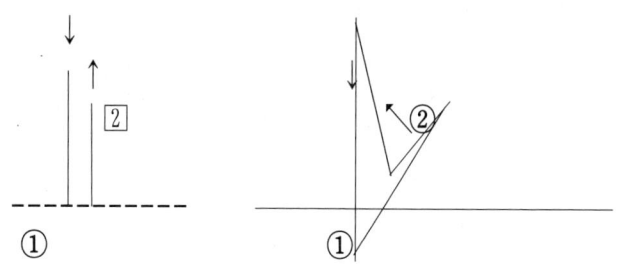

<그림 21> 2박자 기본형   <그림 22> 2박자 Marcato 타법

---

364) *Ibid*, p. 94.

(2) 표정 적인 레가토 타법(Espressivo 타법)

표정 적인 레가토 타법은 역시 기본형을 부드럽게 굴리면서 젓는다.

예제 87) 찬송가 378장("내 선한 목자"; 통찬 430장) 2박자 레가토 타법을 저어보자.

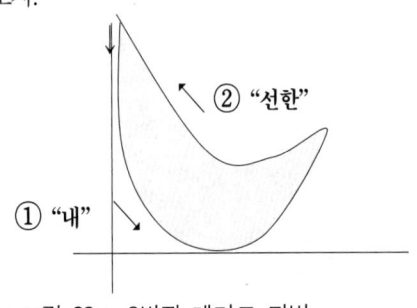

< 그림 22 > 2박자 레가토 타법

(3) 가벼운 스타카토 타법(Staccato 타법)

<그림 23>은 2박자의 스타카토의 타법을 나타낸 것이다. 스타카토 타법은 각이 지는 것처럼 젓는다. <그림 24>는 2박자 타법에 있어서 상박은 둘째 박에서 시작하는 곡이다. 따라서 제1박을 예비로 하여 시작하면 좋다. 그러나 1박 째가 좀 불분명하기 때문에 <그림 24>와 같이 중심선의 조금 왼쪽에서 지휘봉을 준비하여 다음 중심선을 넘어서 너무 멀리 떨어져 지나가지 않도록 하여 오른쪽을 눈높이까지 올려 예비를 정확하게 나타내며, 부드럽게 굴리면서 젓는다.

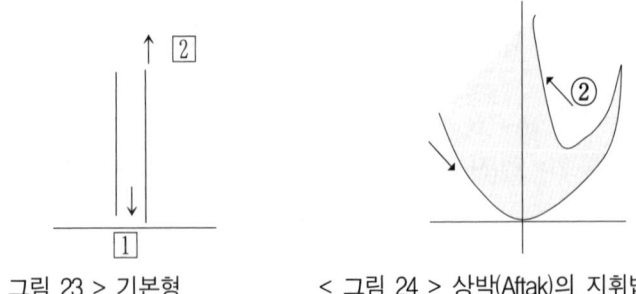

< 그림 23 > 기본형   < 그림 24 > 상박(Aftak)의 지휘법

스타카토 타법은 각이 지는 것처럼 젓는다. 표정 적인 레가토 타법은 역시 기본형을 부드럽게 굴리면서 젓는다.

5) 6박자 타법365)

6박자 타법은 2박자 타법의 각 박을 3등분한 것이기 때문에 본질적으로 3박 타 2개의 집합체로 볼 수는 없다. 6박자의 지휘법은 여러 가지 형이 많이 있지만 독일 형과 이태리 형 두 가지를 익히도록 하자.

(1) 독일형의 기본형

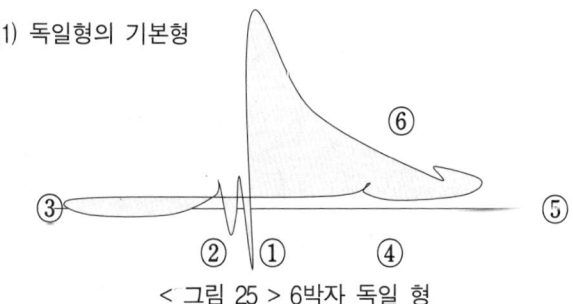

< 그림 25 > 6박자 독일 형

이것은 4박자 형에 2, 5박을 삽입한 것이라 생각하고 젓고, 이 두 곳은 손목이 사용된다.

(2) 이태리형의 기본형

이 타법은 두 부분으로 나누어진다. 즉, 처음 3박타는 주로 손목을 사용하고, 뒤의 3박타는 팔도 사용되어 큰 곡선을 이루고 있다.<그림 26>

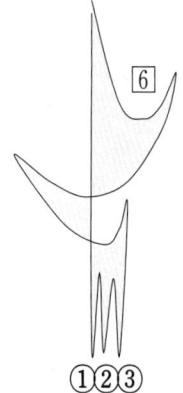

< 그림 26 > 6박자 이태리 형

---

365) *Ibid.*, p. 97.

(3) 표정 적인 레가토타법

이 타법은 <그림 27>과 같이 두 기본형에다 부드럽게 원형을 그으면서 한층 곡선 적으로 표정을 넣어 저으면 된다.

예제 88) 찬송가 338장(통찬 364장) "내 주를 가까이"를 레가토 타법으로 박자를 저어보자.

< 그림 27 > 6박자 레가토 타법

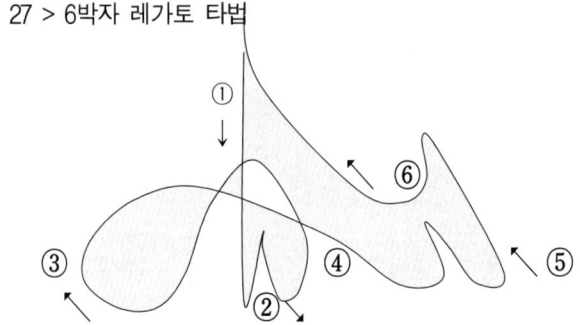

(4) 스타카토 타법

아래 <그림 28>은 6박자 스타카토 타법을 나타낸 것이다. 스타카토는 원칙적으로 박의 포인트에서 명확하게 멈춰서 나타내는 점은 지금까지와 같은 요령이다.

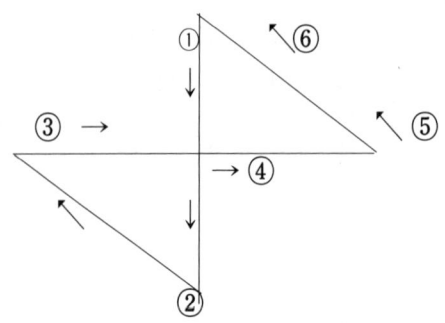

< 그림 28 > 6박자 스타카토 타법

(5) 1박 외에서 시작할 경우 지휘법

1박 이외에서 시작할 경우는 위에서 설명한 것처럼 몇째 박에서 시작하든 시작하는 박자의 바로 전 박자가 예비타가 된다는 것은 다른 경우와 마찬가지다.

6) 일반적인 종지법366)

악곡의 종지법은 곡이 시작할 때와 같이 지휘자가 신경을 써야 할 부분이다. 왜냐하면 연주가 순조롭게 잘 시작되어 진행되었다하더라도 종지를 잘 하지 못하면 연주를 망칠 수도 있기 때문이다. 일반적으로 악곡의 종지는 그 때의 정확한 속도에 의해 종지 음 길이의 다음 박에서 끊는다. 종지 음의 끊는 방법은 일정한 형은 없으나 연주자에게 명확하게 알리는 것이 중요하다. 예를 들어 <그림 29>과 같이 3박의 길이의 종지 음은 4박에서 끊게 된다.

만약에 3박을 셈과 동시에 3박에서 끊는다면 그 음은 실제로는 2박의 음 길이밖에 되지 않는다. 일반적으로 행해지는 종지법은 끊는 박에서 지휘봉을 내려버리든지 혹은 끊는 방향으로 빨리 움직이는 경우이다.

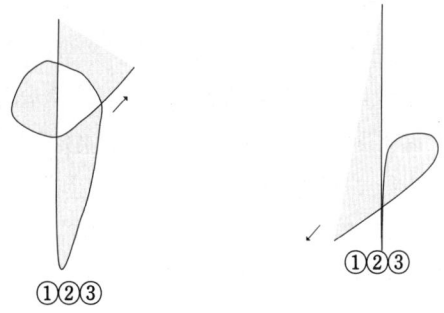

< 그림 29 > 종지법

---

366) *Ibid*, p. 101.

제10장 작곡법 이론과 실제

제1절 작곡법 기초

작곡법 또는 작곡학이란 명칭은 상당히 넓은 폭으로 사용되어 왔다. 작곡이란 새로운 음악을 창작하는 일로서 거기에 수반되는 선율 학·화성학·대위법·악식 론(악곡 형식론)·악곡분석·관현악기론 및 관현악 법·리듬 론·양식 론 등 무릇 작곡에 관한 모든 지침인 이른바 음악이론의 대부분을 포괄한다. 작곡을 공부하는 사람은 화성학부터 시작하여 대위법을 배우고, 전술한 각종의 것을 순차적으로 배워가면서 실작(實作)을 해 나가는 것이다. 이때 실음(實音)을 잘 듣고 귀의 훈련에 힘써서 적어도 이른바 지상 작곡(紙上作曲, Paper-Composition), 지상음악(紙上音樂, Paper-music)으로 끝나지 않게 할 것과 기초이론에만 의존하지 않고 실제로 고금의 명작을 꾸준히 분석·연구할 것 등 2가지 점을 특별히 유의할 필요가 있다.

작곡법에 속하는 문헌은 18세기 전반에 나온 푹스의 『그라투스 아드 파르나슘』(1725년)으로서, 그 이후 대위법의 조직적인 학습법이 보급되었는데, 후세의 화성학에 해당하는 것으로서 통주저음법(通奏低音法)[367]의 형식이 19세기까지 전용되었다. 그런데 1817-1820년에 독일의 이론가 G. 베버(Gottfried Weber)가 프랑스의 라모(1683-1764, 바흐와 거의 같은 시대)의 이론에 의거하여 화음기호를 사용하는 조직적 방법을 시작한 무렵부터 차츰 오늘날 같은 방식의 화성학이 일반화하게 되고, 독일에서는 이론적으로는 리만(1849-1919)의 기능이론에까지 도달하게 되었다. 근대적 악식 론의 시조는 베토벤의 본 시대

---

[367] 통주저음법(通奏低音法)이란 기존의 저음에 즉흥적으로 화음을 붙여 화음은 변하지만 저음은 변하지 않는 작곡 기법을 말한다.

기능이론에까지 도달하게 되었다. 근대적 악식 론의 시조는 베토벤의 본 시대의 동료로서 후에 파리에 정주한 라이하(Reicha, 1770-1836)의 프랑스어 저서와 이것을 독일어 역으로 하여 재편한 C. 체르니(1857년 별세) 등을 손꼽는다. 다시 그것을 진보시킨 부슬러(Ludwig Bussler, 1838-1901), 라이히텐트리트(1951년 별세) 등이며, 특히 후자의 역작 『악식론』은 작곡학이라 해도 좋을 것이다. 관현악기론 내지 관현악법의 최초의 것은 베를리오즈(1803-1869)의 저서로서 널리 애독되었다. 리만의 것은 관현악 법에까지 미쳐 있으며, 그는 이밖에도 각 부문별 참고문헌을 다수 남기고 있다. 힌데미트의 최후의 저작은 아주 현대적인 것이지만 새로운 대위법 내지 화성학 원론처럼 한정된 것이다. 영국의 프라우트(1835-1909)가 쓴 15권이나 되는 일련의 이론서적은 전체적으로 보아 대규모적인 작곡학을 이루고, 쇤베르크(1873-1951)의 저서가 있고, 크렐(1864-1924)은 그의 악식론(1906)에 작곡학이라는 부제를 달았다.368)

20세기는 이론이 선행하는 시대이다. 12음 기법(12음 음악)이나 세리(음렬) 기법으로 대표되듯이 음악의 자율적·구조적 계기가 강조되는 한편, 전자음악·뮈지크 콩크레트에서의 비악음(非樂音) 소재의 도입, 더 나아가 '우연성의 음악·환경음악' 등 음악의 존재양식 그 자체의 근본적 변혁을 특징으로 한다.369)

제2절 화성학

2음 이상의 음의 결합을 화성이라고 한다. 즉, 복 음악 초기의 오르가눔이나 20세기의 무조음악에도 이런 의미의 화성은 있다. 따라서 15-6세기의 아 카펠라 합창곡에도 의당 2·3·4 ····8성체(성부) 등에 의한 화성이 있었다고 말할 수 있다. 협의로는 기능화성 이론이 잘 다듬어진 근대적인 이론으로는 화성이라는 어휘를 18~9세기의 조성적(調性的) 음악의 화성에만 그 뜻을 한정시키고 있는 것이다. 예를 들면 18세기 전반의 바흐·헨델 등의 양식을 가리켜 화성적

---

368) 『音樂大辭典』, op. cit., p. 1082.
369) 『學園世界大百科辭典』제25권, (서울 : 학원출판공사, 1993), p. 84.

인 폴리포니라고도 말하고, 화성적인 대위법 음악이라고도 하는데, 이 경우가 협의의 화성이다.370)

1800년 전후의 하이든·모차르트·베토벤 등의 음악에 있어서는 악곡이라 하면 거의 전부가 장조나 단조에 국한되어, 어떤 으뜸음을 중심으로 하여 안정되는 으뜸조가 한 곡 한 곡마다 확립되어 있다. 따라서 다른 조에의 조바꿈을 하고 곧 으뜸음조로 복귀하는 점에 그 흥미의 비중을 두고 있다. 그러므로 어떤 곡 또는 절(프레이즈)은 반드시 어느 조에 소속되어 있다는 뚜렷한 감각이 있다. 이 감각을 조성 감이라고 하는데, 19세기 낭만파음악도 이에 준하는 것이었다.

1. 3화음

화성의 기초가 되는 것은 3화음이다. 3화음은 음계의 각각의 음을 밑 음으로 하여 각각 3도로 쌓아 올린 것이다. 그 중에서 가장 중요한 것은 으뜸음·딸림음·버금딸림음에 쌓아 올린 3화음 즉 으뜸 3화음(Ⅰ), 딸림 3화음(Ⅴ), 버금딸림 3화음(Ⅳ)이며 이것을 주요 3화음이라고 칭한다.371)

화음을 기재할 때에는 C : Ⅰ(도미솔), Ⅴ(솔시레), Ⅳ(파라도)라고 기재한다. 즉 C 장조의 Ⅰ도 화음, Ⅴ도 화음, Ⅳ도 화음이라는 뜻이다. 장조일 경우에는 이들 모두 장3화음(Major)이라서 로마자 대문자로 적고, 단조에서는 딸림3화음만 장3화음이고(V), 나머지 i, iv는 단3화음(minor)이기 때문에 로마자 소문자로 기재한다. 장조나 단조의 주요3화음 이외의 3화음은 버금3화음이라고 총칭된다(장조의 버금화음 : ii, iii, vi, vii°). 여기에서 그냥 소문자로 기재된 것 (ii, iii, iv)은 아래 3도 화성이 단3도, 위에 3도 화성이 장 3도여서 '단3화음'이라 부르지만, 7도 화성의 경우에는 단3도 + 단3도 화성으로 구성되어서 '감3화음'(Diminished)이라고 칭한다.

---

370) *Ibid*, p. 1479.
371) *Ibid*

3화음을 정리해 보면 다음과 같다.372) <도표 16>

단조의 3화음의 경우는 장조와 다르다(ii°, III⁺, VI, vii°). 2도 화음은 '감3화음'(단3도+단3도), 3도 화음은 '증 3화음'(Augmented; 장3도+장3도), 6도 화음은 '장3화음'(장3도+단3도), 7도 화음은 '감3화음'(단3도+단3도)이다. 이러한 화음은 느낌이 각각 다르다. 이들을 들어보고 느낌을 익혀 두자.

< 도표 22 > 3화음의 구성과 성격

장3화음 (Major)	장3화음은 장3도와 완전5도의 구성을 갖는다.
	성격은 밝고 희망찬 소리로 대부분 명랑한 느낌을 준다.
단3화음 (minor)	단3화음은 단3도와 완전5도의 구성을 갖는다.
	성격은 슬프고 약한 느낌을 주며 그리움을 갖게도 한다.
증3화음 (Augmented)	증3화음은 장3도와 증5도의 구성을 갖는다.
	성격은 매우 강한 소리와 열린 소리로 특이한 색채를 갖는다.
감3화음 (Diminished)	감3화음은 단3도와 감5도의 관계를 갖는다.
	성격은 단3도 보다 더 어두우며, 우울한 분위기와 체념적인 색채를 갖는다.

2. 7화음

3화음 위에 다시 3도 음을 쌓아 올리면 밑음(根音)으로부터 세어서 7도 음정을 이루기 때문에 제7음이라고 부르며, 그 화음을 7화음이라고 부른다. 7화음도 모든 음계 위에 다 만들 수 있는 것이지만 가장 많이 사용하는 것은 딸림음을 밑음(根音)으로 하는 딸림7화음(V⁷)이며, 그 다음이 제2도 음 위의 II⁷이다. 으뜸음 화성을 준비하는 것이 D화성인데, 특히 딸림7화음이 애용되고 있다. 화성의 근본을 이루고 있다고 해도 과언이 아닌 (T)→S→D→T의 연결은 때로는

---

372) 최경일, "건반화성을 중심으로 한 반주" 『기독음악저널』 2000년 6월호, pp.71-73.

마침 꼴 '카덴차'라고 불린다.373)

동시에 울리는 두 음 사이의 거리, 음정에는 순차적으로 울리는 두 음의 높이의 거리와, 동시에 울리는 두 음의 거리의 두 가지가 있는데, 전자를 선율적 음정이라 하고, 후자를 화성적 음정이라고 한다.

제3절 대위법

대위법은 서양음악의 작곡기법의 용어이다. 이 말은 '점대 점'(點對點), 곧 '음표 대 음표' '선율 대 선율'을 뜻하는 라틴어 '푼크투스 콘트라 푼크투스'(punctus contra punctus)에서 유래한 말이다. 단 선율의 경우를 제외하고는 음악은 음의 수직적 결합(화음·화성)을 중시하는 호모포니(homophony ; 단 음악)와 수평적 결합(선율)을 중시하는 폴리포니(polyphony ; 다성 음악)로 대별할 수 있는데, 전자의 기법을 화성법(和聲法), 후자의 기법을 대위법(對位法)이라고 한다. 그러므로 폴리포니를 대위법적 음악이라 부르는 경우도 많다. 대위법은 각 성부가 뚜렷이 식별할 수 있는 선율적 독립성을 지니고, 여러 성부가 일정한 규칙에 따라 결합되어 전체적으로 어떠한 조화를 이루고 있어야 한다.

서양의 음악사에서 16세기말까지가 호모포니 시대이며, 18세기 후반부터 19세기말까지가 폴리포니 시대에 해당하며, 17-18세기 및 20세기는 이 양자가 공존하고 있는 시대라고 보아도 무방하다. 따라서 연대의 길이로 미루어서도 대위법은 서양 음악에서 가장 기본적인 기법·원리라고 말할 수 있다.374)

대위법의 황금기는 15-16세기로 작곡기법이 고도로 발달했으며, J. 오케겜,

---

373) *Ibid*, p. 1480.
374) *Ibid*

G. P. 팔레스트리나, 라수스 등의 네덜란드 악파(樂派) 특히 여러 성부간의 모방을 주체로 한 '모방대위법'의 확립은 회화에서의 원근법의 확립과도 같은 중요성을 지니고 있다. 그 가장 엄격한 형태가 '카논'(canon)이며, 가장 고도로 발달한 작곡법과 형식이 바로 후에 나온 푸가(fuga)이다. 이들 기법을 융합해서 고전적 완성을 이룬 사람이 팔레스트리나였다.

그리고 16세기말까지의 대위법은 교회선법에 의해 지배되어 순수하게 선적(旋的 ; 水平的)인 작곡법을 중요시하였기 때문에 특히 선법적 대위법(旋法的 對位法)·순수대위법(純粹 對位法)·선적 대위법(旋的 對位法) 등으로 불리기도 한다.

17-18세기에는 점차 조성(調性)이 확립되고 그에 따라 기능화음(機能和音)이 생겨난 관계로 대위법도 조성에 지배되어 화성진행에 바탕을 두게 되었는데, 이를 조성적 대위법(調性的 對位法)·화성적 대위법(和聲的 對位法) 등으로 부르고 있다. J. S. 바흐는 푸가 형식의 완성과 함께 모든 가능한 대위법을 극점에까지 이끌어 올렸으며, 대위법을 최고도로 발휘한 바흐의 작품은 이 부분의 규범이 되어 오늘날까지 존속하고 있다.375)

근대 및 현대에는 18세기 후반부터 19세기에 이르는 고전파·낭만파 시대에는 화성 중심의 호모포니가 우위를 차지했으나, 대위법도 곡의 일부(예를 들면 소나타 형식의 전개부)에서는 중요한 역할을 했다. 20세기에 들어서는 현대음악의 발전에 기여하고 있으며, 특히 12음 기법 속에서 대위법은 또다시 가장 기본적인 기법의 하나로 부활하고 있다.

작곡법 교육과정 가운데 대위법은 화성법과 함께 반드시 배워야할 과제의 하나다.

대위법에 대한 교육은 대개 정 선율에 대위 성부(對位聲部)를 곁들이는 형태로 이루어지며, 다음과 같은 방법이 있다.

---

375) 『學園世界大百科事典』제7권, *op. cit.*, pp. 376-377.

① 1대 1 즉 등시 대위법은 1음표에 대 선율(對旋律)을 붙일 때 길이가 같은 1음표를 붙이는 방법이다. 여기에는 주선율(主旋律)의 위치에 따라 고음의 정선율(高音 定旋律), 저음의 정선율(低音 定旋律), 중음의 정선율(中音 定旋律), 차중음의 정선율(次中音 定旋律)로 각각의 대 성부(對聲部)를 만들 수 있는 것이다.376)

② 1대 2는 1음표에 대 선율(對旋律)을 붙일 때 2음표를 배치하는 방법으로 부등시 대위법이라고 한다.377)

③ 1대 3은 1음표에 대 선율(對旋律)을 붙일 때 3음표를 배치하는 방법이다.378)

④ 1대 4는 1음표에 대 선율(對旋律)을 붙일 때 4음표를 배치하는 방법이다.379)

⑤ 마지막에는 대 선율(對旋律)을 붙일 때 여러 서식(書式)을 융합한 화려 대위법(華麗對位法)으로 나아간다.

아래 악보는 모두 2성 대위법의 예이지만 이 밖에 3성・4성 등 다수 성부의 대위법도 있다. 그리고 고도의 기법으로 성부를 상하로 바꾸는 '자리바꿈 대위법'도 있다. 그 자리바꿈이 몇 개의 성부 사이에서 이루어지느냐에 따라 '2중 대위법'(2성부), 또는 '3중 대위법'(3성부) 등으로 불리고 있다.380)

---

376) 福井直秋 著, 『對聲學』, (東京 : 合資會社 共益商社書店, 昭和5年), p. 3-9.
377) Ibid., pp. 10-38참조.
378) Ibid., pp. 40-42.
379) Ibid., pp. 38-40. 43-60.
380) *Ibid*

< 악보 28 > 대위법의 예시

예제 89) 교회음악 작곡을 위한 기초적인 이론을 정리해 보자.
    90) 어린이찬양대, 부서별 찬양대 찬양곡 선곡을 해보자.

제4절 음악 형식론

1. 음악 형식

음악의 형식 또는 악식(樂式)은 음악예술의 표현에 있어서 외적 형태와 질서라고 할 수 있다. 비교적 자유롭게 생각되는 환상적 작품일지라도 일정한 형식에 의해 씌어진다. 쇼팽의 <환상 즉흥곡>도 A-B-A라는 3부분 형식을 가지고 있다. 이러한 형식은 표상(表象) 즉 관념(觀念)의 변환(變換)에 있어서의 다양성과 그의 통일적인 관련성을 전제로 한다. 다양성은 항상 새로운 것을 추구하며 변화와 대비(對比)를 가져온다. 통일적 관련성은 통합체로서의 통일을 결과적으로 가져오며 우리들의 인식을 가능하게 한다.

음악의 형식에 있어서 통일성은 협화(協和)와 일정한 조력에의 고집, 그리고 일정한 율동의 우월감과 일정한 선율의 반복에 의해서 얻어지고 대비성은 불협화 화성의 변화와 조바꿈, 그리고 색다른 율동의 삽입, 주제의 전개(展開), 악장의 변화 등에 의해서 이루어진다.381)

1) 동기

악곡에 있어서 가장 기본이 되는 가장 작은 독립적 형태를 동기(Motive)라고 한다. 동기는 보통 두 마디로 구성된다. 동기에는 여러 가지 형태가 있는데, 첫째는 두 마디를 통해서 음표만으로 구성되어 있는 것 즉 쉼표가 없는 것과 두 마디 중에 쉼표를 가진 것과 둘째는 첫째 마디와 둘째 마디의 형태가 같은 것이나 비슷한 것 또는 양쪽 마디가 연속된 하나의 꼴로서 분리할 수 없는 것 등이 있다. 다시 말하면 쉼표의 유무와 형태의 반복이나 대비로서 통일성과 다양성을 얻고 있는 것이다.382)

---

381) 金亨柱, *op. cit.*, pp. 101-102.

2) 악구와 악절

악곡은 동기를 발전시켜 구성하게 된다. 따라서 동기는 한 악곡의 기초가 되고 그 사이에 여러 가지 구성방법을 통해 이루어져 간다. 어떤 동기가 두 개로 연결된 4마디를 악구(樂句; Section)이라고 한다.

또한 이 비슷한 악구가 두 개 연결된 즉 비슷한 악구가 반복된 8마디를 악절(樂節; Phrase)이라고 한다. 이 때에 먼저 나오는 악구를 전 악구, 다음에 이은 악구를 후 악구라고 하는데, 전 악구와 후 악구는 비슷하여야 하며, 단지 차이점은 마침법뿐이다. 즉 후 악구는 으뜸 조(원조)의 주3화음에 바른 마침(V-I)을 하지만 전 악구는 못 갖춘 마침이나 반 마침(I-V), 그밖에 이와 비슷한 즉 바른 마침 이외의 마침법을 한다. 이 마침법에는 3가지가 있는데, ① 첫째는, 전 악구가 반 마침을 하고 후 악구가 바른 마침(完全正格終止)을 하는 것 ② 둘째는 선 악구가 5도 위의 소도 바른 마침 즉 5도 위의 소도 소바꿈을 하고 후 악구가 으뜸 조 즉 원래의 조로 바른 마침을 하는 것 ③ 셋째는 전 악구가 못 갖춘 마침(不完全正格終止)을 하고 후 악구가 바른 마침을 하는 것 등이 있다.383)

3) 주제

한 악곡의 기초가 되고 골자가 되는 것이 주제(Thema)이며, 이 주제의 길이는 일정하지 않다. 한 악구에 그치는 것이 있나 하면 여러 악절에 걸쳐 있는 것도 있다. 주제는 성격이 뚜렷하고 명쾌하며 그 자신의 뜻을 가지고 있는 독창적인 것이어야 한다. 소나타 같은 큰 형식의 악곡도 이 주제가 모체가 되어 구성되는 것이다. 이 여러 가지 방법을 전개(展開; Development)라고 한다. 한 악곡에서 주제는 반복되며, 그 변모가 자주 나타나는 것이 보통이므로 감상자는 작곡자와 이 주제를 기억해야 한다.384)

---

382) *Ibid*, p. 103.
383) *Ibid*, p. 104.
384) *Ibid*, p. 105-106.

4) 형식과 내용

음악의 형식과 내용은 불가분의 관계를 가지고 있으며, 이는 작품성의 중요한 요소가 되므로 음악미학 상 흥미 있는 문제가 된다. 오스트리아의 음악학자 한스릭(Eduard Hanslick, 1825-1904)은 "음악적·미적인 것에 관해서"라는 논문에서 음악은 형식의 예술이며, 그의 미(美)는 형식에 있다고 주장하고 있다. 그러나 음악에서 형식이 중요한 것처럼 내용의 표현도 중요한 일이다. 베토벤이나 슈베르트의 음악이 높이 평가되는 것은 형식에도 있지만 그의 정서적인 내용이 풍부함에 있는 것이다. 그러나 라벨(Maurice Ravel, 1875-937), 오네가(Arthur Honegger, 1892-955), 글라주노프(Alexander Glazunov, 1865-1936) 등의 작품은 종래에 볼 수 없었던 새로운 감각 미를 가지고 있는데, 그의 관능적인 색채가 특색이다. 물론 작품이 지니는 미에는 낭만적인 것, 유머러스한 것, 우아한 것, 애절한 것, 활발한 것 등 많은 작품이 있지만 이러한 요소를 지니는 동시에 숭고성이 필요하다고 생각된다.[385]

2. 노래 곡 형식

1) 1부 노래 곡 형식

하나의 악절 또는 그 이상의 많은 악절로서 구성되는 악곡의 형식을 노래 곡 형식(Song form)한다. 민요에 많이 사용되었으므로 민요곡 형식이라고도 한다. 1부 노래 곡 형식은 8마디 즉 한 악절로서 이루어진 형식으로 가장 간단한 노래 곡 형식이다.

---

385) *Ibid*, p. 107.

2) 2부 노래 곡 형식

두 개의 악절로 구성된 형식을 2부 노래 곡 형식(Binary song form)이라 한다. 한 악절은 두 악구로서 구성되어 있기 때문에 2부 노래 곡 형식은 4악구로서 구성되어 있어서 16마디로 이루어진다. 이 2부 노래 곡 형식은 일반적인 가곡이나 민요에 많이 사용된다.

예) A(a+a') + A'(b+a')나 A(a+a') + B(b+b'), A(a+b) + B(c+b)(애국가) 등

3) 3부 노래 곡 형식

비슷한 악절이나 같은 형태의 익질을 전후에 배치하고 중앙에 나른 형태의 악절을 삽입하는 노래 곡 형식을 3부 노래 곡 형식(Ternary song form)이라 한다. 이 형식은 노래 곡 형식 중에서 이상적인 형식으로 잘 쓰인다.

예) A(a+a)+B(b+b)+A'(a+a), A(a+a')+A'(b+a')+A''(c+a'),
    A(a+a')+B(b+b')+C(c+c') 등.

4) 겹3부 노래 곡 형식

여러 노래 곡 형식 중에서 어떠한 형식으로서 구성된 하나의 독립적인 악곡을 전후에 배치하고 이와 같은 형식으로 된 악곡이나 다른 형식에 의한 악곡을 중앙에 차입하여 이루어진 악곡을 겹 3부 노래 곡 형식 또는 트리오형식(Trio form)이라 한다. 이때에 전후에 배치된 악곡을 주 악장이라고 하며, 중앙의 악곡을 중앙악장이라 한다. 주 악장을 A, 중앙악장을 B로 한다면 겹3부 노래 곡 형식은 다음과 같이 된다.

예) A(주 악장) + B(중앙 악장) + A(주 악장)

행진곡 미뉴에트 등 여러 가지 무곡, 바르카롤레(뱃노래), 녹턴(夜曲, nocturne) 등 여러 가지 서정적 악곡이나 그밖에 악곡에는 이 겹 3부 노래 곡 형식에 의한 것이 많다. 이러한 악곡의 중앙악장을 트리오(Trio)라고 하는데, 이는 옛날 활발한 주부(Initial)에 대비해서 3성부로 즉 3가지 악기가 3중주를 한데서 유래한 명칭이다.

5) 노래 곡 형식386)

(1) 세레나데(小夜曲, Serenade)

이태리에서 발생한 2부나 3부 노래 곡 형식으로 된 서정적인 감미로운 소곡이다.

(2) 자장가(Cradle Song)

아이를 잠재우는 노래에서 발달한 성악곡이나 기악곡을 말한다.

(3) 녹턴(夜想曲, Nocturne)

세레나데와 비슷하지만 보다 더 감미롭고 섬세한 소곡이다. 주로 기악곡을 말하며, 필드(John Field, 1782-1837)와 쇼팽의 것이 유명하다. 쇼팽은 20곡의 녹턴을 작곡했는데, 그중 E^b장조(작품 9번 제2호)가 가장 유명하며, 겹3부 노래 곡 형식으로 되어 있다.

(4) 무언가(無言歌, Song Without Word)

가사가 없는 가곡 즉 기악용 가곡을 말한다. 멘델스존의 무언가가 유명하다.

---

386) *Ibid.*, 111.

(5) 로맨스(Romance)

낭만적인 내용을 가진 소곡으로 일반적으로 조용하고 감미로운 선율로 된 기악곡이다. 베토벤의 바이올린소곡 <로맨스>가 유명하다.

(6) 바르카롤레(뱃노래, Barcarolle)

베니스의 곤돌라의 노를 저으면서 부르는 노래, 또는 이를 모방한 가곡이나 기악곡으로 6박자가 대부분이다. 오팬 바흐의 희가극 <호프만의 이야기>에 나오는 뱃노래가 유명하다.

(7) 즉흥곡(卽興曲, Impromptu)

자유로운 내용과 형식(주로 노래 곡 형식이지만)으로 즉흥적인 요소를 가진 소곡이다. 슈베르트나 쇼팽의 작품이 유명하다.

(8) 광상곡(狂想曲, Caprice 나 Capriccio)

마음 내키는 대로 즉 자유분방한 내용과 형식으로 된 악곡을 말한다.

(9) 카바티나(Cavatina)

선율 적인 아담한 소곡이다.

(10) 비가(悲歌), 만가(挽歌, Elegy)

죽은 고인에 대해 슬픔을 표현한 노래 곡 형식의 가곡이나 기악곡이다. 마스네(Jules Massenet, 1842-1912)의 비가는 통속 적이 되어 있다.

(11) 전주곡(前奏曲, Prelude)

가극이나 큰 규모의 기악곡 앞에 연주되는 비교적 짧은 악곡이다. 바흐의 <평균율 피아노 곡 집>의 각 푸가의 앞에 붙어있는 푸가와 동일한 조의 전주곡이 유명하다. 쇼팽이나 드뷔시의 짧은 전주곡들은 독립된 서정적 작품으로 유명하다.

(12) 칸초네(Canzone)

선율적이며 서정적인 소곡, 이를 축소한 칸초네타(canzonetta)도 이와 같은 형태이다.

3. 큰 형식387)

(1) 변주곡 형식(變奏曲 型式, Variation)

변주곡(Variation)은 어떠한 주제(노래 곡 형식으로 된 악곡이 보통이다)를 기초로 하여 그 주제를 여러 가지로 변화시킨 여러 변형된 악곡을 연결한 것이다. 때문에 주제(主題)와 변주곡(變奏曲)(Thema with Variation)이라고도 한다. 변주곡은 다음과 같은 방법으로 꾸며진다.
① 리듬을 변화시킨다.
② 멜로디를 변화시킨다.
③ 화성을 변화시킨다.
④ 박자 속도, 조성을 변화시킨다.
⑤ 위에서 말한 여러 가지 변화 방법을 단독으로 행하는 경우도 있고, 또한 여러 가지를 동시에 행하는 경우도 있다. 변형된 변주곡은 각기 개성을 가지고 있으며, 하나의 독립적 악곡으로서 성립되어야 하는 것이다. 그리

---

387) *Ibid*, 113.

고 곡의 결미 부(Coda)나 종 곡(終曲, Finale)을 갖는 것이 보통이며, 이는 끝마침을 주기 위한 것이다.

(2) 스케르찬도(Scherzando) 형식과 미뉴에트형식388)

스케르초(Scherzo)는 해학적(諧謔的)이라는 뜻 즉 우스꽝스럽다는 의미를 가지고 있는데, 지금은 일반적으로 해학 곡을 말한다. 실제로 이 곡은 기괴하고 특성적인 성격을 가지고 있다. 스케르초나 미뉴에트는 모두 겹3부 노래 곡 형식에 의해 작곡되며 다같이 3박자이다. 중앙악장 즉 트리오를 가지고 있는 A+B+A의 형식에 의해 구성되는 스케르초나 미뉴에트는 큰 형식 즉 소나타의 일부로 쓰이는 경우도 있지만 하나의 독립된 악곡의 형식으로도 쓰인다. 베토벤의 제5교향곡의 스케르초 악장은 전자의 보기이며, 쇼팽의 피아노 곡 스케르초는 후자의 경우이다. 복잡한 형식은 베토벤의 제7교향곡의 스케르초 악장은 A+B+A+B+A의 형식으로 되어 수부(A)가 3번, 트리오(B)가 2번 나타난다. 쇼팽은 피아노 독주곡을 위한 스케르초를 4곡 작곡했는데, 그중 가장 유명한 E장조(작품 54번), 스케르초는 A(E장조의 제1주제와 B장조의 제2주제)+B(전개)+A+C(트리오)+A+B+코다로 구성되어 있다.

(3) 론도형식389)

론도라는 말은 불란서의 시의 한 형식에서 나온 말인데, 한 구절이 여러 번 반복되며, 그 사이에 다른 구절을 차입시키는 방법이다. 음악에 있어서의 론도도 이와 같은 방식으로 어떠한 주제를 여러 번(3·4회가 보통이며 6·7회도 있다) 반복하면서 그 사이에 대비적인 다른 부 주제('차입 구'라고 한다)를 차입 시킨다. 주제를 A로 하고 부 주제를 B와 C로 한다면 론도형식은 A+B+A+C+A…라는 공식을 가지고 표시할 수 있다. 이 마지막 A의 다음에 코다가 붙는 수가 많다. 하이든이나 모차르트는 이러한 형식을 많이 썼으나 베토

---

388) *Ibid*, p. 115.
389) *Ibid*, p. 117.

벤은 A+B+A+C+A+B+A+코다로 구성하고 있다. 두 개의 주제 A+B+A를 반복부로 그리고 C를 전개부로 본다면 소나타형식과 비슷한데서 론도 · 소나타라고도 부른다.

(4) 소나타 형식390)

소나타형식은 가장 진보적인 형식으로서 많은 경우 소나타 한 악장으로서 편입되며 또한 소나타의 기초가 된다. 주로 제1악장에 사용된다. 제시 부(提示部)와 전개부(展開部) 그리고 재현 부(再現部 또는 반복 부라고도 함)의 3부분으로 나눌 수 있다.

제시 부(Exposition)에서는 상호 대비적인 두 개의 주제 즉 제1주제와 제2주제가 제시된다. 베토벤의 <제5교향곡>의 제1악장의 두 개의 주제는 대비적이다. C단조에 대해 제2는 E^b장조로 되어 있다. 두 주제는 경과구라는 중간악구로 연결된다. 이 경과 구는 교구(橋句, Bridge Passage)라고도 하는데 두 주제의 사이에서 조바꿈을 자연스럽게 돕는다. 두 주제의 끝에 결미 부(Codetta)가 붙는 수가 있는데, 이는 제시 부를 맺는다.

전개부(Development)는 제시부의 주제를 여러 가지로 변화 발전시키는 부분이다. 작곡자의 기교를 충분히 발휘하는 부분이다. 전개하는 방법은 다음과 같다.
① 화성이나 선율은 그대로 두고 율동만 변형된다. 박자와 속도도 변화된다.
② 화성과 율동이 원형을 유지하면서 선율이 변화된다. 즉 선율이 대 진행, 반대 진행, 주요 선율의 기교 화나 장식화 등을 말한다.
③ 화성과 선율이 변화된다.
④ 화성이 변화된다. 다른 화음적용, 장조 · 단조의 조바꿈 등이다.
⑤ 선율과 율동의 변화를 가져오게 한다.
⑥ 반주를 변화시킨다,
⑦ 대위법적 처리의 변화, 모방적이나 카논 적 취급 또는 동기의 다른 성부에서 옮김 그리고 겹 대위법에 의한 자리바꿈 등이다.

---

390) *Ibid*, p. 118.

⑧ 음향적 역도(力度)와 색채의 변화 악기 량의 증대와 감소, 악기의 변화 등이다.
⑨ 음역의 변화, 선율의 높은 음역에서 중간 또는 낮은 음역으로 옮기거나 이의 반대.
⑩ 레가토, 스타카토, 포르타멘토 이밖에 표정 변화이다.
⑪ 이밖에 조바꿈, 조옮김, 푸가 적 취급, 새로운 선율의 차입 등도 하게 된다.

베토벤의 32개의 피아노 소나타나 9개의 교향곡에는 모든 전개의 교묘한 기교가 구사되어 있다. 소나타 형식을 정리해 본다.

< 도표 17 > 소나타 형식>391)

(서주 부)	내 용
제시 부	제1주제<Ⅰ의 조>(경과 구)
	제2주제<Ⅴ의 조>(작은 결미 부)
전개 부	주제의 변화
	대비 그밖에 전개
재현 부	제1주제<Ⅰ>(경과 구)
	제2주제<Ⅰ>(작은 결미 부)
(결미 부)	곡 전체 마무리

슈베르트의 <C장조 대 교향곡>의 서주는 유명한 호른악구로 시작되지만 이 서주는 한 악장을 이룰 정도로 길다. 차이코프스키의 제5, 제6교향곡에 있어서의 서주는 전 악곡을 지배하는 주도적 악상을 표시한다. 이 악장은 후에 여러 차례에 걸쳐 각 악장에 나타난다.

예제 91) 다음 찬송가의 형식을 분석해 보자.
① 631장(통찬 549장) "우리 기도를"
② 260장(통찬 194장) "우리를 죄에서 구하시려"
③ 372장(통찬 420장) "그 누가 나의 괴롬 알며"

---
391) *Ibid*, p. 122.

제11장 음악 감상법

제1절 음악 감상법 기초

건강에 이상이 없는 한 누구나 음악을 감상할 수 있다. 물론 그 차이는 있을망정 청각에 이상이 없는 한 들으면서 느낌을 가질 수 있는 것이다. 물론 음악에 대한 기초지식 곧 곡의 이름이나 곡의 종류, 및 그 곡의 구조나 형식, 작곡자의 전기나 작곡동기 그리고, 연주자의 기술적인 면과 곡의 해설 등 사전에 기초지식을 갖고 있으면 없는 것보다는 도움이 될지 모르나 꼭 기초지식이 있어야만 음악을 들을 수 있다는 것도 아니다. 왜냐하면 음악의 뜻을 안다는 것과 음악의 지식은 본질적으로 다른 것이며, 음악은 듣고 지식을 넓히는 것이 아니라 듣고 느끼는 것이기 때문이다.

음악 자체는 미술이나 문학과는 다르다. 문학이나 미술을 음악에서 찾으려 한다든가 음악을 구체적인 현상과 관련시키려고 노력하는 것은 바른 심미적(審美的) 태도는 아니며, 오히려 음악의 참 뜻을 그릇되게 하는 결과를 가져오기 쉬운 것이다. 음악의 아름다움은 어디까지나 음악자체에서 찾아야 하며 음악을 순수하게 받아 들여 자기 감성에 호소해야 하는 것이다. 따라서 음악의 뜻이란 아름다움을 말하는 것이며, 이는 그 악곡의 내용이 충실하며 풍부한가에 따라 악곡의 우열이 결정되는 것이다.

음악을 감상할 때에는 가장 솔직한 태도로서, 연주된 음악을 그대로 받아 들여 마음에 새겨볼 일이다. 해설서나 해설자가 뭐라고 하던 참뜻은 본인이 들어 봐야 알 일이며, 그 음악을 듣는 깊이나 각도는 감상자의 지식이나 교양 그리고, 인생체험의 정도에 따라 달라질 것이다. 여하튼 그 음악의 구조나 음악적 내용이 어떻든

간에 결국 자기 자신의 마음에서 울어난 예술적 체험에 의존하게 되는 것이다.392)

그러나 음악도 하나의 예술인지라 인간의 창작이란 과정을 거쳐 형성되는 것이기 때문에 거기에는 형식이라든가 어떠한 형태 또는 연주양식 등의 제약을 받고 있으므로 다소나마 이러한 예비지식을 가지고 있으면 음악을 이해하는데 간접적인 도움이 된다. 음악은 순간적으로 사라지는 음으로써 구성되어 있기 때문에 다른 예술보다는 추상적이며 원래가 어떤 사건이나 줄거리를 설명하는 예술이 아니므로 음악은 그 자체로서 직접 감상자에게 사상과 감정을 전달하는 예술인 것이다. 때문에 같은 곡을 듣더라도 연주자나 감상자에 따라 마음에 느끼는 정도가 달라지는 일이 많다.

음악은 ① 작품을 중심으로 하는 감상법과 ② 연주를 중심으로 하는 감상법이 있다. 전자는 작품과 작곡자의 예술성을 대상으로 하는 감상법이며, 후자의 것은 연주자의 연주기술과 악곡의 해석이 대상으로 된다.

음악 감상에 필요한 기초적인 지식은 악보에 대한 지식, 즉 악전(樂典)과 형식론 그리고 연주양식(演奏樣式) 및 음악사와 악기에 대한 지식, 즉 악기론 등이다.

악전이란 음악을 연주하는 데나 기보(記譜)하는 데에 필요한 여러 가지 표나 규칙에 관한 것을 말한 것이나 보통 악보를 읽는 법을 말한다.

형식론(形式論)은 악곡이 구성되는 형식에 관한 이론을 말한다. 즉 소나타형식이나 론도형식 등 기초이론에서 악곡의 형태나 구성을 직접 분석해 보는 응용형식에 까지 감상의 힘을 기를 수 있는 것이다. 더 나아가 화성학(和聲學), 그리고 선율과 선율을 동시에 결합 진행시켜 가는 대위법(對位法) 등에 관한 지식을 기른다면 더욱 감상하는데 보탬이 될 것이다.

음악사(音樂史)는 음악 자체의 발달사인 동시에 음악가 특히 작곡가의 전기도 포함된다. 발달사(發達史)는 음악의 변천과정, 즉 작품에 간접적으로 영향을 주는 시대성과 시대적 감정 그리고 각국의 민속성의 대요를 말하며 전기는 작곡자의 사상과 작품생활 그리고 작곡 당시의 사정과 동기(動機) 등을 말한 것인데 이는 감상자에게 절대 필요한 예비지식이다.

모차르트(Wolfgang Amadeus Mozart, 1756-1791)의 작품과 하이든(Franz Joseph Haydn, 1732-1809)의 작품은 시대적으로 어떻게 다른가? 또는 바흐(Johann

---

392) 김형주, 『음악감상법』(서울 : 세광 출판사, 1971), p.16-17.

Sebastian Bach, 1685-750) 시대의 소나타와 베토벤 시대의 소나타는 본질적으로 어떻게 다른가 하는 음악의 시대적인 움직임을 연구하는데 음악사는 중요한 역할을 하며, 베토벤이 언제 태어나서 언제 사망했다는 사실보다 작품의 발달 그리고 작곡자의 사상경향과 개성 등 그의 음악성(音樂 性)과 작곡의도가 더욱 중요한 것이다.

악기에 대한 지식도 감상에 커다란 도움을 준다. 여러 가지 악기의 음색과 특성을 이해함으로써 연주자의 예술을 깊이 새길 수 있으며 음악에 따라 악기의 용법 그리고 관현악의 편성에 관한 묘미를 감상할 수가 있는 것이다. 감상자가 많은 악기를 다룬다는 일은 어려운 일일지 모르나 피아노나 오르간 또는 바이올린 등 한 두 가지 악기로써 간단한 곡이나마 다룰 수 있는 소양을 갖도록 노력하여야 한다.393)

제2절 감상 곡의 이해

감상하는 작품의 프로그램을 보면 연주하는 곡목의 제목(주제)이나 조성, 작곡자가 적혀 있으므로 그 조성에 대한 특성을 미리 알아두는 것도 도움이 된다. 또한 중요한 것은 지금 감상하려는 작품이 성악곡인지 기악곡인지 먼저 아는 것도 중요하다.

1. 성악곡 종류

1) 민요(Folk Song)

민요는 민족 또는 그 일부가 자기들의 고유한 것으로서 자연히 발생되어 오랫동안 불려진 노래이다. 민요는 그 민족이 가지고 있는 독특한 음악적인 요소

---

393) *Ibid*, p. 21-22.

가 포함되어 있다. 리듬에 있어서도 그 감정의 특징과 노동 작업과 민속무용 같은 데도 깊은 관계를 가지고 있는 것이다. 또한 '종교적인 노래' '서정의 노래' '노동을 위한 노래' '자장가' '전설과 옛말을 위한 노래'와 같은 것들은 생활과 밀접한 관계를 가지고 있는 것이다. 우리나라의 고유한 민요 '아리랑' '천안 삼거리' '농부가' '방아타령' '도라지 타령' '양산도' '늴리리야' '노들강변' '풍년가' '박연폭포' '새타령' '몽금포타령' 같은 민요는 우리 생활 감정을 잘 그려낸 작품들이다. 또한 '켄터키 옛집' '올드 블랙 조'(Old Black Joe) 같은 포스터가 작곡한 아메리카 민요 같은 곡들은 우리에게 친숙하다.394)

2) 예술가곡(Lied)

예술가곡(리드, Lied) 히면 우리는 슈베르트를 연상케 히며 유명한 '보리수' '미왕' 같은 곡을 생각하게 된다. 이것이 16세기에 이르러는 반주가 없는 노래로서 발달하였다. 18세기말에 히라, 라이히야르토, 체르타 같은 이의 힘으로 점차 예술적인 것으로 되었다. 모차르트, 베토벤도 리드를 작곡하였다. 그러나 리드를 예술가곡으로서 그 독특한 양식을 완성한 사람은 슈베르트이다. 이 리드는 낭만주의 사조를 타고서, 그의 가장 중요한 창조물로서 완성되었던 것이다. 이 리드란 "시(詩)와 음악과의 융합으로서 된 독특한 형식의 음악이다. 그러므로 시는 음악과 동등한 깊은 의미를 가지고 있는 것이다. 그의 출발점은 시(詩)에서 시작되었다. 음악은 시의 내용을 자기의 내용으로 하였으며 형식에 있어서도 시의 형식을 살리었다. 거기에 자유의 독자성(獨自性)도 표시할 수 있을 것이다. 이 같은 리드가 출발점은 시에 있었으나 완성 점은 음악인 것이다. 시와 음악, 이 둘이 완전히 융합됨으로써 정신적인 것, 여기에 리드가 가진 내면성이 나타나는 것이다.

이 리드는 슈베르트, 슈만과 같은 독일에 있어서 전기 낭만파의 작곡가들에 의하여 확립되었다. 그런데 낭만주의의 두 가지 기반인 '국민주의 사조'와 '개인주의 사조'를 그의 기초로 하였기 때문에 이들 작곡가들 대부분의 시를 자기

---

394) 李成三, 『音樂鑑賞法』(서울 : 受驗社, 1963), p. 28-29.

나라 시인의 작품에서 취하였으며, 그 내용은 개인 생활 특히 일상 생활적인 것으로 되어있다. 리드는 슈베르트, 슈만, 브람스, 월프, 말라, 슈트라우스 등에 의하여 나타났다고 할 것이다.395)

우리는 기독교 신앙 안에서 공통적인 구약의 시편이라는 거대하고 훌륭한 시(詩)의 자산을 공유하고 있다. 이것은 세계 만국의 공통 언어인 음악으로 작곡하여 위대한 하나님께 찬양으로 영광을 돌리도록 힘써야 할 것이다.

2. 종교 음악(Religious Music)

대체로 예술이란 본래 종교적인 것이었고, 세속적인 예술은 근대의 산물이라 해도 과언은 아닐 것이다. 그 중에서도 음악에 있어서는 고금 동서양을 통하여 종교와는 떠날 수 없는 관계를 가지고 있는 것이다. 그리고 반종교적이라고 생각하는 근대에 와서도 음악은 결코 종교로부터 떠나지는 않았던 것이다. 더구나 음악이 그 발생에 있어 종교 의식과는 너무나 가까웠을 것이라고 지금도 상상할 수 있을 것이다. 고대의 이집트, 히브리, 그리스와 같은 곳에서는 종교음악 이외의 음악은 찾아보기는 어려웠을 것이다.

사도 바울은 "시와 찬미와 신령한 노래들로 서로 화답하며 너희의 마음으로 주께 노래하며 찬송하며"Speak to one another with psalms, hymns and spiritual songs, Sing and make music in your heart to the Lord.)(엡 5:19)라고 하였다. 그것은 교회가 신플라톤주의적인 극단에서 금욕적이며, 음악 부정적인 경향에 대항하여 고대음악을 멸망에서 구한 것을 증명한 것이다. 다음에서 종교음악 중 몇 가지 종류를 들어보기로 한다.

1) 그레고리 성가(Gregorian Chant)

로마 가톨릭교회에서 신부나 찬양대가 부르는 단선율의 성가이다. 이 악보

---

395) *Ibid*, pp. 29-30.

는 11세기 귀도·다레조(Guido d'Arezzo, 980?-1050))에 의하여 발명된 4선 보표에 4각형 네우마(Neuma)로 표시되어 있다. 그레고리우 찬트라고도 불리며, 무반주 단음으로 된 성가이며 8가지 고대 교회선법에 의한 것이다. 이는 로마의 교황 그레고리우스(Gregorius, 540-604)가 제정한 교회음악이다.396) 그런데 이 노래는 유대인의 의식에서 불려진 시편(詩篇, Psalmodies) 노래가 그대로 크리스트교에 채용되었다. 이 노래는 초기 박해 시대에는 큰 발전을 보지 못하였으나 313년 기독교가 공인된 이후부터 이 성가는 성당에서 자유로이 불려진 때부터 발전하였던 것이다.

2) 힘(Hymn)

찬송가의 일종으로서 종교적인 가사를 가진 간단한 가곡형식으로 된 합창곡이다.397)

3) 코랄(Choral)

이 코랄은 역사적으로 두 가지 의미로 사용하는데, 첫째로 가톨릭교회에서 사용하는 그레고리 성가의 뜻이다. 둘째는 프로테스탄트의 코랄인데, 16세기 초 독일의 마르틴 루터에 의하여 기초를 세운 것인데, 세속적 또는 창작된 선율에 의하여 4성을 화성 적으로 써서 회중들이 모두 부르도록 하여 현재 개신교회에서 일반이 부르는 단순한 찬송가이다.398)

4) 안뎀(Anthem)

주로 영국에서 사용하고 있는 교회적 합창곡이다. 가사는 성경에서 취해지며 또는 그의 개편한 것을 사용한다. 반주는 있을 경우도 있고, 없을 경우도 있

---

396) 金亨柱, 『音樂鑑賞法』(서울 : 世光 出版社, 1971), p. 80.
397) Ibid, p. 80.
398) Ibid.

는데 악곡은 단성 적인 경우가 보통이다.399)

5) 모테트(Motette)

13세기경부터 시작된 교회합창곡으로 성경에서 가사를 취한다. 안뎀과 비슷하지만 보다 더 대위법 적이다. 형식은 자유롭고 초기에는 무반주가 보통이었는데, 후에는 오르간이나 관현악 반주가 붙게 되고 차차 발달함에 따라 독창을 포함한 여러 악장을 갖게 되었다. 바흐는 처음으로 코랄을 이에 사용했다. 모차르트의 유명한 <알렐루야>라는 소프라노 독창곡은 그의 모테트 <엑슬타테 유비라테>(Exsultate Jubilate) 중의 일장이다.400)

6) 미사(Mass, Missa)

미사는 가톨릭교회에서 최고의 의식에서 불려지는데, 성체배령(聖體拜領)이 이때에 행하여진다. 이는 기독교 음악의 초기부터 사용했으나, 오늘날과 같은 형식을 갖추고 교회의 중요한 음악의 하나로 된 것은 15·16세기부터이다. 처음에는 음악이 없이 경문만 외었는데, 후에 음악이 붙게 되었다. 먼저 것을 '낮은 미사' 또는 '작은 미사'라고 하며, 나중 것을 '높은 미사'(High Missa)또는 '장엄미사'(Missa Solemnis)라고 한다. 미사의 내용은 '기리에'(Kyrie; 주여 은총을 내리소서), '글로리아'(Gloria; 영광), '크레도'(Credo; 사도신경), '상투스'(Sanctus; 거룩하다), '아뉴스데이'(Agnus dei; 하나님의 어린양)의 다섯 악장으로 되어 있고, 가사는 라틴어를 쓴다. 초기에는 그레고리 성가처럼 단 선율로 불렀는데, 후에 무반주의 합창곡으로 되었으며, 그 형식도 자유롭게 되었다. 근래에 와서는 예배에 관계없이 음악회장에서 연주되게 되었고, 관현악이나 오르간반주를 수반하는 독창, 중창, 합창을 포함하는 대규모의 곡이 되었다. 작곡가들도 훌륭한 미사를 많이 남겼다. 팔레스트리나(Palestrina, 1526-1594), 바흐

---
399) *Ibid*
400) *Ibid*

의 <B단조 미사>, 베토벤의 <D장조 장엄미사>와 같은 것은 최대의 미사곡들이다.401)

7) 레퀴엠(鎭魂曲, Requiem)

죽은 사람을 위한 미사인데 라틴말로 되어 있다. "영원한 용서를 그대들에 내리소서."라는 말에서부터 시작한다. 그리고 마지막에는 "그들에게 영원한 안식을 주십시오."라고 기도한다.

이 곡에는 모차르트의 <D단조 진혼곡>이 있는데, 그가 1791년 12월에 35세 일기로 세상을 떠나기 몇 달 전 그해 여름에 그는 검은 복면을 힌 사람으로부터 레퀴엠의 작곡을 의뢰 받았다. 그 후 그 괴인은 다시 나타나 곡의 완성을 독촉하였다. 모차르트는 최후의 가극 <마적>을 완성하고 곧 이어 레퀴엠에 착수했는데 중도에서 병으로 앓게 되었다. 그의 친구들이 그의 머리맡에서 그가 쓰다 둔 진혼곡을 노래할 때 그는 "이것은 나를 위해서 쓰여 진 것이다"라고 중얼거렸다 한다. 이 말은 사실로 옮겨졌다. 곡은 그가 죽은 후 여러 사람에 의해 완성되었다.402)

이밖에 베를리오즈, 베르디, 포레 등의 작품이 유명하다. 그리고 브람스 같은 이는 전연 다른 내용의 독일어 가사로 그의 어머니를 위해 쓴 유명한 진혼곡이 있다.

8) 칸타타(Cantata)

기원은 16세기경 이탈리아에서 악기로서 연주하는 악곡을 소나타로 부르는데 대해 노래하는 악곡 즉 성악곡을 칸타타라고 한데서 시작되었다. 고대의 칸타타는 독창과 합창을 위해서 쓰여 졌고, 레치타티보도 가지고 있었다. 오늘날에는 형식도 자유롭게 되고 보통 반주를 가지고 있었다. 오늘날에는 형식도 자유롭게 되고 보통 반주를 가지고 있다. 바흐는 종교적인 내용을 가진 독창이나

---

401) *Ibid.*, p. 81.
402) *Ibid.*

합창을 위한 칸타타 즉 '교회칸타타'와 서정적인 내용의 세속 칸타타를 많이 남 겼다. 이는 모두 대중적인 것이므로 자기 국어를 썼으며 관현악 반주로 되어 있다.403)

9) 스타바트 마테르(Stabat Mater; 성모 애도 곡)

십자가의 곁에서 슬픔에 잠긴 성모를 노래하는 일종의 칸타타로서 "어머니는 슬픔에 잠겨서 있노라"라는 가사로 시작되어 연쇄적으로 취급된다. 팔레스트리나, 페르골레지, 로시니, 드보르자크 등의 작품이 유명하다.404)

10) 마그니피카트(Magnificat; 성모 송가 곡)

"나의 마음은 주를 숭상하고"로 시작하는 성모를 찬송하는 합창곡이다.

11) 오라토리오(Oratorio)

가극처럼 독창, 중창, 합창 그리고 레치타티보와 관현악을 위해 작곡된 극적 효과를 가지고 있는 대규모의 작품이다. 단 가사나 대사는 성경에 의한 종교적인 것이며, 그 음악도 종교적이다. 16세기경에는 가극처럼 무대장치가 되어 있는 무대에서 연기와 더불어 음악이 진행되었는데, 오늘날에는 무대장치와 의상은 사용하지 않고 음악회에서 연주회 형식으로 연주된다. 오라토리오는 로마의 승려 네리(Philippo Neri, 1515-1595)가 승려들의 모임(Oratory)을 갖고 그리스도의 이야기를 하고 동시에 여러 가지 음악을 사용한데서 시작되었다고 한다.

바흐의 <크리스마스>, 헨델의 <메시아>(구세주), <이집트에 있어서의 이스라엘>(Israel in Egypt), <삼손>, <마카비우스의 유다>, <솔로몬>, 그리고 하이든의 <천지창조>(Die Schöpfung)와 <사계>(Die Jahreszeten), 베토벤의

---

403) *Ibid*, p. 82.
404) *Ibid*

<오엘베르그의 그리스도>(Christus am Oelberg), 멘델스존의 <엘리야>, <성 파울>(St. Paul) 등의 작품이 유명하다.

루빈슈타인(Anton Rubinstein, 1829-1894)은 <실낙원>(Das Verlorene Paradise), <바벨탑>(Der Turm zu Babel) 등의 종교적 가극(Opera)을 남겼는데, 이는 보통 오라토리오라고 하지만 무대에서 실제로 극적 동작을 하는 면에서는 보통의 오라토리오와는 다르다.405)

12) 파숀(Passion; 수난곡)

오라토리오와 비슷하지만 내용이 그리스도의 죽음을 취급하고 있다. 그리고 독창, 중창, 합창, 관현악 외에 언제나 테너의 독창자가 줄거리를 레치타티보로서 설명해 간다. 많은 작곡가들 중에 가장 유명한 작곡자는 바흐이다. 그의 <마태수난곡>(St. Matthäus Passion), <요한 수난곡>(St. Johannes Passion)은 고금을 통한 합창곡 중 가장 아름다운 작품들이다. 마태수난곡은 전 38곡 2부로 되어 13곡의 코랄 그밖에 독창이나 합창곡을 가진 화성 적으로나 대위법적으로 훌륭한 작품이다.

13) 마드리갈(Madrigal)

목가적인 짧은 가사에 붙여진 3성부 적 또는 그 이상의 성부를 가진 대위법적 합창곡이다. 반주는 없는 것이 보통이다. 이는 15세기부터 16세기경에 많이 작곡되었다.406)

14) 그리(Glee)

영국의 특유한 중창곡으로서 3성부나 그 이상의 무반주 남성합창곡이며 ,마

---
405) *Ibid*, p. 83.
406) *Ibid*

드리갈과 비슷하지만 합창용이 아니라 중창용이다.407)

예제 92) 평소에 즐겨 듣는 감상곡 목록을 작성해 보자.
　　　93) 교회 각 부서별 감상할 감상 계획을 세워보자.

2. 가극과 악극(Opera & Music Drama)

오페라란 라틴말로 작품이란 말(Opus)에서 나온 말이다. 시(詩), 음악, 미술, 무용과 같은 모든 예술의 종합된 예술형태인 것이다. 음악에 있어서도 독창, 중창, 합창 등 모든 형태를 총망라하였다. 가극은 로망 로랑의 말과 같이 르네상스의 최후의 가지에 핀 가장 풍려(豐麗)한 꽃이라 할 것이다. 최초의 가극은 1594년 이탈리아의 페리(Pere, 1561-1633)가 발표한 <다프네>(Dafne)인데 지금에 와서는 1600년에 발표한 <유리디케>(에우리디체; Euridice)를 최초의 가극으로 인정하고 있다.408)

오페라는 16세기 말엽부터 운동이 일어나 당시 프로렌즈의 페리(Jacopi pery, 1561-1633)라든가 카치니(Giulio Caccini, 1546년경-1618) 같은 작곡가들에 의해 시작되어 그 후 로마나 베니스로 번져가 몬테베르디(Claudio Monteverdi, 1567-1643)가 나타남으로서 오늘날과 같은 오페라의 형태를 갖추어 그의 기초를 만들게 되었다.

이 오페라가 이탈리아에서 발전함으로써 이 형식을 다른 나라에서도 수입하여 뒤늦게나마 자기나라 옛 전설적인 소재로 오페라를 창작하기 시작했다. 즉 독일의 쉬츠(Heinrich Schutz. 1585-1672), 불란서의 륄리(Jean Baptist Lully, 1632-1687)와 라모(Jean Philippe Rameau, 1683-1764) 그리고 영국의 퍼셀(Henry Purcell, 1659-1695) 등이 그 중심이 되었다.

---

407) *Ibid.*
408) 李成三, *op. cit.*, p. 38.

가극은 대 가극(Grand Opera)과 경가극(Light Opera)으로 가릴 수 있다. 대 가극은 규모가 크고 착실한 내용으로 대개 비극적인 줄거리가 많다. 그리고 대대적인 무대장치와 중후한 음악이 따르며 박력 있고, 작품성이 숭고하다. 베르디의 <아이다>, 바그너의 <탄호이저> 등은 그 보기이다. <아이다>는 4막으로 된 가극으로 이집트의 옛이야기에 의해 기슬란조니(Ghislanzoni, Antonio 1824-1893)의 대본에 의한 것이다. 바그너의 <탄호이저>는 탄호이저와 바르트부르그에 있어서의 노래 싸움이란 제목의 3막으로 된 가극이다.409)

반면에 경가극은 일반적으로 유머 적이며, 음악이 가볍고 전체의 줄거리가 음악보다 장면을 흥겹게 꾸며 가는데 주가 되어 있다. 그 보기로서 영국의 길버트 · 설리반의 많은 작품과 독일 사람으로서 불란서에서 활동한 오펜바흐의 작품을 들 수 있다.

길버트 · 설리번은 길버트(Sir A. S. Gilbert, 1836-1911)와 설리번(Sir A. S. Sullivan, 1842-1902)의 두 사람을 말하며, 길버트는 대사를 설리번은 작곡을 담당하여 <군함 피나포어>(1978), <미카도>(1985) 등을 비롯한 많은 가극을 남겼다. 오펜바흐(Jacques Offenbach, 1819-1880)는 불란서의 경가극에 많은 영향을 주었다. 그의 <천국과 지옥>, <대 공비>, <호프만의 이야기> 등의 가극은 생생한 리듬과 선율이 풍부하여 많은 애호를 받고 있다. 이밖에 요한슈트라우스(Johann Strauss, 1825-1899), 주페(Franz von Suppe, 1819-1895), 하아 바트 등도 이와 같은 종류의 작품을 남겼다.

가극에는 또한 로시니의 <세빌랴의 이발사>와 모차르트의 <피가로의 결혼> 같은 유머 적인 가벼운 가극이 있는데 이는 희가극(喜歌劇; Opera Buffa)이라 부른다. 이러한 오페라 부파는 불란서의 오페라 코미크(Opera Comique)와 합류하여 오늘에 와서 오페레타(輕歌劇, Operetta)가 되었다.410)

불란서의 마이어베어(본명: Jakob Liebmann Beer, 1791-1864)의 <악마 로베르>, <신교도>, <아프리카 여인> 등이 유명하다. 또한 비제(Bizet, 1838-1921)의 대표작 <카르멘>이나 토마(Ambroise Thomas, 1811-1896)의 <미

---

409) 金亨柱, op. cit., p. 85-86.
410) 李成三, op. cit., p.47.

농>(Mignon)은 비극적인 가운데 특수한 서정성을 내포하고 있어 현재에도 자주 상연된다. 미뇽은 괴테의 유명한 빌헬름 마이스타에 의한 3막의 가극이다.411)

<람메무어의 루치아>, <연대의 처녀> 등 60여 곡의 가극을 작곡한 도니체티(Gaetano Donizetti, 1797-1848)의 작품 중에서 일부, 또한 <몽유병자>, <노르마> 등을 쓴 벨리니(Vincenzo Bellini, 1801-1831) 그리고 <윌리엄 텔>, <세미라미데> 등 40여 곡을 남긴 로시니(Gioacchino Antonio Rossini, 1792-1868) 등의 작품의 일부가 오늘날 상연되고 있다. 베르디(Verdi, 1813-1901)는 약 30여 곡을 썼다. 그의 작품 <리골레토>, <일 트로바토레>, <춘희>, <아이다>, <오텔로>, <팔스타프>, <가면무도회>, <운명의 힘> 등이 있다.

마스카니의 작품 중에 <카발레리아 루스티카나>(일명 재향 군인)가 유명하다. 근대 이탈리아 가극의 대 작곡가 푸치니(Giacomo Puccini, 1858-1924)의 작품 <마농 레스코>, <라보엠>, <토스카>, <나비 부인>, <투란도트> 등이 유명하다.412)

생상(Saint Saëns, 1835-1921)의 <삼손과 데리라>, 마스네(Massenet, 1842-1912)의 <마농과 타이스>, 20세기에 이르러 드뷔시(Debussy, 1862-1918)의 <페레아스와 메르잔도>는 가장 근대적인 작품이다. 그는 가극 혁신에 성공한 최후의 사람으로 기억하고 있다.

현대의 가극을 살펴본다면 1921년에 발표된 바일 쿠르트(Weill Kurt, 1900-1950)의 <삼문 오페라>와 1922년에 발표한 베르크(Berg, 1885-1935)의 웨체크는 무조음악(無調音樂)을 사용했다. 찰 스톤 흑인 부락을 무대로 한 흑인 생활을 취급한 거쉬인(Gershwin, 1898-1937)의 가극 <포기와 베스>가 있다.

아리아(詠唱, Aria)란 오페라, 칸타타, 오라토리오에서, 기악 반주가 있는 독창곡이다. 흔히 길고 정교하게 작곡되어 음악적 흥미의 중심을 이루는 부분으로, 극의 내용과 유기적인 연관을 가지면서도 그 자체로도 독립된 곡이 된다.

---

411) 金亨柱, *op. cit.*, pp. 89-90.
412) *Ibid.*, pp. 92-94.

음악적으로 가장 충실한 가창 기술을 표현하는 부분으로 보통 독창곡이지만 이중창의 형태를 가지는 것도 있다. 기악곡에서도 대단히 선율 적인 곡에 대해서 아리아라는 명칭을 쓰고 있다.

레치타티보(敍唱, Recitative)란 아리아와는 달리 선율 적이 아니며, 극히 간단한 화음에 지탱해가면서 말로서 이야기하는 것과 같이 노래하는 것을 말한다. 이것은 오라토리오와 오페라에서 때때로 사용되고 있다.

4. 소나타(Sonata)

소나타는 독주 또는 합주를 위해 쓰여 진 많은 악곡(악장)으로 이루어진 연관적(聯關的) 기악곡을 말하며, 그중 적어도 한 악장(제1악장이 대부분이다)은 소나타형식에 의해 작곡되어야 한다. 소나타는 내부분 4개의 악장을 가지지만 베토벤의 작품 49번의 두 개의 소나타는 두 개의 악장으로 되어있으며, 하이든이나 모차르트의 많은 소나타처럼 3개의 악장으로 구성되는 것도 있다.

제1악장은 일반적으로 빠른 속도(Allegretto나 Allegro)로서 소나타형식으로 된 악곡, 제2악장은 느린 속도(Andante나 Adagio 또는 Largo 등)로서 겹3부 노래 형식 또는 변주곡 형식 론도형식 중 어느 형식을 사용한 악곡, 제3악장은 스케르초(Scherzo)나 미뉴에트(Minuetto)와 같은 경쾌한 악곡으로 겹3부 노래곡 형식을 사용하며, 제4악장 종곡(Finale)은 빠른 속도(Allegro나 Vivace 또는 Presto)로서 론도 형식이나 소나타형식으로 작곡되는 것이 관습적이다. 그러나 3악장의 경우는 스케르초나 미뉴에트의 악장이 없으며, 제2악장이 느린 악장이 된다.

피아노 독주를 위한 피아노 소나타, 바이올린 독주를 위한 바이올린 소나타라고 하며, 피아노와 바이올린 그리고 첼로 합주를 위한 소나타를 피아노 3중주(Piano Trio)라고 한다. 이와 같이 바이올린 두 개와 비올라 첼로의 소나타를 현악 4중주(String Quartet)라고 하며, 관현악을 위한 소나타를 교향곡(Symphony), 피아노나 바이올린과 같은 독주 악기와 관현악의 합주곡인 소나

타를 협주곡(Concerto)이라 부른다. 또한 소나타의 조 이름은 제1악장의 조가 대표한다.413)

　모차르트는 바이올린과 피아노를 위한 소나타를 42곡이나 남겼는데, 그중 C장조(K296), B♭장조(K378), E♭장조(K481), B♭장조(K454) 등이 유명하다. 베토벤도 바이올린 소나타를 10곡 작곡했는데, 그중 F장조(작품 24), C단조(작품 30의 3호), A 장조(작품 47, 일명 크로이첼 소나타) 등이 명곡이다.

　3중주(Trio)에는 바이올린 · 비올라 · 첼로의 3중주나, 혹은 바이올린 2개와 첼로의 3중주 등 현악기만으로 구성된 현악 3중주가 많고, 목관악기의 3중주가 있으나 그 수가 적다. 가장 작품수도 많고 자주 연주되는 형식은 피아노 · 바이올린 · 첼로의 피아노 3중주(Piano Trio)다.414)

　베토벤은 7개의 3중주곡을 작곡하였는데, 그중 D장조(작품 70의 1호)의 <유령>, B♭장조(작품 97번)의 <대공>이 유명하고, 슈베르트의 E♭장조(작품 99번), E♭장조(작품 100번), 멘델스존의 D단조(작품 49번), 브람스의 B장조(작품 8번), C단조(작품 101번) 등이 잘 알려져 있다.

　실내악 중에서 가장 이상적이고 완성된 형식은 현악 4중주(String Quartet)일 것이다. 바이올린 1 · 2와 비올라 · 첼로로 구성된다. 이 형식을 오늘날과 같은 형식으로 완성한 사람은 하이든이다. 그는 현악4중주곡 83편, 현악3중주곡 21편, 피아노 3중주곡 41편이나 썼는데, 그 중에 유명한 것은 4중주곡 <황제>인데, 제2악장에는 오스트리아의 국가(國歌)에 의한 변주곡을 가지고 있다. 하이든을 이어받은 모차르트는 훌륭한 작품을 많이 남겼는데, 그 중에 E장조의 <세레나데>(작품 3의 5), C장조의 <황제>(작품 76의 3), D장조의 <종달새>(작품 64의 5), 이밖에도 <5도>, <개구리>, <새>, <라르고> 등이 애호를 받는다. 베토벤은 17곡의 4중주곡, 8곡의 피아노 3중주곡을 남겼는데 걸작들이며, 슈베르트의 <죽음과 소녀>(D단조), 그밖에 슈만, 브람스, 그리그, 프랑크, 또한 근대의 드뷔시, 스트라빈스키, 버르토크 등 많은 작가들이 있다.

　5중주곡에는 현악5중주, 피아노5중주, 관악기가 포함된 5중주가 있다. 피아노5중주는 피아노와 현악4중주로 구성된 것인데, 슈만, 브람스, 드보르자크, 프

---
413) *Ibid*, pp.125-126.
414) *Ibid*, p. 166.,

랑크, 포레 등의 작품이 있고, 슈베르트는 4중주곡 15편, 현악5중주곡과 피아노 5중주곡 각 1편, 피아노 3중주곡 2편 중 <숭어> 5중주곡(Forellen-Quintet)이 유명한데, 악기 편성이 피아노, 바이올린, 비올라, 첼로, 콘트라베이스로 되어 있다. 현악4중주에 클라리넷을 편입한 모차르트의 A장조(K 581번), 브람스의 B단조(작품 116번)를 들 수 있다.415)

규모나 구성이 작은 소나타를 압축시켜 놓은 것을 일반적으로 소나티네 (Sonatine)라고 한다. 소나티네는 많은 경우 전개부가 간단하든가 없는 것이 많으며, 반복 부나 결미부도 지극히 단순하여 보통 3악장으로 이루어진다. 보기를 들면 베토벤의 작품 49번의 두 개의 소나타도 소나티네라고 한다.416)

5. 관현악(Orchestra)

현대에 있어서 가장 대규모의 합주형식이 관현악이다. 여기에 사용되는 악기의 수는 일정치 않으나 적어도 10개 내외로부터 수 십 개, 많은 경우에는 100여 개 이상에 달한다. 악기의 종류는 적어도 7·8개, 많으면 수 십 개를 사용한다. 따라서 음색 또한 미술처럼 다양하며, 변화 성이 풍부하고 음역도 넓고 음량은 어느 합주 형식보다 크다. 때문에 그 표현력은 광대하고 풍부하여 모든 연주가 가능하며 무한대하다.

관현악은 관현악기와 타악기, 즉 모든 악기를 가지고 연주하는 음악을 말한다. 세계 최초의 가극을 극장에서 상연한 것은 16세기말부터 17세기 초였는데, 이탈리아의 페리와 카치니의 합작으로 된 <다프네>란 가극이었다. 여기에 플루트 3개, 루트, 테오르보417), 리라 등의 고대 현악기에 쳄발로를 사용하였다 한다. 그 후 여러 가지 가극이 상연됨에 따라 관현악의 편성도 차츰 확대되어 관현악은 오페라와 병행하여 발달하게 되었다. 관현악 발전에 획기적인 영향을

---

415) *Ibid.*, pp. 169-170.
416) *Ibid.*, p. 132.
417) 테오르보[theorbo(e), thorba]란 바로크시대에 사용된 류트족의 악기. 보통의 류트에 긴 저음 현이 더 붙어 있고, 그것을 끼우는 별도의 제2줄 감개집이 제1줄 감개집 앞에 붙어 있다. 이 종류의 것을 아치류트(archlute)라고 한다.

준 사람은 이탈리아의 몬테베르디(Claudio Monteverdi, 1567-1643)이다. 그 후 가극 작곡가 스카를라티(Alessandro Scarlatti, 1660-1725)가 나타나서 가극과 오케스트라의 개혁에 많은 발전을 보였다. 또한 같은 시대에 이탈리아의 플로렌스(피렌체, Firenze))에서 태어나 후에 불란서에 귀화한 장 바티스타 륄리(Jean Battista Lully, 1632-1687)에 의해 합리적으로 개선되었다. 그는 루이 14세의 신임을 얻어 궁정관현악단의 지휘자가 되었다.418)

관현악의 표현력 발전에 커다란 영향을 준 사람은 바흐와 헨델이다. 바흐는 종교음악 또는 실내악에 주력하면서 관악기의 수법을 연구하여 합주를 효과 있게 살렸는데, 그는 4개의 조곡과 6개의 <브란덴부르크 협주곡>을 남겼다. 그리고 헨델은 많은 오라토리오와 더불어 대중적인 가극을 작곡하여 성공했는데, 관현악의 편성에도 보다 화려하고 외면적인 효과를 가지고 대중들을 매혹시켰다.

그리고 남 독일의 만하임 궁정에 훌륭한 관현악단이 있어서 새로운 양식에 의한 악기를 편성하였던, 만하임 악파의 신선한 수법은 전 구라파의 음악에 지대한 영향을 주어 우수한 작품을 낳게 하였다. 하이든은 관현악 법을 정비 확장하여 오늘날 사용하고 있는 관현악의 기초를 만들었다. 그는 일생동안 100여 곡 이상의 교향곡을 작곡하여 그를 '교향곡의 아버지'라고 한다. 그가 27세 때에 작곡한 <교향곡 제1번>의 악기편성은 오보에 2, 호른 2, 현악 5부(제1 · 2 바이올린, 비올라, 첼로, 콘트라베이스)로 단조롭지만 약 40년 후에 작곡한 『영국 교향곡 집』중의 <군대교향곡>(G장조)은 플루트 2, 오보에 2, 클라리넷 2, 파곳 2, 호른 2, 트럼펫 2, 팀파니 2에 현악5부로 편성되고 있다. 이렇게 관악기가 두 개씩 편입되는 편성 법을 2관 편성이라 한다.

그 후 이 형식은 모차르트, 베토벤에 계승되어 하나의 표준처럼 되었다. 이는 슈베르트나 멘델스존 등의 낭만파 작곡가들이 주로 쓰는 편성 법이기도 하다. 모차르트는 하이든의 관현악 법을 이어받아 교향곡 39편이나 작곡했고, <돈 · 지오반니>, <마적>등 많은 가극을 화려한 색채와 극적 효과로서 관현악과 더불어 성과를 올렸다.

베토벤은 독창적인 면에서 악기의 성능을 최대한으로 이용하여 그의 통합체

---

418) *Ibid*, p.173-174.

의 효과와 유기성을 파악하여 이를 그가 의도하는 예술적인 표현에 부합되도록 창안했다.419)

그 후 슈베르트, 멘델스존, 슈만, 브람스 등 낭만주의 작곡가들은 베토벤의 관현악 법을 그대로 이어받아 새로운 각도로 발전시켜 19세기 낭만음악을 찬란히 장식했다.

가극에 있어서 바그너는 과거의 음악과 극이 완전히 융합되지 못한 불합리한 점을 시정하여 종합예술로서의 완성을 이상으로 하는 소위 <악극>을 창시했다. 그는 이를 위해 지금까지의 2관 편성을 3관 편성으로 하여 그의 작품 <로엔 그린>에 적용시켰고, 악극 <니벨룽겐의 반지>에서는 4관 편성을 적용했다. 그 후 마아라, 리하르트 슈트라우스, 스크리아빈 등은 6관 8관까지 편성한 것도 있다.

6. 취주악(Brass Band)

취주악은 취주 악기 즉 목관악기와 금관악기 그리고 타악기로서 연주되는 음악을 말하며, 주로 행진을 하면서 연주하거나 야외연주가 많다. 이를 윈드·밴드(Wind Band)라고 부르는데, 특히 군대에서 연주하는 취주악을 군악대(Military Band)라고 부른다. 우리나라에서는 취주악을 브라스·밴드(Brass Band)라고 부르는데, 구라파에서는 금관악기와 타악기만으로 구성된 악대를 말하며, 보통의 취주악에 비하여 음량이 풍부하고 음색이 명확하지만 목관악기가 없기 때문에 부드러움이라든가 섬세한 표현이 부족하다. 취주악은 관현악에 비해 음량이 풍부하고 음색이 강하고 명랑하기 때문에 휴대하기가 편해 야외연주에 적합하다. 우리나라의 경우 육·해·공군 그리고 해병대의 군악대가 취주악 계의 중심이 되어 있으며, 동시에 연주 수준도 상당하다.

취주악은 70~80명의 대 편성에서 10여명의 작은 편성까지 임의로 구성할 수 있다. 그리고 중·고등학교의 경우에는 2·30명에서 4·50명의 중 편성이 보통

---

419) *Ibid*, pp. 175-176.

이다. 우리나라의 경우에는 취주악 악보의 출판이 미비하기 때문에 악기 편성에 따라 적절하게 편곡하여 연주할 필요가 있다.

7. 교향곡(Symphony)

일반적으로 교향곡이라 함은 관현악을 위한 소나타를 말하는 것으로 대부분의 경우 4악장으로 구성된다. 그러나 작자에 따라 조금씩 달라져 3악장 혹은 2악장 때로는 5악장을 가진 경우도 있다. 그리고 교향곡은 원래 절대음악으로 발달해 왔지만 베토벤의 <전원 교향곡>처럼 표제악 적으로 취급되어 이러한 경향은 낭만파의 작곡가들에 의해 널리 사용되어 브루크너의 <로맨틱>, <청춘>, <마라의 부활>, 리스트의 <파우스트>, <단테>처럼 교향곡에 표제를 붙이게 되었다. 하여튼 교향곡은 하이든에 의해 완성되었다.420)

1) 하이든의 교향곡

하이든은 104편의 교향곡을 남겼다. 이밖에 38곡은 하이든이 작곡했으리라고 추측되고 있고, 다른 36곡은 하이든의 것인지 아닌지 확증을 못 받고 있다. 그의 교향곡에는 명칭을 가지고 있는 것이 많다. 교향곡 제6(D장조)은 <아침>, 제7(C장조)은 <낮>, 제8(G장조)은 <저녁>, 제22(E♭장조) <철학자>, 제23(D단조)은 <크리스마스>, 제30(C장조)은 <할렐루야>, 제44(e단조)는 <슬픔>, 제45(F#단조)는 <고별>, 제48(C장조)은 <마리아 테레지아>, 제53(D장조)은 <황제>, 제55(E♭장조)는 <선생>, 제59(A장조)는 <불>, 제73(D장조)은 <사냥>, 제82(C장조)는 <곰>, 제83(G단조)은 <닭>, 제85(B♭장조)는 <황후>, 제92(G장조)는 <옥스퍼드>, 제94(G장조)는 <놀람>, 제100(G장조)은 <군대>, 제101(D단조)은 <시계>, 제103(E♭장조)은 <북 치기>라고 불린다. 이밖에 82-87

---
420) *Ibid.*, p. 188.

까지를 <파리>, 제93이하를 <런던>이라고 부르는데, 명칭에서 보는 바와 같이 하이든의 코믹하고 애교 있는 성품을 알 수 있다. <고별>교향곡의 끝 곡에서는 연주 중에 한 사람씩 퇴장시켜 최후의 바이올린 주자가 곡을 끝마치게 하고, <놀람>교향곡에서는 조용한 2악장에 들어가자 청중들이 거의 졸게 될 때 돌연 전 악기가 강한 음향으로 합주하여 놀라게 한다든다, <북 치기>교향곡에서는 악곡 처음부터 팀파니 연주로 시작하는 따위의 기발한 착안으로 청중들의 호기심을 끌게 했다.421)

2) 모차르트의 교향곡

모차르트는 49편의 교향곡을 남겼는데, 하이든에 비해 보다 선율이 풍부하고 서정적이며, 심각성도 가지고 있다. 그러나 그의 형식 성격은 하이든과 비슷하다. 모차르트의 작품이 높이 평가되는 이유는 명쾌하고 간결한 관현악의 편성과 악곡의 구성미에 있다고 볼 수 있다. 그의 교향곡 중에서 유명한 것은 최후의 3곡이다. 즉 <E♭장조>(K543번), <G단조>(K550번), 그리고 <C장조>(K551번)의 <주피터>이다. 이 3대 교향곡은 단 6주일 만에(1788년) 완성했다고 한다. 이중 <E♭장조>는 명랑하고 경쾌하며, "음으로 나타난 미의 개가"라고 말하고, <G단조>는 "아름다움의 극치"라고 할 수 있다. 슈베르트는 "천사가 이 속에서 노래하고 있다"고 말한 것처럼 어두운 그림자나 괴로움의 흔적은 전연 없고 별이 반짝이는 동쪽 하늘처럼 무한히 넓고 무한히 아름답다. <주피터>는 그 끝 곡에 대위법 적인 기교로서 처리하고 있다. 즉 면밀한 푸가를 소나타형식에 사용하여 장엄 웅대한 곡 취를 이룬 데서 로마의 신 '주피터'로 이름 붙인 것이다.422)

---

421) *Ibid*, p. 189.
422) *Ibid*, p.190.

3) 베토벤의 교향곡

베토벤은 하이든이나 모차르트의 형식이나 수법을 이어받아 대성하였는데, 그는 불멸의 9개의 교향곡을 남겼다.423) <도표 18> 베토벤의 교향곡

<도표 23> 베토벤의 교향곡

번호	조성	특수 명칭	작품 번호	완성 연대	초연 연대
제1	C장조		21	1799-1800년	1800년
제2	D장조		36	1801-1802년	1803년
제3	E^{b}장조	영웅	55	1803-1804년	1805년
제4	B^{b}장조		60	1806년	1807년
제5	C단조	운명	67	1805-1806년	1808년
제6	F장조	전원	68	1807-1808년	1808년
제7	A장조		92	1811-1812년	1813년
제8	F장조		93	1811-1812년	1814년
제9	D단조	합창	125	1822-1824년	1824년

4) 낭만파 교향곡

낭만파 작곡가 중에 먼저 슈베르트는 9편의 교향곡을 남겼다. 그중 제7 <C장조>교향곡 제2악장(안단테 콘모토)은 오보에의 우수에 찬 특성적인 아름다운 주제로서 대비적인 주제는 저현(低絃)과 파곳에 나온다. 긴 느낌은 있으나 실은 생기에 차고 명쾌한 선율미에 청중들은 그다지 실증을 느끼지 않는다.

제8 <미완성>은 두 개의 악장으로 구성되어 제3악장은 9마디밖에 쓰지 못했다. 이 작품도 특성적인 생명은 선율에 있다. 그는 샘같이 솟아나는 선율로 노래한 것이다.

---

423) 『音樂大事典』, op. cit., p.611.

슈만의 교향곡 중 '스코틀랜드'적이라고 하는 제2번 <A단조>과 제3번 <A장조>이 유명하며, 간결한 선율과 색채감이 강하다. 그의 작품은 감미롭고 화려하며 회화(繪畵)적이다.

브람스도 4편의 교향곡을 남겼다. 그의 작품은 중후하고 난해한 관현악 법을 사용하여 심오한 내용을 추구하고 있다. 그래서 들으면 들을수록 재미가 있다. 세기의 지휘자 한스 폰 뷜로(Hans von Bulow, 1830-1894)는 브람스의 제1교향곡을 "제10"이라고 평한 이야기는 유명했다. 뷜로는 베토벤의 제9번에 이을 대작품이라고 생각했기 때문이다.[424]

 예제 94) 취주악, 교향곡의 작품을 감상하고 감상록을 작성 해보자
    95) 시대별 교향곡을 비교 감상하고, 감상록을 작성 해보자.

5) 국민악파의 교향곡

19세기 후반에 들어와 자기 나라 민족성을 나타낼 수 있는 음악, 즉 독특한 선율이나 운동을 민속적인 민요나 정서를 토대로 하는 소위 국민주의적인 음악을 창조하게 되었다.

차이코프스키는 6편의 교향곡을 남겼는데, 제4번 <F단조> 이하가 자주 연주된다. 특히 제4의 제2악장에 나오는 오보에의 선율, 제3악장의 현의 피치카토, 제5 <E단조>의 제2악장의 특성적인 선율(4분의 5박자) 등이 인상적이다. 차이코프스키의 특성은 그의 감상(感傷)과, 현란한 관현악 법, 그리고 러시아적인 특성일 것이다. 러시아의 국민적인 작가로서 보로딘(Alexander Borodin, 1843-1887)이나 림스키코르사코프 그리고 글라주노프가 있으나 차이코프스키 작품이 많이 연주되는 것은 그의 작품이 보다 보편적이고, 서구적인 낭만성을 내포하고 있기 때문일 것이다.

또한 보헤미아의 드보르자크(1841-1904)의 5편의 교향곡은 모두 국민적인 특성과 색채 적 효과가 풍부하여 귀중한 작품으로 되어 있다. 제5번 <E단조>

---

424) 金亨柱, op. cit., pp. 195.

은 작곡자가 미국에 체류하는 중에 작곡한 것으로 <신세계>(Aus der neuen Welt)라는 제목이 붙어 있다. 그 선율은 보헤미안 적이다. 제1악장은 느린 서주로 시작하여 제1주제가 호른으로부터 목관으로 잇는다. 제2주제는 플루트로 연주되며 결미는 양 주제의 대위법 적인 진행이 금관으로 시작되어 화려하게 끝맺는다. 제2악장은 유명한 '라르고'로서 광야의 새벽처럼 느껴지는 화음으로 시작하여 잉글리시 호른의 목가적인 선율이 흐른다. 이 제2악장의 주선율은 "꿈 속의 고향"이란 악곡으로 널리 알려져 있다.

베를리오즈의 작품은 다분히 표제음악 적이다(표제음악들은 대부분 낭만주의시대에 강조된 회화적인 기법들을 음악에 사용했는데 음을 소재로 마치 눈앞에 어떠한 전경이 펼쳐지듯이 묘사를 해내는 기법이라 묘사음악이라고도 불린다). 이밖에 불란서 프랑크의 작품 <D단조>교향곡은 구성적이며, 엄숙하나 그다지 화려하지 않은 작품이다.

예제 96) <신세계> 교향곡을 감상하고 감상록을 작성해 보자.

6) 근대의 교향곡

브루크너의 작품은 직접 슈베르트의 교향곡을 계승하는 낭만적인 것이지만 보다 기교적이다. 특히 제4번(E♭장조) <로맨틱>이 유명하다.

마라의 교향곡은 대대적이다. 제8번 <E♭장조>는 관현악 외에도, 7인의 독창자, 두 개의 합창과 하나의 어린이 합창으로 구성되어 연주 시 약 천명의 인원이 필요하기 때문에 속칭 <천명의 교향곡>이라고도 한다. 제2번 <C단조>는 알토와 합창, 제3번 <D단조>는 알토와 여성합창과 어린이 합창, 제4번 <G장조>는 소프라노를 사용한다. 그의 교향곡은 색채 적이며 기교적인 동시에 근대적이며 독창적인데다 그의 작품성이 숭고하며 내용이 풍부하다는데 가치성이 있는 것이다.[425]

---

425) *Ibid*, p. 198.

7) 현대의 교향곡

현대 교향곡은 20세기 초기까지의 영향을 받아 오던 대규모의 낭만성의 반동으로 너무 크지 않은 소규모의 관현악 편성을 사용하고 있다. 기교의 세련성, 감정의 직재적(直裁的)인 집약성(集約性)에 기안 한 것이다. 이는 형식의 간결, 다조 음악과 12음 기법 등의 무조음악의 창조와 병행하게 되었다. 불란서 미요의 제1번 <봄>, 제2번 <전원>, 제3번 <세레나데> 등 그밖에 작품, 그리고 야나체크(Leos Janacek, 1854-1928)의 <소교향곡>(Sinfonietta), 쉰베르크의 <실내교향곡> 등은 그 보기이다. 그의 제지인 12음 음악의 급진파 안톤 폰 베베른(1883-1945)의 교향곡 중에는 불과 3분밖에 걸리지 않는 작품도 있다. 그러나 프로코피에프, 쇼스타코비치, 시벨리우스 등 작곡가처럼 고전적이며 전통적인 관현악 편성법과 형식을 사용한 작가들도 있다.426)

8. 협주곡(協奏曲, Concerto)

협주곡이란 한 마디로 독주악기와 관현악을 위해 쓰여 진 소나타 또는 교향곡과 같은 연관형식(連關形式)의 큰 기악곡을 말한다. 이때 독주악기와 관현악은 대등한 위치에서 협주를 하게 된다.

협주곡은 독주악기의 화려한 연주기술이 중심이 된다.

협주곡으로서 피아노에 베토벤(특히 제5번 E^b장조), 브람스, 차이코프스키, 그리그, 리스트, 쇼팽, 슈만, 생상의 작품과 바이올린에 베토벤, 브람스, 브루크(Max Bruch, 1838-1920), 차이코프스키, 라로(Edouard Lalo, 1823-1829), 멘델스존, 글라주노프, 드보르자크, 그리고 첼로에 골터만(Georg E. Goltermann, 1824-1898), 슈만, 드보르자크, 생상의 작품이 유명하다.427)

---

426) *Ibid*, 198.
427) *Ibid*, p. 200.

이러한 협주곡의 형식은 소나타나 교향곡과 대차가 없으나, 연주양식에 따른 약간의 변화는 있다. 협주곡은 보통 3악장으로(빠르게-느리게-빠르게 하는 순서로) 구성된다. 제1악장은 대부분의 경우 소나타 형식에 의해 쓰여 지고, 고전적인 협주곡의 통례를 보면 총주 – 독주(제시부) – 총주 – 독주(전개부) – 총주 – 독주(재현부) – 총주(결미부 독주가 있는 경우도 많다.) 이러한 순서로 배열된다.428)

협주곡에서 카덴차(Cadenza)란 악곡의 형식에 구애됨이 없이 자유롭게 반주 없이 독주악기가 연주하는 기교적이고 장식적(裝飾的)인 악구이다. 이는 일정한 길이도 없고, 박자도 없는 수가 많다.

옛날 즉 17 · 8세기의 바로크 시대의 협주곡은 오늘날의 협주곡과 달라 하나의 합주협주곡의 형식이었다. 이 합주협주곡(Concerto grosso)은 몇 명의 독주부(Concertino라고 함)와 그리고 다른 세 사람(바이올린 둘, 첼로 하나)이었다. 이 콘체르토 그로소는 독주악기의 화려한 효과를 주로 삼는 것이 아니라 전체 합주의 강약이나 표현의 필요성에서 이루어진 형태인 것이다. 당시는 현악기의 연주법이 미숙해서 강약의 표현이 잘 되질 않았다. 때문에 강한 부분은 전 합주로서 약한 부분은 독주 부(세 사람)만이 연주하여 음량과 강약을 조절하게 되어 있었다.

바흐는 여섯 곡의 <브란덴부르크 협주곡>을 남겼다. 제1번은 악기편성이나 악장구조는 오늘날의 협주곡과는 근본적으로 달리한 특수한 형식 그리고 대위법적인 기교가 특색이다.

리스트의 <헝가리안 랩소디>의 제2번에서 편곡한 <헝가리 환상곡>, 슈만의 <작품 92번>, 생상의 <작품 89번>, 쇼팽의 <작품 46번> 등은 피아노곡의 보기이다. 또한 베토벤의 유명한 <로맨스>(작품 40번 G 장조와 작품 50번 F장조)도 론도 형식으로 된 느린 서정적이고, 감미로운 바이올린 곡의 보기이다.

사라사테의 <찌고이네르바이젠>(집시의 노래)도 역시 협주적인 악곡인데, 이는 대단히 화려한 곡이다. 헝가리적인 특성을 살린 작품으로는 리스트의 <헝가리안 랩소디>, 브람스의 <헝가리 무곡> 등이 있다. 관현악 반주의 바이

---

428) *Ibid*, p. 202.

올린 곡으로 이밖에도 파가니니의 <광상곡>, 생상의 <협주곡>, <서주와 광상적 론도>, 위니아프스키의 <모스코의 추억> 등 유명한 곡이 많다.

첼로를 위한 작품도 많다. 부룩크의 헤브라이 선율에 의한 <기도>, 보엘만(L. Boellmann)의 <교향 협주곡>, 고타만의 <로맨스>와 <타란텔라>(작품 60번), 차이코프스키의 <로코코 주제에 의한 변주곡>(작품 33번) 등은 그 보기로서 많은 애호를 받고 있다.429)

예제 97) 기억에 남는 오라토리오, 오페라, 뮤지컬 목록을 작성해 보자.
98) 즐겨 들었던 표제음악의 목록과 감상록을 작성해 보자.

9. 표제음악(標題音樂, Program Music)

1) 표제음악(標題音樂, Program Music)

표제음악은 음악의 내용이나 줄거리를 설명하는 표제(Program)를 가지고 있는 음악이며, 교향악 시(交響樂詩, Symphonic Poem)나 묘사음악(描寫音樂, Sketch music) 등은 그 보기이다. 따라서 교향곡, 협주곡, 실내악곡, 소나타 등 작곡자의 주관적인 예술 상념을 창조하는 절대음악(絶對音樂)과는 달리 그 표현방법이나 형식이 달라진다.

근대 독일의 대 작곡가 리하르트 슈트라우스의 <가정교향곡>도 하나의 표제음악이다. 리스트의 교향시도 표제음악의 한 보기이다. 그의 12개의 교향시 중 제3번 <전주곡>은 불란서의 시인 라마르티누의 시집 '시적 명상'의 15번 '전주곡'을 주제로 삼아 작곡한 것이다.

슈트라우스의 유명한 교향시 <영웅의 생애>는 영웅과 그의 배우자를 대립

---

429) *Ibid*, p. 208.

시키므로 그와 그의 아내를 묘사하고 있다. 표제음악도 표제를 생략할 수 있다. 베토벤의 교향곡 중에도, 베를리오즈의 서곡 <로마의 사육제>, 셰익스피어의 소설에 의한 차이코프스키와 베를리오즈의 <로미오와 줄리엣>, 슈트라우스의 <틸 광대의 장난> 등도 표제를 붙이지 않고 있다.

표제란 악곡의 줄거리이며, 내용인 것이다. <전주곡>이라든가 <영웅의 생애>는 악곡의 이름이다. 슈만의 작품에 <어린이의 정경>이라든가 그 중의 '꿈' '사육제' 또는 '에스토레라'라고 하는 암시적이고 로맨틱한 이름을 가지고 있는 기악곡, 이밖에 제목을 가진 악곡들이 많은데 이들은 넓은 의미에서 표제음악일지 모르나 특정한 줄거리나 이야기를 갖지 않기 때문에 표제음악이라 할 수 없다.

리스트의 <전주곡>은 불란서의 시인 라마루티누의 시를, 드뷔시의 <목신의 오후에의 전주곡>은 말라르메의 시를, 슈트라우스의 <돈·판>은 레너의 시를, 리스트의 <오르페우스>(Orpheus)는 작곡자의 글을, 림스키코르사코프의 <세헤라자데>는 작곡자의 설명문이 표제가 되어 있다.

표제음악에는 무소르그스키(1839-1881)의 <전람회의 그림>처럼 회화를 표제로 하는 수도 많다.430)

2) 교향시(交響詩)

음악으로서 시적 내용이라든가 사상 또는 인물, 풍경, 전설들을 그린 표제음악을 일반적으로 음시(音詩, Ton Poem)라고 하는데, 자연 음이라든가 어떠한 현상을 직접 묘사하는 경우, 어떠한 특정한 선율이나 율동적인 악구를 설정하여 듣는 사람의 체험이나 연상으로 이해시키는 간접적인 묘사도 있는 것이다. 음시는 여러 가지 독주악기에 의한 것도 있지만 가장 규모가 큰 것에 교향시가 있다. 교향시는 리스트가 창안한 것인데, 이는 교향곡과 같은 편성이 큰 관현악을 위한 표제음악으로서 시적(詩的)관념이 음악의 중심이 된다. 베토벤이나 멘

---

430) *Ibid*, p. 214-215.

델스존처럼 표제를 음악으로 묘사 설명하는 것이 아니라 특정한 표제에 의하여 작곡자의 마음에 떠오르는 시적 상념을 음악적으로 표현하는 것이다.

리스트는 12편의 교향시를 남겼는데, 교향시 제1번은 '가을의 꽃'의 제5호에 의한 <산 위에서 들은 것>이다. 제2번은 바이런의 '탓소의 비탄'에 의한 <탓소의 비탄과 승리>이다. 제4번은 희랍 신화에 나오는 음악의 신 <오르페우스>, 제5번도 희랍의 신화에 의한 <프로메테우스>(Prometheus)로서 자유를 희구한 신의 투쟁과 고민을 주제로 한 것이다. 제6번의 <마제파>는 코자크의 대장 마제파를 그린 유우고의 시 '동양인'(Orientales)을 표제로 하고 있다. 제7번은 <제전의 울림>, 제8번은 <영웅의 애도>, 제9번은 <헝가리>, 제10번은 <햄릿>(Hamlet), 제11번은 <카우르 바흐>, 제12번은 쉴러의 시에 의한 <이상>(Die Ideale)이다. 이외에도 희곡에 의한 <파우스트 교향곡>, 단테의 신곡에 의한 <단테 교향곡>의 교향적 표제음악도 작곡했다.431)

불란서의 생상도 4개의 교향시를 남겼다. 제1번은 <옹팔르의 물레>, 제2번은 <파에통>(Phaeton), 제3번은 <죽음의 무도>, 제4번은 <헤르큐레스의 청춘>이다.

보헤미아의 스메타나는 6개의 교향시 즉 1번 <뷔세휘라드>, 2번 <몰다우강>, 3번 <살카>, 4번 <보헤미아의 들판에서>, 5번 <타보오르>, 6번 <블라니크> 등을 <나의 조국>(Mein Vaterland)이란 제목으로 교향시 연쇄 곡을 구성하고 있다.

스메타나의 제자 드보르자크는 5편의 교향시를 남겼다. 제1은 <물 사람>, 제2는 <한낮의 요마>, 제3은 <황금의 물레>, 제4는 <숲 속의 비둘기>, 제5는 <영웅의 노래>이다.

스크리아빈(Alexander Scriabin, 1872-1915)은 3편의 교향곡 외에 교향악 적 교향시라고 할 수 있는 <법열의 시>, <프로메테>, <불의 시> 등을 남겼다.432)

베버의 <무도회에의 권유>는 피아노 왈츠였는데, 후에 베를리오즈, 봐인 갈트너에 의해 관현악으로 편곡되어 자주 연주되었다.

---

431) *Ibid.*, p. 216.
432) *Ibid.*, p. 219.

10. 여러 가지 기악곡

1) 서곡과 전주곡

서곡(Overture)은 가극이나 연극의 막이 오르기 전 연주되는 기악곡을 말한다. 그러나 오늘날에는 독립적으로 음악회에서 연주되는 서곡도 많다. 원래 서곡이라는 말은 17 · 8세기경에 관현악용 조곡에서 그 첫 곡을 서곡이라 했고, 독주곡인 경우 그 첫 곡을 전주곡이라 불렀다. 루이 14세의 궁정 악장을 하고 있던 륄리(Lully, 1632-1684)에 의해 완성되었다. 이는 느리고 장중한 부분, 빠른 푸가, 그리고 무곡 적인 부분의 3부분으로 구성되는데, 헨델의 오라토리오 <삼손>의 서곡이 그 보기이다.433)

베토벤은 단 하나인 가극에 4곡의 서곡을 남겼는데, <피델리오의 서곡>이 하나, <레오노레>의 서곡이 3개이다.
로시니의 <윌리엄 텔>의 서곡은 전체의 통일적 요소가 없는 '새벽' '폭풍우' '적막' 그리고 '행진곡'의 4가지 부분이 접속되어 있다. 바그너는 가극형식을 <탄호이저>와 <로엔그린>에서 끊고, 새로운 악극형식으로 일대 개혁을 했는데, 이때 악극 앞에 연주되는 관현악 곡을 서곡이라 하지 않고, 전주곡(Prelude; Intermezzo)이라 불렀다. 서곡에는 처음부터 연주회를 위한 독립적인 기악곡으로서 쓰여 진 곡을 연주회용 서곡(Concert Overture)이라 한다.434)
멘델스존의 <핑갈의 동굴>, <메루우지네>, <바다의 정적과 행복한 항해> 등의 서곡을 남겼다. 베토벤의 <코리올란>, <프로메테우스의 창조>, <에그몬트>는 원래 본격적인 서곡이지만 연주회용 서곡과 별 차이가 없다. 드보르자크의 <자연에서>, <사육제>, <오텔로>의 서곡은 3부적 서곡으로 제1은 자연, 제2는 삶, 제3은 사랑을 그린 것이다.

---

433) Ibid, p. 229.
434) Ibid, p. 232.

근대적 서곡으로 브람스의 <대학축전서곡>과 <비극적 서곡>은 명작이다. 전주곡으로 유명한 것은 이미 설명한 불란서 인상파 드뷔시가 상징파 시인 말라르메(1842-1898)의 시 '목신의 오후'에 붙인 <전주곡>이다.

2) 환상곡

작곡자의 마음에 떠오른 시작인 환상을 자유로운 형식으로 그린다든가 또는 어떤 일정한 선율을 주제로 자유롭게 변주하여 꾸며 놓은 것을 환상곡(Fantasie)이라 한다. 그 대표적인 작자는 슈만이다. 작품1번은 <아베크에 의한 변주곡>, 그리고 제2번 <나비>는 12편의 소곡으로 되어있다. 작품 9번은 <사육제>(Carnival)로 22편의 소곡으로 이루어져 있다. 작품 12번의 <환상곡집>은 우수한 작품으로 8편의 소곡으로 구성되어 있다. 작품 13번의 교향적 연습곡은 프리켄의 주제에 의한 12편의 변주곡으로 구성된 교향적인 피아노곡이다. 작품 15번의 <어린이 정경>은 13편의 소곡으로 되어 있는데, <꿈>(트로이메라이, Träumerei)은 너무나도 유명한 곡이다. 이 곡은 바이올린이나 관현악용으로도 편곡되어 자주 연주된다.

3) 발라드(Ballade)

발라드는 하나의 서정적인 곡으로서 우리말로 번역하자면 담시곡(譚詩曲)이라 한다. 원래는 서정시의 한 명칭이었는데, 후에 음악의 이름이 되었다. 특히 쇼팽의 <G단조>(작품 23번), <F장조>(작품 38번), <A^b장조>(작품 47번), <F단조>(작품 52번)의 4곡이 잘 연주된다.

4) 세레나데(Serenade)

세레나데는 저녁음악 또는 밤의 음악이라는 뜻으로 소야곡(小夜曲이)이라고도 한다. 세레나데도 여러 악장으로 꾸며져 관현악을 위해 쓰여 지고 있다. 하이든이나 모차르트의 경우도 이러한 보기이며 밤의 연회를 위한 살롱 음악이라 할 수 있다. 베토벤의 <세레나데>(작품 8번), <D장조 세레나데>(작품 25번), <제2 세레나데>(A장조) 그리고 모차르트의 <D장조 세레나데>, 그의 가극 <돈 조반니>의 제2막에서 연인의 창 밑에서 부르는 세레나데는 서정적이며 낭만적이다.

5) 랩소디(Rhapsodie)

랩소디는 우리말로 시곡(詩曲) 또는 광시곡(狂詩曲)이라고도 하며 어떠한 특정한 내용보다도 단지 작곡자의 마음에 떠오른 자유로운 환상을 자유로운 형식으로 그려놓은 것을 말한다. 이 말을 최초로 사용한 사람은 보헤미아의 작곡가 토마세크(1774-1850)인데 그는 피아노를 위한 여섯 곡의 랩소디를 썼다. 또한 헝가리 민요를 연구하여 <헝가리안 랩소디> 15편을 남겼다.

6) 카프리치오(Capriccio)

카프리치오는 우리말로 '광상곡'(狂想曲) 또는 '기상곡'(綺想曲)이라 하는데, 마음에 쓰이는 대로라든가, 마음이 변하기 쉽다는 의미를 가지고 있다. 따라서 카프리치오는 작곡자의 주관에 의해 자유분방하게 꾸며 가는 형식과 내용을 말하는 것이다.

바흐의 6곡으로 된 피아노를 위한 <카프리치오>(B^b장조), 루빈스타인의 <카프리치오 풍의 왈츠>, 브람스의 <몇 곡의 피아노 곡>이 있다. 관현악 곡으로는 차이코프스키의 <이태리 풍의 카프리치오>, 림스키코르사코프의 <스페인 풍의 카프리치오> 등이 있다.

7) 무곡(Dance)[435]

---

435) *Ibid*, pp. 239-241.

무곡은 무용에 수반되어 쓰여 진 악곡을 말하는 것인데, 후에는 실제의 무도나 무용에 관계가 없는 무곡의 형식에 의한 악곡을 작곡하게 되었다.

(1) 하바네라(Habanera)

쿠바의 하바나(Havana)에서 시작된 무곡으로 2/4박자의 탱고 비슷한 리듬을 가지고 있다. 가극 <카르멘>에 나오는 <하바네라의 노래>가 유명하다.

(2) 볼레로(Bolero)

활기 있는 3박자의 스페인 무곡으로 라벨의 관현악 곡이 유명하다.

(3) 호다(Hoda)

스페인 아라곤 지방의 춤곡으로 3박자이며, 사라사테나 파리아의 작품이 있다.

(4) 판댕고(Fandango)

3박자의 옛 스페인 무곡이다.

(5) 세기디랴(Seguidilla)

3박자의 스페인 무곡으로 느리고 빠르고 하는 양조가 교대로 되어 있다. <카르멘>의 제1막에 이 노래가 나온다.

(6) 트레파크(Trepack)

러시아의 빠른 2박자의 무곡으로 차이코프스키의 <호두까기인형> 조곡에도 있다.

(7) 타란텔라(Tarantella)

이태리의 나폴리 지방 춤곡으로 6/8박자의 대단히 빠른 무곡이다.

(8) 살타렐로(Saltarello)

빠른 3박자의 16세기경부터 있었던 이태리의 무곡이다. 베를리오즈의 <로마 사육제>, 멘델스존의 <이태리교향곡>에 이 무곡을 사용하고 있다.

(9) 시칠리아나(Siciliana)

이태리의 시칠리아도의 농민들의 무곡으로 6/8박자의 아름다운 선율이다.

(10) 폴로네즈(Polonaise)

폴란드의 민속 무곡으로 느리고 위엄이 있는 4박자의 무곡이다. 이 율동은 특성적이며 쇼팽의 피아노를 위한 13곡의 폴로네즈는 유명하다.

(11) 마주르카(Mazurka)

폴란드의 민속 무곡으로 3박자로 되어있는 왈츠와 비슷한 반주를 가지고 있다. 그러나 왈츠처럼 부드럽지 않고 소박하고 거칠다. 그리고 제2박과 제3박에 강박이 온다. 쇼팽의 피아노를 위한 51편의 마주르카는 예술적 향기가 있는 작품이다.

(12) 왈츠(Waltz)

17세기 독일에서 생긴 무곡 '렌트라'에서 발전한 3박자의 화려한 무곡이다.

이 왈츠를 출 때는 원형을 그리며 추기 때문에 원무 곡이라고도 한다. 이바노비치(Iosif Ivanovich, 1845?-1902)의 유명한 <다뉴브 강의 물결>은 4개의 왈츠가 연결되어 그 앞에 서주(Introduction) 끝에 결미부가 있다. 비엔나 왈츠를 창시한 요한·슈트라우스(1825-1899)의 <아름답고 푸른 다뉴브>는 다뉴브 강을 묘사한 것으로 서주에 이어 5개의 왈츠가 연결되어 구성된 곡이다. 이밖에 <비엔나 숲 이야기>, <예술가의 생애> 등도 유명하다.

(13) 탱고(Tango)

스페인 특유의 2박자 무곡으로, 하바네라를 근대화한 것이다. 강렬한 음률과 이국적인 색채가 풍부하다. 남미 특히 아르헨티나 탱고는 멕시코나 쿠바의 그것보다 부드럽고 관능적이다.

(14) 폴카(Polka)

2박자의 보헤미아의 무곡으로 행진곡 풍의 빠르고 경쾌한 것이다. 스메타나, 드보르자크의 예술적인 작품도 있다.

(15) 래그타임(Ragtime)

20세기 초 미국의 남부지방 흑인들 간에 생긴 것으로, 브루스나 폭스트로트는 모두 여기서 발전한 것이다.

8) 행진곡(March)

행진곡은 원래 행진을 위해 쓰여 진 악곡이지만 후에는 실제의 행진을 수반하지 않는 행진곡도 작곡하게 되었다. 형식은 보통 3부 형식으로 앞뒤에 서주와 결미를 가지고 있는 것도 있다. 박자는 2박자, 4박자, 또는 6박자가 사용된다. 주

부는 힘차고 율동적이며 트리오(중간악구)는 아름답고 선율 적이며, 많은 경우 딸림음 조나 버금딸림음 조로 씌어진다.

행진곡에는 군대행진곡, 결혼행진곡, 종교적 제전이나 가극에 나오는 규모가 큰 행진곡, 그리고 장송행진곡 등이 있다. 슈베르트의 <군대행진곡>, 미국의 행진곡의 왕 수자(John Philip Sousa)는 <성조기여 영원 하라>, <사관후보생>, <워싱턴 포스트>, <미 중의 미> 등 많은 작품을 남겼다. 멘델스존의 "한 여름밤"에 나오는 <결혼행진곡>, '로엔그린'에 나오는 바그너의 <결혼행진곡>이 유명하며, 바그너의 가극 '탄호이저'에 나오는 행진곡, 가극 '아이다'에 나오는 <개선행진곡>, 차이코프스키의 <슬래브 행진곡>, 그리그의 <충성행진곡>, 생상의 <영웅 행진곡>, 장송행진곡도 바그너의 악극 '신의 황혼'에 나오는 <지그프리이드의 장송행진곡> 등이 있다.436)

  예제 99) 세계 3대 오라토리오를 듣고, 각각 해설해 보자.
     100) 헨델의 <메시아>를 감상하고 감상록을 작성해 보자.
     101) 하이든의 <천지창조>를 감상하고 감상록을 작성해 보자.
     102) 멘델스존의 <엘리야>를 감상하고 감상록을 작성해 보자.

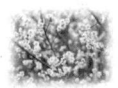

제3절 연간 감상 계획

음악은 많이 들어야 한다. 음악을 듣는 일은 연주나 작곡 이상으로 중요하다. 왜냐하면 감상은 곧 인간의 감성에 자극을 주어 정서를 풍부하게 하여 간의 삶을 풍요하게 하기 때문이다. 음악은 여러 시대 여러 종류 음악을 폭넓게 듣는 습관이 중요하다. 아래 도표의 연간 필수 감상 곡 목록을 참조하여 자기의 감상계획을 세워 보자. < 도표 19 >

---

436) *Ibid*, p. 242.

< 도표 24 > 연간 음악 감상 계획

월별	시대별 악파	연 차 별			
		1	2	3	4
1	바로크 시대	바흐 : <G선상의 아리아>	헨델 : <수상 음악>	헨델 : <유다스 마카베우스>	바흐 : <푸가>
2	고전파	하이든 : 교향곡 <장난감>	하이든 : 오라토리오 <천지창조>	모차르트 : <진혼곡>	모차르트 : <피가로의 결혼>
3	전기 낭만파	베버 : <마탄의 사수>	베버 : <무도회의 권유>	슈베르트 : 피아노 5중주곡 <숭어>	멘델스존 : <엘리야>
4	후기 낭만파	바그너 : 오페라 <탄호이저>	베르디 : 오페라 <춘희>	프랑크 : <바이올린 소나타>	브람스 : <대학 축전 서곡>
5	국민 악파	무소르크스키 : <전람회의 그림>	차이코프스키 : 교향곡 6번<비창>	드보르자크 : <신세계 교향곡>	그리그 : <페르귄트>
6	근대·현대	드뷔시 : <목신의 오후에의 전주곡>	버르토크 : <바이올린 협주곡>	힌데미트 : <화가마티스>	스트라빈스키 : 무용조곡 <불새>
7	여러 악파	푸치니 : <마논 라스코>	마스카니 : <카바레리아 루스티카나>	오펜바흐 : <천국과 지옥>	수자 행진곡 <사관후보생>
8	국민 악파	차이코프스키 : 무용모음곡 <백조의 호수>	그리그 : <피아노협주곡>	보로딘 : 교향시 <중앙아시아 고원에서>	스메타나 : 교향시 <나의 조국>
9	후기 낭만파	생상 : <삼손과 델릴라>	비제 : <카르멘>	포레 : <진혼곡>	푸치니 : <토스카>
10	전기 낭만파	쇼팽 : 피아노곡 <발라드1번>	슈만 : 피아노곡 <나비>	베를리오즈 : <로마의 사육제>	리스트 : <봄의 정서와 사랑>
11	고전파	베토벤 : 교향곡5번 <운명>	베토벤 : 교향곡 6번 <전원>	베토벤 : 피아노소나타 23번 <열정>	베토벤 : 교향곡9번 <합창>
12	바로크 시대	바흐 : <브란덴부르크 협주곡>	헨델 : 오라토리오 <메시아> "할렐루야"	헨델 : 오라토리오 <메시아> "내 주는 살아계시고"	헨델 : 오라토리오 <메시아> "아멘 코러스"

제4절 지휘자(Conductor)

　많은 사람이 한 악곡을 합주 또는 합창을 할 때에는 전체를 통솔하여 악곡의 뜻을 나타내는 연주를 지휘하는 지휘자(Conductor)가 필요로 하게 된다. 그래서 편성이 작은 관현악단이나 특수한 관현악단(소련의 펠심판스 교향악단)을 제외하고는 표준적인 일반교향악단에는 반드시 지휘자가 있다.
　지휘의 역사는 일찍이 13세기부터 시작되었으나 오늘날과 같은 지휘의 역할과 목적이 뚜렷해진 것은 17세기 초엽에 이태리의 가극이 성행했을 때부터라고 할 수 있다. 당시에는 주로 작곡가가 하프시코드나 쳄발로 옆에 앉아서 자기 자신이 연주하면서 사이에 손짓 몸짓으로 박자를 저어 지휘를 하였다. 이와 같은 지휘법은 이탈리아로부터 불란서로 건너가 륄리나 라모 등에 의해 보급되었고, 륄리의 제자 파아셀에 의해 영국에 널리 보급하게 되었다. 또한 독일의 가극 작곡가쉬츠가 이태리의 페리의 가극 <다프네>를 독일로 수입하여 드레스덴에서 처음 상연하였을 때 지휘법도 동시에 수입하여 처음으로 지휘를 했다고 한다. 이 방법이 19세기 초기까지 구라파 전역에 걸쳐 사용되었는데, 이와 병행해서 지휘자가 따로 기다란 나무 조각이나 악보를 둘둘 만 것을 가지고 흔들면서 박자를 저었다고 한다. 륄리는 너무 흥분한 나머지 기다란 지휘봉을 흔들다 자기 무릎을 쳐서 거기가 곪아 그로 인해 사망했다(1687년)고 한다.
　1820년경부터 낭만주의 경향에 따라 인간의 감정을 섬세하게 정서에 담아 격동하는 정열 등을 강하게 표현하려는 작품이 많아지자 자연히 관현악의 편성이 증대되고 지휘자의 역할 또한 독립적으로 분리되어 오늘날과 같은 지휘 형태로 발전하게 되었다. 지휘봉(Baton)을 들고 처음으로 지휘한 사람은 작곡가인 동시에 바이올리니스트인 슈포어이며, 1820년의 일이다. 그리고 1829년 5월에 멘델스존이 런던에서 자기의 교향곡을 피아노에 앉아서 지휘한 것이 구식 지휘법의 최후라고 한다.
　오늘날 지휘자의 가장 큰 임무는 악곡의 정확한 해석(Interpretation)에 있는 것이다. 즉 모음악보(總譜, Score)를 빠르고도 바르게 읽어 그 형식은 물론 악곡이 지니는 내용을 파악하여 이를 가장 타당하고 효과 있게 연주해야 한다.

때문에 지휘자는 속도, 박자, 율동, 강약, 분절 법은 물론 관현악 법까지 결정하는 수가 많다. 물론 이러한 것은 악보에 적혀 있다고는 할 것이나 실제로 결정한 것은 지휘자이다. 때문에 동일한 작품이라 할지라도 지휘자에 따라 색다른 인상을 받게 되며 해석적인 지휘자라고 불리는 이유도 여기에 있다.437)

그러므로 지휘자는 자기가 생각한대로 자유롭게 관현악을 이끌 수 있는 능력이 있어야 하며 여러 가지 악기의 연주 기술이나 그 성능, 효과 등에 대해서도 깊은 이해가 있어야 한다. 그리고 많은 단원을 이끌어가기 때문에 지휘자는 신뢰와 존경을 받을 수 있는 인격과 교양을 갖추어야 한다.

세계적인 지휘자로 바인가르트너(Weingartner, Felix, 1863-1942, 독일), 토스카니니(Toscanini, 1867-1957; 이태리), 멩겔베르크(Mengelberg, Willem, 1871-1951, 네덜란드), 몽퇴(Monteux, Pierre, 1875-1964, 러시아-미국), 발터(Walter, Bruno, 1876-1962), 라무르(Lamoureux, Charles, 1834-1899, 불란서), 피에르네(Pierne, Gabriel, 1863-1937), 푸르트벵글러(Furtwängler, Wilhelm, 1886-1954, 독일), 그리고 스토코프스키(Stokowski, Leopold, 1882-1977, 미국), 오르먼디(Ormandy, Eugene, 1899-미국), 로진스키(Rodzinski, Artur, 1894-1958, 미국), 카라얀(Karajan, Herbert von, 1908-1989, 오스트리아-독일), 안세르메(Ansermet Ernest, 1883-1969, 스위스), 뮌슈(Munch Charles, 1891-1968, 불란서), 칼 뵘(Böhm, Karl, 1894-1981, 독일), 셀(Szell, George, 1897-1970, 헝가리), 클뤼탕쉬(Cluytens, Andre, 1905-1967, 불란서), 번스타인(Bernstein, Leonard, 1918-1991, 미국) 등을 들 수 있다.438)

대한민국의 애국가를 작곡한 안익태(1906-1965)씨도 파리 콩세르, 런던 로열 필하모니, 로마 심포니, 베를린 필하모니, 빈 필하모니, 로스앤젤레스 필하모니, 일본 NHK 등을 지휘했다.439)

예제 103) 세계적인 지휘자들의 작품을 듣고 비교 감상해 보자.
　　　104) 안익태의 '코리아 환상곡'을 감상하고 느낌을 정리해 보자.

---

437) *Ibid.* p. 185-186.
438) *Ibid*, p. 186.
439) 안익태 선생 1962년 미국 신시내티 교향악단지휘 모습(본서 p.120. 참조).

고통은 나눌수록 작아지지만
사랑은 나눌수록 커지는 법입니다
사랑하지 않아도 줄 수는 있습니다
그러나...
주지 않으면서 사랑할 순 없습니다!

부 록

[부록 1] 『통일찬송가』 중 복음가 일람
[부록 2] 악기가 언급된 주요 성경 구절들
[부록 3] 5도 권(五度圈)
[부록 4] 그레고리 찬트
[부록 5] 관현악기 개요
[부록 6] 이조악기 조성 기호 대조표
[부록 7] 코드이름(Chord Name) 일람

[부록 1] 『통일찬송가』중 복음가 일람

12, 17, 35, 43, 46, 49, 71, 72, 74, 83, 84, 86, 87, 88, 89, 90, 91, 93,
95, 96, 97, 98, 99, 101, 102, 133, 135, 137, 138, 139*, 142, 144, 146,
150, 151, 158, 159, 162, 163, 164, 168, 169, 172*, 177*, 179, 180, 181,
182, 183, 184, 185, 186, 187, 188*, 189, 190, 191, 192, 193, 194, 195,
197, 198, 199, 200, 201, 202, 203, 204, 205, 206, 207, 208, 209, 210,
211, 212, 213, 214, 215, 217*, 218, 219, 220, 221, 222, 223, 224, 226,
228, 230, 231, 232, 233, 234, 235, 236, 241, 249, 251, 252, 253, 257,
258, 259, 260, 262, 263, 268, 270, 271, 274, 275, 276, 277, 289, 291,
292, 293, 295, 299, 300, 302, 311, 313, 314, 315, 318, 319, 320, 321,
323, 324, 326, 327, 328, 329, 330, 331, 332, 333, 335, 336, 337, 340,
342, 343, 344, 346, 349, 351, 352, 353, 354, 356*, 358, 359, 360, 361,
362, 363, 364*, 365*, 368, 370, 371, 373, 375, 377, 379, 382, 385, 387,
388, 391, 392, 393, 394, 395, 396, 397, 399, 400, 401, 402, 403, 404,
406, 408, 409, 410, 411, 412, 413, 414, 416, 417, 419, 421, 422, 423,
424, 425, 426, 427, 432, 434, 436, 439, 440, 442, 444, 446, 447, 448,
449, 450, 455, 456, 457, 458, 462, 463, 464, 465, 466, 468, 469, 470,
472, 473, 474, 476, 478, 480, 481, 482, 483, 484, 485, 486, 487, 488,
489, 490*, 491, 492*, 494, 495, 496, 497, 498, 499, 500, 501, 502, 503,
504, 505, 506, 507, 508, 509, 511*, 512, 513, 516, 519, 524, 528, 529,
530, 532, 534, 535, 537, 539, 541, 542, 543, 544, (총 281곡: 50.4%)

*위 복음성가 중 밑줄 그은 찬송은 아멘(Amen)코드가 붙어 있다. 찬송가로 끝나는 것은 아멘 코드를 붙일 수 있으나 원작에도 없는 아멘 코드를 붙여 넣은 것은 잘못이라고 본다.

* 별표(*)를 붙인 찬송은 「Worship in Song」에는 아멘 코드가 없는 곡들이다.

[부록 2] 악기가 언급된 주요 성경 구절들 1)

창 4:21	Kinnor, Ugab
창 31:27	Kinnor, Toph
출 15:20	Toph (and Machol)
출 28:33, 34, 39:25, 26	Phà-amon
레 23:24	Keren
레 25:9	Shophar
민 10:2, 8, 9, 10	Khatsotsrah
민 31:6	Khatsotsrah
수 6:4, 5, 6, 8, 9, 13	Keren, Shophar
삿 3:27; 6:34; 7:8, 16, 18, 19, 20	Shophar
삿 6:34	Toph (and Machol)
삼상 5:5	Nebel, Toph, Khalil, Kinnor
삼상 8:3	Shophar
삼상 16:16,23	Kinnor
삼상 18:6	Thoph, Shalishim
삼하 2:28	Shophar
삼하 6:5	Kinnor, Nebel, Toph, Menaaneim, Mtziltayim
삼하 6:15; 15:10; 18:16; 20:1, 22	Shophar
왕상 1:34, 39, 41	Shophar
왕상 1:40	Khalil
왕상 10:12	Kinnol, Nebel
왕하 9:13,	Shophar
왕하 11:14, 12:13	Khatsotsrah
대상 13:8	Kinnor, Nebel, Toph, Mtailtayim, Khatsotsarah
대상 15:16, 19, 20	Nebel, Kinnor, Mtailtayim
대상 15:15:21, 24, 28	Nebels on Alamoth, Kinnors on the Sheminith, Khatsotsarah Shophar, Mtziltayim, Nebel, Kinnor
대상 16:5	Nebel, Kinnor, Mtziltayim
대상 16:6	Khatsotsarah
대상 16:42	Khatsotsarah, Mtziltayim
대상 25:1, 3, 5, 6	Kinnol, Nebel, Keren, Mtziltayim
대하 5:12, 13	Mtziltayim, Nebel, Kinnor, Khatsotsarah
대하 7:6	Shophar, Khatsotsrah
대하 9:11	Kinnor, Nebel
대하 13:12, 14	Khatsotsrah
대하 15:14	Shophar, Khatsotsrah
대하 20:28	Nebel, Kinnor, Khatsotsarah
대하 23:13	Khatsotsrah
대하 29:25, 26, 27, 28	Mtailtayim, Nebel, Kinnor
스 3:10	Khatsotsrah, Mtailtayim
느 4:18, 20	Shophar
느 7:35, 41	Mtailtayim, Nebel, Kinnor
욥 21:12	Toph, Kinnor, Ugab
욥 30:31	Kinnor, Ugab
욥 39:24, 25	Shophar
시 5:1	Nechiloth
시 33:2	Kinnor, Azor

[부록 2] 악기가 언급된 주요 성경 구절들 2)

시 43:4	Kinnor		사 30:32	Toph, Kinnor
시 45:8	Minnim(Stringed Instruments)		사 58:1	Shophar
시 47:5	Shopar		렘 4:5, 19, 21; 6:1, 17	Shophar
시 49:4	Kinnor		렘 31:4	Toph, *Machol*
시 53:(title)	*Machalath*		렘 42:14	Shophar
시 57:8	Kinnor, Nebel		렘 48:36	Khalil
시 68:25	Toph		렘 51:27	Shophar
시 71:22	Nebel, Kinnor		애 5:15	*Machol*
시 81:2	Toph, Kinnor, Nebel		겔 26:13	Kinnor
시 81:3	Shophar		겔 28:13	Toph, Nebel
시 88:(title)	*Machalath*		겔 33:3, 4, 5, 6	Shophar
시 92:1-3	Azor, Kinnor, Nebel		단 3:5, 7, 10, 15	Keren, Mashrokitha,
시 98:5-6	Kinnor, Shophar, Khatsotseah			Kithros, Sabeca, Psanterin, Sumphonia
시 108:2	Nebel, Kinnor		호 5:8	Khatsotsrah, Shopar
시 137:2	Kinnor		호 8:1	Shopar
시 144:9	Nebel Azor		욜 2:1, 15	Shopar
시 149:3	*Machol*, Toph, Kinnor		암 2:2; 3:6	Shopar
시 150:3	Shophar, Nebel, Kinnor		암 5:23; 6:5	Nebel
시 150:4	Toph(and *Machol*), Minnim,		습 1:16	Shopar
	Ugab, Mtziltayim(two kinds)		슥 9:14	Shopar
사 5:12	Kinnor, Nebel, Toph, Khalil		슥 14:20	*Metailoth*
사 14:11	Nebel		마 9:23	Aulos
사 16:11	Kinnor		고전 13:1	Kumbalon
사 18:3	Sophar		고전 14:7	Kithara, Aulos
사 23:16	Kinnor		계 1:10; 4:1, 9:14	Salpinx
사 24:8	Toph, Kinnor		계 5:8, 14:2	Kithara
사 27:13	Sophar		계 18:22	Kithara, Aulos, Salpinx
사 30:29	KHalil			

[부록 3]   5도권(五度圈)

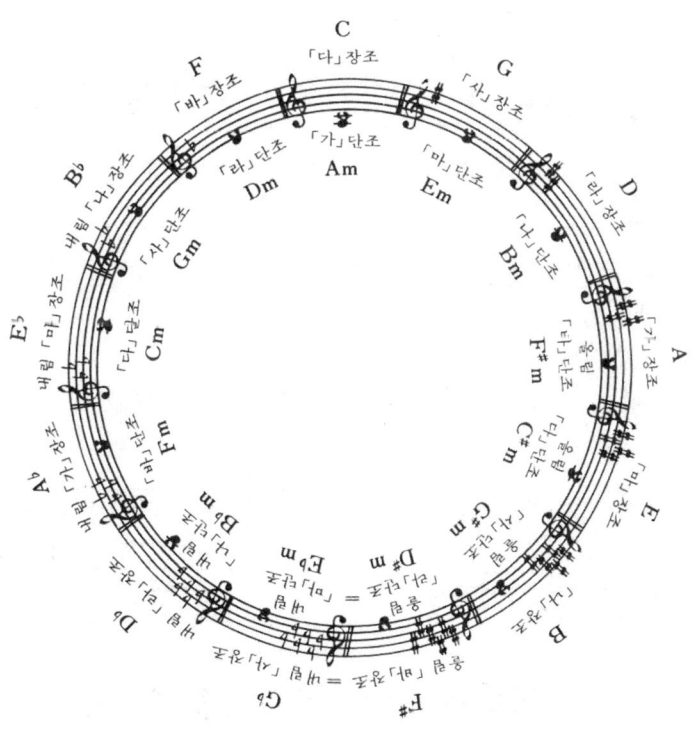

(○는 장조의 으뜸음, ●는 단조의 으뜸음의 위치를 나타냄)

[부록 4] 그레고리안 찬트(GREGORIAN CHANT 1, 2, 3)

GREGORIAN CHANT: ANTIPHON AND PSALM 113

1. Gregorian Chant
Antiphon, *Laus Deo Patri*
Psalm 113, *Laudate pueri*

GREGORIAN CHANT: ALLELUIA

2. Gregorian Chant
Alleluia, *Vidimus stellam*

[부록 5] 관현악기 개요(Instrumentation)

1. 현악기(The Strings)
1) 현악기 조율법(Tuning)

(1) 바이올린(Violin)

(2) 비올라(Viola)

(3) 첼로(Cello)

(4) 더블베이스(Double Bass)

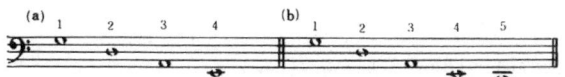

① 바이올린, 비올라, 첼로는 각각 완전5도로 조율하고, 더블베이스만은 완전 4도로 조율한다.
② 비올라와 첼로는 조율 법이 같다.
③ 바이올린과 더블베이스는 조율 법이 정반대이다.
④ 더블베이스는 5현(弦)인 것도 있으나 4현이 가장 많이 사용된다.
⑤ 현악기는 각각 A현을 기준으로 조율한다.

2) 현악기 음역(音域; Range)

(1) 바이올린(Violin)

(2) 비올라(Viola)

(3) 첼로(Cello)

(4) 더블베이스(Double Bass)

① 각 악기에 있어서 최저음은 물론이고, 안심하고 사용할 수 있는 실용적인 음역(Practical Range)을 기억해야 한다.
② 각 악기에 있어서 저음, 중음, 고음들의 음색(音色)과 음량(音量)을 기억해야 한다.
③ 바이올린, 비올라, 첼로는 기음(記音; Written range)과 실음(實音; Actual Sound)이 같으며, 더블베이스만이 기음보다 실음이 완전8도 높다.

2. 목관악기(The Woodwinds)

1) 목관악기의 종류는 리드(Reed)에 따라 다음과 같이 나눈다.

① Non-Reeds(無簧) : Piccolo, Flute
② Single-Reeds(單簧) : Clarinet, Saxophone
③ Double-Reeds(復簧) : Dboe, English Horn, Bassoon, Double Bassoon

2) 목관악기의 조율법(調律法; Tuning)

(1) 피콜로(Piccolo)에서 C조는 A음을 기준으로 조율하고, D♭조는 A♭음을 기준

으로 조율한다.
(2) Flute, Oboe, Bassoon, Double Bassoon은 각각 A음을 기준으로 조율한다.
(3) 잉글리시 혼(English Horn)은 E음을 기준으로 조율한다.
(4) 클라리넷(Clarinet)은 B^b조는 B음을 기준으로 조율하고, A조는 C 음을 기준으로 조율한다.
(5) 베이스 클라리넷(Bass Clarinet; B^b)은 B음을 기준으로 조율한다.
(6) 섹스 폰(Saxophone)은 Alto Saxophone은 E^b조이므로 $F^\#$음을, Tenor Saxophone은 B^b조이므로 B음을 기준으로 조율한다.

* ① Piccolo(D^b), English Horn(F), Clarinet(B^b, A), Bass Clarinet(B^b), Saxophone(E^b, B^b), Trumpet(B^b), Horn(F) 등을 이조악기(移調樂器; Transposing Instrument)라고 한다.
② 이조악기(移調樂器)를 사용할 때에는 조성기호 대조표([부록 6] 이조악기의 조성기호 대조표)에 의해 그 조성 기호를 결정해야 한다. 예를 들어서 Trumpet은 장2도가 낮은 B^b조이므로, C조의 곡을 연주하려면 장2도 높여서 D장조로 악보를 이조(移調)해 연주해야 한다. 다시 말하면 B^b조 악기로 C조의 곡을 연주하려면 D조의 조성기호를 사용하여 조옮김한 후 연주해야 한다.

3) 목관악기의 음역(音域; Range)

(1) Piccolo

(2) Flute

(3) Oboe

(4) English Horn

(5) Clarinet

(6) Bass Clarinet

(7) Bassoon

(8) Double Bassoon

(9) Saxophone

* ① 각 악기에 있어서 최저음은 물론이고, 안심하고 사용할 수 있는 실용적인 음역(Practical Range)을 기억해야 한다.
② 각 악기에 있어서 저음, 중음, 고음들의 음색과 음량(音量)을 기억해야 한다.
③ Piccolo는 첼로는 기음(記音; Written range)과 실음(實音; Actual Sound)이 완전8도 높으며, Bass Clarinet, Double Bassoon, Tenor Saxophone은 기음보다 실음이 완전8도 높다.

3. 금관악기(The Brass)

1) 금관악기의 조율법(調律法; Tuning)

* (1) Trumpet은 B음을 기준으로 조율한다.
  (2) Horn은 F, E, E♭, G, C조 등이 있으나 오늘날 가장 많이 사용되는 것은 F 조이므로 E음을 기준으로 조율한다.
  (3) Trombone, Bass Trombone, Tuba 등은 각각 A음을 기준으로 조율한다.

2) 금관악기의 음역(音域; Range)

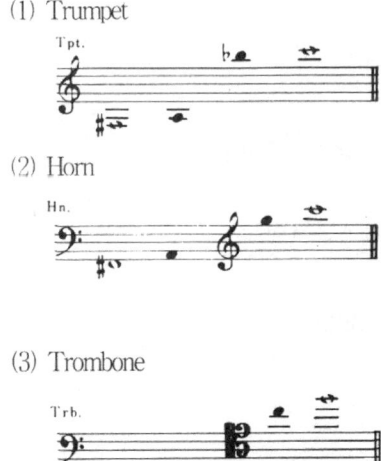

* ① 각 악기에 있어서 최저음은 물론이고, 안심하고 사용할 수 있는 실용적인 음역(Practical Range)을 기억해야 한다.
  ② 각 악기에 있어서 저음, 중음, 고음들의 음색(音色)과 음량(音量)을 기억해야 한다.
  ③ Bass Trombone과 Tuba는 각각 기음과 실음이 같다.

(4) Bass Trombone

(5) Tuba

4. 타악기(The percussion)

1) 타악기의 조율법(調律법法; Tuning)

(1) Timpani는 A음을 기준 잡아 조율한다.

* Timpani의 조율을 바꿀 때에는 muta in C 등으로 기보한다.

2) 타악기의 음역(音域; Range)

(1) Timpani

(2) Xylophone   (3) Vibraphone

(4) Bells

* Xylophone, Bells 등은 기음보다 실음이 완전8도 높다.

5. 기타

Celesta   Harp
Piano   Organ

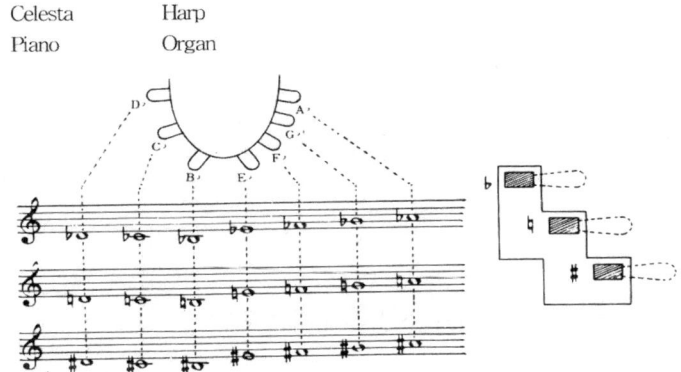

 * ① Harp는 7개의 Pedal 장치가 되어 있고, 이것을 짚는데 따라서 각각 음이 ♭, ♮, #이 된다
  ② Harp에 있어서는 제5지(第五指)는 사용하지 못하므로 원칙적으로 4개 이상으로 된 화음은 연주가 매우 곤란하다.

2) 음역(音域; Range)

(1) Celesta

(2) Harp

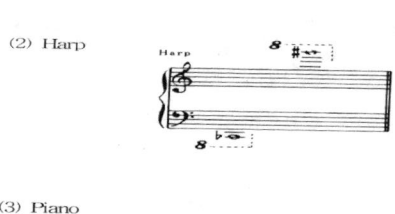

(3) Piano

(4) Organ

* ① Celesta는 기음보다 실음이 완전8도 높다.
  ② Organ은 Pedal이 있는 것을 말한다.

[부록 6] 이조악기의 조성 기호 대조표

[부록 7 코드이름(Chord Name) 일람

1. 각종 3화음

(음이름 외에 아무 것도 씌여 있지 않은 것은 장3화음이다.)

(음이름 오른쪽에 붙는 소문자의 m은 minor〈마이너〉를 줄인 것으로 단3화음을 뜻한다.)

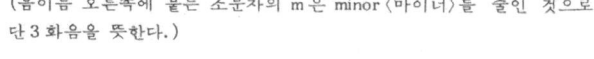

(음이름 오른쪽에 붙는 ○는 diminish〈디미니쉬〉라 하며 감3화음을 나타낸다.)

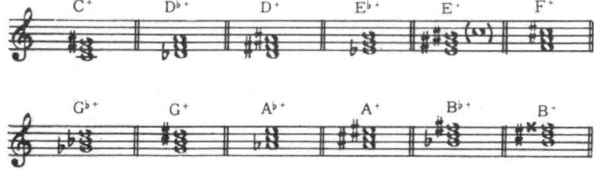

(음이름 오른쪽에 붙는 +는 augment〈오그멘트〉라 하며 증3화음을 의미한다. 이것을 Caug와 같이 적기도 한다.)

2. 각종 7의 화음

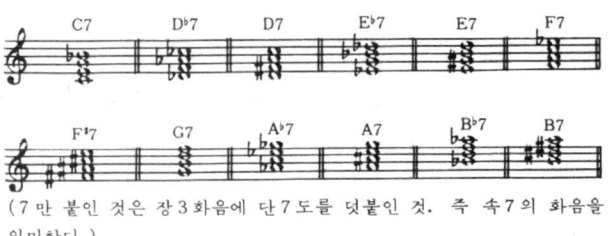

(7만 붙인 것은 장3화음에 단7도를 덧붙인 것. 즉 속7의 화음을 의미한다.)

(대문자 M은 major〈메이저〉를 나타낸 것으로 M,이란 장3화음＋장7도〈장7의 화음〉를 의미한다.)

(m_7은 단3화음에 단7도를 덧붙인 것이다.)

(m_7′는 단3화음에 장7도를 덧붙인 것이다. 이 코드는 CM_7^m라 적을 수 있다.)

(기호 ∅ 는 half diminish〈하프 디미니쉬〉라 하며 감3화음에 단7도를 덧붙인(또는 m_7 의 제5음이 반음 내려간) 것으로 m^7_{5-} 라 적기도 한다.)

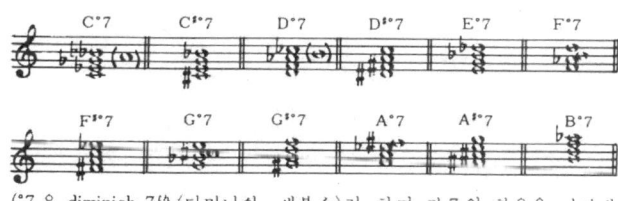

(°7 은 diminish 7th 〈디미니쉬 세븐스〉라 하며 감7의 화음을 나타내는데 사람에 따라서는 C° 와 C°$_7$ 를 모두 C° 로 나타내기도 한다.)

3. 각종 9의 화음

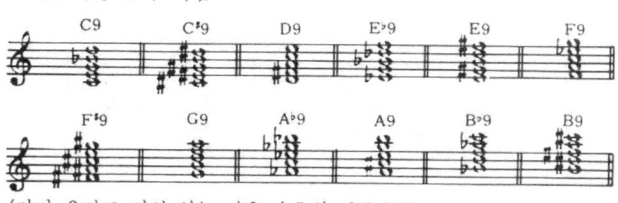

(다만 9라고 적혀 있는 것은 속7의 화음〈7th chord〉에 장9도의 음을 덧붙인 코드를 나타낸다.)

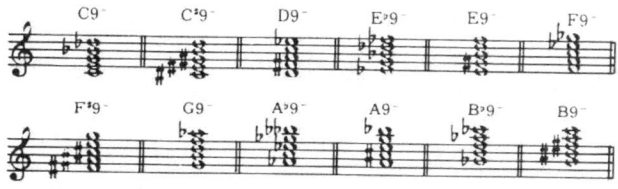

(9⁻ 는 위에 적은 코드의 제9음이 단9도로 된 것이다.)

4. 11 및 13의 화음

(다시 제 13음을 덧붙인 코드)

5. 부가 6의 화음

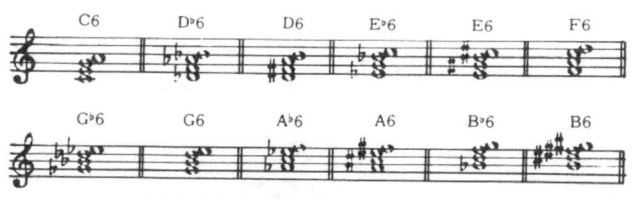

(장 3 화음에 장 6 도를 덧붙인 코드)

라) 제9도를 증9도로 하면 일종의 복합 코드로 된다.

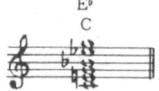

(이것은 다음과 같이 적을 수도 있다.)

(이것은 재즈 등에서는 흔히 사용되는 코드이지만 특히 딸림화음의 기능을 확대한 사용법은 대단히 유용하다.)

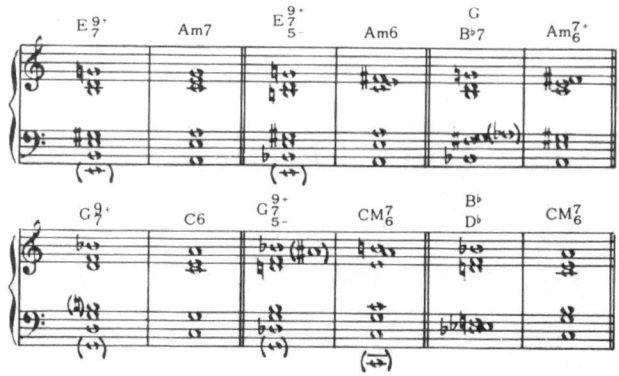

참고 문헌

1. *101 More HYMN STORIES*, by Kenneth W. Osbeck, Foreword by Cliff Barrows, KREGEL PUBLICATIONS, Grand Rapids. Michigan 49501.
2. 2000년도 석사학위 논문 〈1915년 챵가집〉, 장로회신학대학교회음악대학원, 성악전공 배은숙, 2000.
3. 21세기 《찬송가 개발을 위한 세미나》(제4집), 1998년 1월 19일(월)~21일(수), 장소: 경주교육문화회관, 1998.
4. 21세기 《찬송가 개발을 위한 세미나》(제5집), 1998년 7월 13일(월)~15일(수), 장소: 낙산비치호텔, 1998.
5. 21세기 《찬송가 개발을 위한 세미나》(제6집), 1999년 4월 8일(목)~9일(금), 장소: 서울올림픽파크호텔, 1999.
6. 21세기 《찬송가 개발을 위한 제7차 세미나》, 1999년 11월 4일(목)~5일(금), 장소: 대전(유성) 롯데호텔, 1999.
7. 21세기 《찬송가 방향설정을 위한 제1회 공개 세미나》(제1집), 1996. 8.29-30 장소: 부산 하얏트호텔, 한국찬송가공회, 1997.
8. 21세기 《찬송가 설명회》<교단 장 초청>, 한국찬송가공회, 2001년 4월 12일, 서울 팔레스호텔 12층 코스모스 홀, 2001.
9. 21세기 《찬송가 제작을 위한 기획 세미나》(제2집), 1997년 7월 10일(목)-12일(토), 장소: 설악 파크호텔 중청봉 홀, 1996.
10. 21세기 「찬송가」 시제품 공청회 건의사항, 한국찬송가공회,
11. 21세기 「찬송가」 시제품 수정 본(상), 한국찬송가공회,
12. 21세기 「찬송가」 시제품 수정 본(하), 한국찬송가공회,
13. 21세기 「찬송가」 시제품 제1차 교정본, 한국찬송가공회
14. 21세기 『새 찬송가 해설집』1, 저자 김영기, 도서출판 기쁜 날, 2009.
15. 21세기 『새 찬송가 해설집』2, 저자 김영기, 도서출판 기쁜 날, 2009.

16. 21세기《『새 찬송가』 모두 회수하라!》 한국찬송가 작가 총연합회 세미나 및 원로음악인들의 잘못된 찬송가 오류지적 엮음, 21세기 새 찬송가 특별추진위원회, 2009.
17. *25 Most Treasured GOSPEL HYMN STORIES*, KENNETH W. OSBECK, Kregel PUBLICATIONS, Grand Rapids Mi., 49501. ⓒ 1999. Printed in the United States of America.
18. *52 HYMNS STORY DEVOTIONS*, Lucy Neeley Adams, Abingdon Press Nashville, ⓒ 2000. MANUFACTURED IN THE UNITED STATES OF AMERICA
19. *A Collection of KOREAN NEW HYMNS*, KOREAN HYMNAL COMMITTEE, 1984.
20. *A CONCISE DICTIONARY OF MUSIC*, An Introductory Reference Book by JACK M. and CORINNE WATSON, COPYRIGHT ⓒ 1965.
21. *A STUDY ON WORSHIP AND HYMNODY FOR PASTOR AND CANTOR*, LIFE SCHOOL OF THEOLOGY DOCTOR OF EDUCATION, by So Seop Shin, 1995.
22. *A TREASURY of HYMN STORIES*, Brief Biographies of 120, Hymn writers with Their Best Hymns, AMOS R. WELLS, BAKER BOOK HOUSE, Grand Rapids Michigan 49516, ⓒ 1945, Reprinted 1992.
23. *AMAZING GRACE 366 Inspiring Hymn Stories for Daily Devotions*, Kenneth, W. Osbeck, Kregel PUBLICATIONS, Grand Rapids, Mi. 49501, Copyright ⓒ 1990.
24. *An Introduction to CHURCH MUSIC,* by John F. Wilson, Trans., by Woon Young La & Eui Soo Cho, The Christian Literature Society, Seoul, Korea, 1974.
25. *ANALYTIC RESEARCH ON THE HYMNAL OF KOREA*, -LYRICS & MUSIC BY KOREA COMPOSER-, Written by Sang Man Park, Midwest University, 2008.
26. *ANG IMNARYONG PRESBITERYNO*, (ENGLISH AND TAGALOG HYMNAL, EVANGELICAL PRESBYTERIAN MISSION, 1990.
27. *Anthology of Gyu Hyon Kim's creative works for vocals*, 《김규현 創作獨唱曲集》, 이우음악사, 2009.
28. *Calvin's First Psalter*, AULCUNS, Pseaulmes et Cantiques, mys en chant, A. Strasburg 1593.
29. *Chalice Hymnal*, ⓒ Copyright 1955 CHALICE PRESS ST. LOUIS, MISSOURI, Printed in the United States of America. 7th Printing, 1998.
30. *CHRISTIAN WORSHIP A HYMNAL*, WILLIAM P. SHELTON AND LUTHER WESLEY

SMITH, CHRISTIAN BOARD OF PUBLICATION, THE BETHANY PRESS, ST. LOUIS, Copyright, 1941.

31. *CHRISTMAS CANTATA, 'OH! COME EMMANUEL IN THE WORLD*, Composed by Shin, So-Seop, AGAPE CULTURE PUBLISHING COMPANY SEOUL, KOREA, 2004.

32. *CHRISTMAS CANTATA, PRINCE OF PEACE JESUS CHRIST*, Composed by Shin, So-Seop, AGAPE CULTURE PUBLISHING COMPANY SEOUL, KOREA, 2001.

33. *Companion to Baptist Hymnal*, William J. Reynolds, Broadman Press, Nashville, Tennessee, © Copyright 1976.

34. *COMPANION TO THE HYMNAL*, E. S. Bucke, Handbook th the United Methodist Book of Hymns, ABINGDON PRESS, Nashville, 1970.

35. *COMPANION TO THE UNITED STATES HYMNAL*, CARTON R. YOUNG, ABINGDON PRESS, NASHVILLE, Copyright © 1993.

36. *DICTIONARY OF HYMNOLOGY*, Origin and History of Christian Hymn Writers of all Ages and Nations, Edited by JOHN JULIAN, Volume 1. A to O., KREGEL PUBLICATIONS, Grand Rapids, Michigan 49501, 1985.

37. *DICTIONARY OF HYMNOLOGY*, Origin and History of Christian Hymn Writers of all Ages and Nations, Edited by JOHN JULIAN, Volume 2. P to Z., KREGEL PUBLICATIONS, Grand Rapids, Michigan 49501, 1985.

38. *Favorite Hymns of Praise*, TABERNACLE PUBLISHING COMPANY, Wheaton, Illinois, 60187, Printed in U. S. A. 2001.

39. *Gotteslob, Katholisches Gebet-und Gesangbuch*, Diözese Linz, Herausgegeben, von den Bisschöfen Deutschlands und Österreichs und der Bistümer Bozen-Brixen und Lüttich.

40. *Great Christian Hymn Writers*, Jane Stuart Smith and Betty Carkson, CROSSWAY BOOKS, WHEATON, ILLINOIS 60187, A DIVISION OH GOOD NEWS PUBLISHERS, © 1997.

41. *History of Church Music*, David p. appleby, 『敎會音樂史』, 朴泰俊 博士 譯, 敎會音樂 專門出版 美波社, 1974.

42. *History, Culture, and Religion oh the HELLENISTIC AGE*, by HELMUT KOESTER, Fortress Press, PHILADELPHIA; Walter de Gruyter, BERLIN AND NEW YORK, 1984.

43. *HYMNOLOGY*, Thir Edition by Cho, Sook Ja ·Cho, Myung Ja, Presbyterian College and Theological Seminary, Seoul, Korea, 1988.

44. *Hymns for the Family of God*, ⓒ 1976 by Paragon Associates, Inc., Nashville, Tennessee 37202. Printed in the U. S. A. 988NEMO, 1976.

45. *HYMNS for the living church*, hope PUBLISHING COMPANY, CAROL STREAM, ILLINOIS 60187, Copyright ⓒ 1974.

46. In-Yong La, 『*The Selected Works*』, In Commemoration of Sixty's birthday Anniversary, 『나인용 작품집』, 1996.

47. *JOSEPH HAYDN Oratorio 《DIE SCHÖPFUNG》* The Creation, German, English and Japanese Texts, Edited by Eisaburo Kioka, 1938.

48. *LUTHERAN BOOK OF WORSHIP*, TRINITY LUTHERAN CHURCH, LONG BEACH, CALIFORNIA, Published by Augsburg Publishing House, Minneapolis, Board of Publication, Lutheran Church in America, Philadelphia, Copyright ⓒ 1978.

49. *MENDELSSOHN, ORATORIO 《ELIJAH》* by Felix Mendelssohn Bartholdy, 박태준 번역, 교회음악사, 1970.

50. *MINISTRY AND MUSIC*, by Robert H. Mitchell, VOICE, 1993.

51. *MUSIC MAKING WITH YOUNGER CHILDREN* by Martha Ellen Stilwell, Roy T. Scoggins, Jr. Ruth Eaton Williams,/ Trans. by Chun Soo Lee, Jordan Press, 1983.

52. *Nepali Hymnal*, Music Edition of Nepali Hymnal Khristiya Bhajan, ⓒ Bardan, Bardan Publishers, Kathmandu, Nepal.

53. *ORCHESTRAL TECHNIQUE*, by Gorden Jacob, 『관현악기법』, 尹良錫 · 張昌煥 共譯, 學文社, 1974.

54. *ORCHESTRATION* by Dr. La Un-Young, 『管絃樂法』, 羅運榮 著, 世光出版社, 1981.

55. *OUR HYMNODY*, A MANUAL OF THE METHODIST HYMNAL, ROBERT GUY McCUTCHAN, WITH AN INDEX OF SCRIPTURAL TEXTS FITZGERALD SALE PARKER, Second Edition, ABINGDON PRESS, NEW YORK, NASHVILLE, ⓒ Copyright 1937.

56. *PRAISE and WORSHIP*, HYMNAL, LILLENAS PUBLISHING COMPANY, KANSAS CITY, MISSOURI.

57. *PRAISE MY SOUL*, Cell Worship, New Best 420, Hong, Jong-Chan, 2008.

58. *PSALTER HYMNAL Handbook*, Editors: Emily R. Brink and Bert Polman., CRC Publications, Grand Rapids, Michigan 49560, ⓒ 1998.

59. *RESURRECTION CANTATA*, 《THE KING OF KINGS CHRIST OF RESURRECTION》, Composed by Shin, So-Seop, AGAPE CULTURE PUBLISHING COMPANY, SEOUL, KOREA, 2002.

60. *SAMMLUNG GOSCHEN BAND 344*, Musikästhstik von Hans Joachim Moser, Walter de Gruyter & Co., Berlin, 1953. 음악교육학총서 7 『音樂美學』, 한스 · 모저 著, 金晋均譯, 學文社, 1974.

61. *SING WITH UNDERSTANDING*, AN INTRODUCTION TO CHRISTIAN HYMNOLOGY, Harry Eskew Hugh t. McElrath, Illustrations Prepared by Charles Massey, Jr., BRODMAN PRESS, Nashville, Tennessee, ⓒ Copyright 1980.

62. *Singing In Tune*, Nancy Telfer, KOREAN EDITION, Trans. Kim, Yeong-Saeng, EUMAG CHUNCHU SHA EXCLUSIVE DISTRIBUTOR.

63. *TENNESSEE ERNIE FORD'S BOOK OF FAVORITE HYMNS*, Arrangements prepared for this edition by E. Charles Eggett, BRAMHALL HOUSE, NEW YORK, ⓒ copyright 1962.

64. *THE BIRTH OF A HYMN*, by KEITH SCHWANZ, Lillenas PUBLISHING COMPANY, KANSAS CITY, MO 64141, Copyright ⓒ 1997.

65. *The Brethren Hymnal*, Authorized by ANNUAL CONFERENCE, CHURCH OF THE BRETHREN, HOUSE OF THE CHURCH OF THE BRETHREN, ELGIN, ILLINOIS, Copyright 1951.

66. *THE CELEBRATION HYMNAL SONGS AND HYMNS FOR THE WORSHIP*, WORD MUSIC / INTEGRITY MUSIC, Copyright ⓒ 1997, Printed in the United States of America.

67. *The Comprehensive Psalter*, Scottish Metrical Version with Music, Divided into Portions for Singing in Public and Private Worship, Published by Blue Banner Books, A Ministry of First Presbyterian Church, Rowlett, Texas, 2000.

68. *THE FAITH WE SING* by S. Paul Schilling(Sylvester Paul), 1904., THE WESTMINSTER PRESS, Philadelphia, ⓒ 1983.

69. *The Gospel in Hymns*, BACKGROUNDS AND INTERPRETATIONS By Albert Edward Bailey, CHARLES SCRIBNER'S SONS, NEW YORK, Copyright ⓒ 1950.

70. *THE HYMNAL for Worship & Celebration*, Containing Scriptures from the King James Version of the Holy Bible, WORD MUSIC, WACO TEXAS, ⓒ

Copy Right 1986, Printed in the U. S. A. 898KP98765.

71. *THE HYMNAL*, 1940, With Supplements Ⅰ and Ⅱ, According to the use of The Episcopal Church, The Church Hymnal Corporation, New York.

72. *The Hymnal*, Ivan L. BENNETT, Chaplain, U. S. A. Army, Chairman of the Editorial Committee.

73. *The Hymns for Piano*,『피아노를 위한 찬송가』, 교회음악전문출판 에덴문화사, 1977.

74. *THE KOREAN PSALTER* 《시편찬송가》, 고려서원, 2004.

75. *The Musicians*,『21세기 음악가사전』, 배동순 김범수 편저, 음악세계, 1995.

76. *The New Century Hymnal Companion*, A Guide to the Hymn, Edited by Kristen L. Forman, The Pilgrim Press, Cleveland, Ohio, ⓒ 1998.

77. *THE PRESBYTERIAN HYMNAL COMPANION*, LindaJo H. McKim, Westminster/John Knox Press, Louisville, Kentucky, 1993.

78. *THE PSALMS IN METRE*, Scottish Metrical Version, Published for THE REFORMED PRESBYTERIAN CHURCH OF IRELAND by OXFORD UNIVERSITY PRESS, 1979.

79. *The Psalter*, DOCTRINAL STANDARDS, LITURGY, AND CHURCH ORDER, CHRISTIAN REFORMED CHURCH IN AMERICA, WM. B. EERDMANS PUBLISHING CO. "THE REFORMED PRESS" Publishers GRAND RAPIDS, MICH, 1927.

80. *The Study of Christian Hymnody*, Vol. 1, by Rev. Ei Ho Kim, Published by The CHI HYE WEON Publishing co. Seoul, KOREA 71 P.O.B Dong daemun, 1999.

81. *THE UNITED METHODIST HYMNAL*, Book of United Methodist Worship, THE UNITED METHODIST PUBLISHING HOUSE, NASHVILLE, TENNESSEE, ⓒ 1989.

82. *WORSHIP IN SONG, HYMNAL*, LILLENAS PUBLISHING COMPANY, KANSAS CITY, MISSOURI, Copyright ⓒ 1977.

83. *WORSHIP ITS THEOLOGY AND PRACTICE*, by J. von Allmen, Trans by Young Sup Chung, Keun Won Park, So Young Kim, Kyung Sam Huh, Press The Christian Literature Society Seoul, Korea, 1979.

84. 《교회 오르간이스트를 위한『찬송가 전주곡 집』》, 주성희 작곡, Service Music for Church Organists, 예솔, 2011.

85. 《金聖熏 작곡 건강한 가정을 위한 김성훈의 창작 OPERA BENJAMIN》, 전3 막(Full Score), The Works Composed by Kim song-hun, 도서출판 디자 인 CDR, 2007

86. 《金聖熏 작곡 獨唱曲集》, 도서출판 디자인 CDR, 2007

87. 《김수정 작곡 한국찬송가》제2집, 대진출판사, 1994.

88. 《김홍전 찬송가『찬송』》, 著者, 김홍전, 평화사, 1982 초판 발행.

89. 《깨어 기도하자 주님 오신다》, 박재훈 작곡집 제2권, 기독교음악사, 1999.

90. 《나의 힘이 되신 주》, 한국교회음악시리즈 1, 우리 가락 찬송가 제1집, 문성모 작곡, 한국국악선교회, 1989.

91. 《童謠名曲集》 300曲 手錄, 現代樂譜出版社, 1965.

92. 《名聖歌曲集》第1集 -第8集, 李南哲 編, 樂苑社 1971.

93. 《문성모 찬송가 330곡『우리가락 찬송가와 시편교독송』》, 문성모 지음, 도서출판 가문비, 2011.

94. 《북한 찬송가,『찬송가』》(400장), 조선기독교련맹 중앙위원회, 1983.

95. 《빛 고을 진혼곡》, 金聖熏 작곡, A BITGOEUL REQUIEM(Full Score), The Works Composed by Kim song-hun, 도서출판 디자인 CDR, 2007

96. 《새벽찬가 불러라》, 신작찬송가한상수 작시, 한국찬송가연구소, 1992.

97. 《聖架獨唱曲集》, 李宥善 譯編, 基督敎音樂社, 1977.

98. 《聖歌作曲集》1, 주성희, KOREAN SACRED SONG BOOK 1, JOO, SUNG-HEE, 敎會音樂社, 1989.

99. 《聖歌作曲集》2, 주성희, KOREAN SACRED SONG BOOK 2, JOO, SUNG-HEE, 도서출판 한가람, 1999.

100. 《聖歌合唱曲集,》, 金聖熏 작곡집,도서출판 디자인CDR, 2007

101. 《聖歌合唱曲集》第1集 -第5集, 李南哲 編, 樂苑社, 1971.

102. 《世界音樂大全集》 COMPLETE COLLECTIONS OF THE WORLD MUSIC, 器樂篇 24, 2 피아노 協奏曲集, 國民音樂硏究會, 1962.

103. 《世界音樂大全集》 COMPLETE COLLECTIONS OF THE WORLD MUSIC, 聲樂篇 1, 오페라 · 아리아 集, [소프라노], 國民音樂硏究會, 1962.

104. 《世界音樂大全集》 *COMPLETE COLLECTIONS OF THE WORLD MUSIC*, 聲樂篇

3, 오페라 · 아리아 集, [테너], 國民音樂硏究會, 1962.
105. 《세광혼성합창곡집》, 徐守俊 編, 세광출판사, 1976.
106. 《少年少女合唱과 女性合唱世界의 合唱》, 에이사부로 기오가 편, 보이스사, 1982.
107. 《시편찬송가》, 시편찬송 편찬위원회, 기독지혜사, 2002.
108. 《시편찬양곡집Ⅰ『여호와는 나의 목자시니』》, 신소섭 작곡, 아가페문화사, 2000.
109. 《시편찬양곡집Ⅱ『하나님이여 사슴이』》, 신소섭 작곡, 아가페문화사, 2000.
110. 《新作聖歌合唱曲集》第32集, 한국교회음악작곡가협회편, 美波社, 1999.
111. 《新作讚頌歌集》第30集, 한국작곡가협회 편 발행인 백태현, 未完成, 1998.
112. 《양식에 의한『교회음악문헌』》, 주성희 지음, 총신대학교출판부, 2009.
113. 《오소운 작곡 어린이 성가》 100곡집(부록 노래극), 보이스 사, 1975.
114. 《왕 중 왕 부활하신 그리스도》부활절칸타타, 신소섭 작곡, 아가페문화사, 2002.
115. 《정선『가톨릭 성가집』》, 새 미사 통상문 附(改訂版), 전국통일성가위원회, 가톨릭출판사, 1957초판/ 1975 26판.
116. 《찬송찬양 곡집『다윗의 풀피리 소리』》, 신소섭 작곡, 아가페문화사, 2001.
117. 《찬양가》, 구셰쥬 강생일쳔팔백구십스년예수셩교회당간, 개국오백삼년갑오.
118. 《찬양가》, 예수셩교회당간, 개국오백삼년갑오. 구셰쥬 강생 일쳔팔백구십스년
119. 《찬양하는 자들『테힐림』》, 홍종찬 엮음, 아가페문화사, 1996.
120. 《칼빈의 시편가 주제에 의한 피아노 변주곡 집》, 주성희 작곡, Piano Variations on the Them of Calvin's Genevan Psalter, 예솔, 2010.
121. 《『칼빈의 시편찬송가』한국어판》, Calvin's Genevan Psalter, 서창원 신소섭 이귀자 주성희 공동편찬, 진리의 깃발사, 2009.
122. 《크리스마스칸타타『오! 임마누엘 이 땅에 임하소서』》신소섭 작곡, , 아가페문화사, 2003. 2004재판.
123. 《크리스마스칸타타평화의 왕 예수 그리스도》, 신소섭 작곡, 아가페문화사, 2001.
124. 《표준 한영찬송가》, 김경선 역편, 도서출판 麗韻社, 1986.

125. 《한국찬송가집》, 한국찬송가 위원회 편, 1987.
126. 「기독음악저널」, 찬양하는 사람들의 전문지, 통권 9호(1996. 7월)~통권 96호(2003년 10월). 작은 우리.
127. 「박재훈의 찬송가 "눈을 들어 하늘 보라"에 나타난 시적‥음악적 표현어법」, 나진규, 연세음악연구 제5집, 1997.
128. 「영혼을 오염시키는 음악들」작은책 묶음 2, 김광웅, 國民日報社, 1992.
129. 「禮拜와 音樂」, 硏究誌, 大韓基督敎書會, 1975.
130. 「예배음악 그 경건성의 회복은 신학의 터 위에서」(이성재 박사, 한국찬송가작가총연합회, 2013.
131. 「예배음악」 격월간 No 8, 아가페 음악선교원, 1993/3-4.
132. 「예배음악」 통권 22, 아가페 음악선교원, 1996/3-4.
133. 「한국『찬송가』에 나타난 영·미 시 번역상의 문제점」, 장인식 교수, 대진 중부대학교 인문사회학부, 1999.
134. 『21세기 찬송가 연구』(누구나 알기 쉽게 쓴 21세기 찬송가 연구); 오소운 저, A Study of New Century Korean Hymnal by Sown K. Oh. 성서원, 2011.
135. 『3번만 읽으면 누구나 작곡할 수 있다』 증보판,, 이병옥 · 백기풍 편저, 도서출판 작은 우리, 1989.
136. 『개혁교회는 무엇을 믿는가?』, 서창원 지음, 진리의 깃발사, 2010
137. 『개혁주의 人名事典』, 신학자·목회자·신학도의 길라잡이, 鄭聖久 編著, 總神大學校出版剖, 2001.
138. 『개혁주의 찬송가학』, 이윤영 著, 기독교문서선교회, 1991.
139. 『敬拜讚美』, 중국 찬송가, 內部使用.
140. 『敎會 音樂史』, 신학총서 13, 김의작 교수 감수, 세종문화사, 1980.
141. 『교회 음악약사』, 원진희 저, 대한기독교서회, 1971.
142. 『교회음악 왜 타락하는가?』, 교회음악시리즈 1 이광복 목사 저, 도서출판 흰 돌, 1997.
143. 『교회음악 지도자론』, 이택희 저, 도서출판 질그릇, 1988.
144. 『교회음악개론』, 홍정수 지음, 장로회신학대학출판부, 1988.

145. 『敎會音樂論』, 김철륜 지음, 호산나 음악사, 1991.
146. 『교회음악의 재발견』, 순복음 음악연구소, 서울서적, 1992초판, 1993 3판 발행.
147. 『敎會音樂學』, 김의작 박사 저, 총신대학출판부, 1983.
148. 『교회음악학』, 신소섭 著, 아가페문화사,
149. 『교회음악학』, 총회교육개발원 편저, 대한예수교장로회 총회출판부, 2009.
150. 『교회음악행정』, 임영만 지음, 한국장로교출판사, 1995초판, 2쇄 1997.
151. 『國樂 通論』, 徐漢範 著, 台林『出版社』, 1983.
152. 『基督敎 禮拜의 原理와 實際』제12版, R. 압바 著, 許慶鈘 譯, 大韓基督敎書會, 1992.
153. 『基督敎 音樂史』, 李有善 博士 著, 總神大學 出版剖社, 1977.
154. 『羅運榮 隨想集 主題와 變奏』, 民衆書館, 1964.
155. 『나의 찬송을 부르라』, 찬송의 참 모습 알려주는 찬송교과서, 최혁 지음, 도서출판 규장, 1994.
156. 『單券 讚頌歌 解說集』, 문영탁 지음, 새 筍出版社, 1984.
157. 『대중음악에 나타난 사탄의 영』, 최광신 씀, 두돌비서원, 1992.
158. 『萬民頌揚』, 중국찬송가, '萬民頌揚' 聖詩編輯出版委員會印行 , 1982.
159. 『목회음악론』, 김홍규 저, 도서출판 미드웨스트, 1999.
160. 목회자와 교회음악지도자를 위한『예배와 찬송가』, 신소섭 저, 아가페문화사, 1993.
161. 『바하까지의 音樂史』, Masterpieces of Music Before 1750, CARL PARRISH & JOHN F. OHL, 서우석/ 성의정 옮김, 수문당, 1982.
162. 『사탄은 마침내 대중문화를 선택했습니다』신상언 저, 낮은 울타리, 1992.
163. 『새로운 가정 예식』, 예배자료 21, 제2권 박근원 엮음, 대한기독교서회, 1998.
164. 『새로운 교회 예식』, 예배자료 21, 제1권 박근원 엮음, 대한기독교서회, 1998.
165. 『새로운 예배 시편』, 예배자료 21, 제3권 박근원 엮음, 대한기독교서회, 1998.
166. 『새로운 예배 찬송』, 예배자료 21, 제5권 박근원 엮음, 대한기독교서회, 1998.
167. 『새로운 예배기도』, 예배자료 21, 제4권 박근원 엮음, 대한기독교서회, 1998.

168. 『성경에 나타난 찬송』, 이효은 著, 예수교 문서 선교회, 1981.
169. 『성경의 음악』, John Stainer 저, 성철훈 역, 호산나 음악사, 1991.
170. 『성교예규』, 서울대교구 전례위원회 엮음, 가톨릭출판사, 1997.
171. 『世界音樂叢書』 1-50권, 音樂圖書 三護出版社,, 1986.
172. 『세속음악의 교회침투 이렇게 이루어진다』, 교회음악시리즈 3 이광복 목사, 도서출판 횃돌, 1997.
173. 『소년소녀 합창지도법』, 연세대학교 음악대학 교회음악과장 강신의 저, 신망애출판사, 1973.
174. 『알기 쉬운 작곡법』, 김희조 지음, 세광음악출판사, 1981.
175. 『알기 쉬운 편곡 법 해설』, 이교숙 지음, 세광출판사, 1969.
176. 『禮拜 音樂의 理解』, 이택희 저, 도서출판 질그릇, 1991.
177. 『禮拜와 敎會音樂』, 이중태 목사, 예찬사, 1987.
178. 『예배와 찬송가』, 신소섭 著, 국제복음선교회, 아가페문화사, 1993.
179. 『禮拜와 讚頌學』, 신소섭 著, 아가페문화사, 1997.
180. 『禮拜의 再發見』,-이론과 실제 및 자료- 改訂版, 朴恩圭 著, 大韓基督敎出版社, 1991.
181. 『예배학 개론』, 정장복 著, 종로서적, 1987.
182. 『예배학개론』 초판 7쇄, 현대인을 위한 신학강좌 8 종로서적, 정장복 著, 종로서적, 1989.
183. 『오늘의 예배론』, 박근원 지음, 대한기독교서회, 1993.
184. 『왜 뉴에이지에 사람들이 매혹되는가?』, 반 뉴에이지 신서 3 김희성 편역, 예영 커뮤니케이션, 1992.
185. 『위험에 처한 교회음악』, 기독교인을 위한 필독서 101, 프랑크갤러 · 컬트워첼 지음(Frank Garlock · Kurt Woetzel), 홍성수 옮김, 도서출판 두풍, 1997.
186. 『音樂鑑賞法』, 音樂文庫 No. 11, 世光出版社, 1971.
187. 『음악과 신학』, 노주하 지음, Music and Theology, 요단 출판사, 1999.
188. 『音樂敎授法』, 現代音樂叢書, 柳德熙 編著, 正音社, 1981.

189. 『音樂大事典』, 音樂大事典 編纂委員會, 信進出版社, 1972.

190. 『音樂人名辭典』, 사전편찬위원회, 세광음악출판사, 1987.

191. 『잃어버린 시간』 1938-1944, 이경분 지음, 휴머니스트 퍼블리싱 컴퍼니, 2007.

192. 『全北의 民謠』, 全北新書 8, 김익두 편저, 社團法人 全北愛鄕運動本部, 1989.

193. 『중요 교리·전례 용어 해설』, 이기창 편저, 가톨릭출판사, 1977.

194. 『讚美歌』, 일본 찬미가, 日本基督敎團 讚美歌委員會, 1954.

195. 『찬송가론』, 이택희 저, 기독교음악사, 1987.

196. 『讚頌歌辭典』, - 합동 ·개편 ·새찬송가 해설 -, 원진희 ·조의수 공저, 종로서적, 1975.

197. 『찬송가의 올바른 이해』, 강신우 지음, 기독교음악사, 1983.

198. 『讚頌歌學』, 金璟旋 著, 大韓基督敎出版社, 1980.

199. 『讚頌歌學槪論』, 한국찬송가공회 추천, 도서출판 麗韻社, 1985.

200. 『찬송으로 드리는 음악예배』, 김명엽 편저, 기독교음악사, 1990.

201. 『참여 아동극』(부모와 교사를 위한), 숲 속 나라 친구들, 이진수 지음, 양서원, 1997.

202. 『청년찬송가』제3집, 생명의 말씀사 발행, 1970.

203. 『청소년찬송가』, 한국찬송가위원회 편, 김성호 오소운 편집, 대한기독교서회, 1994.

204. 『클래식의 거장들』, 세계 지휘자들이 남긴 불후의 명반, 음악의 친구들 편, 1996.

205. 『팝음악에 나타난 사탄의 활동』, 송동태 편저, SATAN WORKS IN THE POP, 크리스챤서적, 1987.

206. 『평신도를 위한 교회음악』, 서울서적, 1988.

207. 『한국 작곡가 사전』 Ⅲ, 한국예술종합학교 한국예술연구소, 1997.

208. 『한국교회 음악사』(개신교 편), 이중태 목사 저, 예찬사, 1992.

209. 『韓國敎會 讚頌歌史』, 閔庚培 著, 연세대학교 출판부, 1997.

210. 『한국교회음악사』, 신소섭 著, 아가페문화사, 2001.

211. 『한국교회음악사상사』, 홍정수 저, 장로회신학대학교출판부, 2000.
212. 『한국성서 찬송가100년』, 한국기독교사료자료집 3, 한영제 편, 기독교문사, 1987.
213. 『한국음악학의 사회사적 구조』, 예술학 1 -한국 근·현대예술사 서술을 위한 기초연구- -70·80년대를 중심으로- 김춘미 저, 한국예술종합학교 한국예술연구소, 1997.
214. 『한국인 찬송가의 역사』, 음악총서 13, 나진규 저, 세종출판사, 2001.
215. 『韓國傳統音樂의 硏究』, 文學博士 張師勛 著, 寶晉社, 1975.
216. 한국찬송가 발행 100주년기념『찬송가』신작증보판 부록 : 찬송가의 발자취, 한국찬송가공회편, 크리스천미디어 발행.
217. 한국찬송가공회가 개발한 21세기 『찬송가』에 대한 공청회시 질문 및 수정 보완 요구 사항과 대한예수교장로회총회(통)의 수정 요구사항
218. 한국찬송가전집 1 / 『차양가』 1894, 1895/『차미가』 1895/『차셩시』 1895/『찬미가』 1897. 한국교회사문헌연구원, 1991.
219. 한국찬송가전집 10 / 『가톨릭성가』 1938 / 『찬송가』 1939 / 한국교회사문헌연구원, 1991.
220. 한국찬송가전집 11 / 『복음찬미』 1939 / 『구세군가』 1939 / 한국교회사문헌연구원, 1991.
221. 한국찬송가전집 12 / 『신편찬송가 1942 / 『복음성가』 1946 / 『복음성가』 1947 / 한국교회사문헌연구원, 1991.
222. 한국찬송가전집 13 / 『찬송가』 1947 / 『신편찬송가』 1947/ 한국교회사문헌연구원, 1991.
223. 한국찬송가전집 14 / 『복음찬미』 1948 / 『성가집』 1949 / 『찬미가 1949 / 한국교회사문헌연구원, 1991.
224. 한국찬송가전집 15 / 합동『찬송가』 1950 / 한국교회사문헌연구원, 1991.
225. 한국찬송가전집 16 / 『구세군가』 1953 / 『구세군가』 1955 / 한국교회사문헌연구원, 1991.
226. 한국찬송가전집 17 / 『찬송가』 1952 / 『찬미가』 1959 / 한국교회사문헌연구원, 1991.
227. 한국찬송가전집 18 / 『학생찬송가』 1959 / 『청년찬송가』 1959 / 『주일학

교찬송가』 1962 / 한국교회사문헌연구원, 1991.

228. 한국찬송가전집 19 /『찬송가(U N) 1950』/『새로운 어린이찬송가』 1967 /『육군찬송가』 1973 / 한국교회사문헌연구원, 1991.

229. 한국찬송가전집 2 /『찬성시』 1898/『찬미가』 1900,『성회송가』 1903, 한국교회사문헌연구원, 1991.

230. 한국찬송가전집 20 /『성회송가』/『성회송가』/ 가톨릭성가집 1959 / 한국교회사문헌연구원, 1991.

231. 한국찬송가전집 21 /『찬송가』 1961 / 한국교회사문헌연구원, 1991.

232. 한국찬송가전집 22 /『Y F C 찬송가』 1965 /『찬송가』(해병대용) 1966 /『신증복음가 1924 / 한국교회사문헌연구원, 1991.

233. 한국찬송가전집 23 /『어린이찬송가』 1968 /『어린이찬송가』 1970 / 한국교회사문헌연구원, 1991.

234. 한국찬송가전집 24 /『어린이 새찬송가』 1971 /『어린이노래집』 1972 /『어린이 새찬송가』 1973, 한국교회사문헌연구원, 1991.

235. 한국찬송가전집 25 /『찬송가』(어린이용) 1973 /『성해』 1973 / 한국교회사문헌연구원, 1991.

236. 한국찬송가전집 26 /『구세군가』 1976 / 한국교회사문헌연구원, 1991.

237. 한국찬송가전집 27 /『학생송가』 1976 /『교회찬송』 1979 / 한국교회사문헌연구원, 1991.

238. 한국찬송가전집 28 /『국군찬송가』 1977 /『국군찬송가』 1983 / 한국교회사문헌연구원, 1991.

239. 한국찬송가전집 29 / 한일찬송가 1988 / 한국교회사문헌연구원, 1991.

240. 한국찬송가전집 3 /『복음찬미』 1904,『찬미가』 1905,『찬송가』 1908, 한국교회사문헌연구원, 1991.

241. 한국찬송가전집 4 /『찬송가』 1908 /『예수재림찬미가』 1911 /『구세군가』 1912 / 한국교회사문헌연구원, 1991.

242. 한국찬송가전집 5 /『복음찬미』 1925 /『곡조찬송가』 1925 / 한국교회사문헌연구원, 1991.

243. 한국찬송가선집 6 /『구세군가』 1927 /『부흥성가』 1930 / 한국교회사문헌연구원, 1991.

244. 한국찬송가전집 7 / 『신정찬송가』 1931 / 『찬송가』 1931 / 한국교회사문헌연구원, 1991.

245. 한국찬송가전집 8 / 『찬미가』 1933 / 『방언찬미가』 1934 / 부흥성가』 1937 / 한국교회사문헌연구원, 1991.

246. 한국찬송가전집 9 / 『성회송가』 1937 / 『찬송가』 1937 / 한국교회사문헌연구원, 1991.

247. 『합창 발성의 실제』, F. HAASEMANN W. EHMANN, 김도수 역, 未完成, 1994.

248. 『합창학 입문』, 이택희 지음, 도서출판 질그릇, 1991.

249. 『현행 개신교 통일찬송가 찬송가(1983년)해설』, 조숙자 지음, 장로회신학대학교 교회음악연구원, 1996.

250. *ХРИТСИАНСКИЕ Е ГИМНЂ*, 한국 · 러시아 찬송가, 교회음악사, 1993.Ⅰ

CONTENTS

- 용어 찾기
- 인명 찾기
- 주제 찾기

12음 기법   363, 368, 403
21C『찬송가』   134,135,137,138,
   139,143,145,146,152,153,155,
   156,157,158,159,160,162,164,
   165,166,168,182,210,214,219,
   220,294
4보격(tetra-meter)   54
감사(감사절)   31,39,49,73,77,
   100,113,126,131,132,138,142,
   144,145,160,161,165,175,183,
   189,190,208,222,269,293,294
감상 감상법   21,29,187,212,
   224,225,229,230,251,281,282, 283,
   371,380,381,382,414,415
개편찬송가(위원회)   130,143,151, 182
개회 송   126
갤리컨식 성가   53
결단의 기도   177
계량 음악   63
고난주간(고난주일)   146
고딕시대   68
고무가(鼓舞歌)   217,219

고전파시대   90
곡명(Tune Name)   148,157, 160,
   161, 162
곡조(Hymn Tune)   49,62,74,75,76,
   82,83,86,99,100,101,103,105,106,
   107,108,112,113,114,116,117,118,
   119,120,134,148,153,168,180,208,
   217,221,224, 262
공회찬송가(통일찬송가)   130,132,133,
   136,138143,145,147,150,151,153,
   156,157,159,160,182,294,330
광상곡(기상곡, 카프리치오)   410
광시곡(랩소디)   410
교송 시편가   55
교재용 교회음악   217
교창   60,68,119,273
교회력   66,71,99,184,185,210,
   213,214,282,284,285,293,294,
   295,296,297,298
교회력   66,71,99,184,185,210,213,
   214,271,282,284,285,293,294,295,
   296,297,298

456 '21 실용 교회음악학

교회음악　21,22,23,24,25,26,27,28,
　　29,30,31,32,33,35,40,44,50,53,
　　54,55,57,64,68,69,70,71,76,
　　81,89,90,91,102,103,112,147,
　　169,176,187,188,196,197,199,
　　207,216,217,220,225,231,233,
　　234,240,242,266,267,268,269,
　　271,276,283,284,285,299,311,
　　323, 329
교회음악위원회　266,267
귀도 다레쪼　62
그레고리 성가　51,58,323,384, 385,
　　386
글로리아(Gloria)　65,66,67,175, 386
기도 응답송　175
기도(氣道)　255
기도(기도회, 기도서)　21,22,30,
　　40,46,51,55,56,59,67,71,76,86,
　　92,9,132,140,144,161,198,199,
　　200,201,207,211,293,405
기도송(기도문)　45,22,30,40,30,62,86,
　　88,144,159
기리에(Kyrie)　65,66,386,175,386
기보법　62,169,343
김두완　58, 59,88,133
나운영　24, 30, 62, 88, 223
남북한 공동찬송가　154,155,182
노래 곡 형식　372,373,374,375, 376,
　　377, 393
눙크디미티스(Evening Hymn)　42

대 송영　42,46
대 카논　52
대림절　173,174,285,289
대위법　61,63,69,75,89,90,227,
　　362,363,366,367,368,369,378,386,
　　389,399,402,404
독일 교회음악　70,114
라틴 교회음악　53,55
레크리에이션　224,230,231,232
로마네스크 교회음악　64
루시안 성가　53
르네상스　21,314,390
마그니피카트(마리아의 찬송)　40,
　　47, 89, 388
말씀 응답송　128,131,143,144
메시아　89,200,203,206,225,226,
　　277,296,298,388,415
메트로놈(박절기)　162
멘델스존　22,63,225,226,227,
　　277,18,374,389,394,396,397,403,
　　407,408,412,414,415
멜리스마틱　45
모음악보　416
모자라빅 성가　53
모차르트　25,67,90,326,342,364,377,
　　381,383,386,387,391,393,394,395,
　　396,399,400,409,410,415
모테트　89,386
목회의 기도　177,211
무곡　103,374,404,408,410,411,412,
　　413

무조음악　363,392,403
미국 찬송가　106,107,109,111, 113, 166,167
미사(미사곡)　55, 56, 65, 66, 67, 68,70,71,89,175,197,198,209,285, 386, 387
민속음악 민속악기　237, 239
민속찬송　105
바흐　22,63,71,75,89,90,208,226,227, 276,285,316,318,320,321,326, 362,363,367,376,381,386,387, 388,389,396,404,410,415
박자　63,103,162,169,245,252,261, 348,349,350,351,352,353,354,355,356, 357,358,359,360,361,375,376,378,401, 404,411,412,413,415
박재훈　26,46,30,127
반주악기　301,310,327
베네딕투스　41,44,47
베이 시편가　103,
베토벤　67,90,326,342,362, 364,372,375,377,378,379,381, 382,383,387,388,393,394,395, 396,397,398,400,401,403,404, 406,408, 410,415
벨칸토 창법　62
복음 찬송가　221,222
　복음성가　22,25,26,27,28,30,169, 179,181,182,184,221,223, 230, 240,242,295,420
부활절 52,56,67,119,130,146, 183,201,269,277,284,288,293, 294,298

북한 찬송가　154,151,182
불란서 교회음악　76
불협화음　237,373,374,375,376, 377,393

비잔틴 교회음악　50, 51
사도 신경(신앙고백)　128,131, 143, 177
사순절　67,145,173,287,288,298
사죄의 선언　177
삼성 창　46
삼위일체 54,99,146,161,174,276, 290
상투스(Sanctus)　65,66, 175, 386
새찬송가(위원회)　130,143,151,182
새찬송가 25,49,52,56,124,125,126, 129,130,151,182,223
서양음악(양악)　21,27,98,132,133, 324, 330, 366
선법(旋法)　60,61,132,133, 237,
성 요한 세자　62, 63
성가(집)　51,52,53,57,58,60,63,67,68
성가학교(Schola cantorum)　276
성령강림절　146
성시 교독　177
성탄절　92,119,145,183,269,277, 284,285,286,296,297,298
세실 그레이　29, 59

소 송영　46
수난곡　89, 208, 226, 227, 389
순수 대위법(선적 대위법)　367
슈베르트　372,375,379,383,384,394, 395,396,397,399,400,402,414,415
스코틀랜드 시편가　82,83,167
스콜라 칸토룸　62
시므온의 노래　42,56,77,308
시편 송(찬송)　115,165,166,167, 176,177,199,222
시편 창　65, 68
시편　22,44,45,47,49,51,56,68, 72,76,77,80,81,84,86,87,88,91, 93,94,97,109,134,138,145,148,　165, 166, 176, 198, 199
시편가　21,48,55,74,76,77,78,80, 81,82,83,84,86,91,94,96,97, 102,103,104,112,113,118,149,　166, 167,312
시편찬송가　77,78,79,165,166,167, 169,170,171,172
시편찬양 곡　79,165,166,212,298
신덩(신정)찬송가　122,123,151, 455
신약시대 교회음악　40
신작증보판 찬송가　134,151,159, 182,284,285,286,296,297,298
신편찬송가　123,124,125,151,154
싸호스　35

아뉴스데이(Agnus Dei)　66,66, 72, 386
아멘 송　128, 131, 143, 144, 175
암브로시우스 찬송 53, 54, 56, 61
애국가　116,118,155,373,417
에릭 워너　21
에인스워드 시편가　103
엘리야　225,226,277,389,415
연주 형태　22,308,346
연주(연주자)　21,22,23,25,27,28, 29,30,31,32,33,36,37,38,45,67, 89,133,175,177,186,187,189,202, 208,209,211,212, 216,220,225, 226,227,229,234,235,237,238, 242,250,252,258,272,273, 274, 277,279.281,282,283,302,304, 306.307,308,311,312,313, 314,316,317,318,319,320, 323,327,329,333,336.340, 346,347,349,352,362,376, 380,381,382,386,387,395, 397,399,401,402, 404,407, 409, 414,416,429,
연주단(연주회)　90,186,225, 228,229,244,321,329,388, 408
연합찬송가　177,211

열린 예배 22,177
영광송 175
영국 시편가 82,102
영국 찬송가 56,91,92,99,102,222
영창 128,131,143
예배 21,22,23,25,26,27,28,29,30,
    31,38,45,47,49,51,53,55,70,71,72,76,81,
    91,92,93,94,95,97,99,100,102,115,126,
    128,130,134,135,136,139,144,145,
    161,163,164,167,169,173,174,175,176,
    177,178,179,180,181,182,183,184,186,
    187,188,189,190,191,192,193,194,195,
    196,197,198,199,201,202,203,204,205,
    206,207,208,209,210,212,213,214,215,
    216,217,218,222,223,224,225,240,241,
    242,247,249,267,268
예배 찬송 25,28,33,128,134,161,
    165,167,169,173,181,182,183,
    210,222,223,224,294,327
오라토리오 75,89,90,161,225,
    226,230,277,388,389,392,393, 396,
    408, 415
오르가눔(Organum) 58,63,64,69, 363
오순절 284,289,290,291,292
옥시린쿠스 48, 58

왓츠 찬송가 116,118,155,373, 417
운율 47,48,49,51,54,55,76,77, 153,
운율 찬송 55
운율시편 76,81,82,91,102,112, 118
웨슬리 찬송 96,97,112
위령기도 84,333
유대교 21,35,45,49,51,284
유대교회 21,35,49
음악형식론 370
응답 시편가 55
응창 60, 68
이스라엘 왕국시대 306
입례 송 131,142,143,144

작곡(법) 작곡가 21,22,25,28,
    67,68,69,71,74,75,77,81,88,
    89,90,103,104,107,109,124,
    125,129,132,133,145,146,149,153,
    157,159,161,163,182,186,225,226,
    234,236,238,269,272,316,318,323,
    330,342,343,347,362,363,366,367,
    368,371,374,377,378,381,382,383,
    384,386,387,389,391,392,393,394,
    398,400,396,397,402,403,406,407,
    409,410, 413, 414, 416, 417

작곡자　　74,77,103,131,134,143,
　　145,149,157,167,371,378,380,381,
　　382,389,402,405,406, 407,409,410
작사자　75,98,106,117,143,145,　149,
　　158, 183
장 운율　 54, 94, 150
장수철　 26, 127
전도가　220, 227
전칙곡(canon)　 50, 51, 52
제금　 31, 39, 303, 304, 305, 307
제네바 시편가　 80, 82, 118, 149, 167
제목 차례(Index)　125,126,131, 143
종교개혁시대　 69
종교음악　23,68,111,180,384, 396
종려주일　140,144,146,173
주기도 송(주기도문 송)　143,144
주기도(주기도문)　122,126,128, 131,
　　143, 175,176,177
주현절　 145,173,174
중세교회음악　 57,173,174
즉흥연주 악곡　 237
차임(Chime)　 219,220,313
찬미가　 24,115,116,118
찬셩시(讚聖詩)　 117,118,150

찬송가(찬송가학)　 22,23,24,25,26,27,
　　28,29,30,33,39,44,54,56,60,71,72,74,75,
　　76,77,79,80,81,82,86,88,91,92,93,94,95,
　　96,97,98,100,102,104,105,106,108,109,
　　111,112,113,114,115,116,118,119,120,
　　121,123,125,127,130,133,147,149,151,
　　173,180,181,186,187,188,199,200,202,
　　233,270,271,273,293,385
찬송가공회　134,151,155,157,159,
　　160, 163, 164, 181, 182
찬숑가　 119,120,121,122,157
찬양(찬양곡 찬양대)　 22,25,26,
　　27, 30, 31, 32, 33, 37, 38, 39, 42,
　　43, 45, 46, 47, 49, 65, 72, 74, 95,
　　107,116,117,118,125,126,131,136,
　　139,142,143,144,160,166,177,179,
　　180,181,182,183,184,185,186,188,
　　189,190,196,198,199,200,202,208,
　　209,210,211,212,213,214,216,228,
　　229,230,233,241,242,268,269,270,
　　271,272,274,275,276,277,278,279,
　　280,281,282,283,284,285,293,294,
　　295, 298, 303, 307,308,314,327,328,
　　329, 330

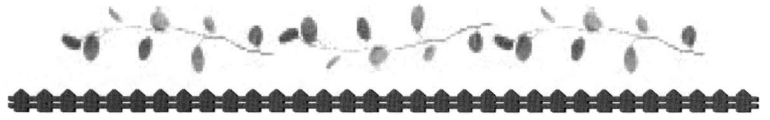

찬양가　116,117,118,150
찬양대　31,32,45,65,72,107,108,
　　109,159,177,180,181,182,184,186,
　　207,209,211,212,213,216,230,241,
　　268,269,270,271,272,274,275,276,
　　277,278,279,280,281,282,283,284,
　　293,295,314,327,328,329,330
참회의 기도　176,177
천지창조　161,225,277,388,415
초대교회음악　40
총회 찬양곡　179,181,185
축복 송(축도 송)　215
축복　33,126,132,144,176
츠빙글리　29,76,176,198
카논(전첵곡)　50, 51, 52, 227, 367,
　　378
칸티카(Cantica)　42
칼 오르프　234, 235, 236, 239
코랄　54, 70, 71, 72, 75, 80, 89, 113,
　　116,208,227,276,385,386,389
크레도(Credo)　65,66,175,386
클레멘트　49
테데움　47
포로시대 음악　38
폴리포닉(다성적) 음악　24,58,64, 68,
　　69,70,76,78,80,324,367
표준찬송가　169

푸가(fuga)　367
하이든　67,90,99,161,225,226,277,
　　326,342,364,377,381,388,393,
　　394,396,398,399,400,409,415
한국가톨릭교회 연도　84,85,86,88
한국찬송가공회　30,134,145,146,
　　152,159,160,163,169,182
할렐루야　47,142,185,200,201,
　　210, 225, 398, 415
합동찬송가　25, 121,124,127,128,
　　129, 130, 143, 223
행렬 송　183,208
행진곡　153, 162, 259, 263, 264,
　　374, 408, 413, 414
헌금 응답송　128, 131, 143, 144
현대교회음악　91
협화음　372, 373, 374, 375, 376,
　　377, 393
호모포닉(단 음악)　24, 367
호산나　65, 66
화답송(응답송)　177, 211
화성법　363, 367, 368
화성적 대위법(조성적 대위법)　367
환상 즉흥곡　370
회중찬송가　159
후주(후주곡)　30,177,216,327,329
힐러리 주교　54

저자 프로필

총신대학교 신학대학원(M. Div.)
총신학술원(Th. M.)
Life University(Dr. Mln. in Ch. Ed.)
한국찬송가공회 전문위원 역임
한국찬송가공회 해설위원 역임
한국문단 신인문학상 수상작가(시인)
한국 찬송가 연구학회 대표
(현) 총회 새 찬송가 위원회
　　　찬송가 편집위원
(현) 총회신학교 찬양학과 교수
(현) IGM 국제복음선교신학 연구원 부학장

저서 : 『예배와 찬송가』. 서울: 아가페문화사, 1993.
『예배와 찬송학』. 서울: 아가페문화사, 1997.
『교회음악학』. 서울: 아가페문화사, 2000.
『한국교회음악사』. 서울: 아가페문화사, 2001.
『21 실용 교회음악학』. 서울: 아가페문화사, 2013.

작곡집 : 『여호와는 나의 목자시니』. 아가페문화사, 2000.
『하나님이여 사슴이』. 서울: 아가페문화사, 2000.
『다윗의 풀피리 소리』. 서울: 아가페문화사, 2001.
『평화의 왕 에수 그리스도』. 서울: 이기페문화시, 2001.
『왕 중 왕 부활하신 그리스도』. 서울: 아가페문화사, 2002.
『오! 임마누엘 이 땅에 임하소서』. 서울: 아가페문화사, 2003.
『칼빈의 시편찬송가』. 서울: 진리의 깃발사, 2009. 서창원 이귀자 주성희 공편저